HISTOIRE DE VICHY

DU MÊME AUTEUR

La France à Londres, (en collaboration avec Michèle Cointet), Bruxelles, Complexe, Questions au XXe siècle n° 14, 1990.

collection tempus

JEAN-PAUL COINTET

HISTOIRE DE VICHY

Perrin
www.editions-perrin.fr

© Plon, 1996 et Perrin, 2003 pour la présente édition.
ISBN : 2-262-02022-1

tempus est une collection des éditions Perrin.

A Michèle et Oriane.

« Je ne voudrais pour rien au monde avoir à écrire l'histoire de l'Angleterre contemporaine, car chaque personnage est un problème, chaque lecteur est pour ou contre, l'historien est censé brandir le drapeau d'un parti tandis que la faction adverse le voue aux gémonies. »

Edward GIBBON,
Histoire de la décadence et de la chute de l'Empire romain (1776–1788).

SOMMAIRE

Introduction 15

PREMIÈRE PARTIE

VICHY PRÉEXISTE-T-IL À VICHY ?

1. La crise d'une République.................................. 21
   La République, coupable ou victime ?...................... 21
   La crise du consensus républicain 24
   De l'inépuisable débat sur un fascisme français............. 27
   L'affirmation d'idéologies de troisième voie 33
   L'impossible réforme de l'État 34
      Les anciens combattants de l'État 36
      André Tardieu et les réformateurs.................... 37
   L'imprégnation pacifiste.................................. 39
      Le pacifisme, force politique 39
      Le programme du « parti de la paix » 43
   De nouvelles orientations dans l'Église catholique 45
   Personnalisation du pouvoir et affaiblissement du contrôle parlementaire... 48
   La dérive technocratique.................................. 49
   La recherche du bouc émissaire. Communistes, Juifs et étrangers 50

2. Prélude à une défaite (1938-1939)......................... 54
   Une avant-défaite 55
      L'éclatement du Front populaire et la recomposition du paysage politique 55
      Politique étrangère et défense nationale. A-t-on préparé la défaite ? 57
      Menace allemande ou péril nazi ? La paix comme absolu ? 66
   La défaite qui vient....................................... 69

3. L'enfantement d'un régime (septembre 1939-juin 1940)....... 74
   « Drôle de guerre » ou drôle de politique? 74
       Daladier, Pétain ou Reynaud? Le rôle de Pierre Laval .. 75
       Paul Reynaud, vainqueur par défaut..................... 78
   De la « drôle de guerre » à la défaite éclair 81
   La course à l'armistice 85
   Le second Rethondes....................................... 88
   Autour de l'armistice et de quelques questions 90

DEUXIÈME PARTIE

VIE ET MORT DU RÉGIME DE VICHY

4. Naissance et anatomie du régime de Vichy 103
   Vers l'abdication de la République 103
       Pourquoi un changement de régime? La marque de Pierre Laval.. 104
       Le vote du 10 juillet 1940. Les actes constitutionnels des 11 et 12 juillet 106
   Nouveau régime et collaboration d'État..................... 113
   Un régime fondateur 120
       Un pouvoir sans partage.............................. 120
       L'étouffement de toute expression démocratique 122
       A la recherche d'institutions-relais et d'appuis 123
       Pouvoir et société. Pouvoir d'influence ou contrôle direct? 124
       Un régime d'exception................................. 130
   La Révolution nationale : hommes et courants............... 134
   Une résistance à Vichy?.................................... 151

5. D'une collaboration offerte à une collaboration contrainte (juillet 1940-février 1941).. 159
   Vers Montoire.. 159
   Montoire, journée des dupes ou comédie des erreurs?........ 161
   Le renvoi de Pierre Laval : un double jeu de Pétain? 166
   Un nouveau départ avorté : l'« intermède Flandin » (décembre 1940-février 1941) 173
   Quand sonne l'heure de Darlan 180

6. L'épisode Darlan : technocratie, autoritarisme et collaboration du « donnant donnant » (février 1941-avril 1942)............... 184
   Que veut François Darlan?.................................. 185
   Un équipage pour le bateau amiral.......................... 189
       Les jeunes loups de l'amiral 189
   Une collaboration tous azimuts............................. 193
       Les entrevues de Berchtesgaden (11-12 mai 1941)....... 194
       Les « Protocoles de Paris » (27-28 mai 1941) 195
       La campagne de prétendant d'un ancien président 200

Une politique intérieure musclée	202
L'opinion publique dans l'été-automne 1941. Les débuts d'une résistance	202
Où l'on reparle du parti unique	205
La création du Service d'Ordre Légionnaire (SOL)	207
La réorganisation policière	212
Vers une propagande unifiée ?	212
L'offensive gouvernementale sur la jeunesse	213
Les mesures d'exception et le renforcement de la politique antisémite	215
Darlan perd pied	218
La collaboration en panne	218
L'échec de Saint-Florentin	219
La fin de Darlan et le retour de Laval	221
La perte d'autorité de Darlan	221
La nouvelle vision stratégique de Darlan	223
Le retour à rebondissements de Pierre Laval	224
7. Le retour de Pierre Laval. Vers la fin d'une fiction (avril-novembre 1942)	228
La deuxième mort de la Révolution nationale	228
Pourquoi ce retour ?	229
Moyens et finalités	232
Quel accueil ?	238
Un mauvais départ	240
« Je souhaite la victoire de l'Allemagne... »	242
Le premier STO	248
L'Allemagne relance la « question juive »	250
La rafle du Vel' d'Hiv'	252
Un gouvernement de plus en plus isolé	257
8. Vichy État fantoche (novembre 1942-novembre 1943)	263
Le débarquement d'Afrique du Nord comme révélateur	263
Darlan : anticipation ou hasard ?	264
Vichy a-t-il voulu déclarer la guerre aux États-Unis ?	272
Que reste-t-il du royaume de Vichy ?	273
La dictature de Pierre Laval	275
Les derniers espoirs évanouis	278
Le lancement de la Milice française	280
La main-d'œuvre française au service du Reich	283
Laval entre Pétain, les ultras et Alger	287
Vers un nouveau 13 décembre ?	289
9. L'agonie de Vichy (novembre 1943-août 1944)	295
Ordre allemand et « parisianisation » de Vichy	296
L'ordre milicien	299
Le personnel milicien	300
Vichy, État totalitaire ?	302
La France des assassinats	306

Vichy devant le débarquement	307
Les perspectives	307
Les espoirs de médiation du Maréchal et de Pierre Laval	308
Le débarquement. Les ultimes tentatives de rétablissement du Maréchal et de Pierre Laval	309
Dernier complot des ultras et ultime Conseil à Vichy	310
La stratégie du maréchal Pétain	312
Les combinaisons de Pierre Laval	315
Le double échec et la fin de Vichy	316
Épilogue	320
Conclusion	323
Liste des abréviations	325
Notes	327
Orientation bibliographique	343
Index	355

INTRODUCTION

L'Histoire, fille de l'action, engendre la mémoire. A ce titre, le témoin et l'historien paraissent avoir deux regards différents. Le second est prêt à voir passion, déformation ou reconstruction là où le premier, par l'histoire vécue, est convaincu de voir le reflet unique de la vérité. Il existe moins, d'ailleurs, une mémoire individuelle que des mémoires de groupe qui, à leur tour, deviennent partie constitutive d'une histoire.

Comme les guerres de Religion ou la période révolutionnaire, les années quarante demeurent un drame majeur de la conscience française; débat national, conflit idéologique, violences, composent les pièces d'un dossier qui a tourné au procès. Mais le procès de qui ? Ou de quoi ? Lorsque l'ancien milicien Paul Touvier comparut devant la justice, le débat public révéla l'ampleur et la diversité des questions. Au-delà du procès d'un homme, était-ce avant tout celui d'une organisation, la Milice française ? Instruisait-on bien plutôt le procès d'un système politico-idéologique, le régime de Vichy ? Pourquoi pas le procès d'une défaite ? Ou encore d'un armistice ? En remontant toujours plus tôt, n'était-ce pas le procès d'un régime finissant, la République abdiquant au jour du vote du 10 juillet 1940 ? Procès, enfin, d'une nation, la France des Droits de l'homme et du citoyen, face aux législations d'exception ? Le débat était encore relancé par l'intervention du président de la République, Jacques Chirac, à l'occasion de la commémoration du cinquante-troisième anniversaire de la rafle du Vel'd'Hiv' le 16 juillet 1995, qui, au nom de la France, prenait acte de la responsabilité propre de l'État français.

Nous ne saurions avoir ici l'ambition démesurée d'apporter à toutes ces questions des réponses absolues. Deux préoccupations essentielles nous ont guidé. Un récit, d'abord, par la reconstitution précise des faits, car tous ne sont pas absolumemnt fixés dans la littérature énorme consacrée à Vichy. Les grands débats, ensuite, autour d'un régime qui en a nourri un nombre considérable. Ni dictionnaire ni précis, cette *Histoire de Vichy*, qui repose sur de nombreuses sources, la littérature historique disponible et nos propres travaux, se propose de fournir au lecteur l'état des connaissances essentielles et actuelles sur ce régime, ses motivations, ses responsabilités et son action, dans le cadre de l'opinion et de la société françaises des années quarante ainsi que du contexte extérieur, en accordant leur place naturelle aux écoles d'interprétation.

Nous avons cherché à éviter les deux pièges majeurs qui guettent tout travail historique, particulièrement sur cette époque : l'anachronisme et le jugement a priori. Tout jugement est légitime à la condition de reposer sur la connaissance préalable des hommes et des faits. En somme, réconcilier le témoin et l'historien.

PREMIÈRE PARTIE

VICHY PRÉEXISTE-T-IL À VICHY ?

A distance, l'histoire de la IIIe République du début des années trente à 1940 laisse l'impression d'une chute, lente d'abord, puis de plus en plus accélérée. Acteurs et contemporains en eurent une conscience inégale et diversement partagée ; avant tout, ils voulurent à tout moment comme se rassurer en pensant que le pire n'était pas inévitable. On connaît l'histoire de l'homme tombé accidentellement d'un étage élevé d'un immeuble et qui, au rythme des étages successifs devant lesquels il passait, se disait à lui-même : « *Tout va bien.* »

La France des années trente est un peu cela. Quelle place les événements, les hommes et les institutions occupent-ils dans un processus de progressive décomposition d'une synthèse républicaine, longtemps unificatrice et réconciliatrice ? Dans quelle mesure, par ailleurs, comme en une démarche parallèle, se mettent en place simultanément réflexes, comportements et jugements qui faciliteront l'établissement d'un « esprit de l'armistice » ouvrant directement sur le régime de Vichy et sa large acceptation initiale par l'opinion française ?

Par cette double préoccupation, nous souhaitons évacuer la double et stérile antithèse du « tous coupables » et du « complot », de la République trahie du dedans par des groupes organisés ou de Français uniformément aveugles et lâches. La reconstitution et l'analyse des faits et des événements s'avèrent ici meilleures conseillères que le jugement préfabriqué ou que l'abstraction désincarnée. A la jointure de la IIIe République et du régime de Vichy, l'armistice franco-allemand du 22 juin 1940 revêt à cet égard une signification exceptionnelle.

1

La crise d'une République

A partir du début des années trente, l'atmosphère s'assombrit pour l'opinion française, qui passe des dernières griseries de la victoire aux premières alarmes de ce qui deviendra un avant-guerre. La montée des inquiétudes au-dehors conduit à une interrogation anxieuse sur les capacités de l'État et de la nation à y faire face. Commence alors le temps des propositions de réforme, au rythme des modes intellectuelles et des préjugés idéologiques.

Cette approche revêt deux grandes formes. Pour certains, c'est par le sommet, par la réforme de l'État, que doit s'opérer le ressaisissement ; pour d'autres, c'est de la base que viendra le salut, par une réaction de la nation en ses corps représentatifs : professions, compétences, anciens combattants, ou le peuple dans son entité. Ces manifestations doivent-elles être interprétées dans le sens d'un enrichissement ou d'un affaiblissement de l'État républicain ? Ont-elles concouru à son discrédit en soulignant ses carences ? Le débat est intéressant à un autre niveau. A-t-il préparé indirectement aux solutions mises en œuvres après l'armistice de 1940 ? Une réflexion lancée au nom du salut national a-t-elle fourni des aliments à une doctrine sortie de la défaite ?

A partir de 1938 (Munich), les Français n'ont plus de doute que sur la date d'un affrontement devenu inévitable. Inattendue dans sa soudaineté et son ampleur, la défaite a pour conséquence de cristalliser un ensemble de courants dont les rapports à la République méritent d'être analysés.

LA RÉPUBLIQUE, COUPABLE OU VICTIME ?

Dire que le régime de Vichy est né d'une défaite, c'est affirmer une évidence apparemment dépourvue de toute originalité dans l'histoire de la succession des régimes politiques français depuis 1789. La monarchie, dans sa version restaurée des années 1814-1815, est née des défaites napoléoniennes ; la République, troisième du nom, est inséparable de la défaite de Sedan, survenant quatre mois après un plébiscite triomphal pour Napoléon III. Chaque fois, la défaite a paru sanctionner moins une nation qu'un homme ou un régime personnel. Elle a légitimé une relève de l'autorité fondée sur la dénonciation de l'incapacité et de l'immoralité du pouvoir antérieur. Où l'évidence se nuance de quelque interrogation c'est de constater qu'en 1940 une nouvelle autorité, se fondant sur une défaite, sanctionne non une dictature plus ou moins durable mais un régime républicain formé depuis plus de soixante-dix ans sur la base d'une synthèse consensuelle de démocratie à nuance sociale et de libéralisme tempéré. Qui plus est, cette rupture d'autorité paraît s'accomplir dans le cadre d'une dévolution légale du pouvoir républicain avec la participation active des représentants élus de la nation.

L'avènement du régime de Vichy présente en effet une différence fondamentale avec celui des régimes qui l'ont précédé. En 1851, c'est un coup de force qui met fin à la IIe République ; il s'accompagne de l'arrestation de nombreux parlementaires, tandis que les autres sont condamnés à l'exil ou au silence. En 1870, la reddition de Napoléon III crée un vide du pouvoir que se contentent d'exploiter, le 4 septembre, les républicains parisiens. Rien de tel en 1940, où l'on voit dans toutes les apparences de la légalité et de la continuité le Parlement de 1936 voter, le 10 juillet 1940, les pleins pouvoirs au maréchal Pétain, qui a succédé à Paul Reynaud. D'emblée se pose à nous cette imparable interrogation : le régime de Vichy est-il, à sa naissance, le successeur direct du régime républicain ? Les débats, qui ont précédé ou accompagné le procès Touvier, ont relancé le débat à ce niveau. Dans une page du journal *Le Monde*, Alfred Grosser parlait des « *occultations graves qu'il faut évoquer aujourd'hui. Les unes concernent la IIIe République finissante* ». Et dans un article intitulé « La République n'est pas coupable », Jean-Pierre Chevènement, dénonçant certaines attitudes allant jusqu'à voir dans Vichy la poursuite de la République, évoquait néanmoins la nécessité « *de percer à jour... les raisons pour lesquelles la République s'est affaissée dans les années trente, avant de s'effondrer en 1940* [1] ».

Alors, la République coupable d'avoir enfanté Vichy ? Ou bien la République victime, au 10 juillet, d'une véritable conjuration masquant un authentique coup de force ? Que l'armistice franco-allemand du 22 juin 1940, signé par le dernier gouvernement de la IIIe République, ait été suivi d'une occupation et d'une politique de collaboration officielle n'a pas manqué de susciter des interrogations sur ses fondements et sur les intentions profondes de ceux qui l'avaient signé : résignation à l'inévitable ou tremplin pour des ambitions de longue date éveillées ?

L'historien rencontre ici l'une des questions parmi les plus décisives et les plus difficiles à aborder, l'examen de la part respective de la rupture et de la continuité dans la succession historique. Le débat historiographique est lui-même marqué par l'ordonnance signée à Alger le 21 avril 1944 par le général de Gaulle et dont la portée ne nous semble pas avoir été suffisamment perçue. Elle proclamait l'inégibilité, notamment, des membres ou anciens membres des « prétendus gouvernements avant leur siège dans la métropole depuis le 17 juin 1940 ». Il en résulterait à la fois que le « gouvernement » de Londres (puis d'Alger) avait maintenu la République et que Vichy avait bel et bien rompu avec ses principes. Mais on doit remarquer que la date retenue – celle de l'après-16 juin 1940 – est celle de la chute, non du dernier gouvernement de la IIIe République mais de l'avant-dernier, le maréchal Pétain ayant succédé à Paul Reynaud dans les plus pures formes du régime pour devenir le dernier président du Conseil de ladite Troisième.

Elle précède de plus de trois semaines la date du 10 juillet – classiquement retenue comme décisive – du vote de dévolution des pleins pouvoirs par l'Assemblée nationale au maréchal Pétain. On relèvera enfin que l'ordonnance du 21 avril 1944 rompt, quant à la chronologie, de manière décisive avec celle des deux ordonnances accompagnant le Manifeste de Brazzaville du 27 octobre 1940 ; celles-ci ne remontaient qu'à l'avant-23 juin 1940 pour l'application de la législation française dans les parties libérées de l'Empire. En 1944, la rupture cesse de passer par la date de la signature de l'armistice, mais par celle de la formation du gouvernement Pétain, pourtant faite en apparence dans le processus légal de la IIIe République. En 1944, de Gaulle ne rétablit pas la légalité républicaine ; il fonde une nouvelle légalité républicaine. Il en resulterait que Vichy n'aurait pas été le « tombeur » de la République mais que celle-ci, en portant le maréchal Pétain à la présidence du Conseil, aurait dès le 17 juin, soit près d'un mois avant le vote du 10 juillet, proprement abdiqué.

La thèse classique de la fin de la IIIe République, intervenue à la date du 10 juillet 1940, se trouve ainsi de manière troublante déplacée bien en amont. Sur cette base, le vote du 10 juillet perd beaucoup de son caractère décisif – et donc de son importance historique – et n'apparaît plus que comme une conclusion logique de la formation du gouvernement Pétain les 16-17 juin 1940. C'est non seulement Vichy qui est nul et non avenu mais la IIIe République finissante.

Nous nous trouvons en fait en présence de deux grandes interprétations relatives aux responsabilités éventuelles du régime républicain à la fois dans la pratique et les abus du régime de Vichy mais encore dans la naissance de celui-ci. Y a-t-il eu abdication par étapes d'une République affaiblie, devenue insoucieuse de ses principes ? A-t-elle connu au contraire, insidieusement, une infiltration par des éléments antirépublicains finissant par la faire tomber de l'intérieur ? Dans l'une ou l'autre de ces hypothèses, à quand remonte soit cette déliquescence, soit cette pénétration [2] ?

Dans l'un et l'autre cas, le rôle de la défaite se trouverait situé à sa vraie place : celle d'un simple facteur déclenchant, révélateur d'une crise profonde (et ancienne ?) du « modèle » républicain, plus encore que déclic d'un drame brutal. Vichy préexiste-t-il à Vichy ? Est-ce une forme de République abâtardie qui s'établit dans la capitale thermale en juillet 1940 ? Faut-il voir, au contraire, dans le régime qui s'installe à partir du 10 juillet la concrétisation d'un processus de pénétration insidieuse d'acteurs déterminés et attachés à un projet de subversion des mœurs républicaines ? Il faut ici remonter le temps et tenter, en rejetant la tentation du déterminisme, de démêler l'écheveau complexe des hommes et des épisodes qui conditionne la marche des événements dans la période de l'entre-deux-guerres.

La crise du consensus républicain

La IIIe République avait opéré la synthèse progressive de la pensée libérale – héritée de la monarchie bourgeoise – et de la pratique démocratique inaugurée sous la Révolution et appliquée sous une forme autoritaire et populaire par les deux Napoléon. Le parlementarisme, trappe des idéologies et pare-feu des entreprises inconsidérées, était devenu l'organisateur et le garant d'une société mobile mais hiérarchisée, où le pouvoir gouvernait peu tout en se montrant apte à contenir tant les audaces du suffrage universel que les appétits de l'État [3]. Une guerre victorieuse semblait, en 1918-1919, avoir fait la démonstration des vertus du régime républicain. La forme du régime n'apparaît plus en cause ; les droits parlementaires laissent à l'Action française le monopole d'un antirépublicanisme qui paraît voué désormais au culte du souvenir et aux délices de la nostalgie. La monarchie n'est plus qu'une « *grande vieille chose morte* », selon la formule de d'Alphonse Daudet. Si les modérés font le plus souvent figure de ralliés, le Parti radical-socialiste, premier parti au Parlement jusqu'en 1936, incarne la République en majesté. Aucun gouvernement ne peut se concevoir sans sa participation : son Comité Cadillac agit en véritable observatoire des crises ministérielles et veille à ce que le parti trouve sa juste place – la première – dans toute nouvelle combinaison politique. Le radicalisme puise ses racines dans l'histoire de la Révolution française et ses principes universels de liberté, d'égalité et de fraternité ; la souveraineté nationale – celle de la Chambre en fait – est son credo, le suffrage universel sa bible. Sa devise, très comtiste d'inspiration, fait de la République la synthèse de l'ordre, du progrès et de la liberté.

Cette synthèse républicaine va connaître une destructuration progressive, de plus en plus accélérée dans les dernières années de l'avant-Seconde Guerre mondiale. La plupart des auteurs la font coïncider avec la montée de la crise économique et des désillusions dans la reconstruction d'un ordre européen ; c'est la « crise des années trente », donnant naissance à un « esprit des années trente [4] ». Cette désagrégation de la synthèse républicaine semble bien remonter en fait au milieu des années vingt. Les causes en sont diverses.

Si certains débats paraissent éteints ou très apaisés – telles la forme républicaine du régime ou la question religieuse –, d'autres révèlent leur permanence et leur acuité : ainsi les problèmes extérieurs posés par la question allemande et la reconstruction européenne, et tout autant la gravité de la crise monétaire et financière, produit de la crise inflationniste déchaînée par le financement de la guerre. L'inflation monétaire et la hausse des prix sont créatrices d'une véritable rupture sociale : affaiblissement et rancœur des couches moyennes, mécontentement des fonctionnaires, revendications ouvrières, hostilité de tous à l'égard des « nouveaux riches » et des « profiteurs de guerre ». La crise ne fera qu'ajouter ses effets propres, attisant les rancœurs face aux professions à statut ou aux groupes protégés.

Ce qui est atteint à travers la portée sociale de l'inflation et de la hausse des prix des années vingt puis de la crise économique des années trente, c'est le mythe républicain du progrès économique et de l'amélioration sociale, de l'égalité croissante des chances, de la promotion sociale, lente peut-être mais sûre et régulière. C'est l'idéal d'un juste milieu par l'école, tel que l'exprime Jerphanion, le héros de Jules Romains dans *Les Hommes de bonne volonté*, inscrit au Parti radical parce qu'il y voit un parti à égale distance du grand capital et de la rage d'abolition de la propriété privée. La grande référence républicaine est encore fortement atteinte par la création du Parti communiste à la fin de l'année 1920. Sa bolchevisation, effective vers 1925, en fait un modèle étranger à la tradition de la Révolution française de 1789 érigée en « bloc » par l'idéologie républicaine et ramenée au rang de révolution « bourgeoise » par les bolcheviks, promise par là au dépassement historique. On en eut la démonstration éclatante le 23 novembre 1924 à l'occasion du transfert des cendres de Jean Jaurès au Panthéon ; le Parti communiste ne se contenta pas de ne pas participer au cortège, mais organisa son propre cortège qui troubla l'heureux déroulement de la cérémonie. Au « *Poincaré la guerre* » des gauches succédait le « *Jaurès la guerre* » des communistes.

Se mettait ainsi en place une configuration politique inédite, plaçant les socialistes en position défensive et ramenant le Parti radical aux dimensions d'une figure centriste promise aux numéros d'équilibrisme dans l'arène politique. De crainte d'être toujours trop déportés sur leur droite, les radicaux préféreront se dégager des coalitions de centre-droit, devenant par là les principaux responsables de l'instabilité parlementaire entre les deux guerres. Surtout, l'apparition du Parti communiste introduit, depuis l'établissement du régime républicain en France, trois innovations radicales qui sont autant de ruptures avec la tradition politique française.

Se présentant au suffrage des électeurs et régulièrement représenté à la Chambre à partir de 1924, il ne joue pas pour autant le jeu parlementaire classique, refusant notamment, jusqu'à la veille du Front populaire, de pratiquer au second tour des élections le jeu de la fameuse « discipline républicaine » de désistement en faveur du candidat de gauche le mieux placé ; d'obédience bolchevique, il fait figure, pour beaucoup, de « parti de l'étranger » et alimentera nombre de campagnes sur ce thème ; il ne relève pas, enfin, de la tradition démocratique française et ne reconnaît pas, à la différence des socialistes, la légalité de l'ordre « bourgeois ».

Cet enchaînement rapide de déséquilibres et de ruptures, provoqué par la guerre, a contribué à affaiblir le consensus institutionnel, politique et social, qui avait abouti à un relatif équilibre. L'urbanisation croissante de la société française, le développement des moyens de communication de masse (radio) renforcent la propagation de ces commotions.

Un dernier facteur d'explication aide à comprendre cet effritement de la vieille tendance républicaine, à savoir l'opposition croissante entre deux France condamnées à coexister tant bien que mal : un pays malthusien en voie d'être dépassé et un pays dynamique engagé sur la voie de la modernisation. La France malthusienne a ses lieux et ses acteurs privilégiés : une population dont le vieillissement s'accélère, une structure socio-professionnelle caractérisée par la prédominance de la population des campagnes et des bourgs sur la population urbaine, l'existence d'un large secteur actif agricole et, dans l'industrie, la prédominance de la petite entreprise. Il en résulte une mentalité et un comportement largement tournés vers la conservation et la revendication. Un rapport nouveau au politique tend d'ailleurs à s'établir depuis la Première Guerre mondiale. Devenu par force patron et investisseur, l'État a en même temps renforcé son rôle de protecteur social. C'est, dans les années trente, l'époque de la retraite du combattant et du lancement de la première Sécurité sociale. La revendication y trouve un nouvel élan : petits paysans, anciens combattants, salariés des secteurs protégés, contribuables s'organisent pour obtenir une meilleure part de la redistribution. Ainsi se dégage un genre de vie fragile, vivant dans la hantise du changement et de l'agression : par l'inflation, par la crise, par la montée des périls extérieurs comme par les modifications de l'équilibre social. Vie collective rythmée par les rancœurs de l'ancien combattant (le 6 février 1934), les angoisses de l'épargnant (l'inflation), la vindicte du contribuable (les scandales financiers), le déclassement du chômeur (après 1930), les hantises du pacifiste (la montée des périls extérieurs). C'est la France du « Ça me suffit », de la défense du « petit » contre le « gros », du « charbonnier maître chez soi »; la France du citoyen contre les « pouvoirs » (Alain), du « bonheur de Barbezieux » (Jacques Chardonne), la France de Chaminadour (Marcel Jouhandeau).

A cette France inquiète, frustrée, apeurée, s'oppose une France moderne, dynamique et sans complexes, riche de potentialités, mais qui se heurte aux rigidités d'une société crispée : femmes au travail, en nombre croissant, dans des secteurs de plus en plus diversifiés, secteurs modernes du monde syndical, mouvements spécialisés du monde catholique, secteurs dynamiques du patronat, champions du sport, de l'aviation ou de l'automobile, écrivains de l'action, avant-gardes artistiques.

En dépit, enfin, d'un certain décloisonnement accéléré par le premier conflit mondial, les différents milieux sociaux et culturels s'ignorent encore largement les uns les autres, et, jusqu'en 1936, la grande majorité des Français ne part pas en vacances, alors que Deauville triomphe depuis les années vingt et que Saint-Tropez connaît son premier lancement à la veille de la guerre.

De l'inépuisable débat sur un fascisme français

L'enjeu d'une telle interrogation est de taille. Le régime de Vichy ayant fait parfois l'objet d'accusations d'imprégnation ou de collusion fasciste, la mise en évidence d'infiltrations fascistes en France antérieurement à la guerre permettrait d'établir une éventuelle continuité d'amont en aval et de vérifier, par l'antériorité historique, certaines réalités d'un fascisme vichyste [5].

Alimenté par les interprétations passionnées auxquelles a donné lieu l'épisode du 6 février 1934, le débat historique est passé par plusieurs phases. Un relatif accord a longtemps prévalu autour de la thèse faisant de la France une terre épargnée par la marée brune qui avait recouvert la plus grande partie de l'Europe. Dès 1954, dans la première version de son classique *La Droite en France*[6], René Rémond voyait avant tout dans la journée du 6 février 1934 une manifestation brutale d'antiparlementarisme issue de la tradition ligueuse née à la fin du XIXe siècle, alimentée par le rejet d'Édouard Daladier et du personnel radical. Dix ans plus tard, un historien américain, Robert J. Soucy[7], et un historien allemand, Eric Nolte[8], tout en faisant leur part à des tentations ou à des risques d'imprégnation fasciste dans la France de l'entre-deux-guerres, n'allaient pas encore jusqu'à évoquer l'existence d'un fascisme en France. Ils allaient toutefois plus loin en découvrant dans l'idéologie nationaliste de la fin du XIXe siècle des relents de préfascisme. Le réveil de la douloureuse mémoire juive dans les années 1970 et 1980 n'est pas étranger à la novation radicale des interprétations. La plus extrême est celle qu'a exprimée Zeev Sternhell[9] ; selon cet auteur, non seulement la France n'est pas restée à l'écart de la vague fasciste, mais elle doit être considérée comme la terre qui lui a donné le jour : écrivains, intellectuels, syndicalistes de « droite » comme de « gauche » auraient forgé, entre les années 1880 et 1930, un corpus intellectuel fait de nationalisme, de culte de la force, de volonté de fusion des classes, de collaboration entre le monde du travail et le monde du capital, d'exaltation des races et de culte du chef.

Barrès et Maurras comme Emmanuel Mounier et Robert Brasillach, tous seraient coupables d'avoir engendré une France authentiquement pré- puis profasciste. Si le lieu n'est pas de nous livrer à une analyse de fond, on ne peut que se dire frappé ici de l'extravagant amalgame auquel se livre Zeev Sternhell, rapprochant des hommes et des courants d'au moins deux générations et qui n'ont en commun que de rechercher, par des voies différentes, des solutions aux problèmes neufs posés par les sociétés démocratiques : conciliation du combat politique et de l'unité nationale, recherche d'un bien commun, relations entre les peuples, harmonisation entre un pouvoir modéré et consensuel et les exigences de la décision, accord entre la promotion de valeurs communes au corps social et le respect des consciences individuelles.

Ce qui importe ici est de distinguer soigneusement deux réalités propres pouvant se formuler en deux questions. Y a-t-il eu, dans les années vingt et trente, des mouvements et des hommes s'inspirant visiblement – fût-ce par mimétisme – de modèles authentiquement fascistes ? A côté de ces tentatives d'incarnation dans le réel – volonté révolutionnaire, promotion d'un chef, combat national –, quelle importance faut-il accorder aux courants de dépassement de la voie libérale et de la voie marxiste, qu'on peut encore qualifier d'idéologies de troisième voie?

Qu'il y ait eu d'authentiques tentatives de concrétisation d'un fascisme en France avant 1940 n'est pas niable.

Nous ne les trouverons pas du côté des vieilles ligues. L'Action française – dont l'influence supposée suscitera tant de commentaires dès 1940 – a bien perdu de son allant et de son mordant : conservatrice, de plus en plus liée à une clientèle provinciale et traditionnelle. Son fondateur et inspirateur, Charles Maurras, idéologue et journaliste vieilli, n'est pas un homme de terrain ni un révolutionnaire. La condamnation du mouvement en 1926 par Pie XI lui porta un dernier coup, dont elle ne se remit jamais, en la coupant de la jeune génération catholique ardemment romaine.

Révélateur de cet affadissement, le départ de ceux qui sont à la recherche de formes d'engagement beaucoup plus affirmées, telles celles mises à l'honneur par Benito Mussolini. C'est le cas de Lucien Rebatet, le cas, surtout, de Georges Valois, ancien disciple de Georges Sorel. Il lance en 1925 « Le Faisceau », qui comptera à son apogée vingt-cinq mille adhérents, très représentatifs des couches moyennes. Imitation consciente du squadrisme mussolinien, Le Faisceau en reprenait le goût des rassemblements et l'attachement aux uniformes. Il disparut tôt, victime de l'esprit de vengeance maurrassien et de la retombée de l'agitation anticartelliste. Son fondateur, entré en résistance dès 1941, mourut en camp de déportation en 1945. Avec Le Faisceau, on en est encore à la ligue de protestation circonstancielle, financée par quelques industriels hostiles au Cartel, dont la mort suit de peu la naissance et dont les emprunts au fascisme se limitent à quelques apparences extérieures de celui-ci.

Avec les « Jeunesses patriotes » et les « Croix-de-Feu », on demeure toujours loin d'un authentique modèle fasciste. Le premier mouvement est, au départ – 1924 –, une section des Jeunes de la Ligue des Patriotes du général de Castelnau. En dépit de leur pratique du salut à la romaine, leur idéologie les rattache moins au fascisme qu'à un certain esprit combattant et à une volonté d'entraide, proche du vieux fonds catholique social. Leurs effectifs – cinquante à soixante mille adhérents – en firent toutefois un relatif mouvement de masse antiparlementaire et anticommuniste.

Les Croix-de-Feu sont au départ une association d'anciens combattants fondée par Maurice d'Hartoy, un journaliste, et dont le président d'honneur est Jacques Péricard, figure légendaire du mouvement combattant. Le mouvement ne prend son vrai départ qu'avec l'arrivée du lieutenant-colonel de La Rocque. Celui-ci a participé à la campagne de Pologne en 1921 puis à celle du Maroc. Il a quitté l'armée pour entrer dans la Compagnie générale d'électricité d'Ernest Mercier, fondateur du « Redressement français ». Devenu président des Croix-de-Feu en 1931, il en fait un authentique mouvement de masse qui groupe, vers 1935, trois cent à quatre cent mille adhérents. Un temps assimilé à un groupe fasciste, les Croix-de-Feu, depuis notamment les travaux restés inachevés de Philippe Machefer [10], ne sont plus considérées comme relevant du fascisme. Leur programme, présenté en 1935 par La Rocque sous le titre « Service public », associe un message d'inspiration catholique sociale à une mystique des élites; le retour à la morale et la promotion de la famille permettront de doter la nation de ses cadres naturels ; un corporatisme tempéré – la profession organisée – s'associe à une recherche de la justice sociale permettant de contenir l'État dans ses limites naturelles. Y a-t-il meilleure illustration de cet état d'esprit que la passivité des groupes Croix-de-Feu au soir de l'émeute du 6 février 1934, alors même qu'ils étaient les mieux placés sur la rive gauche de la Seine, à proximité du Palais-Bourbon, pour envahir celui-ci ? La transformation des Croix-de-Feu en Parti Social Français (PSF) en 1936 marquera le passage de la ligue néopopuliste au parti politique classique.

En définitive, ne subsistent que deux concrétisations réelles de mouvements fascistes, fort différentes d'ailleurs l'une de l'autre.

La première est le « Francisme », fondé par Marcel Bucard. Ancien adhérent de la Fédération nationale catholique et ancien secrétaire du parfumeur François Coty, Bucard a créé sa propre ligue en 1933. Son modèle : Mussolini ; son style : les défilés en uniforme bleu. Mais l'idéologie est courte et les effectifs squelettiques [11].

Le « Parti Populaire Français », fondé en 1936 par Jacques Doriot, présente une tout autre envergure [12]. Par la personnalité de son chef tout d'abord. Ancien combattant, ouvrier métallurgiste, entré dès sa création au Parti communiste où il a connu une rapide ascension, il a été victime d'une brutale exclusion prononcée en juin 1934 à la conférence d'Ivry. Son tort : avoir eu raison trop tôt et avoir enfreint la discipline de l'Internationale communiste en préconisant dès 1933 une stratégie d'entente avec les socialistes, à une époque où le Parti communiste dénonçait encore la SFIO comme « *social-traître* » et « *social-fasciste* ». Un an plus tard, avec le concours d'intellectuels et l'appui généreux de divers milieux économiques et de l'Italie mussolinienne, il fonde le Parti Populaire Français (PPF). Celui-ci présente l'originalité d'avoir été un parti de masse (une centaine de milliers d'adhérents) et d'avoir réuni une large base ouvrière (en pratique l'ancien « rayon » communiste de Saint-Denis, 40 pour cent environ des adhérents). Anticommuniste et antiparlementaire, le PPF propose une intégration de la France dans une Europe fasciste. Cet antinationalisme comme son ouvriérisme et son manque de raffinement doctrinal devaient contribuer à éloigner du PPF nombre de ses adhérents de droite et la plupart des intellectuels, un temps ralliés.

Car des intellectuels fascistes, il y en eut, fût-ce en nombre restreint, même si ce qui reste d'eux aujourd'hui est lié en général davantage à un talent reconnu plus qu'à un engagement extrême dans l'idéologie ou l'action. Leurs motivations sont difficilement séparables de leur vision de l'Allemagne avant 1940. Gardons-nous ici de toute lecture rétrospective s'agissant d'hommes à la sensibilité exacerbée et à l'intelligence toujours en quête de nouveauté.

A lire le Brasillach de *Notre avant-guerre* ou le Drieu de *Socialisme fasciste*, il frappe à l'évidence que leur jugement est au départ conditionné par le parallèle accablant qu'ils dressent entre la France et l'Allemagne : pays vieux-pays jeune, déclin-renaissance, corruption-vigueur, alcool-vie saine... L'Allemagne est le pays des chefs, des mises en scène grandioses, le lieu d'une entreprise de régénération. Au modèle français de mesure et de raison, on substituait une *hybris* confondue avec le romantisme et le mépris de la rationalité, identifiée à une volonté de dépassement de soi. Dans ce culte – assez troublant – de la virilité et de la force, dans cette communication avec des masses enrégimentées et fanatisées, quelle place finalement faire à l'idéologie ou à l'analyse politique ? L'image, la représentation et le rêve semblent bien l'avoir emporté sur l'analyse et la réflexion, de même que certains entraînements ou certaines amitiés, comme ceux que savaient si bien entretenir les réseaux manipulés par Otto Abetz, futur « ambassadeur » à Paris, autour de l'association France-Allemagne.

Les plus conséquents, avec eux-mêmes, de ces écrivains furent sans doute Lucien Rebatet et Robert Brasillach, le plus ambigu et le moins convaincant dans le rôle Drieu La Rochelle [13]. Tous trois n'en prolongeront pas moins leur engagement dans la guerre, se révélant même des critiques acerbes ou des observateurs sans complaisance du régime de Vichy. Leur fascisme révèle la passion de l'instant, le goût des impressions successives et fugitives, le dégoût d'une France vieillie et l'admiration devant les régimes neufs, l'adhésion au culte de la jeunesse, l'enthousiasme pour le meneur d'hommes ou le leader charismatique, l'attente de la régénération.

Les intellectuels fascistes sont-ils prêts pour autant à entériner la subversion totale des valeurs qu'implique un authentique fascisme, en même temps que le nihilisme social qu'entraîne le culte hypertrophié de l'État ? Rien n'est moins sûr.

Au total, la solution fasciste n'aura rallié que brièvement, superficiellement et faiblement. Les raisons de fond se dégagent aisément. Si la victoire de 1918 a été chèrement acquise et a suscité plus de soulagement que de véritable allégresse, si elle a engendré certaines nostalgies et éveillé certaines attentes, si l'inflation a opéré une amorce de destructuration de la vieille société et si la révolution bolchevique a provoqué à la fois la peur et l'espoir, au total la France, à la différence de l'Italie, de l'Allemagne et de certains pays d'Europe centrale, n'a pas connu les mêmes bouleversements. Il a subsisté une solide et ancienne base bourgeoise modèle, hostile sur le fond à toute révolution profonde, d'où qu'elle puisse venir. De fins observateurs de l'époque l'ont relevé. Ainsi Lucien Romier, futur conseiller du maréchal Pétain :

> *Quels que soient les sentiments de la bourgeoisie à l'égard du régime ou de sa politique, la meilleure garantie de la durée de ce régime est dans la bourgeoisie elle-même, à cause de l'horreur pratique qu'elle a pour toute violence qui voudrait changer l'ordre établi et les positions acquises... Dans l'esprit bourgeois de la France, l'utilité traditionnelle de la dictature est de rétablir le bon ordre, de ramener le calme et d'assurer la tranquillité* [14].

Écoutons encore Emmanuel Berl :

> *Les éléments les plus bourgeois de la France sont aussi ceux dont l'hostilité au fascisme paraît la plus irréductible. Un véritable bourgeois ne peut être fasciste, à moins que la menace communiste ne devienne si pressante qu'elle lui retire toute possibilité de manœuvre et toute liberté de choix* [15].

Qu'il n'y ait pas eu dans la France de l'entre-deux-guerres de véritable phénomène fasciste ne doit pas conduire à méconnaître ou à sous-estimer certaines manifestations, traduisant un dérèglement de la pratique républicaine. Ces défilés et rassemblements d'hommes en uniforme peuvent témoigner en faveur d'une certaine nostalgie de la guerre et d'une volonté de maintenir la camaraderie du front ; on peut encore évoquer la persistance d'une vieille tradition des assemblées en uniforme – un mouvement aussi démocratique que « Le Sillon » y recourait au début du siècle. Il demeure que ces appels martelés à l'autorité, ce mythe du chef, en un temps de crise profonde des sociétés européennes et de floraison de régimes autoritaires, pouvaient éveiller de singuliers échos. Dans quelle mesure – à côté d'autres facteurs – préparaient-ils l'appel à un soldat glorieux, plus proche et plus solidaire que des politiciens brocardés et voués au mépris public ?

Cette rupture du consensus républicain se retrouve au cœur de nombreux mouvements des années trente qui, dans leur diversité et leurs oppositions, ont tous en commun d'exprimer une volonté de dépassement des idéologies en place.

L'AFFIRMATION D'IDÉOLOGIES DE TROISIÈME VOIE [16].

Ces mouvements présentent de nombreux points communs. Ils rassemblent des membres de la jeune génération – ils ont de vingt à trente ans – en révolte contre leur temps. Ils n'ont pas fait la guerre le plus souvent ou l'ont à peine connue. Ils n'aiment pas les anciens combattants, se désolent de vivre dans un « pays de vieux », étouffent dans le cadre étroit des sempiternels débats franco-français et renvoient dos à dos régimes politiques et systèmes idéologiques. Si tous ne sont pas révolutionnaires, tous s'affirment modernes et novateurs. Si tous ne prêchent pas la rupture fracassante, tous se situent dans le cadre d'une crise de civilisation à laquelle ne permettent pas de répondre, ni les faibles ressources de la vie politique classique, ni les réponses séniles des vieilles philosophies. Pressés, sûrs d'eux-mêmes, arrogants parfois, ils préfèrent aux synthèses lentement élaborées les jugements décisifs et les réponses immédiates, produit d'une culture éclectique et du monde d'expression privilégié qui est le leur, la revue qui, mieux que le livre, délivre, en des articles de vingt pages, des messages instantanés et des philosophies définitives.

Ces auteurs relèvent, certes, d'inspirations différentes comme leurs finalités. On y trouve une jeune droite pour laquelle Maurras n'est qu'une « *vieille barbe* » sentencieuse et figée, tantôt moderniste avec *La Revue française* (Jean-Pierre Maxence), tantôt inspirée de références humanistes et religieuses avec *Réaction*, animée par Jean de Fabrègues, Thierry Maulnier et Robert Aron. Un autre courant, empreint d'une volonté toute technocratique d'organisation et d'efficacité immédiate, anime les hommes d'*Ordre nouveau* et des *Nouveaux Cahiers*. L'idée nouvelle de multidisciplinarité – source d'enrichissement humain, gage d'efficacité et promesse de consensus – s'affiche dans le rapprochement d'intellectuels, de syndicalistes – parfois d'inspiration chrétienne –, d'universitaires, d'économistes, de hauts fonctionnaires.

Avec *Esprit*, lancé par Georges Izard et Emmanuel Mounier, c'est une condamnation en règle, sans circonstances atténuantes et sans espoir de rachat, de la société bourgeoise, coupable d'avoir dénaturé les valeurs chrétiennes en les détournant à son seul profit. Relecture de Péguy et de Léon Bloy mise au service de la politique antimaurrasienne de Pie XI, la fougue sans concession de Mounier s'alimente aux valeurs d'engagement de l'Association Catholique de la Jeunesse Française (ACJF) à laquelle il a appartenu.

Tous ces mouvements ont été incorporés sans hésitation par Zeev Sternhell dans sa galaxie fasciste française. C'est très abusif, à moins de faire entrer dans la définition du fascisme des concepts indéfiniment plastiques dans l'espace et démesurément extensibles dans le temps. Ce qui ne veut pas dire qu'il n'y ait pas des choses intéressantes pour la suite de notre propos dans le cas de ces groupements.

Ce qui les caractérise fondamentalement est leur hostilité commune au libéralisme, ce grand accusé de la contestation d'après guerre. Le désordre monétaire des années vingt et la crise économique des années trente amplifient la conviction de son déclin inéluctable et de l'urgence de le pallier par des solutions alternatives. Cet antilibéralisme prend ici plusieurs formes et débouche sur des propositions différentes.

Chez les partisans d'un retour à la tradition et à la spiritualité s'exprime le vieux discours d'hostilité de principe à la démocratie du nombre et de la masse et à l'égoïsme social, fruit de l'individualisme libéral. Les milieux planistes se montrent intéressés par un programme de réformes économiques et sociales, qui emprunte tout à la fois au corporatisme, aux idées naissantes du New Deal et à la planification à la soviétique. Quant à Mounier et aux « personnalistes », ils dénoncent dans le capitalisme immoral le produit final d'un libéralisme dégénéré. Mounier entend certes se situer à égale distance des méfaits du libéralisme et de ceux du totalitarisme, mais quand ses propos s'étendent au versant démocratique de la société libérale, ils n'en revêtent pas moins un étrange éclairage : « *Nous ne sommes pas les moins sévères pour la démocratie libérale et parlementaire*, écrit-il en 1935, *démocratie d'esclaves en liberté.* » En d'autres termes, la démocratie libérale n'est pas amendable ; elle est à rejeter tout autant que les totalitarismes au profit d'une conception nouvelle, humaniste, communautaire et spiritualiste. « *Désordre établi* », la société libérale, démocratique et capitaliste, vue par Mounier, fonde et légitime par sa destruction nécessaire un État dépositaire de la morale et du bien.

Atteint et devenu vulnérable, le consensus républicain est demeuré encore assez fort pour ne pas créer en France de conditions réllement propices à une expérience de type fasciste. Sublimation, forme dérivée ou alibi, le début sur les institutions et la réforme de l'État a occupé une place considérable dans les débats de l'entre-deux-guerres.

L'IMPOSSIBLE RÉFORME DE L'ÉTAT

A peine née et consolidée, la IIIe République s'était trouvée confrontée à un dilemme issu de ses origines mêmes. Succédant à un second Empire au pouvoir fort et personnalisé s'appuyant sur une pratique autoritaire de la démocratie – candidature officielle, plébiscite –, il lui fallut trouver un compromis entre l'autorité incarnée, la représentativité démocratique et le respect des droits des Chambres ; en pratique, tenter de concilier 1830 (la souveraineté nationale) et 1848 (triomphe de la souveraineté populaire), en faisant tomber dans la trappe le césarisme démocratique du second Empire, issu lui-même des avancées audacieuses de 1848.

La solution fut trouvée – pensait-on – par la « Constitution » de 1875 et la pratique républicaine qui suivit le coup de force du maréchal de Mac-Mahon. Le souvenir honni – tant des libéraux que des républicains – de l'Empire césarien était éteint dans l'alliance conjuratoire du libéralisme et de la démocratie qu'elle fondait. Cela se fit au détriment de l'autorité d'un pouvoir exécutif, autonome et responsable, aux dépens aussi de l'image personnalisée d'une autorité à laquelle de larges secteurs de l'opinion demeuraient attachés (et que Gambetta fut le premier tenté d'exploiter en sa faveur). Le Parti radical, et radical-socialiste, parti républicain modèle, allait attacher son nom à une philosophie républicaine qui avait trois ennemis : la réaction cléricale, le collectivisme d'inspiration marxiste et la dictature personnelle... ce qui laissait libre un large champ de manœuvre politique. L'attachement sincère des radicaux à la liberté comme aux libertés – enraciné dans les terroirs français – les amenait à voir dans l'État plus une menace pour les citoyens que le garant de la défense active de leurs libertés. La Première Guerre mondiale, le temps passé de la période exceptionnelle du gouvernement de guerre de Clemenceau, ne changea finalement rien à la pratique gouvernementale antérieure.

Le dérèglement du système économique, la dégradation de l'esprit public, la montée des périls extérieurs ne modifièrent pas les analyses et les comportements du milieu politique, qui puisait précisément la justification de son attitude dans la nécessité de toucher le moins possible à des mécanismes qui avaient fait leurs preuves.

Si sagesse il y avait, elle fut interprétée par divers secteurs de l'opinion, à la faveur des crises françaises, en termes d'impuissance, d'intérêt corporatif ou d'aveuglement. Le 6 février 1934 est à cet égard à la fois un révélateur et un détonateur de la montée de l'antiparlementarisme dans les couches moyennes. Par là se trouvait posé le problème du renforcement de l'exécutif et prenait naissance le mouvement de réforme de l'État, dont le gouvernement de Vichy représentera l'une des tentatives de réponse et qui se poursuivra sous lui et après lui.

Ce mouvement de réforme a connu trois modes d'expression selon les niveaux d'émergence, de la plus spontanée à la plus élaborée. L'expression la plus ouverte et la moins formalisée se rencontre chez les mouvements ligueurs, dont l'agitation tapageuse et provocante entend témoigner d'une impatience devant les carences de l'autorité et d'une volonté d'y substituer une volonté forte. On est maintenant assuré du fait que, par absence de coordination et de volonté concertée et délibérée, il n'y eut pas tentative réelle de coup de force le 6 février 1934 ni de mise en place d'un pouvoir de substitution.

Les anciens combattants de l'État

Il y eut en revanche des projets beaucoup plus engagés et élaborés de réforme de l'État de la part des mouvements d'anciens combattants. Compte tenu de la place occupée par les combattants appelés à être organisés sous le régime de Vichy en Légion Française des Combattants, il vaut qu'on s'y arrête plus longuement.

La force du mouvement combattant tient d'abord dans son nombre : plus de trois millions et demi de titulaires de la carte du combattant (sur cinq millions et demi de survivants en 1935), plus de trois millions d'adhérents à des associations, dont les plus importantes sont l'Union Nationale des Combattants (UNC) et l'Union Fédérale (UF), fortes chacune de près d'un million de membres. En 1927, la création d'une Confédération nationale de l'ensemble des associations en fit un groupe de pression très efficace, dont les dirigeants devinrent les interlocuteurs permanents des gouvernements. L'obtention en 1930 de la retraite du combattant provoqua un nouveau gonflement des effectifs des associations. Leurs dirigeants avaient pris goût désormais à la politique ; cette tendance s'accusa encore lorsque Gaston Doumergue, devenu président du Conseil, fit choix de Georges Rivollet, président de la Confédération nationale des Combattants, pour le poste de ministre des Pensions au lendemain du 6 février 1934. Or, l'UNC avait participé en pointe aux manifestations dirigées contre le cabinet Daladier le 6 février.

Cette promotion politique de Rivollet divisa le mouvement combattant et fit de Henri Pichot, président de l'Union Fédérale, la figure dominante de celui-ci. Il sera, en juillet 1940, le véritable « inventeur » de la Légion Française des Combattants. Multipliant les appels à l'unité, il préconise, dès 1932, la formation d'une « Légion Française des Combattants ».

Dès lors, le mouvement combattant ne cesse de s'engager toujours plus avant dans le combat pour la refonte des institutions républicaines ; la plus ardente est l'Union Fédérale d'Henri Pichot, d'orientation radicale-socialiste. En mars 1934, l'UF propose un « Plan de reconstruction nationale » dans lequel sont consignés et analysés : 1) le malaise général ; 2) la crise du personnel politique ; 3) la crise du régime parlementaire ; 4) la crise économico-politique. Remèdes proposés : une restauration générale de l'autorité gouvernementale par une réorganisation du travail parlementaire et une approche nouvelle de la part de l'État de ses responsabilités en matière économique et sociale [17].

Une des conséquences de ces formes nouvelles d'engagement du mouvement fut d'achever de constituer en corps de doctrine une authentique mystique combattante. C'est cette idée – qui gagne du terrain à chaque nouvel à-coup de la machine politique – qu'en cas de défaillance grave du système politique à même de menacer les équilibres fondamentaux de la nation, les combattants se révéleraient comme l'ultime recours car ils sont l'unique armature d'une nation en péril.

Dans les deux années qui précèdent la guerre, le mouvement combattant multiplie démarches et initiatives. Ainsi, le 16 mars 1938, Henri Pichot effectue une démarche que le premier à révéler a été Henri Amouroux, à partir d'un procès-verbal établi en 1941 par Pichot [18]. Il s'agit d'un entretien entre celui-ci et le président de la République, Albert Lebrun, au cours duquel le président de l'UF, après avoir relevé l'impuissance des partis et souligné la gravité du moment – chute du deuxième gouvernement Chautemps –, pressa son interlocuteur de faire appel... au maréchal Pétain, le seul à ses yeux à pouvoir réaliser l'union.

Albert Lebrun, interloqué, ne put qu'alléguer la pratique républicaine qui lui faisait obligation d'appeler Léon Blum – dont le gouvernement tiendra un mois. Le lendemain 17 mars, le bureau de l'UF remet un ordre du jour au président de la République ainsi qu'aux présidents du Sénat et de la Chambre. Il y est affirmé :

> *Le salut intérieur et extérieur de la France exige la cessation sans délai des compétitions partisanes, le silence des égoïsmes individuels ou collectifs et la concentration des énergies françaises ; en conséquence, l'heure a sonné d'un gouvernement de Salut national..., composé d'un nombre restreint d'hommes sans compromissions auxquels le Parlement confiera le mandat exprès de prendre les mesures d'urgence exigées par la situation [19].*

Le 9 octobre 1938 – au lendemain de Munich –, nouvelle motion est déposée pour la constitution d'un « *gouvernement de Salut national et de Salut public* », doté pour un an des pleins pouvoirs. Nous sommes à un an de l'entrée en guerre de la France, à moins de deux ans de l'arrivée au premier plan du maréchal Pétain...

André Tardieu et les réformateurs

Agitationnelle avec les ligues, instinctuelle chez les anciens combattants, la volonté de réforme des institutions a pris une forme plus réfléchie et plus élaborée chez un certain nombre de politiques [20]. Pour autant, on n'a pas affaire à une doctrine mise en forme mais à un ensemble pragmatique de propositions de réformes ponctuelles visant à améliorer le fonctionnement des institutions. Deux présidents de la République s'y exercèrent. Le premier est Alexandre Millerand qui, dans son discours d'Évreux, s'était prononcé, dès octobre 1923, en faveur d'un rééquilibrage des pouvoirs donnant plus d'autorité à l'exécutif et de stabilité au gouvernement. En 1934, au lendemain du 6 février, Gaston Doumergue, ancien président de la République et président du Conseil en exercice, proposa en Conseil des ministres une politique mesurée de renforcement de l'autorité exécutive. Promu Premier ministre, le président du Conseil pourrait, en cas de désaccord avec la Chambre, demander la dissolution de celle-ci au président de la République qui pourrait agir sans avoir à solliciter l'avis conforme du Sénat.

Celui qui alla le plus loin dans l'engagement est André Tardieu. Brillant, incisif, caustique, il dénonce, dans *La Réforme de l'État* [21], la paralysie de l'exécutif et le rôle débilitant des groupes de pression. D'autres cheminements furent suggérés ; ainsi la régionalisation (Lucien Romier, Jean Hennessy), la participation institutionnelle des élites économiques et sociales (Lucien Romier, François Perroux), le recours à la procédure référendaire (Carré de Malberg, René Capitant), la rationalisation du travail parlementaire (Léon Blum).

Jusqu'à la guerre, aucun projet d'ensemble ne fut étudié, aucune réforme n'aboutit. C'est que la pratique politique a tôt identifié souveraineté nationale et souveraineté populaire ; celle-ci est censée siéger sur les bancs de la Chambre. Toute entreprise visant à asseoir les bases du régime républicain sur la souveraineté du peuple ou à dégager une sphère propre à l'exécutif était rapidement considérée comme inspirée des régimes autoritaires. Millerand n'avait-il pas commis une forfaiture et violé la neutralité de sa fonction en appelant, en plein exercice de celle-ci, à une correction du jeu des institutions ? Doumergue ne s'est-il pas fait remarquer en saluant – ostensiblement coiffé du béret basque (!) – un défilé des Croix-de-Feu ? Quant à Tardieu, ses appels directs à l'opinion par la radio ont été perçus par les partis comme une véritable déclaration de guerre.

Ce malaise de la démocratie représentative, cette désaffection à l'égard du parlementarisme libéral rencontrent sans doute certaines limites. C'est ce que constate un maître du droit, spécialiste réputé des modes de fonctionnement du régime parlementaire, Joseph Barthélemy..., futur ministre de la Justice du maréchal Pétain :

> *En réalité, la désaffection n'est pas absolument générale, ni peut-être très profonde. Elle sévit surtout dans les milieux parisiens, dans les classes intellectuelles, dans la bourgeoisie moyenne.*

> D'ailleurs, ce scepticisme à l'égard des institutions existantes ne se complète que par ce qui pourrait en être le corollaire : l'adhésion à un autre régime [22].

Il n'en demeure pas moins jusqu'à la veille de la guerre une aspiration mal rentrée à une réforme profonde des institutions, ancrée particulièrement dans les couches moyennes. Associée au nom du maréchal Pétain, chez les anciens combattants si nombreux et si influents, elle fournira une large base favorable au nouvel État après juillet 1940.

L'IMPRÉGNATION PACIFISTE

C'est dans les années 1933-1934 que s'accélère la décomposition de l'ancienne synthèse politique qui avait tant bien que mal tenu le coup jusqu'alors. Elle ne résiste pas à l'enchaînement dramatique des événements : brutale aggravation de la crise sociale, creusement des déficits et, surtout, au-dehors, l'isolement diplomatique et l'affaiblissement militaire de la France.

L'échec de la Conférence sur le désarmement à Genève et l'obtention par l'Allemagne de l'égalité des droits mettent un terme au mythe de la sécurité collective et laissent la France sans véritable allié face à l'Allemagne, où Hitler est arrivé au pouvoir en janvier 1933. Ce contexte de crise accélérée est à l'origine de toute une série de ruptures et de reclassements au sein des familles politiques. A l'origine de la plupart de ceux-ci : l'attitude à adopter face à la montée du risque de guerre. Traversant les partis, elle les divise et les affaiblit et permet la montée d'un puissant courant pacifiste, devenu à la veille de la guerre une authentique force politique.

A la base, un rejet viscéral de la guerre qui plonge ses racines dans le désastre humain de la Grande Guerre : près d'un million et demi de morts, trois millions de blessés, près d'un million d'invalides ; des centaines de milliers de veuves élèvent désormais leurs enfants dans la haine de la guerre. Chez les anciens combattants si nombreux et si jeunes encore alors pour la plupart, le devoir de souvenir dû aux camarades disparus s'accompagne de commémorations dont la plus significative, le 11 novembre, tire toute sa symbolique de son rapprochement dans le temps avec la fête des Morts [23]. Le 11 novembre s'identifie de plus en plus avec le temps à une protestation contre la guerre, un « mort à la guerre », que renforce à l'occasion une connotation idéologique ou politique. Le succès électoral du Cartel en 1924 confère à la défense de la paix une dimension quasi officielle. La présence, côte à côte, dans le gouvernement, en 1925, de Briand, Caillaux et Laval représente à cet égard plus qu'un symbole. Le briandisme, les espoirs quelque peu irréels entretenus autour de la SDN, l'esprit de Locarno, autant de manifestes d'une foi ancrée dans la nécessité de maintenir la paix à tout prix.

Descriptions et amplifications romancées ont conféré au pacifisme ses lettres de noblesse littéraires. L'expérience directe du feu avait donné lieu à des évocations, parfois empreintes d'une volonté militante (*Le Feu* de Barbusse), mais témoignant le plus souvent du refus d'oublier (*Les Croix de bois* de Roland Dorgelès, *La Vie des martyrs* de Georges Duhamel). Après un temps d'arrêt, la littérature de guerre connaît un réveil au début des années trente, à l'apogée du briandisme : Céline *(Voyage au bout de la nuit)*, Drieu La Rochelle *(La Comédie de Charleroi)*, Giono *(Le Grand Troupeau)*, Cocteau *(Thomas l'imposteur)* évoquent une guerre dérisoire et ridicule qui n'engendre que faux-semblants et ne mérite que la désertion.

Si ce pacifisme peut prendre une dimension militante d'antimilitarisme chez les anciens combattants communistes de l'Association Républicaine des Anciens Combattants (ARAC), il est associé en pratique au patriotisme et au sentiment religieux ; le poids des radicaux comme le rayonnement des prêtres et des religieux anciens combattants permettent de confondre en un syncrétisme profond le culte de la patrie, le combat pour la paix et la défense des valeurs religieuses. Il n'est jusqu'à la canonisation de Jeanne d'Arc en 1924 qui n'entretienne cette référence au « bon combat », celui qui, loin de toute pensée expansionniste, est mené pour la préservation de la terre de France de toute présence hostile. Ce patriotisme pacifiste ambiant sera pour beaucoup dans l'atmosphère qui entourera la défaite, l'exode et la naissance du régime de Vichy. Il alimente une mentalité de « pré carré » précisément inscrite dans la logique de la ligne Maginot : cuirasser la France de béton et de fer pour mieux protéger les poitrines françaises.

Le pacifisme, force politique

Mais il y a plus. Au-delà des sentiments de fond dans l'opinion s'est élaborée, au rythme des crises extérieures, une expression organisée du pacifisme qui a finalement évolué en force métapolitique dans les années 1938-1939.

Cette nébuleuse pacifiste s'est organisée autour d'une série de ruptures, qui ont affecté en priorité la gauche politique et syndicale. Deux hommes ont joué ici un rôle essentiel : Gaston Bergery et Marcel Déat. Le premier a rompu avec le Parti radical en 1934, lui reprochant sa participation au gouvernement d'Union nationale de Gaston Doumergue ; le second a été exclu de la SFIO un an plus tôt pour avoir, avec quelques partisans, préconisé un rapprochement de la famille socialiste avec les couches moyennes pour pratiquer un

« socialisme national ». A la tête de petites équipes – les « néos » et les « frontistes » –, ils attendaient beaucoup du Front populaire en matière de réformes sociales; ils ont été déçus par la timidité de celles-ci dont ils ont rendu responsable le Parti communiste, soucieux avant tout de la défense de l'Union soviétique par le ralliement des couches moyennes à une politique modérée de réformes et à un durcissement de la politique extérieure française face à l'Allemagne nazie.

Préoccupations intérieures et extérieures se trouvent ainsi étroitement mêlées chez ces marginaux de gauche : la défense de la paix conditionne le succès de réformes hardies à l'intérieur et affaiblit les communistes dans leur propagande. Pacifisme et anticommunisme : tels apparaissent les fondements d'une politique à laquelle se sont ralliées des équipes diverses de 1937 à 1939. Certaines viennent du monde combattant. Marcel Déat entretient à partir de 1936 des contacts répétés avec Georges Rivollet, responsable de la Confédération nationale des associations d'anciens combattants, et avec Henri Pichot, président de l'Union Fédérale. Ainsi le mouvement combattant se trouvait-il insidieusement entraîné dans les voies du pacifisme militant et à la base d'une communauté d'intérêt des anciens combattants français et allemands.

D'autres ralliements sont venus du monde syndical où, depuis la réunification de la CGT en 1935, s'était organisée une aile antistalinienne, celle de la tendance « Syndicats », animée par René Belin, futur ministre du Travail du maréchal Pétain, qui revendiquait pour les ex-confédérés une indépendance qui ne pouvait reposer que sur une ligne pacifiste et anticommuniste.

Dans cette pénétration des forces profondes du pays par le pacifisme, il faudrait ajouter aux anciens combattants et aux syndicats ouvriers les syndicats paysans, les organisations de commerçants, les groupements de classes moyennes et, surtout, le Syndicat National des Instituteurs. Le SNI, dirigé par André Delmas[24], devait constituer l'un des relais les plus puissants de la propagande pacifiste jusqu'à la guerre. Le refus de la guerre est fondé chez les paysans sur le souvenir des sacrifices les plus lourds offerts à la patrie dans la Grande Guerre; en témoignent Daniel Halévy dans ses *Visites aux paysans du Centre*, Giono allant jusqu'au manifeste pacifiste dans sa *Lettre aux paysans sur la pauvreté et la paix* en 1938.

Les débats soulevés par la question d'une guerre possible ont affecté profondément les grands appareils politiques de la gauche, à commencer par la SFIO.

Le planisme du Belge Henri de Man – défense du socialisme dans un cadre national – avait conquis certaines sphères syndicales au sein de la CGT, mais aussi des groupes socialistes assez nombreux, chez les étudiants et les intellectuels notamment. Si la « droite » du parti – qui se recrute parmi les partisans de l'Union sacrée pendant la Grande Guerre – adopte une attitude de « résistance » en votant régulièrement les crédits militaires aux côtés des radicaux, la « gauche » du parti, pour sa part, suit une ligne qui, prolongeant celle des minoritaires de la Première Guerre mondiale après 1916, se retrouve proche du « défaitisme révolutionnaire ». Au centre, Paul Faure, secrétaire général du parti et ancien minoritaire, était plus proche des « pacifistes » du parti que des « bellicistes ». Le pacifisme intégral se rencontrait même chez quelques isolés, tel le philosophe Félicien Challaye, auteur en 1933 d'une brochure *Pour la paix désarmée, même en face de Hitler*, dans laquelle il déclarait préférable une occupation à une guerre comme préservant les vies humaines.

Une ligne de clivage s'est ainsi établie au sein du Parti socialiste confronté au problème allemand. Jusqu'en 1933-1934, l'idéalisme internationaliste et pacifiste des socialistes s'accommodait de la SDN et de la notion de sécurité collective. Après leur échec, les clivages se précisent. Il y a ceux qui, suivant Blum, Brossolette et Zyromski, estiment indispensable qu'une résistance s'organise face à la menace nazie. Et il y a ceux pour qui la lutte contre la guerre est nécessaire pour ne pas conduire, comme en juillet 1914, à un second échec historique de l'Internationale socialiste ; ceux-là suivent plutôt Paul Faure et Marceau Pivert. En 1938, la rupture entre ces deux groupes est une réalité. La gauche pacifiste apportera son appui au premier Vichy et lui fournira un certain nombre de ses officiels ; elle représentera également une part non négligeable du monde de l'ultra-collaboration parisienne.

La Conférence de Munich met en marche une dynamique du reclassement des forces politiques, qui affecte la droite comme la gauche. Munich engendre chez tous une satisfaction profonde. Tout d'abord, l'hypothèque communiste est levée. Par leur refus de ratifier les accords, les communistes ont consacré la fin du Front populaire. Le 4 octobre 1938, au terme d'un débat sur les accords de Munich, pour la première fois le bloc du Front populaire se fissurait lors d'un scrutin public par le vote négatif du groupe communiste. Un mythe a vécu, celui de l'union des forces de gauche, qui avait à l'origine reposé sur la seule dynamique du Parti communiste.

La droite, presque unanimement nationaliste dans les années vingt et le début des années trente, a en effet évolué et a connu certains clivages internes. C'est que, à partir de 1935, deux types d'événements sont survenus : la réalisation, d'abord, à l'intérieur d'un front commun de la gauche risquant de remettre en cause les grands équilibres socio-économiques ; la montée irrésistible au-dehors de la puissance allemande. La perte d'un appui italien éventuel à la suite du vote des sanctions contre le régime mussolinien en 1935 laissait la France isolée, à moins d'admettre un rapprochement étroit avec l'URSS que rendait impossible, aux yeux de la droite, la politique d'entente des partis de gauche. Seul ce mythe italien, de plus en plus évanescent, permit à la droite d'espérer jusqu'en 1939 de concilier antihitlérisme et anticommunisme, souci de l'ordre à l'intérieur et patriotisme au-dehors. Le Pacte germano-soviétique du 23 août 1939 fut comme une sorte de délivrance, en permettant simultanément de rejeter dans le même opprobre communisme et nazisme, de mettre fin au choix impossible entre fascisme et communisme et de jeter les bases d'un vaste rapprochement, cimenté par un pacifisme mué en programme de gouvernement. La droite se trouve à son tour partagée ; à Laval et Flandin, deux des chefs de file du « parti » pacifiste, s'opposent Paul Reynaud et Henri de Kérillis, partisans d'une ligne de fermeté face à l'Allemagne.

C'est ainsi que, à la veille de la guerre, se trouvait constitué un véritable « parti de la paix » associant des hommes venus de tous les horizons politiques mais présentant presque tous la particularité commune d'avoir rompu depuis 1932-1933 avec leur famille politique officielle par antiparlementarisme, anticommunisme et pacifisme.

Le programme du « parti de la paix »

Cette nébuleuse rassemble des hommes et des courants issus d'origines diverses : représentants d'un pacifisme radicalisant et affairiste dans la lignée de Caillaux, Georges Bonnet et Jean Montigny ; les partisans d'une solidarité économique européenne (Paul Faure et Charles Spinasse) ; ceux qui défendent la thèse du « repli impérial », tels Pierre Dominique et Émile Roche ; les proches et obligés de Pierre Laval encore. Celui-ci, comme nous le verrons, se pose depuis la fin de l'année 1938 comme le rassembleur de l'ensemble des courants d'inspiration pacifiste.

Il serait vain de chercher à dégager une sorte de « programme commun » à ces hommes et à ces courants ; l'individualisme exacerbé des uns comme la dispersion des autres l'interdiraient. En commun toutefois, des aspirations et l'ébauche, chez certains, d'un plan d'ensemble pour fonder une paix durable, elle-même support d'une grande politique ; le maintien de la paix conditionne le succès des réformes à l'intérieur. En priorité, rejeter l'idée d'un « Munich-humiliation » ; l'humiliation, riche d'une culpabilisation redoutable, ne naît pas pour eux du présent mais d'un passé fait de vingt années de traités injustes et d'une politique extérieure et intérieure imbécile.

Sur cette base psychologique assainie, on doit envisager un nouvel ordre diplomatique, économique et politique ; un ordre diplomatique au service de la paix par une saine et juste appréciation des besoins de chaque peuple, un ordre économique qui soit au service des intérêts collectifs, un ordre politique fondé sur un État restructuré. Ce projet est inséparable d'une vision européenne. L'Europe doit être organisée économiquement, si possible en resserrant les liens avec les pays de l'Europe de l'Est pour les arrimer à l'ouest ; à défaut, on laissera les mains libres à l'Allemagne à l'est, au prix d'un repli français sur l'Empire [25]. Il faut, face à Hitler, une force de proposition constructive en vue d'un règlement d'ensemble des problèmes. La détente qui en résulterait permettrait le relâchement de l'économie de guerre et, à l'intérieur, un large rassemblement qui ne laisserait isolés que les communistes, placés eux-mêmes hors du jeu.

On retrouve à la pointe de ce nouveau combat Gaston Bergery et Marcel Déat. Plus « politique », alliant préoccupations doctrinales et opportunisme pur (il est dans l'attente de retrouver, à la faveur d'une élection partielle, un siège perdu aux élections de 1936), Déat escompte que la décantation s'opérera à la Chambre et avant tout chez les socialistes où ne cesse de monter le courant pacifiste et anticommuniste [26]. Hors du Parlement, il souhaite l'appui des forces vives du mouvement combattant mais s'interroge toutefois sur les conditions du passage de l'action coopérative et revendicative à l'engagement politique. Du côté de la Chambre, Gaston Bergery, bien que parlementaire, a abandonné toute illusion. C'est à partir des forces profondes du pays qu'il entend agir : anciens combattants, syndicats ouvriers, antistaliniens de la CGT, syndicats paysans, groupements de classes moyennes.

Ces marginaux de gauche (Déat, Bergery) comme ces minoritaires de la SFIO (Paul Faure, Zyromski) restent toutefois, pour l'essentiel, cantonnés en influence dans leurs familles d'origine. Venus de la gauche, ils en ont gardé le système de référence et les réflexes propres. Cela leur interdit tout contact poussé avec les groupes et hommes des droites classiques. On trouverait en revanche plus d'un point commun entre marginaux de gauche et marginaux de droite d'inspiration antiparlementaire et fascisante : patriotisme blessé ou retenu à la recherche d'une compensation, compréhension pour les régimes autoritaires victimes des démocraties libérales, anticapitalisme.

Si, en termes de poids politique, ces hommes et ces courants pèsent relativement peu face aux grandes formations et aux principaux leaders, il serait faux de penser que leur influence fût sans portée sur les milieux dirigeants. Elle fut aussi, à l'occasion, habilement utilisée par eux. Ainsi Fernand de Brinon ; ancien rédacteur au

Journal des débats, homme de confiance de divers hommes d'affaires, il fut l'un des organisateurs du Comité France-Allemagne. L'un des premiers en France à avoir obtenu une interview de Hitler, il était devenu une sorte d'intermédiaire entre l'ambassade d'Allemagne, les milieux parisiens et le monde politique. Il était introduit dans divers entourages politiques, dont ceux d'Édouard Daladier et de Pierre Laval qui lui confièrent certaines démarches exploratoires. Il était au centre d'un réseau d'informateurs où figuraient notamment Jean Luchaire et Alphonse de Châteaubriand. On retrouvera ces hommes dans des positions clefs en 1940, avec l'accomplissement de la défaite.

Le « Plan de paix » élaboré par Gaston Bergery en septembre 1938 a valu à son auteur d'être reçu par le président du Conseil, Daladier, dans son bureau du ministère de la Guerre, rue Saint-Dominique, le 16 septembre, pour y entendre de très officielles félicitations. On est à deux semaines de la Conférence de Munich... C'est le même Daladier qui partira précisément pour Munich avec en poche le manifeste-pétition pour la paix du Syndicat National des Instituteurs (SNI) et des agents des PTT, précieuse caution de l'opinion publique [27].

De nouvelles orientations dans l'Église catholique

Il a été longtemps communément admis – et parfois complaisamment entretenu – que les relations entre l'Église et Vichy avaient été empreintes de la plus entière cordialité et d'une compréhension rompant avec les rapports longtemps difficiles entre la République et l'Église. On en a conclu à la « divine surprise » en 1940 pour une Église préparée par là à verser dans le culte outré d'un pétainisme sans retenue et l'acceptation fervente d'une révolution nationale et chrétienne.

Mais faut-il parler à tout prix de rupture ? Un certain nombre d'innovations majeures sont en effet intervenues entre les deux guerres ; elles peuvent, à distance, éclairer le « ralliement » éclatant de 1940. Les rapports entre l'Église et la République française n'avaient cessé d'abord de se réchauffer depuis 1918, une fois oublié l'épisode de l'appel de Benoît XV (« *le pape boche* ») en 1917 aux belligérants, analysé souvent en France comme favorable aux Empires centraux. La consécration de la France à Jeanne d'Arc a paru sonner la réconciliation du régime républicain et de la nation rassemblée dans un patriotisme de stricte défense et de sauvegarde du sol. La Première Guerre mondiale avait déclenché un processus d'union sacrée qui ne fut pas renié, bien au contraire, après la victoire. Vécues en commun, les épreuves avaient rapproché des hommes qu'avait séparés la barrière des ignorances et des préjugés.

Témoignent de ces retrouvailles certains vitraux d'églises du nord et de l'est de la France, dont l'inspiration patriotico-religieuse atteste de cette volonté de réinsertion de l'Église dans la société à la faveur de sa participation à une juste guerre. L'alerte du Cartel en 1924 (projet de fermeture de l'ambassade de France auprès du Saint-Siège, d'application de la législation restrictive aux membres des congrégations revenus en France depuis 1914, d'intégration enfin des départements recouverts au statut né de la séparation de 1912) a été de courte durée. En décembre 1926, une décision capitale de Rome est intervenue : la révélation publique de la condamnation de l'Action française décidée en 1914 mais qui était demeurée secrète pour ne pas apparaître comme un acte d'hostilité envers la France, engagée dans un conflit avec l'Allemagne, et d'opposition à la politique d'union sacrée. Cette condamnation suit, à un an près, le traité de Locarno; il précède immédiatement l'entrée de l'Allemagne à la SDN. Il est un gage donné à la politique de sécurité collective en même temps qu'à l'action d'Aristide Briand, qui était personnellement favorable à un nouveau « pacte » entre la France républicaine et le Saint-Siège, encore qu'il demeure acquis qu'il n'y a pas eu de demande expresse du gouvernement français de condamnation doctrinale de l'Action française.

La condamnation représente en fait un second ralliement, trente-quatre ans après l'encyclique *Au milieu des sollicitudes*. Pour Léon XIII, la République était *« un gouvernement aussi légitime que les autres »*. Mais autant le premier s'était soldé par un semi-échec, autant le second est une réussite éclatante. Impulsée par un rescrit de 1927, la suspension *a divinis* des membres du clergé qui resteraient à l'Action française ou donneraient les sacrements à ses membres a eu raison de beaucoup de fidélités. Les dernières et fortes réticences se rencontreront chez un nombre important d'évêques nommés avant 1926, ce qui peut aider à comprendre une certaine ferveur dans l'accueil fait plus tard au régime de Vichy de la part d'un épiscopat non totalement rallié à la « nouvelle Église ».

Par la suite, les voyages en France très réussis de Mgr Pacelli, secrétaire d'État de Pie XI, ont rythmé une amélioration constante des rapports entre l'Église et l'État républicain. Le 30 mars 1939 était rendue publique une lettre du cardinal Verdier, archevêque de Paris, adressée à Édouard Daladier au nom de l'assemblée des cardinaux et évêques de France; saluant sa *« grande œuvre de salut public, ils l'assuraient de leurs vœux les plus ardents »*. Sans doute, en retour, l'Église attendait-elle un geste; en témoignent plusieurs propositions de loi déposées à la veille de la guerre par des députés catholiques; toutes demandaient une modification des lois de 1901 et 1904 relatives aux droits d'enseignement des congrégations religieuses.

Le point d'orgue de cette politique sera la célébration du *Te Deum* à Notre-Dame de Paris, le 19 mai 1940, par Mgr Verdier en présence des plus hautes autorités de la République; le prélat pourra proclamer que la France « *était en guerre pour défendre les principes de la civilisation chrétienne* [28] ». Le gouvernement Daladier n'a cessé d'être caractérisé par des rapports harmonieux entre le Vatican et la France. A la veille de l'épreuve finale, intervient le « pardon » de Charles Maurras – obtenu par l'intermédiaire de la supérieure des carmélites de Lisieux – qui résonnera comme l'écho de la condamnation retenue de 1914. Cette volonté de bons rapports n'est certes pas dissociable de l'espoir de voir le Vatican – né des accords du Latran – jouer un rôle modérateur auprès de Mussolini.

A côté de ce réchauffement entre les deux puissances, il est une seconde évolution à évoquer qui éclaire puissamment, elle aussi, les attitudes de l'Église de France en 1940 : le renforcement de son engagement au sein du tissu social. « *Pape de l'action catholique* », Pie XI n'a cessé d'encourager le dynamisme des catholiques, déjà bien engagés dans la vie sociale. Émancipés, pour beaucoup d'entre eux, de la férule de Charles Maurras, les « laïcs » catholiques tout particulièrement devaient engager une action en profondeur dans la société et se détourner d'un combat politique d'arrière-garde devenu stérile. Les chrétiens sont invités à favoriser la création d'un ordre social chrétien conforme à la justice par les voies du syndicalisme et du corporatisme, tout autant que par le recours à la législation. Tel fut le rôle de l'Action populaire, créée à Reims en 1903, transférée à Vanves en 1922 et animée par une équipe de jésuites dirigée par le père Desbuquois [29].

Cet engagement, renforcé dans les affaires de la cité, est inséparable de la montée du laïcat dans l'Église, accompagnant celle des mouvements spécialisés. Il n'est pas univoque, certes, dans ses manifestations et ses effets, conduisant parfois à des tensions ou à des semi-ruptures – ainsi l'approbation donnée par Mgr Liénart, à Lille, à une grève des ouvriers du textile; ailleurs, il pousse à des formes de participation ou d'accompagnement de la politique générale. Si, à Lyon, le groupe des « Amitiés chrétiennes » jouera un rôle important dans l'aide aux enfants juifs, sur un autre terrain la Jeunesse Ouvrière Chrétienne (JOC) pourra paraître légitimer, dans la pratique d'une politique de présence, le Service du Travail Obligatoire (STO); de même, des militants de la Confédération Française des Travailleurs Chrétiens (CFTC) pourront-ils cautionner la Charte du Travail.

Personnalisation du pouvoir et affaiblissement du contrôle parlementaire

Nous relevions plus haut avec quelle apparente facilité les Chambres de 1936 avaient voté, à une écrasante majorité, les pleins pouvoirs au maréchal Pétain le 10 juillet 1940. Cet abandon de responsabilités et cette dévolution du pouvoir interviennent en fait au terme d'un processus tardif, mais rapide, d'affaiblissement continu du pouvoir parlementaire de contrôle.

Cet abandon progressif a pour origine les difficultés financières et économiques des gouvernements dans les années vingt et (surtout) trente. Elles les ont conduits à solliciter de plus en plus souvent des Chambres des délégations temporaires de pouvoir, leur permettant d'agir avec la célérité exigée par la situation. C'est la pratique des décrets-lois, inaugurée par Poincaré dès 1926, mais qui devint d'un usage répété à partir de 1934–1935. A cinq reprises entre 1934 et 1940, les gouvernements y recoururent. La grande crise comme le discrédit grandissant du monde parlementaire à partir de cette date ont ajouté leurs effets propres.

La pratique du décret-loi avait la vertu de transformer un décret pris par le gouvernement en acte légistatif. Insensiblement, elle déplaçait le centre de gravité du pouvoir réel du Parlement vers le gouvernement. Elle créait une redoutable confusion, alors même que le débat sur la réforme de l'État se traduisait par l'échec des réformateurs et confirmait en théorie le bien-fondé des institutions parlementaires.

La délégation d'autorité confiée par le Parlement au gouvernement du moment conférait à celui-ci un pouvoir d'exception. Pouvoir d'exception certes doublement borné : dans le temps, il s'inscrit dans des limites précises ; dans l'espace, il est cantonné à un domaine de compétence strictement délimité. Peu à peu, le Parlement s'accoutumait, par un processus volontaire de dessaisissement, à ne plus exercer sa prérogative de contrôle, tandis que les gouvernements découvraient les charmes d'une autorité qui cessait d'être soumise à la surveillance tatillonne et incessante des Chambres.

Mais il y a plus, à savoir la personnalisation croissante du pouvoir à la faveur de la montée d'un climat de guerre. Édouard Daladier ne cesse ainsi de renforcer dans l'opinion une image – pourtant bien trompeuse – d'homme d'autorité associée à celle du défenseur résolu de la paix [30]. Bénéficiant d'une présence au pouvoir exceptionnellement longue dans les années trente (du printemps 1938 au printemps 1940), bénéficiant de la « protection » du climat de guerre, Daladier rejoignait en popularité Clemenceau et Poincaré.

Dessaisissement périodique des Chambres de leur pouvoir de contrôle et personnalisation de l'autorité n'aident-ils pas à analyser en termes renouvelés le vote du 10 juillet 1940 ? Relisons les termes décisifs de la loi constitutionnelle du 10 juillet 1940 :

> *L'Assemblée nationale donne tous pouvoirs au gouvernement de la République sous l'autorité et la signature du maréchal Pétain, à l'effet de promulguer une nouvelle Constitution de l'État français.*

Ne retrouve-t-on pas les ingrédients propres au décret-loi : dessaisissement du législatif, dévolution des responsabilités à l'exécutif ? Le texte du 10 juillet 1940 ne se démarque en fait que par trois innovations des pratiques antérieures : le caractère exorbitant d'une délégation sans autre limite dans le temps que celle d'une ratification, le jour venu, par la nation ; la personnalisation de la délégation de pouvoir à un homme ; la délégation de pouvoir élargie au domaine constituant. La différence, certes, n'est pas mince. Elle sépare une pratique encore républicaine d'une pratique qui a cessé en fait de l'être. Elle marque la césure vers une époque exceptionnelle, qui ne se souvient du passé que pour mieux le mettre en accusation.

LA DÉRIVE TECHNOCRATIQUE

Ce dessaisissement partiel du Parlement au cours des années trente trouve l'une de ses sources d'explication dans la montée d'un processus technocratique, dont les exigences rationnelles n'ont d'égal que les impatiences face aux lenteurs des pratiques du contrôle parlementaire. A leur origine : la technicité croissante des problèmes, leur internationalisation et leur complexité.

Le processus législatif semble lent et de plus en plus inadapté, mais encore les Chambres apparaissent-elles formées surtout des représentants de groupes de pression provinciaux, représentatifs d'une économie ancienne. Bien plus, la crise économique et le malaise social traduisent-ils, pour certains observateurs, avant tout la sclérose des appareils de production comme des processus de répartition de la richesse ou des mécanismes décisionnels. La difficile mise en œuvre des accords Matignon en 1936 révèle un tissu industriel fait en majorité de petites entreprises familiales reposant davantage sur les bas salaires que sur l'investissement productif. De là un foisonnement d'initiatives qui, après 1930, prolongent certains mouvements des années vingt (tel le « Redressement français » d'Ernest Mercier, le magnat de l'électricité). Une des plus intéressantes est celle d'Auguste Detœuf, patron d'Alsthom, qui lance *Les Nouveaux Cahiers*, financés par Jacques Barnaud, futur délégué sous Vichy aux relations économiques franco-allemandes, et la banque Worms. Des commissions réunissent industriels, financiers, syndicalistes, hauts fonctionnaires, intellectuels, universitaires, souvent pour s'inspirer de modèles étrangers (en particulier le modèle suédois).

Leurs préoccupations sont, il est vrai, tout autant économiques que d'ordre éthique, idéologique ou intellectuel. A leurs yeux, il faut, pour produire mieux, produire autrement, et leur démarche vise avant tout à améliorer les rapports sociaux dans l'entreprise pour prévenir les conflits. Ce sont autant de préoccupations que l'on retrouvera chez nombre d'acteurs de Vichy, venus des *Nouveaux Cahiers* ou encore de *X Crise*.

Parallèlement à ces groupes de réflexion, on assiste à la promotion d'une élite administrative et technocratique issue des grandes écoles (Polytechnique, Centrale, Mines) ou des grands corps [31] (Inspection des finances surtout). Ce phénomène s'accentue sous le ministère de Paul Reynaud, d'où sont issus de futurs ministres du Maréchal, les Bouthillier, Barnaud, Bichelonne ou Berthelot. Pas de rupture là encore mais le prolongement de la IIIe République finissante.

La recherche du bouc émissaire. Communistes, Juifs et étrangers

La France de l'entre-deux-guerres est un pays qui passe de l'orgueil sans nuance de la victoire (« *Je suis un vainqueur, à vingt ans, sur les Champs-Élysées* », proclame le jeune Drieu La Rochelle) à l'attente angoissée d'un nouveau conflit (le « *Mourir pour Dantzig* » de Marcel Déat). Entre l'enthousiasme juvénile d'un Drieu et l'amertume de l'homme mûr qu'est Déat en 1939 (il a alors quarante-cinq ans), il y a tout l'espace qui a fait évoluer – chez deux anciens combattants – une espérance de l'avenir en une désillusion du passé. Comment en est-on arrivé là ? Comment un pays vainqueur, reconnu, riche de réserves d'or importantes, nanti d'un vaste empire colonial, à l'armée longtemps considérée comme la première du monde, souvent jalousé, comment ce pays a-t-il pu devenir cette nation frileuse et craintive, de nouveau complexée et apeurée devant son voisin germanique ?

La recherche du coupable se présentait comme la réponse la plus évidente dans le contexte de crise générale des années trente, à la fois économique, politique, extérieure, démographique et morale.

Les communistes figurent au premier rang dans cette chasse aux coupables. Cela tient au fait que, pendant presque tout l'entre-deux-guerres, ils ont fait contre eux l'unanimité de la classe politique. Le parti n'y est certes pas pour rien par ses origines mêmes et son irréductible volonté de se situer à part comme pôle incontournable d'une réunification des forces de gauche. Il est la bête noire de la droite par son anticolonialisme et son prêche révolutionnaire ; il est vu encore, initialement, comme l'allié de l'Allemagne dans ses manifestations contre l'occupation de la Ruhr.

Mais l'anticommunisme est le lot aussi de la gauche socialiste. Mainteneur de la « vieille maison », Léon Blum ne se départira jamais de la plus vive méfiance à l'égard des dirigeants communistes, soupçonnés de ne chercher qu'à « *plumer la volaille socialiste* ». Le réchauffement intervenu entre communistes et socialistes à partir de 1934, les accords du Front populaire et la période du gouvernement Blum s'accompagnent de malentendus sur la politique extérieure et le mouvement syndical. Chef de file du mouvement confédéré, René Belin, futur ministre du Travail de Vichy, favorable à l'indépendance syndicale, organise au sein de la CGT réunifiée le courant « Syndicats ». Une partie des radicaux, hostile à l'alliance gouvernementale avec le Parti communiste, a pratiquement fait sécession : tel est le cas de Lucien Lamoureux, d'Émile Roche, de Joseph Caillaux.

La guerre d'Espagne avait été une alerte ; les accords de Munich sonnent le glas d'un rapprochement éphémère et fragile entre forces de gauche. C'est aussi le point de départ d'un formidable rassemblement, quasi général, contre les communistes de l'extrême droite à l'ultra-gauche, qui culmine après le Pacte germano-soviétique en août 1939 [32].

Contre le Parti communiste, la législation n'a cessé de se renforcer. Elle culmine sous le gouvernement d'Édouard Daladier qui multiplie les mesures contre le parti au lendemain des accords de Munich. L'Union sacrée de la Seconde Guerre mondiale se concrétise par la levée de l'immunité des parlementaires communistes en octobre 1939 et – mesure que le gouvernement de Vichy n'aura pas à prendre – la déchéance des élus communistes en janvier 1940, prélude à une mise hors la loi du Parti communiste [33].

L'anticommunisme a revêtu fréquemment une forme opératoire et instrumentale. Il a pu avoir pour fonction de faciliter ou de justifier certaines alliances. Ainsi lorsque Jacques Doriot lance en 1937 un « Front de la Liberté » destiné à opérer sur la base de l'anticommunisme un rapprochement, principalement, entre formations de la droite antiparlementaire. Il a servi encore à justifier bien des politiques d'inspiration pacifiste après Munich, dénonçant le « *complot contre la paix* ». Le rôle décisif joué par le Parti communiste dans la formation et l'animation du Front populaire a été enfin déterminant à l'époque de celui-ci dans les attaques dirigées contre lui. Il a joué enfin un rôle important dans la liaison établie entre l'anticommunisme et l'antisémitisme.

A côté des communistes, en effet les Juifs figurent en bonne place dans cette recherche des coupables au cours de l'entre-deux-guerres [34].

Passé les « années Dreyfus », l'antisémitisme, de longue tradition en France comme dans nombre de pays européens, a connu un assoupissement sensible. Mais, à partir de 1931, la France entre pleinement dans la grande dépression. Elle y entre tardivement mais s'y attardera; à la veille de la guerre encore, la production industrielle n'aura pas rattrapé son niveau de 1929. Le nombre de chômeurs secourus, de l'ordre de quelques milliers avant 1929, s'élèvera à un maximum de trois cent cinquante mille en 1935 et ne reculera que très lentement. Cruel réveil pour un pays de plein emploi où les pertes de la guerre avaient conduit les pouvoirs publics à promouvoir une politique active d'immigration dans les années vingt.

Ce sont ces immigrants qui commencent à être montrés du doigt avec la crise. Parmi eux figurent un grand nombre de Juifs venus d'Allemagne et d'Europe centrale et orientale. Au nombre de cent trente mille environ en 1914, ils sont environ trois cent mille en France à la veille de la guerre. Au recensement de 1926, les étrangers dans leur ensemble sont trois millions, soit le chiffre le plus élevé jamais atteint en France. Et si ce chiffre diminue par la suite, c'est par le jeu des naturalisations facilitées par la loi de 1927. La coïncidence entre cette montée du nombre des étrangers et celle des difficultés économiques suscite l'accusation de l'étranger « *voleur du travail des Français* ».

Les bouleversements survenus dans la géopolitique de l'Europe centrale et orientale provoquent des changements importants dans les origines de cette population immigrée après 1930. L'interminable guerre d'Espagne ajouta ses flots de réfugiés. L'antisémitisme s'en trouva renforcé à la faveur d'estimations aussi fantaisistes qu'invérifiables. La rencontre était inévitable avec l'alourdissement du climat intérieur en France révélé par l'affaire Stavisky et le 6 février 1934. L'arrivée au pouvoir du Front populaire et de Léon Blum à la tête du gouvernement se traduisit par un déchaînement de passions antisémites comme la France n'en avait pas connu depuis l'affaire Dreyfus; Blum est « un homme à fusiller dans le dos » (Charles Maurras). Cet antisémitisme n'est pas le monopole de la droite. Il est des radicaux et des socialistes pour dénoncer dans les Juifs les complices des communistes qui veulent pousser la France dans la guerre, pour aider leurs coreligionnaires otages et victimes de Hitler en Allemagne.

Ultime grief: on retrouve ici la peur de la guerre qui monte et du rôle d'entraînement que les réfugiés politiques allemands, italiens ou espagnols sont accusés d'entretenir. Le Juif devenait le symbole même de l'étranger. La vieille communauté juive française, assimilée et intégrée depuis la Révolution française, se montrait inquiète redoutant pour elle-même un retour de xénophobie.

Cette montée grandissante de la xénophobie dans une opinion française, connue longtemps pour sa mesure et sa pondération, est inséparable du sentiment d'un déclin français, perceptible dès les années vingt, passé l'euphorie passagère d'une victoire en trompe-l'œil. Nombre d'écrivains en témoignent, que ce soit par fait de conscience, effet de contagion, tentation d'exploiter un thème à la mode... ou tout simplement sollicités par de tentatrices sirènes éditoriales. Beaucoup appartiennent à la jeune génération impatiente de ceux qui ont quitté une Action française vieillissante ; Rebatet et Brasillach en relèvent, rejoints par les inclassables Drieu La Rochelle et Céline. On est plus surpris d'y trouver le délicat Giraudoux, chantre de la paix [35].

Bien avant 1940, des voix s'élèvent pour exiger des mesures de protection de la collectivité française, voire la mise en œuvre d'une législation spéciale ; certains – tel Darquier dit de Pellepoix, futur commissaire général aux questions juives et alors conseiller municipal de Paris – vont jusqu'à proposer de donner un statut de non-citoyens à tous les Juifs de France. Comment ne pas rappeler enfin que c'est la IIIe République finissante qui, lors de la défaite de la République espagnole, ouvrit ces camps d'internement, tels les camps de Gurs et de Rieucros, qui devaient accueillir pendant la guerre d'autres populations. Elle avait, encore, au camp des Milles rassemblé de nombreux réfugiés venus principalement d'Allemagne.

De tous les développements qui précèdent, on ne saurait conclure que le régime de Vichy est l'accomplissement de la IIIe République finissante, que sans celle-ci Vichy se serait présenté de manière très différente. Vichy ne tient pas plus les promesses de la République que celle-ci n'a enfanté le régime à venir. C'est qu'entre-temps la défaite a joué le rôle d'un électrochoc ou d'un cataclysme naturel et a opéré un phénomène de cristallisation. Comme nous le verrons, les hommes et les équipes ont connu un renouvellement important et, en proscrivant le régime républicain, officiellement et en pratique, Vichy a rendu à celui-ci le plus beau des services et levé tous les soupçons entretenables. Pour autant, aucun régime nouveau ne surgit du néant et n'est en mesure ni d'improviser radicalement ni de renouveler en totalité le personnel politique ou administratif. C'est à ce niveau que réside pour l'historien toute la difficulté à peser les poids respectifs de la continuité et de la rupture, de l'unité et de la diversité, dans un régime politique, par ailleurs très contracté dans la durée et se développant au cœur d'une période particulièrement dramatique.

Il y a surtout un fait d'immense portée, une guerre presque immédiatement suivie d'une défaite, engendrant un double et successif traumatisme dans un corps social et civique déjà gravement atteint.

2

Prélude à une défaite
1938-1939

Les années trente sont pour la France l'histoire d'une crise profonde et multiforme qui touche tous les secteurs de la vie du pays : l'économique, le social, le politique, l'intellectuel. La conduite de la politique étrangère comme la définition d'une politique de défense ne peuvent pas ne pas en être affectées.

L'opinion, éclatée, désabusée, incertaine – en dépit d'un certain ressaisissement final – ne fournit pas d'orientation claire pour des gouvernements qui semblent redouter tout autant sa mobilisation que son inertie : celle-ci expose le pays, mais celle-là devrait être conjuguée avec la mise en œuvre de mesures énergiques dont on craint qu'elles ne précipitent une guerre dont, précisément, on ne veut pas. Car tel est bien le fond de l'affaire : ni l'opinion ni les gouvernements n'ont osé regarder en face l'hypothèse d'une guerre acceptée parce qu'inévitable. De là une gestion de la capitulation permanente à partir de 1938, revêtue, selon les orientations de ses promoteurs, tantôt du masque de l'inévitable compromis final avec l'adversaire, tantôt de celui de l'indispensable mais longue préparation matérielle et morale à l'épreuve fatale. Entre la guerre voulue et la guerre subie, il n'y a jamais eu place pour la guerre acceptée car regardée en face. La défaite et l'armistice ne seront que la rançon de cette guerre subie, c'est-à-dire mal préparée. Le vote du 10 juillet 1940 ne fera que tirer la sanction de la défaite, dont le régime de Vichy fera le fondement moral de sa légitimité.

Une avant-défaite

L'éclatement du Front populaire et la recomposition du paysage politique

Inauguré sous le signe des grèves spontanées, l'épisode du Front populaire a connu un répit avec les accords de Matignon en juin 1936. Mais dès l'automne, l'usure est patente et se renforce au rythme des événements.

La guerre d'Espagne, ouverte dans l'été, conduit le Parti communiste – allié bien incertain – à pousser dans le sens d'un engagement dont Léon Blum ne veut pas, par crainte de voir s'enclencher une spirale de guerre civile à l'intérieur et, au-dehors, celle d'une guerre avec l'Allemagne nazie et l'Italie fasciste qui, d'entrée, ont apporté une aide à l'entreprise du général Franco. Cette abstention ouverte – étroitement associée à celle de la Grande-Bretagne –, qui s'accompagne d'une aide réelle mais masquée aux républicains espagnols, introduit la première cassure au sein de la majorité de Front populaire. Le soutien très conditionnel du Parti communiste se confirme avec son premier vote d'abstention à la fin de 1936. Cette non-intervention officielle de la France n'empêche pas l'établissement, en octobre 1936, de l'axe Rome-Berlin.

Au-dedans, l'échec du Front populaire s'avère patent. Partisan dès 1933 d'une réponse à la crise économique par une politique de reflation, Léon Blum ne put que constater l'échec de la politique de « relance » : hausse des salaires, loi des quarante heures. L'inflation, la fuite des capitaux et le déficit de la balance commerciale ont contraint, en septembre 1936, le gouvernement à une dévaluation répétée encore en juin 1937. A l'impression produite d'échec affiché s'est ajouté le fait que la dévaluation n'a en rien accouché d'une situation en voie d'amélioration; la loi des quarante heures, très rigide, n'a pas permis le plein emploi tout en diminuant la capacité de production.

Le 13 février 1937, Léon Blum a dû se résigner à proclamer la pause. En juin, le président du Conseil demande aux assemblées de lui voter les pleins pouvoirs en matière financière. La Chambre les lui accorde, mais le Sénat les lui refuse. Les radicaux, qui n'avaient adhéré aux accords de Front populaire que pour éviter le laminage de leurs fiefs électoraux et qui guettent de nouvelles alliances, suivent Joseph Caillaux et édulcorent suffisamment le texte gouvernemental pour conduire Blum à donner sa démission en juin 1937; n'ayant pas été mis en minorité, n'ayant pas posé la question de confiance, Léon Blum pouvait rester à son poste. Il démissionne en constatant l'absence de moyens d'action et pour mettre au pied du mur ses partenaires. Après la défection en pointillé du Parti communiste, c'est le lâchage en filigrane des radicaux qui s'amorce. Trois cabinets vont se succéder jusqu'en avril 1938.

La montée du péril extérieur amène Léon Blum à tenter de mettre sur pied une formule d'union nationale allant de Maurice Thorez à Paul Reynaud. En vain.

C'est à partir d'avril 1938, sous le radical Édouard Daladier, que s'opère la dislocation du Front populaire. Investi à la quasi-unanimité, des communistes à la droite, son gouvernement ne dispose en fait que d'une majorité de fiction. Celle-ci va se concrétiser en une majorité de droite après une rupture en deux temps avec les gauches. Rupture avec les communistes après la crise de Munich et la ratification des accords par la Chambre le 5 octobre; les soixante-douze députés communistes refusent la ratification, considérant que l'URSS n'a pas été associée à la conférence et que le gouvernement a capitulé devant le fascisme extérieur. Rupture avec les socialistes, qui prennent prétexte du vote des décrets-lois du 12 novembre (assouplissant la loi des quarante heures) pour refuser la confiance au gouvernement. Ainsi, à partir de la fin de 1938, le radical Daladier est appuyé par la droite, le centre et la majorité des radicaux. Une formule de concentration républicaine a succédé à celle de Front populaire.

A un an de la déclaration de guerre, le paysage politique est totalement renouvelé. Socialistes et communistes rejetés dans l'opposition, droites ralliées, Daladier couvre tout le spectre politique, occupe toute la scène. Sa pratique gouvernementale, qui repose largement – avec l'assentiment du Parlement – sur le recours aux décrets-lois, son discours résolument patriotique et incitatif à l'unité, renforcent encore l'impression d'un soudain silence politique [1]. D'opposition syndicale, il ne reste rien depuis l'échec du mouvement de grève générale du 30 novembre 1938, appuyé par la SFIO et le Parti communiste.

Ce renversement a deux explications. La dynamique du Front populaire, sa forte capacité de mobilisation, les écarts en sièges à la Chambre (376 pour les signataires du programme de Front populaire contre 222) ont tendance à faire oublier qu'aux élections d'avril-mai 1936 l'écart en voix entre droite et gauche était d'environ 300 000, soit à peu près l'écart moyen sur l'ensemble des élections de l'entre-deux-guerres. Seule la discipline au deuxième tour dans les désistements à gauche a pu créer, sur le moment, l'illusion d'un raz de marée de gauche. Or, second facteur d'explication, seul le ralliement des 101 députés radicaux a su créer l'effet de rupture au Parlement. Et ces radicaux sont, traditionnellement, les représentants des couches moyennes, petites et intermédiaires, urbaines et rurales; idéologiquement de gauche, car héritiers de 1789, ces milieux sont économiquement et socialement conservateurs. Leur ralliement au Front populaire (encore que les radicaux aient perdu 700 000 voix) ne s'explique que par le rejet de la politique déflationniste de la droite et l'attente d'une politique de relance favorable tant aux salariés de la fonction publique qu'aux petits entrepreneurs. Or la hausse des prix a rogné les augmentations de salaires et la demande n'a connu qu'une relance éphémère et artificielle. Grèves, occupations d'usines et cortèges à slogans ont effrayé un électorat ardemment républicain, mais socialement modéré.

Favorisé par un recentrage de l'opinion, ce climat d'atonie politique, d'absence de contestation sociale, d'émergence d'une dictature d'opinion, semble étrangement anticiper l'atmosphère des premières années quarante.

Pour autant, le pays n'est pas réconcilié avec lui-même. Les esprits demeurent, sur le fond, plus divisés que jamais, les camps plus dressés que jamais l'un contre l'autre. Le temps passé – après la défaite – d'un relatif unanimisme deviendra celui des ruptures où joueront à plein les volontés de revanche politique au travers du combat patriotique.

Politique étrangère et défense nationale. A-t-on préparé la défaite?

C'est aborder ici l'interrogation sur les causes profondes de la défaite de 1940. Il convient de se garder de tout déterminisme, qui verrait se mettre en place dès les années vingt ou trente le mécanisme fatal. Sans le « miracle » de la Marne, nul doute qu'on eût, à distance, jugé inévitable ce qui serait demeuré dans l'Histoire la défaite de 1914. Or, en 1940, il n'y aura pas de « miracle » de la Somme. Ce serait aussi sous-estimer lourdement le poids des responsabilités chez les chefs militaires, tant dans la préparation à un conflit éventuel que dans leur action sur le terrain dans l'été quarante.

La recherche de l'explication des faits doit se garder de deux grands modes d'approche. L'approche, tout d'abord, du genre « accident de parcours » ou « guerre des occasions perdues ». L'approche, ensuite, de type globalisant, à la manière de Montesquieu ou de Gibbon dissertant sur la ruine de l'Empire romain pour y découvrir la résultante de ses faiblesses. Tout grand événement se ramène en fait à la combinaison, selon des proportions variables, de facteurs contingents et de données permanentes. Marc Bloch, grand médiéviste mué en historien du présent, a dès 1940 fondé sur ces bases la première réflexion d'ensemble sur la défaite [2].

Sans perdre de vue ces précautions, on ne peut qu'être frappé par les erreurs conceptuelles, les contradictions politiques, l'inadéquation constante des moyens aux fins et des fins aux moyens [3].

Des années vingt au milieu des années trente, la position diplomatico-militaire de la France est passée par trois stades successifs. Ce fut d'abord, dans la première moitié des années vingt, la politique de la stricte exécution du traité de Versailles par l'Allemagne. Elle culmina dans l'occupation de la Ruhr en 1923, qui apparaît à distance comme la dernière manifestation d'une politique française autonome dans l'entre-deux-guerres. Cette affirmation solitaire se heurta à l'incompréhension des puissances anglo-saxonnes qui contraignirent la France isolée à accepter un compromis diplomatico-financier sur les réparations allemandes. Successeur du Bloc national, le Cartel des gauches inaugura en 1924 une politique de sécurité collective dans le cadre de la Société des Nations. Pour huit années, le portefeuille des Affaires étrangères devint le monopole personnel d'Aristide Briand. L' « apôtre de Genève », par sa seule présence, devenait le symbole et le garant de la paix. Par de bons contacts personnels avec Stresemann (soupçonna-t-il son double jeu ?), Briand s'efforça d'associer l'Allemagne à la mécanique genevoise dans l'espoir de la voir renoncer à une politique révisionniste par la force et s'associer au concert européen de l'après-guerre. Peine perdue. L'évacuation anticipée de la rive gauche du Rhin par les troupes françaises en 1930 – soit avec cinq ans d'avance sur ce qu'avait prévu le traité de Versailles – peut être interprétée à la fois comme un gage de la bonne volonté française et comme la reconnaissance des faiblesses de la France, au plan financier notamment.

La sécurité même de la France se trouve remise en cause. Avant la fin de l'année 1932, il ne restait que lambeaux du traité de Versailles. La reconnaissance, envers l'Allemagne, de l' « égalité des droits » était, sans le dire, une manière de mettre fin aux clauses militaires du traité. A la Conférence de Lausanne, la dette allemande a été pratiquement annulée. Il ne reste à l'Allemagne qu'à faire sauter le troisième grand volet de Versailles, celui de ses frontières à l'est. L'arrivée de Hitler au pouvoir est grosse de telles revendications. La sécurité collective dans le cadre de la SDN n'est bientôt plus qu'une coquille vide avec, successivement, le retrait de l'Allemagne de la SDN, l'échec de la Conférence de Genève sur le désarmement et la décision allemande d'opérer son réarmement [4].

Il ne restait à la France qu'une politique possible : ce sera la troisième et dernière voie suivie avant 1940 : envisager de faire face seule à sa sécurité par une politique de réarmement. C'est le sens de la note Barthou du 17 avril 1934 : « *La France assurera désormais sa sécurité par ses propres moyens.* » Cette renonciation à la sécurité collective annonce le retour à une politique de réarmement doublée d'une politique d'alliances classique. C'est la politique de Louis Barthou, poursuivie dans un style différent par Pierre Laval, après l'assassinat du premier à Marseille en octobre 1934. Les accords de Rome (février 1935), les accords de Stresa (avril 1935), le pacte franco-soviétique (mai 1935) marquent les temps forts d'une politique visant, en isolant l'Allemagne, à la contraindre de s'associer à un ensemble diplomatique européen. Il faut y ajouter la relance des pactes signés avec la Pologne, la Tchécoslovaquie et la Yougoslavie.

On cherche en vain la politique militaire qui devait logiquement être mise au diapason de cette nouvelle partition diplomatique.
Dans son *Mémorandum* du 26 janvier 1940, destiné aux quatre-vingts principales personnalités du personnel gouvernemental, politique et militaire, le colonel de Gaulle écrivait :

> *A aucun moment, le peuple français ne doit céder à l'illusion que l'immobilité militaire actuelle serait conforme au cours de la guerre actuelle. C'est le contraire qui est vrai. Le moteur confère aux moyens de destruction modernes une puissance, une vitesse, un rayon d'action tels que le conflit présent sera, tôt ou tard, marqué par des mouvements, des surprises, des irruptions, des poursuites dont l'ampleur et la rapidité dépasseront infiniment celles des plus fulgurants événements du passé*[5].

A l'immobilité militaire du moment, de Gaulle oppose le mouvement engendré par le moteur. C'est faire le procès et de la « logique Maginot » et de la faiblesse de la mécanisation et de la motorisation de l'armée française.
On a souligné à l'envi qu'à l'origine de cette stratégie purement défensive il y avait une raison majeure : les responsables militaires dans les années vingt et trente sont des hommes qui étaient restés marqués par les enseignements de la guerre précédente (Pétain) et avaient été les lieutenants des grands chefs de celle-ci (Weygand, Gamelin). C'est négliger le fait capital qu'ils ont été placés à leurs postes par des responsables politiques qui n'ont cessé de leur témoigner toute leur confiance jusqu'au bout. Daladier « couvrira » Gamelin jusqu'au 20 mai 1940 et ne cédera que difficilement aux objurgations de Paul Reynaud, président du Conseil.
La vérité est que la politique française de sécurité, arrêtée dans les années vingt, ne devait plus connaître d'infléchissement notable jusqu'à la fin. Sa définition est contemporaine des lendemains de l'évacuation de la Ruhr, en 1924. Par rapport à l'avant-1914, la France se trouvait devant une donnée radicalement nouvelle : définir une politique de défense quand on a perdu la maîtrise exclusive de sa politique étrangère et qu'il faut se résigner à voir la réalité en face : la France avait cessé d'être une vraie grande puissance. Dès 1918, Jules Cambon avait pu dire que la France vainqueur pèserait moins comme puissance que la France vaincue d'après-1870. Cette

révélation, combinée à l'épuisement démographique et à la faiblesse financière, produisit un texte fondamental, arrêté par les lois de 1927-1928, qui assigne à la politique militaire française « *d'assurer la protection de nos frontières et la défense des territoires d'outremer* ». Politique défensive pure interdisant tout mouvement hors de nos frontières propres. Aucune possibilité de faire face à d'éventuelles obligations d'assistance. Toute capacité à rechercher un objectif politique est exclue. Or, c'est à cette époque que nous commençons à mettre en place notre système d'alliances de revers avec les pays de la Petite Entente et que nous nous engageons envers la Belgique. Dans un environnement en voie de modification rapide, aucun amendement n'est apporté à cette politique. Les réductions successives du service militaire (dix-huit mois en 1924, douze mois en 1928) achèvent de retirer toute capacité de mouvement à l'armée française ; elle ne peut même plus, à terme, assurer l'occupation des territoires de la rive gauche, qu'elle évacue dès 1930, en même temps que commencent les travaux de la ligne Maginot, achevés selon le plan initial en 1935. Prolongée jusqu'à Longwy à partir de 1934, elle s'arrête à la forêt des Ardennes, réputée infranchissable, et ne se poursuit pas entre les Ardennes et la mer du Nord (le retour de la Belgique à la neutralité après mars 1936 l'aurait d'ailleurs interdit). Version sophistiquée des tranchées de la Grande Guerre, la ligne Maginot avait pour fonction de couvrir la mobilisation et d'assurer la concentration des réserves. Dogme coulé dans le béton, elle fera condamner comme hérétique toute autre conception. On en veut pour preuve ces paroles du général Maurin, ministre de la Guerre, prononcées le 3 mars 1935 lors d'un débat parlementaire :

> *Comment peut-on croire que nous songions encore à l'offensive quand nous avons dépensé des milliards pour établir une barrière fortifiée ?*

La posture militaire de la France a fixé sa ligne permanente : attendre à l'abri d'une ligne de défense réputée infranchissable que l'ennemi, découragé ou épuisé, donne des signes de fléchissement ; alors forte de sa flotte, de son empire et de son or, assurée de l'appui final de la Grande-Bretagne, et des États-Unis sans doute, la France pourra considérer qu'elle a gagné la partie. Cette politique n'est que la transcription sur le terrain des enseignements donnés à l'École de guerre, qui privilégient la doctrine a priori sur l'adaptation aux circonstances. Austerlitz demeure la grande référence : l'ennemi engageant le combat au lieu et à l'heure où Napoléon en a décidé, précipitant ainsi sa perte. En s'en tenant à une seule hypothèse, les responsables condamnaient l'adversaire à se montrer imaginatif.

Les auteurs de la loi de 1927 étaient pourtant bien conscients eux-mêmes qu'elle était un texte adapté aux circonstances du moment et qu'il conviendrait de l'adapter à l'évolution de celles-ci ; texte évolutif, donc, dans leur esprit. Il faut en effet ne pas perdre de vue que si la France dispose encore sur l'Allemagne d'une large supériorité, celle-ci s'est dotée, dès 1923, d'une doctrine offensive. A cette carence quantitative, il s'en ajoutera une seconde, qualitative celle-là : carence en formation des officiers et sous-officiers de réserve (dont une bonne partie n'avait pas fait la guerre précédente), par insuffisance d'entraînement régulier dans le temps de paix. Or, la réduction du service actif avait pour première conséquence de donner aux réserves une part prépondérante dans les unités élémentaires de l'armée. Les officiers de réserve – expression substituée à celle d' « officiers de complément » – pouvaient accéder en temps de paix, à titre exceptionnel, au grade de colonel et, en temps de guerre, à tous les échelons.

Paul Painlevé, alors ministre de la Guerre, avait indiqué qu'en cas d'évolution extérieure amenant un risque d'agression brusque, il faudrait faire un choix entre un service à très long terme ou une puissante armée de métier. La conscription maintenue à un an (fût-elle ultérieurement rapetassée par le maintien des recrues deux ans sous les drapeaux au lieu d'un an) dans un pays en recul démographique nous valait de disposer d'une armée d'active de 350 000 hommes, dont la moitié seulement d'instruits [6] ; c'était plus de deux fois moins qu'en 1914 (750 000 hommes d'active). Quant au rejet de la professionnalisation, il nous valut précisément la ligne Maginot, destinée tout à la fois à ménager un sang français devenu précieux et à nous interdire préventivement toute velléité offensive.

La crise décisive de mars 1936 devait révéler à quel dilemne nous étions condamnés : ou ne rien faire (ce qu'on fit), ou procéder à une mobilisation générale (ce qu'on n'osa pas faire). On ne fit rien, sinon prononcer d'impérissables paroles historiques *(« Nous ne laisserons pas Strasbourg sous le feu des canons allemands »).*

La révolution du char ne pouvait s'intégrer à ce schéma d'organisation de l'armée en France car impliquant un risque soit de dualité, soit de dérive d'une doctrine devenue vérité officielle. Ainsi fut rendue impossible toute synthèse, intellectuellement concevable, entre une politique fondamentale de nature défensive (la France ne recherche pas d'objectifs territoriaux en dehors de ses frontières) et une capacité permanente d'intervention extérieure (en cas de menace grave) permettant la recherche d'objectifs politiques.

C'est déjà comme un manquement à la discipline que d'oser penser – plus, d'écrire – en dehors des canons reconnus. Un tel constat confère à la question de la responsabilité individuelle des chefs militaires une importance presque secondaire. Successivement, Pétain,

Weygand et Gamelin ont occupé les plus hautes responsabilités de l'armée de 1919 à 1940. S'ils ont eu souvent l'occasion de protester auprès des gouvernements sur l'insuffisance, selon eux, des crédits affectés à la défense du pays, aucun d'eux ne s'est jamais élevé contre la logique strictement défensive qui prévalait ; bien mieux, ils ont fortement contribué à la populariser dans l'opinion par leur prestige moral. Pétain, cependant, pouvait dire devant la Commission de la Défense nationale : « *Elle* [la ligne Maginot] *ne met pas la France à l'abri d'une pénétration de l'ennemi.* » La ligne Maginot n'en était pas moins édifiée et avait façonné un concept strictement défensif de la sécurité française.

Il apparaît plus intéressant, car plus novateur, de porter l'attention sur deux autres aspects : le problème de l'unité de commandement, celui des rapports entre gouvernement et haut commandement entre les deux guerres [7].

Au premier niveau, il faut attendre 1935 pour la création d'un commandement unique temps de paix-temps de guerre (Gamelin) et janvier 1938 pour que soit créé un poste de chef d'état-major de la Défense nationale – en faveur du général Gamelin – avec autorité de principe sur les trois armes et l'ensemble des théâtres d'opérations. L'unité de commandement est toutefois plus apparente que réelle. Il existe en pratique quatre théâtres d'opérations, écartelés entre des commandements différents : outre les deux commandements hexagonaux (Nord-Est, Alpes), soumis plus aisément à son commandement, il existe deux théâtres extérieurs d'opérations (Afrique du Nord, et Balkans et Moyen-Orient) sur lesquels le chef d'état-major n'a aucune véritable autorité. Par ailleurs, compte tenu de l'indépendance de fait de l'armée de l'air (constituée en ministère depuis 1928) et de la marine (fief de l'amiral Darlan), l'unité théorique de commandement apparaît comme un faux-semblant. Au total, le prétendu chef d'état-major de la Défense nationale n'est guère plus qu'un chef d'état-major de l'armée de terre confiné au théâtre d'opérations hexagonal. Il n'est assisté, d'ailleurs, d'aucun état-major qui lui soit propre et ne peut recevoir qu'une mission de coordination, à l'initiative du ministère. L'infériorité de l'armée française était flagrante à ce niveau, face à une armée allemande où l'OKW (*Oberkommando der Wehrmacht*) assurait les conditions d'une étroite unité d'action. Comment, dans ces conditions, avoir du conflit cette vision globale et mondiale sur laquelle de Gaulle fondera et son *Mémorandum* du 26 janvier 1940 et son appel du 18 juin ?

A tout le moins, le dialogue entre militaires et politiques était-il établi sur les meilleures bases possibles ? Créé en 1906 et réorganisé en 1921, le Conseil supérieur de la Défense nationale – organe non permanent – a vu, après 1930, son importance décliner au profit de son secrétariat général, doté, lui, de permanence et où siègent les plus hautes autorités gouvernementales et militaires.

En 1932 fut bien créé, à l'initiative d'André Tardieu, un ministère de la Défense nationale pour la coordination au niveau gouvernemental de l'activité des trois armes. De 1932 à 1936, toutefois, le poste resta sans titulaire ; de 1936 à 1940, il fut occupé par Édouard Daladier qui conserva néanmoins son ministère de la Guerre. Jusqu'à la fin, le système resta lourd et confus, multipliant responsabilités et chevauchements d'attribution, sans dégager un véritable « couple » ministre de la Défense nationale-chef d'état-major général. Édouard Daladier aurait souhaité aller plus loin, vers la création d'un véritable poste de chef d'état-major de la Défense nationale, coiffant armes et théâtres d'opérations, en mesure d'être l'interlocuteur privilégié et compétent du gouvernement en matière de défense. Il se heurta aux commissions de la marine et de l'air à la Chambre et au Sénat, redoutant de se voir fondues dans une commission unique où l'influence du ministère de la Guerre eût été prépondérante.

C'est l'ensemble de ce dispositif imparfait qui fut sanctionné par la loi du 11 juillet 1938 sur « l'organisation de la nation en temps de guerre », texte qui fut, aux dires mêmes d'un grand parlementaire du temps, « *très mal préparé* » et « *sa discussion en Commission et en séance publique sabotée*[8] ».

Comment s'étonner, dans ces conditions, des difficultés fréquentes dans le dialogue entre chefs militaires et responsables politiques ? Aggravé parfois par d'évidentes incompatibilités idéologiques ou politiques, ce « déficit de communication » conduira, après la défaite, au procès des généraux par les politiques et à la dénonciation des politiques par les généraux. A l'accusation d'incompétence jetée aux militaires répondra celle d'irresponsabilité jetée aux politiques[9]. On illustrera ce malentendu par cet extrait d'une lettre du général Weygand – qui jouera un rôle décisif en juin 1940 – adressée au général Requin, ancien chef de cabinet d'André Maginot, ministre de la Guerre :

> *J'estime, après quatre ans de loyale et persévérante pratique* [Weygan est alors vice-président du Conseil supérieur de la Guerre], *que jamais je n'aurais dû accepter ce commandement, avec responsabilités sans égales et pouvoir insuffisant. J'en ai assez de voir mon nom servir de paravent à des ministres qui ne m'écoutent pas.*

Quelles qu'en fussent les causes, la stratégie intégralement défensive qui fut adoptée et invariablement suivie vit ses effets aggravés par l'engagement de la France dans des alliances de revers, pays de la Petite Entente et Pologne, auxquels nous nous interdisions par avance de porter secours.

Ce n'est pas à dire qu'aucun effort de réarmement n'a été effectué. Celui-ci souffrit de graves défauts qui devaient en limiter singulièrement la portée. A la date du communiqué français du 17 avril 1934 (« *la France assumera désormais sa sécurité par ses propres moyens* »), l'armée ne disposait pas de chars lourds ni d'artillerie moderne à longue portée ; pas davantage de canons antichars; pas de batteries modernes antiaériennes.

L'effort de réarmement, commencé en 1934, fut poursuivi jusqu'en 1940, avec des hauts et des bas, des résultats inégaux, et ce au prix d'une lourde préemption sur l'économie nationale. Selon Robert Frankenstein [10], le réarmement français est passé par quatre phases successives, entre 1934 et 1940. En 1934-1935, au moment de l'achèvement de la ligne Maginot, les gouvernements de droite (Doumergue, Flandin, Laval) développent un plan pour l'aéronautique militaire, en contradiction avec la politique de déflation ; en 1936-1937, le gouvernement Blum favorise l'armement terrestre (programme Daladier du 7 septembre 1936), les dépenses militaires connaissent une croissance plus rapide que celle des dépenses civiles ; le gouvernement Chautemps et le second cabinet Blum poursuivent en 1937 l'effort de réarmement, suivi d'une pause. Enfin, avec le retour des capitaux, le cabinet Daladier voit, en 1938-1939, une accélération du rythme de réarmement, facilité en outre par l'assouplissement de la loi des quarante heures ; l'aéronautique et l'armée de terre en sont les principales bénéficiaires.

Au total, cet effort a coûté cher, au point d'aggraver la crise financière ; beaucoup plus que l'impôt, ce sont les emprunts, intérieurs et extérieurs, et les avances de la Banque de France qui ont été sollicités.

Les résultats, au moins, ont-ils été à la hauteur des dépenses engagées ?

Le bilan, à la fin des années trente, est contrasté. L'armée de l'air a été la première à bénéficier de la politique de réarmement à partir de 1934. Cet effort a souffert de deux maux : la multiplicité de petites entreprises aéronautiques créées avant la guerre précédente ou au lendemain immédiat de celle-ci ; les effets d'une nationalisation mal conduite des industries d'armement en 1936-1937 qui, sans compenser les faiblesses antérieures, en ajouta de nouvelles. Jusqu'en 1937, les groupes industriels furent moins des centres de production efficaces que des instruments de captation des commandes publiques ; après cette date, il n'y eut ni rationalisation ni allongement des séries : en 1937, les 395 avions produits ressortaient de vingt et un type différents [11] ! A la mobilisation, cinq cents avions seulement étaient aptes à des missions de guerre. Quand la production prend vraiment son essor, en 1938, avec un gros retard sur l'Allemagne, elle se heurte à des goulots d'étranglement suscités par le manque de synchronisation entre les différentes phases de la production, de l'assemblage et des essais. La mauvaise coordination entre les fabricants et l'armée de l'air conduit à multiplier les prototypes sans cesse améliorés. Les insfrastructures, la qualification des personnels au sol laissent également beaucoup à désirer. Un demi-siècle plus tard, on ne s'étonne plus que les témoins (et victimes) de la bataille de 1940 aient en vain attendu de voir dans le ciel des avions français...

Si l'on passe à l'armée de terre, quel décalage par rapport à l'armée allemande! A la déclaration de guerre, le pays ne dispose d'aucune division blindée autonome constituée, seulement de deux divisions légères mécaniques. C'est en décembre 1937 que le Conseil supérieur de la Guerre décida de la création de deux divisions cuirassées; la première ne sera formée qu'au début de 1940, la seconde en mars. Dotées de cent vingt chars seulement (contre trois cents ou cinq cents souhaitables pour aligner nos divisions cuirassées sur les *Panzerdivision* allemandes), elles n'auront pu, à leur engagement de mai-juin 1940, procéder à de véritables manœuvres préparatoires. Leur engagement n'est pas séparé de celui d'une infanterie spécialisée; rien n'est dit d'une coordination avec l'aviation [12].

Cette absence d'unité de vue entre armes traduit bien ce que nous relevions plus haut, à savoir une absence d'unité de commandement et une carence dans le « dialogue » entre politiques et militaires. Ces carences constatées conduisent du même coup à relativiser quelque peu la portée, en ce domaine, de la faiblesse des gouvernements, chronique dans les années trente. Certes, lors de la crise de mars 1936 (remilitarisation de la rive gauche du Rhin), la France est en période pré-électorale sous le gouvernement d'Albert Sarraut et celui-ci peut hésiter à prendre des mesures vigoureuses; mais, consulté, le général Gamelin, conseil du gouvernement en matière militaire, ne peut conseiller que l'attentisme... ou une décision de mobilisation générale. C'est à ce moment-tournant qu'a pesé lourdement l'inexistence d'un corps d'intervention mobile, extérieur, puissant et ramassé, qui eût été fortement compatible avec une politique défensive dans son esprit.

Comment, enfin, passer sous silence la dépendance étroite dans laquelle se trouvait placée la diplomatie française vis-à-vis de l'Angleterre? La perte de l'allié de revers d'avant 1914 – la Russie – avait placé la France, après la guerre, dans la préoccupation permanente de ne jamais risquer de se couper de son unique allié britannique. Les fluctuations de la politique anglaise vis-à-vis de l'Allemagne, une indulgence fréquente frôlant parfois la complaisance, la constante indépendance enfin de cette politique ne laissèrent jamais d'autre choix aux gouvernements français que de suivre leur nurse anglaise.

Menace allemande ou péril nazi?
La paix comme absolu?

Plus d'un demi-siècle après les événements, il n'est pas aisé aujourd'hui encore de reconstituer ce que fut la perception de la menace et l'angle sous lequel elle fut perçue par l'opinion. La question n'est pas simplement anecdotique; elle débouche sur la compréhension de certaines attitudes au moment de l'armistice et dans les lendemains de celui-ci. Elle pose le problème du degré d'information et de connaissance sur l'Allemagne et son régime.

Le sentiment pacifiste, très répandu dans de larges secteurs de l'opinion française comme dans certains groupes d'influence, s'est rarement embarrassé de considérations particulières sur la nature du régime allemand à partir de 1933. La paix est en soi à la fois un absolu et une fin vers lesquels il faut sans cesse tendre. Ce courant pacifiste est très influent dans le monde catholique et romain.

Soucieux, après 1871 et la perte de leur puissance temporelle, d'imprimer une marque désormais non suspecte sur les relations internationales, les souverains pontifes ont entrepris de se poser en arbitres des différends bi- ou multinationaux [13]. En août 1917, l'appel de Benoît XV aux belligérants avait reçu des accueils divers, hostiles ou réservés le plus souvent en France. Entre les deux guerres, sous l'autorité ferme de Pie XI, la papauté, en harmonie avec l'esprit de Genève et de Locarno, est restée fidèle à la diffusion d'un message de paix universelle, en particulier auprès des jeunes générations porteuses d'avenir; on pense ici à l'Association Catholique de la Jeunesse Française (ACJF). Cette orientation n'est guère séparable, dans le cas de la France, du grand combat contre l'Action française et ses partisans du « camp nationaliste », c'est-à-dire à la fois antiallemand et antirépublicain.

Pacifisme encore dans le monde innombrable des anciens combattants, nous le savons; président du groupe des parlementaires anciens combattants de la Chambre, Xavier Vallat accompagne son approbation des accords de Munich d'une vibrante plaidoirie en faveur de la paix. Ultra-minoritaires, en revanche, apparaissent les individus, groupes ou réseaux prêchant en faveur soit d'un pacifisme, poussé jusqu'à exprimer leur préférence pour une capitulation préventive plutôt que pour une guerre déclarée, soit pour voir confier les destinées de la France à des équipes alliées aux dictatures extérieures pour faire front à l'URSS stalinienne.

Le pacifisme, comme expression d'un sentiment profond et diffus, laissait néanmoins peu de place à l'analyse intellectuelle, soit du fait national allemand revigoré, soit du phénomène idéologique comme le nazisme. Les dirigeants politiques sont eux-mêmes contaminés par ce pacifisme ambiant et ralliés à l'idée largement admise que Hitler n'est qu'un nouveau chef grand-allemand, qui saura, l'expérience du pouvoir soldée, tempérer ses vues et se montrer finalement raisonnable. Ce fut, au départ, l'analyse de Blum. Le voile des illusions ne se déchirera que tardivement. Peu lu, *Mein Kampf* a été pris avant tout comme un manuel de propagande, l'ouvrage d'un démagogue nationaliste que des esprits rationnels ne pouvaient prendre au sérieux. Il était, il est vrai, difficile de se procurer l'édition originale et intégrale de *Mein Kampf*. Dans un souci de propagande vis-à-vis de l'opinion française, Hitler avait édulcoré certains passages, ajouté des additifs, fait diffuser des démentis. La seule édition intégrale autorisée par Hitler, selon Jacques Loiseaux, était, depuis 1933, celle des Nouvelles Éditions latines (Sorlot) de 1934. La guerre d'Espagne n'a mobilisé au plan idéologique que des milieux limités, pour l'essentiel, à la mouvance communiste.

Et pourtant, certains milieux, des « microcosmes », ont eu l'une ou l'autre de ces perceptions, les deux parfois simultanément. Relevant de milieux « élitaires », ils étaient à même à cette époque, par leur influence et leur capacité d'entraînement, de jouer un rôle important sur la nature et la réalité du danger. Nous privilégions ici trois de ces milieux, qui disposaient d'une formation comme d'une information hors du commun.

Le premier groupe est celui des Officiers de Réserve du Service d'État-Major (ORSEM), dont l'importance quantitative s'est accrue depuis qu'en 1924 leur besoin a augmenté avec le remaniement de l'organisation militaire de la France, avec la dissociation opérée alors entre commandement opérationnel et commandement territorial. On pouvait estimer en 1931 qu'ils devaient constituer en temps de guerre de 25 à 40 pour cent des effectifs des états-majors ; ils tiendraient les deux tiers des postes d'état-major de division, la moitié de ceux des corps d'armée et le tiers de ceux des états-majors d'armée. Diplomates, hauts fonctionnaires, universitaires sont nombreux parmi les ORSEM, principalement historiens, germanistes, parfois géographes : André François-Poncet, Jérôme Carcopino, Marc Bloch, André Vermeil, André Cholley.

Parvenant à des âges déjà relativement élevés, au sommet de leur hiérarchie (capitaine, commandant et colonel), leur formation et leur entraînement sur le terrain pouvaient laisser à désirer face à l'importance des exercices sur la carte, des voyages et des dîners de conférences. Cours pratiques et conférences par des personnalités extérieures ajoutaient encore à leur connaissance des questions extérieures et du péril allemand. Ainsi, les ORSEM universitaires, spécialistes de l'Allemagne, pouvaient écouter en 1932 le professeur Pierre Renouvin les entretenir à la Sorbonne du débat sur les « Responsabilités de la guerre » et conclure à la responsabilité écrasante de l'Allemagne et de l'Autriche [14]. Nombre de ces officiers fourniront des cadres au mouvement de l'Armée secrète pendant la guerre.

A côté des officiers de réserve du cadre d'état-major, il faut faire une place à certains germanistes et juristes, ceux en particulier de l'université de Strasbourg, dont le Centre d'études germaniques publie un *Bulletin* (devenu *Allemagne contemporaine* en 1936) dont les chroniques reposent sur le dépouillement de la presse allemande. Les « cercles de décideurs » les ont-ils lues ? Ont-ils préféré ne rien savoir de peur d'avoir à agir ?

Entre 1934 et 1938, un professeur de droit constitutionnel, René Capitant, a tiré de la lecture régulière de la presse nazie des chroniques pour le *Bulletin* (puis *Allemagne contemporaine*), des analyses éclairantes sur le régime radicalement nouveau qui avait surgi en Allemagne ; régime échappant aux critères classiques de l'analyse rationalisante propre au monde occidental. Ses conclusions : le nazisme, en politique comme en économie, au plan social comme à celui de la politique extérieure, porte en lui une fin de puissance et d'expansion mise au service de l'État ; la clef de cette politique se trouve bien dans *Mein Kampf*; le plus grand péril pour la France réside dans notre ignorance ou notre naïveté. Au lendemain de Munich, dans la livraison de décembre de *Allemagne contemporaine*, René Capitant pouvait écrire :

> *Ce serait une illusion fatale pour notre pays de croire qu'il lui fût possible d'acheter sa sécurité par son repli à l'abri de la ligne Maginot et par l'abandon de l'Europe à l'hégémonie allemande* [15].

Un dernier groupe d'hommes a compris tôt également la véritable nature du régime national-socialiste, certains militants de groupements d'action catholique d'inspiration démo-chrétienne. Nous nous bornerons ici à évoquer le nom d'Edmond Michelet. Issu de l'Action française, rompant avec celle-ci sous l'influence de Maritain après la condamnation de 1926, membre ou responsable de divers mouvements d'action catholique se reconnaissant fermement dans l'obéissance à Pie XI, il anime à Brive à partir de 1937 un cercle d'études orienté vers l'étude du phénomène totalitaire. Venus de l'extérieur, les conférenciers (Georges Bidault, Jean Letourneau, Yves Simon notamment) s'inspirent dans leurs développements des enseignements récents des deux encycliques pontificales portant condamnation du communisme (*Divini Redemptoris*) et du nazisme (*Mit brennender Sorge*) [16].

Au total, nous nous trouvons devant une réalité complexe. Devant la montée du péril extérieur, il n'y a pas, chez les Français du temps, une vision unifiée du danger. Ce dernier est lui-même davantage saisi au niveau de la représentation qu'analysé dans sa réalité même. Faut-il incriminer une carence intellectuelle, une capacité infinie d'illusion, une absence de courage ? La facilité de la lecture rétrospective du passé incite à la prudence et à la modération. Dans une France mal remise encore du bouleversement de la Grande Guerre, le flot des événements allant se précipitant après 1932 dans un pays affaibli, divisé et instable n'a permis à aucun moment la définition et l'exécution d'une politique adaptée aux circonstances. L'habileté de la propagande hitlérienne et les ambiguïtés de la démarche anglaise ont fait le reste. La trahison a été moins répandue que l'inaptitude à analyser le réel et l'incapacité à y faire face. Tout cela fait moins une défaite qu'une certaine manière de l'accepter – ou de la juger fatale – au jour de l'épreuve. Le ralliement massif et fervent de l'opinion au gouvernement du maréchal Pétain se prépare dans ces années déterminantes. Il demeure que des hommes, des groupes, des courants ont développé, plus que les autres, l'intelligence du réel et y puiseront, après 1940, les ressorts d'une réaction.

La défaite qui vient

La dernière chance, sans doute, d'arrêter la chute vers la catastrophe a été perdue par la France en mars 1936, lors de la remilitarisation par Hitler de la rive gauche du Rhin. Face à des contingents allemands hétérogènes, dépourvus d'armements lourds et mal encadrés, une riposte française, juridiquement fondée par ailleurs, était tout à fait envisageable. On sait que notre inaction totale eut pour conséquence de faire perdre à la France le bénéfice d'une zone tampon, capitale dans l'hypothèse d'une initiative allemande à l'est ; l'Italie se tournait de manière irréversible vers l'Allemagne, tandis que la Belgique annonçait son retour à la neutralité. Le « complexe » anglais a aussi, une fois de plus, joué. Le gouvernement britannique était hostile à toute réaction violente et avait fait savoir aux responsables français qu'en aucun cas l'Angleterre n'appuierait la France. A Munich, la paix n'est sauvée, in extremis, qu'au prix de concessions qui équivalent à une capitulation. La signature, le 23 août 1939, du Pacte de non-agression germano-soviétique scellait le sort de la Pologne. Placée devant l'ultime défi, la France n'avait plus de marge de manœuvre.

Le 1er septembre, dès l'annonce de l'attaque allemande contre la Pologne, le gouvernement décide la mobilisation générale pour le lendemain. Le même jour, les Chambres étaient convoquées. Le 2 septembre, au Palais-Bourbon, Édouard Daladier lit une médiocre déclaration dont il ressort que la France a tenté, jusqu'au bout, de sauver la paix, comme si nous avions à nous excuser d'honorer la parole donnée à un allié agressé que nous nous étions engagé à assister. Selon l'indication du gouvernement, les Chambres ne se prononcent pas pour ou contre l'entrée en guerre, mais sur le vote de « *dépenses destinées à faire face aux obligations résultant de la situation internationale* ». Et le 3 septembre, sans retour devant les Chambres, promis pourtant la veille par Daladier, la guerre était déclarée par le gouvernement, sans autre forme de procès. Dans cette affaire, les Chambres avaient été complices du gouvernement, dans un manque partagé de franchise et de courage devant l'opinion. Ce sera, après la signature de l'armistice et le vote du 10 juillet, le prétexte d'une polémique dont Pierre Laval – qui avait voté les crédits exceptionnels demandés par le gouvernement – sera le principal protagoniste : la France était entrée en guerre « illégalement », la déclaration de guerre n'ayant jamais été votée dans les formes constitutionnelles.

Comment les Français ont-ils « accueilli » la déclaration de guerre ? Le rapprochement a souvent été fait avec août 1914 – un quart de siècle seulement plus tôt – pour souligner à l'envi le contraste dans les attitudes : détermination – à défaut d'enthousiasme – en 1914, morne résignation en 1939. La réalité vaut d'être réellement appréhendée car elle peut aider à mieux situer les réactions face à l'armistice devant l'arrivée du pouvoir du maréchal Pétain après le 10 juillet 1940. L'étude patiente et minutieuse de Jean-Louis Crémieux-Brilhac, attachée aux groupes, aux familles et aux catégories, révèle une réalité plus nuancée. Le poids de la Grande Guerre, le fait que le territoire national n'apparaisse ni envahi ni menacé, ne font surgir ni « esprit de croisade » ni tonus significatif ; combien révélateur est ce simple témoignage relevé par Bertrand de Jouvenel :

> *Comme je demandais à un capitaine de mon régiment, ancien combattant de l'Autre, si ses hommes étaient semblables à ceux de 1940, il me répondit : « Je le crois. Mais voilà : ils sont moins enfoncés dans la guerre* [17]. »

Si les groupes engagés idéologiquement – d'un côté ou de l'autre – demeurent de simples noyaux sans échos dans l'opinion, le sentiment de loyalisme national demeure fort, même si lui correspond un degré très inégal d'engagement individuel [18].

C'est que, depuis Munich, un ressaisissement certain de l'opinion s'est opéré, en corrélation avec un apparent affermissement de l'attitude gouvernementale. Au « lâche soulagement » de Munich a succédé une réelle exaspération devant la succession des chantages et agressions de l'Allemagne. Deux sondages du tout nouvel Institut Français d'Opinion Publique (IFOP) réalisés, le premier au lendemain de Munich, le second en avril 1939, le traduisent : à l'imposante majorité en faveur des accords succède une nette majorité pour estimer que l'agression allemande en Tchécoslovaquie doit être la dernière. L'attachement renforcé à l'empire – révélé par un sondage de la fin de l'année 1938 – face à l'Allemagne et à l'Italie accompagne ce raffermissement. Tardif accès à une « conscience coloniale [19] » ?

A cette opinion française moins abattue et « défaitiste » qu'on l'a cru correspondent l'absence de tout véritable système d'alliance et celle d'un dispositif de bataille satisfaisant.

La France ne peut compter sur le terrain sur aucune promesse d'appui militaire allié à court terme, que ce soit à ses frontières comme aux frontières orientales de l'Allemagne. L'alliée de revers de 1914, la Russie, devenue l'URSS, n'a pu, faute d'une convention militaire assortissant le pacte de mai 1935, être adjointe au camp occidental ; liée à l'Allemagne par le pacte de non-agression d'août 1939, elle ne bougera pas. La Petite Entente n'existe plus : la Tchécoslovaquie est démembrée et assujettie, la Roumanie s'est tournée vers l'Allemagne ; la Yougoslavie, sous la régence du prince Paul, s'est rapprochée de l'Italie, de la Bulgarie et de l'Allemagne. Toujours à l'est, le sort de la Pologne, prise entre l'Allemagne et l'URSS, est scellé.

Sur le front occidental, le retour de la Belgique à une neutralité officielle n'a qu'une portée stratégique limitée, le plan français prévoyant, en cas d'attaque allemande sur la Belgique et les Pays-Bas, un mouvement en avant de nos troupes dans le souci de raccourcir le front. Il demeure que la préoccupation belge de ne fournir aucun prétexte à l'Allemagne interdit une coordination programmée entre états-majors. Plus grave est l'impréparation militaire anglaise. Depuis 1936, ni le haut commandement ni le gouvernement n'ont pu obtenir des responsables anglais de réponses précises sur ce que serait la contribution de la Grande-Bretagne à une guerre éventuelle. A la déclaration de guerre, elle n'est en mesure d'équiper que deux divisions non mécanisées, chiffre qui sera porté à quatre ; entre septembre 1939 et 1940, elle ne parviendra à équiper que six divisions supplémentaires. Le service militaire n'a été rendu obligatoire, il est vrai, que le 27 avril 1939... soit cinq mois avant la guerre. Par ailleurs, cent cinquante avions seulement étaient prévus.

A cette faiblesse quantitative de l'aide anglaise s'ajoute une grave carence en matière de commandement : aucun arrangement n'a été conclu en matière de stratégie commune ou de subordination éventuelle des forces anglaises au commandement français.

De la lointaine Amérique, il n'y a rien à attendre. Par les lois de neutralité de février 1936 et mars 1937, les États-Unis ont refusé par avance toute vente de matériel militaire et autorisé seulement le paiement au comptant de toutes les autres marchandises.

Sans allié véritable sur le sol français, l'armée française doit, de surcroît, envisager l'hypothèse du combat sur deux fronts continentaux, le théâtre du Nord-Est, le théâtre des Alpes. Jusqu'à la dernière minute, l'espoir d'une reculade ou d'une nouvelle médiation italienne a été entretenu par Daladier. En vain ; le régime fasciste a bel et bien fait son choix.

C'est sur le Nord-Est que, logiquement, se concentrait l'intérêt. Le dispositif français s'articulait autour de deux ensembles : un ensemble défensif de la frontière suisse à la Moselle, un projet offensif visant à progresser en Belgique au-devant de l'assaillant.

Achevée quatre ans plus tôt seulement, la ligne Maginot avait « vieilli » devant les progrès réalisés par les moyens offensifs ; elle restait dépourvue, notamment, d'armes antichars et antiaériennes modernes, et n'était pas conçue pour faire face à des lâchers de parachutistes. Sur une grande partie, la cuirasse tant vantée n'est guère plus qu'une cotte de mailles. De Longwy à la mer, devant Belfort, rien ne s'oppose à l'avance ennemie. Lorsqu'on prendra conscience de cette lacune, on se contentera d'improviser un système de fortifications légères. L'organisation d'une seconde position ne sera commencée qu'en novembre 1939, après deux mois et demi de guerre...

Le dispositif des forces engagées pèche par son déséquilibre. Sur 78 divisions d'active, aptes à l'engagement, 29 font face à la Belgique, 49 sont à l'abri de la ligne Maginot. Ce dispositif révèle l'absence de choix entre une stratégie contre-offensive et une stratégie de bataille d'arrêt. Dans les deux cas, trop d'hommes pour une bataille qui se déroulera dans une zone charnière entre les deux éléments du dispositif ; et là, il n'y avait pas assez d'hommes. Les troupes de Belgique se trouveront prises à revers et isolées ; les forces de la ligne Maginot, trop peu mobiles, ne pourront fournir les éléments d'une contre-offensive.

Le volet offensif prévoyait une « montée » en Belgique, la « manœuvre Dyle », pour y livrer une bataille d'arrêt. Conçue préventivement – c'est-à-dire avant l'initiative allemande du 10 mai 1940 –, cette manœuvre prenait tout son sens ; la neutralité belge comme l'esprit défensif de l'ensemble du dispositif interdisaient une telle anticipation ; déclenchée au dernier moment, le 10 mai, à l'appel de la Belgique, l'action trop tardive ne permettait pas de poser les bases d'une bataille d'arrêt devant un adversaire alliant dynamisme et détermination.

Il reste à évoquer les Ardennes. Contrairement à une idée souvent reçue, l'hypothèse de leur franchissement avait bien été prise en compte par les états-majors. Le massif ardennais, en partie déboisé, coupé de routes, n'était pas considéré comme infranchissable. Études et manœuvres ne débouchèrent toutefois sur aucune conclusion, faute d'estimations concordantes sur le rythme de progression de l'ennemi. Et fallait-il s'attendre, le cas échéant, à une simple manœuvre de diversion ou à une offensive majeure? Finalement, l'hypothèse ne sera pas prise en compte avec sérieux et le secteur restera mal protégé et mal défendu: en mai 1940, les organisations de Givet, où l'ennemi franchira la Meuse, n'avaient pas été renforcées; celles de Sedan étaient élémentaires.

Nos trois seules divisions blindées enfin – leur formation ne sera pas achevée au jour du 10 mai 1940 – restent séparées les unes des autres et leurs éléments dispersés [20].

Alors que s'ouvre le moment de l'épreuve décisive, il apparaît que la France s'apprête à la subir sans l'avoir voulue et sans y être préparée, ni matériellement ni psychologiquement. Loin de ressouder l'unité nationale, les huit mois de la « drôle de guerre » vont ajouter à la confusion et aux atermoiements.

3

L'enfantement d'un régime
septembre 1939 - juin 1940

Le régime de Vichy n'a pas surgi, tel le lapin du chapeau du magicien, d'un vote au soir du 10 juillet 1940, comme cela est admis ordinairement. Si le 10 juillet marque bien la date d'une naissance, l'enfantement est plus ancien. Il remonte à septembre 1939, point de départ d'une guerre qui ne fut d'abord « drôle » qu'à la manière d'une époque qui fut « belle » aussi en son temps. Septembre 1939 - juillet 1940 ou le temps presque parfait d'une procréation.

Trois grands épisodes jalonnent cet enfantement douloureux : la « drôle de guerre », la défaite et l'armistice. C'est dans ces moments qu'a été véritablement conçu le régime de Vichy, appelé à naître le 10 juillet 1940.

« Drôle de guerre » ou drôle de politique ?

Immobilisme et fermeté du propos, discours résolu et inactivité, telle est la trace indécise laissée par le cabinet Daladier de l'automne 1939 au printemps 1940. Fin septembre, c'était le repli général sous le couvert de la ligne Maginot des quelques troupes infiltrées au-delà, près de la frontière. Quelques groupes francs – Joseph Darnand y figure – ont bien tenté des incursions dans la forêt de la Warnd, en Sarre, et s'y sont emparés de quelques hectares de terrain que reprirent les Allemands à notre repli. Il confirmait à l'ennemi notre peu d'intention d'en découdre et lui laissait toute latitude d'écraser la Pologne.

La France entrait dans la guerre en enclenchant la marche arrière. L'espoir d'un ultime arrangement n'était pas perdu, l'espoir aussi, peut-être, d'une nouvelle médiation de l'Italie, comme celle qui avait permis le règlement de Munich. « Drôle de guerre » ou guerre factice ? A l'arrière, les services du « Continental », siège du haut-commissariat à l'Information dirigé par Jean Giraudoux, berçaient l'opinion de propos lénifiants sur la fidélité du Français à sa petite terre et son attachement à la paix.

Pour attester devant les Français de sa volonté et de sa détermination, Daladier a bien coiffé, le 13 septembre, le double képi de la Défense nationale et des Affaires étrangères. L'agression soviétique contre la Finlande fournit la double occasion de montrer, sans risque, sa force tout en stigmatisant le Parti communiste sur le front intérieur ; ses élus sont destitués en janvier 1940 et le parti mis hors la loi. Façon de resserrer un climat d'unanimité nationale ; dans *Le Populaire*, Léon Blum – dont le parti a refusé l'offre de participation de Daladier – vient de signer une série d'articles à la forte connotation anticommuniste et antisoviétique. L'expédition de Norvège offrait un dernier avantage d'associer l'Angleterre – en lui forçant quelque peu la main – à une de ces entreprises périphériques dont il est admis qu'elle les affectionne par-dessus tout.

Daladier, Pétain ou Reynaud ?
Le rôle de Pierre Laval

Loin d'avoir été ralenti ou cassé par l'entrée en guerre de la France, le débat politique a connu un nouvel élan. « Bellicistes » et « pacifistes » se livrent à un combat où le front intérieur a autant d'importance, sinon plus, que le front extérieur [1].

Le procès du maréchal Pétain (audience du 13 août 1945) a mis en lumière diverses manœuvres dont le Maréchal occupait le centre. Celui-ci était alors ambassadeur de France en Espagne ; il y avait été nommé au début de l'année 1939 par Daladier, pour tenter de « raccommoder » les rapports entre la France républicaine et le régime franquiste. Soucieux de remplacer son ministre des Affaires étrangères, Georges Bonnet, suspect à ses yeux de pacifisme, Daladier avait approché Édouard Herriot. Celui-ci se défaussa en subordonnant son accord à celui du maréchal Pétain. Venu à Paris le 8 septembre 1939, ce dernier s'était vu proposer un poste de ministre d'État sans portefeuille. Le Maréchal avait lié son accord de principe à un ultime délai de réflexion de quelques jours, mis à profit, selon Elie-Jean Bois – journaliste au *Petit Parisien*, spécialiste des affaires italiennes, proche de Pierre Laval –, pour rencontrer diverses personnalités, parmi lesquelles Georges Bonnet, François Piétri et Pierre Laval [2]. Pétain avait finalement décliné l'offre de Daladier en lui faisant remettre une lettre dont nous citons les extraits les plus significatifs :

> *Après une longue réflexion, je suis arrivé à la conviction que le cabinet que vous vous proposez de former ne répond pas aux exi-*

> *gences de la situation actuelle. Il est établi sur des bases presque entièrement politiques. Il paraît donc peu qualifié pour assurer une conduite générale de la guerre. Mettre mon nom dans une telle combinaison ne réussira pas à la consolider, ni à améliorer vos affaires. Ce serait en outre me soumettre à des méthodes de travail dont j'ai déjà fait l'expérience en 1934, déplorant leur peu de rendement.*

Cette dernière phrase, enfin :

> *Cette décision bien arrêtée me rend plus libre vis-à-vis de vous pour vous dire ma pensée sur la confection du cabinet que vous projetez. La présence de certains hommes politiques sera un obstacle à des relations correctes avec l'Espagne et l'Italie et produira, par conséquence, un effet déplorable sur le moral du pays et de l'armée* [3].

Cette lettre a été lue par le bâtonnier Payen, l'un des avocats du Maréchal, à l'audience. D'autres pièces d'instruction ont été versées par Louis Noguères, président de la Haute Cour de justice à partir de février 1946, quand il les a publiées et commentées en 1955. Parmi celles-ci figure une lettre du commandant Loustaunau-Lacau, aide de camp du Maréchal entre 1936 et 1938, adressée à celui-ci le 22 septembre 1939, peu après le refus de participation exprimé par Pétain à Daladier lors de la refonte de son ministère [4].

Après avoir d'abord souligné auprès du Maréchal que son refus, largement commenté dans les milieux spécialisés, a eu pour conséquence d'affaiblir la position de Daladier, rendu responsable de l'état d'impréparation industrielle et militaire, Loustaunau-Lacau évoque une conversation avec Pierre Laval.

Cela n'est pas pour surprendre. Depuis le 3 septembre 1939, Laval s'est montré fort actif. Écarté du pouvoir depuis sa démission forcée de chef du gouvernement en janvier 1936, l'entrée en guerre fournit à ce chef de file des pacifistes engagés l'occasion d'une rentrée en scène. Le sénateur Laval a exprimé en séance, le 3 septembre, son souhait de voir le gouvernement se tourner vers une médiation de l'Italie. Il dira plus tard, pendant la guerre, que la France était entrée dans la guerre « illégalement » (par l'absence d'un vote des Chambres) et que cette guerre, dans laquelle « *nous entrions seuls, nous ne pouvions pas la gagner* [5] ».

Il n'a cessé, depuis lors, de poursuivre sa campagne auprès de ses collègues. Le 29 septembre 1939, il a déposé une motion demandant la convocation immédiate du Parlement. Sa bête noire : Daladier, qui a poussé les radicaux dans le Front populaire, provoquant par là leur retrait de son gouvernement et le contraignant à la démission en janvier 1936.

La conversation avec Pierre Laval, relatée dans sa lettre au Maréchal par Loustaunau-Lacau, peut être résumée en trois points principaux : d'abord, devant l'impopularité et le manque d'autorité croissant de Daladier, seul un cabinet restreint présidé par le maréchal Pétain est concevable et serait bien accueilli par l'opinion ; dans ce cabinet qu'il présiderait, le Maréchal occuperait les Affaires étrangères et Pierre Laval, maire d'Aubervilliers et à même de gagner la classe ouvrière, prendrait l'Intérieur ; pour Pierre Laval, enfin, il faut « *ouvrir les portes de l'Italie* ».

C'est sur des pièces d'instruction de cette nature que, dans le procès Pétain, l'accusation avait au départ entendu s'appuyer pour fonder le « complot » qui aurait finalement conduit Pétain au pouvoir en juillet 1940. Accusation finalement abandonnée, à juste titre.
L'intérêt de ces documents pour l'Histoire, comme l'ensemble de la période de la drôle de guerre, se situe à un autre niveau. C'est celui d'éclairer les circonstances du passage de la IIIe République finissante à l'État français, c'est-à-dire de fournir des éléments de réponse – la réponse ? – au débat de fond : complot des ennemis cachés de la République ou abdication des républicains ? Posé en ces termes, le débat ne peut apporter que des réponses faussées ou manichéennes. La réponse n'est pas dissociable – en amont d'une défaite foudroyante – d'une lutte politique sur le fond d'un conflit qui n'est, de l'automne 1939 au printemps 1940, ni la guerre ni la paix.
Responsables politiques et chefs militaires sont parfaitement conscients que, derrière les paroles rassurantes et les discours résolus, il y a les faits : une préparation militaro-industrielle qui ne doit s'achever, pour l'essentiel, que vers 1942 et une part d'incertitude sur la manœuvre finale de l'ennemi, si elle doit se produire incessamment. La réalité d'un « parti » pacifiste est indéniable (nous l'avons évoqué au début de cet ouvrage) ; celle d'un « parti » belliciste l'est beaucoup moins, si l'on prend l'expression dans son sens littéral d'acceptation d'une guerre ouverte. Ceux qui, au pouvoir, par principe philosophique, conviction ou fermeté d'âme, ne militaient pas pour n'importe quelle paix s'estimaient trop responsables devant le pays pour ne pas balayer tout espoir ultime de la paix encore une fois sauvée ; soit par une ultime médiation – ou neutralité – italienne, soit à voir Hitler – après le partage germano-soviétique de la Pologne – adopter une attitude de compromis ou d'attente prolongée, permettant à la France de parachever sa préparation au point de décourager toute tentation d'agression. Longtemps aussi croira-t-on en la possibilité d'une neutralité italienne, permettant de soulager le front des Alpes.
C'est ce climat si particulier qui fait de la drôle de guerre l'épi-

sode d'une « drôle de politique », où les manœuvres, coups bas et combinaisons s'enchevêtrent sur fond d'attentisme : guerre finale ou compromis.

La thèse du complot n'était pas soutenable lors du procès du maréchal Pétain, et c'est pourquoi elle ne fut pas retenue finalement dans l'acte final d'accusation. Dans la conclusion de sa lettre au Maréchal, Loustaunau-Lacau soulignait fortement qu'il n'entendait pas parler en son nom, ce qu'on ne saurait considérer comme une simple précaution oratoire.

Il est permis pourtant de tirer trois grands enseignements de ces « grandes manœuvres ». En premier lieu, le procès, en voie d'instruction, des politiques par les militaires ; il inspirera, dès le 29 mai 1940, le rapport pessimiste et pressant du général Weygand au président du Conseil Paul Reynaud en faveur d'un armistice et annonce les débats du procès de Riom en 1942. C'est ensuite le comportement très activiste de Pierre Laval ; il fonde son pacifisme manœuvrier sur l'état d'impréparation du pays à la guerre et sur l'illégalité constitutionnelle d'une déclaration de guerre, sur laquelle les élus n'ont pas été consultés ; le rôle capital de Pierre Laval dans la préparation du vote du 10 juillet 1940 se met en place dès l'automne 1939.

Il reste à considérer l'attitude du maréchal Pétain ; il n'ignore ni sa popularité ni l'attente, chez beaucoup, de le voir jouer un rôle de premier plan ; en 1937, Gustave Hervé a publié un retentissant *C'est Pétain qu'il nous faut* ; en mars 1938, Henri Pichot, président de l'Union fédérale des anciens combattants, avait fait une démarche personnelle et insolite auprès d'Albert Lebrun, président de la République, pour le convaincre d'appeler le Maréchal au gouvernement à la faveur de la chute d'un cabinet Chautemps. Convaincu de la faillite des chefs, Pétain attend que sonne l'heure où il aura tout loisir d'imposer ses conditions face à des partenaires affolés. C'est bien ce qu'escompte aussi Pierre Laval, qui n'assume, lui, aucune responsabilité depuis le début de 1936. Compte tenu de l'âge du Maréchal et de ses assertions répétées à l'envi sur son inappétence à diriger l'action d'un gouvernement, celui qui réussirait à se couvrir du manteau de l'homme de Verdun était assuré de devenir le véritable maître du pouvoir.

Paul Reynaud, vainqueur par défaut

La faiblesse, voire l'impuissance du gouvernement Daladier ont été renforcées encore par le refus du Maréchal d'entrer dans son cabinet, commenté dans les milieux influents comme la condamnation d'une formule parlementaire mal adaptée aux circonstances.

Du coup, l'hypothèse d'un cabinet Pétain gagnait en consistance dans l'opinion. Les intrigues de Reynaud contre Daladier, les bavardages et les querelles de leurs égéries, Mme de Portes et Mme de Crussol, alourdissaient encore l'atmosphère. Jusqu'en mars, le pays vit au rythme tranquillisant des jours parlementaires presque ordinaires. Au lendemain d'une séance, le pacifiste *Canard enchaîné* peut écrire : « *On se serait cru en temps de paix : on ne peut que s'en réjouir* [6]. »

La signature, le 12 mars 1940, de l'armistice soviéto-finlandais précipite la crise politique qui couvait. Le premier acte se joue au Sénat le 14 mars. Le Comité secret, réuni à la demande même de Daladier, entend une longue intervention de Pierre Laval, la deuxième depuis le 2 septembre 1939. Argumentation vigoureuse : nous avons déclaré la guerre, nous devons la gagner, nous ne pouvons pas la gagner : « *Nous n'avons pas les conditions d'une victoire rapide.* » Et ces paroles à l'adresse d'Édouard Daladier : « *Je vous accuse de ne pas faire la guerre comme il faut pour la gagner.* » Son intervention a eu un vif succès auprès de nombre de ses collègues. Le 19 mars, la Chambre se réunit à son tour en Comité secret. Chaque formation politique a délégué son leader ; le cabinet Daladier fait l'objet d'un tir groupé. Après le vote d'une motion de défiance, Daladier porte la démission de son cabinet à Albert Lebrun le 21 mars.

Paul Reynaud est un modéré atypique et anticonformiste, l'un des très rares partisans à droite d'une politique de dévaluation du franc après 1931 ; il passe pour énergique par sa vivacité et sa nervosité, et pour inébranlable en raison d'un autoritarisme dont d'aucuns croyaient déceler l'origine dans sa petite taille. Lourdement lesté en ministres et sous-secrétaires d'État, l'esquif gouvernemental est mal armé pour la manœuvre rapide en dépit de la création – inspirée du modèle britannique – d'un Comité de guerre et d'un Comité économique. Avec la présidence du Conseil et les Affaires étrangères, Reynaud aurait souhaité prendre la Guerre ; le refus de participation des socialistes le contraignant à privilégier l'alliance des radicaux, il dut se résigner à maintenir un Daladier discrédité à ce poste clef. Le 22 mars 1940, lors de la présentation de son gouvernement, Paul Reynaud ne l'emporte que par une voix de majorité, la droite et le centre droit l'ayant largement boudé.

Entre mars et mai 1940, deux camps se cristallisent. Le premier réunit, autour de Paul Reynaud, ceux qui entendent faire la preuve de leur fermeté et continuer à montrer leur attachement à l'alliance avec une Angleterre où Churchill se fait le champion d'une résistance à tout prix. Mais Paul Reynaud, outre qu'il ne fait pas l'unanimité, est entouré lui-même d'éléments pacifistes [7].

Tout autant pour les neutraliser que pour répondre à une

demande anglaise, Reynaud se rend à Londres où il établit – le 28 mars 1940 – un accord avec Chamberlain aux termes duquel la France et l'Angleterre s'engageaient à ne conclure ni armistice ni traité de paix séparée. Ni traité ni convention, c'était un simple accord personnel dépourvu en soi de toute valeur diplomatique; il n'en avait pas moins une forte résonance symbolique. Il donnera lieu, deux mois et demi plus tard, à un débat d'une portée fondamentale. Il sera brandi par les partisans de la continuation des combats comme engageant l'honneur de la France; il figurera au cœur des débats dans les conseils suprêmes interalliés de juin où les Français demanderont aux Britanniques d'y renoncer. Ce même 28 mars, les Alliés avaient engagé l'expédition de Norvège, semblant tout ignorer des intentions allemandes concernant ce même pays. Le 9 avril, les Allemands tenaient les principaux ports. Il s'ensuivra un incroyable gâchis n'aboutissant... le 28 mai qu'à la seule reconquête du port de Narvik.

Quant au second camp, celui des « pacifistes », il se cherchait encore un véritable chef [8]. A Madrid, le maréchal Pétain demeure sur la réserve, tout en restant régulièrement informé de l'évolution de la situation à Paris. Pierre Laval n'ignore pas la faiblesse de la position parlementaire de Paul Reynaud qui n'a pas de parti derrière lui. Toujours tenaillé par son envie d'un retour au premier plan, Laval avait fait exercer des pressions sur Paul Reynaud pour que, à la formation de son cabinet, celui-ci le fasse entrer en compagnie du maréchal Pétain.

Il se faisait fort de lui apporter en retour le ralliement de la droite parlementaire et une ouverture diplomatique du côté de Rome, pouvant déboucher sur un accord de paix avec l'Allemagne. Mais Paul Reynaud, défiant à l'endroit de Laval, avait refusé. Sans se prononcer sur le nom de Pétain, il avait récusé Laval qu'il considérait – avec raison – comme *persona non grata* auprès de Mussolini depuis les sanctions contre l'Italie dans l'affaire éthiopienne [9]. Paul Reynaud menait d'ailleurs de son côté sa propre politique italienne. Quatre jours avant l'investiture de son gouvernement, Hitler et Mussolini s'étaient rencontrés au col du Brenner. L'Italie allait-elle basculer irrémédiablement dans le camp allemand? Le 22 avril, Reynaud, hors de tout protocole, avait adressé une lettre à Mussolini l'adjurant de s'abstenir de tout geste fatidique. Il n'avait reçu, en échange, qu'une missive hautaine et méprisante [10].

Jusqu'au bout, Daladier et André François-Poncet, ambassadeur à Rome, tenteront de retenir l'Italie. On le voit dans l' « utilisation » faite de Jean Renoir. On savait l'admiration qu'éprouvait à son endroit Mussolini. Jean Giraudoux, responsable des services de l'Information, releva le lieutenant Jean Renoir de ses obligations militaires et le mit à la disposition des Affaires étrangères.

Mussolini souhaitait la présence de l'auteur de *La Grande Illusion* à Rome pour qu'il honore son contrat signé pour *La Tosca* et donne des cours de mise en scène au « Centre sperimentale ». Le 6 mai 1940, le cinéaste tournait les premiers plans de son film *Piazza Farnese*. L'offensive allemande sur l'Europe de l'Ouest n'interrompit pas Renoir, qui ne regagnera Paris qu'au début du mois de juin. Son assistant, Luchino Visconti, achèvera le film.

Un dernier épisode atteste de la persistance, jusqu'au bout, de ce climat de « complots » politiques associés à d'ultimes manœuvres pour tenter de déboucher sur un compromis avec l'Allemagne. En avril 1940 au cours d'un déjeuner, Daladier – ministre de Reynaud ! – et Laval tentent de trouver un accord pour renverser Reynaud ; Laval, qui se fait fort de trouver rapidement une solution de paix, recevrait les Affaires étrangères. Le pacte échoua sur le refus de Laval de voir la direction du gouvernement aller à Daladier ; son propre candidat n'était autre, en effet, que le Maréchal [11].

De la « drôle de guerre » à la défaite éclair

L'attaque allemande du 10 mai 1940, en surprenant tout le monde, va bouleverser tous les plans, « *initiative inattendue et inopportune* » (!) comme l'écrira Pierre Laval dans les *Notes* préparées pour sa défense en 1945. Elle surprend une troupe engourdie dans l'inactivité, émoussée dans ses réflexes, où les hommes qui ont pris le goût des permissions se font de plus en plus cruellement au fait de quitter leur foyer.

L'offensive sur les Pays-Bas et la Belgique donne lieu, comme convenu par l'état-major français, à l'application du plan Dyle qui consiste à se porter au-devant des forces allemandes. Sur le papier, le rapport des forces n'apparaît pas en faveur de l'ennemi qui aligne quatre-vingt-treize divisions d'active face à cent huit divisions alliées ; le nombre des chars s'équilibre presque, si l'aviation allemande l'emporte dans un rapport de 1 à 2,5. Plus que le nombre, c'est la manœuvre qui va s'avérer décisive. C'est au quatrième jour de l'engagement – soit le 14 mai – que notre armée se rend compte que l'axe central de l'offensive allemande ne se situe pas en Belgique mais sur l'axe Luxembourg-Mézières, à travers le massif de l'Ardenne. C'est l'application du plan Manstein, voulu et imposé par Hitler en mars 1940 pour éviter le risque de piétinement en Belgique et créer la rupture décisive par l'offensive de cinq Panzerdivisions. Mal défendus, les passages de la Meuse présentaient, de surcroît, la particularité d'être au point faible du dispositif général français ; à l'est, le long de la ligne Maginot, stationnait le plus gros des effectifs (60 pour cent environ), formés de troupes statiques de forteresse ou d'infanterie à capacité réduite ; à l'ouest, les troupes françaises avaient fait mouvement vers la Belgique dès le 10 mai. Il était évident que, si l'offensive allemande ne pouvait être bloquée au passage de la Meuse, aucune force ne pourrait s'opposer à la progression des blindés allemands, ni les divisions aventurées en Belgique et prises à revers, ni les troupes de la ligne Maginot inaptes à toute réaction rapide.

Franchissant la Meuse en plusieurs points sans grande difficulté le 13 mai, les Panzerdivisions ne se voient opposer, les 14 et 15 mai, que des contre-offensives sporadiques et limitées. A partir du 16, plus rien ne peut s'opposer à elles. Comme en août 1914, on s'attend à une marche directe de l'ennemi sur Paris – dont Gamelin recommande l'évacuation (le feu mis à de nombreuses archives du Quai d'Orsay atteste de l'affolement). Comme en 1914, les colonnes ennemies évitent Paris, qu'elles contournent par l'ouest cette fois.

Il se place, le 15 mai, un épisode peu connu. Les dirigeants allemands – coup de bluff ou certitude de la victoire – ont cherché à éprouver les dispositions françaises en laissant entendre qu'ils étaient prêts à envisager un arrêt des hostilités pour peu que le gouvernement français s'y prête. Goering a rencontré ce jour-là le consul général de Suède à Paris, Raoul Nordling, pour lui demander de faire savoir à Paul Reynaud que l'Allemagne était prête à offrir à la France des conditions raisonnables d'armistice. Nordling ne put rencontrer Paul Reynaud que le 20 mai ; celui-ci, heurté, ne donna pas suite en priant le consul de garder pour lui la proposition allemande [12].

L'Oise est franchie le 17 mai ; en cinq jours, les Panzers de Guderian ont parcouru près de cent dix kilomètres. Avance rapide à ce point que, le matin même, leur chef a manqué de se voir retirer son commandement par Hitler pour une progression jugée trop rapide et exposant l'armée, qui le suit, à une attaque de flanc. De contre-attaque par les flancs, il n'y en eut pas, les rares forces françaises disponibles réagissant toujours avec retard sur l'événement et de manière ponctuelle et dispersée. Dès ce jour-là – 17 mai – le général Gamelin considère la situation comme perdue, Paris menacé sous vingt-quatre heures, et déclare à Paul Reynaud qu'il convient d'envisager l'armistice.

Du 18 au 24 mai s'écoule le temps d'un certain ressaisissement et d'un ultime espoir de rétablissement. Ressaisissement militaire avec la relève d'un Gamelin effondré par le général Weygand rappelé du Levant. Choc politique avec l'appel de Paul Reynaud au maréchal Pétain au poste de vice-président du Conseil. Le 24 mai s'effondre l'espoir de résorber la poche allemande sur la Manche ; le retrait du corps expéditionnaire de lord Gort de quarante kilomètres vers les ports, décidé la nuit précédente, conduit Weygand à renoncer à une manœuvre dont les chances de succès étaient sans doute faibles, vu le renforcement des effectifs allemands dans les jours précédents. Ce soir-là, Paul Reynaud, désemparé au témoignage de Paul Baudouin, secrétaire du cabinet de Guerre, adresse un télégramme à Churchill dans lequel il insiste sur la gravité des conséquences pouvant découler du repli de l'armée anglaise ; à Baudouin, il pose la question : « *En cas d'offres modérées de la part de l'Allemagne, l'état de l'opinion publique permettrait-il de les repousser ?* » Et d'ajouter – sans attendre la réponse – : « *Dans ce cas, comme j'ai toujours préconisé la guerre à fond, je démissionnerai* [13]. » A cette date – faut-il le rappeler ? – il a depuis près d'une semaine fait entrer le Maréchal dans son cabinet. Le 25 mai, le général Weygand, comme Gamelin huit jours plus tôt, expose en Conseil des ministres que la situation militaire est désespérée et qu'il faut solliciter un armistice.

Le 28 mai, la capitulation de l'armée belge sert prétexte à Paul Reynaud à stigmatiser l'attitude du roi. Après l'opération de rembarquement de Dunkerque achevée le 4 juin, Reynaud procède à un dernier remaniement ; se décidant à éliminer Daladier, il prend lui-même le ministère de la Guerre et fait entrer de Gaulle, promu à titre provisoire général de brigade, comme sous-secrétaire d'État à la Guerre.

Mais rien ne peut arrêter le cours tumultueux des événements. Le 7 juin, le front français, tant bien que mal reconstitué sur la Somme, est enfoncé par les Allemands ; la Somme n'entrerait pas dans l'Histoire comme la seconde bataille de la Marne. Le 10 juin, Paris est déclaré ville ouverte et évacuée dans la nuit par le gouvernement qui se replie sur la Loire à Tours et dans les châteaux aux environs. Le jour même, l'Italie ouvre les hostilités contre nous. Les troupes allemandes entrent dans Paris le 14 juin. Contournées, assez peu attaquées, les divisions massées derrière la ligne Maginot sont faites prisonnières comme les défenseurs de celles-ci, ajoutant des centaines de milliers de prisonniers à tous ceux déjà faits. Le débat sur l'armistice est entré à cette date dans une phase décisive.

Il faut faire ici un sort particulier à l' « exode ». Phénomène de masse, il est l'un des constituants majeurs du grand traumatisme de l'été 1940. Initié dès le mois de mai avec le début de l'attaque allemande, il a été marqué par les premiers reflux de populations de Belgique et du nord de la France. Dans les premiers jours de juin, le mouvement s'étend aux habitants d'entre Seine et Loire. Dans une indescriptible cohue, des flots d'hommes et de véhicules de toutes sortes en de misérables convois roulent vers les ponts de Loire, dans l'illusion d'interposer une barrière entre eux et l'envahisseur. Venant se mêler aux troupes en reflux, ils en précipitent la démoralisation et en accélèrent la déroute. A la fois témoins et acteurs du drame, ceux qui le vécurent (six millions d'hommes?) en restèrent marqués pour la fin de leurs jours [14].

Si les actes individuels de courage et de dévouement n'ont pas été rares, des scènes lamentables ont eu lieu : notables fuyant leurs communes, précipitant le départ des commerçants et des habitants, officiers abandonnant leurs hommes, responsables et infirmiers d'établissements psychiatriques ouvrant les portes à leurs malades avant de s'enfuir eux-mêmes... A ce sentiment d'abandon s'ajoutera, chez les fuyards, celui d'avoir été laissés sans défense contre les mitraillages des avions allemands et italiens.

C'est ce pays en déshérence qu'a traversé, avec ses hommes, le capitaine Ernst Jünger, pays vidé de sa substance humaine :

> *Nous continuons à traverser d'étonnants paysages. Aucun âtre ne fumait ni dans les villes ni dans les campagnes ; pas un enfant, pas un être vivant. J'appuyais parfois le front contre les vitres d'une fenêtre et j'apercevais à l'intérieur des tables mises avec des verres et assiettes, mais point de convives : le spectacle de repas brusquement interrompus.* (27 mai 1940-Boulzicourt, près de Sedan [15].)

A la bibliothèque de Laon, abandonnée toutes portes ouvertes, Jünger découvre le 12 juin des trésors dans les parchemins des Carolingiens : « *De tels trésors sont inestimables. On ne les abandonne que lorsqu'on est complètement vaincu* [16]. » Le troupeau misérable des prisonniers, enfin, tel que le voit passer l'auteur à Montmirail, le 18 juin 1940 :

> *Dans la matinée, une colonne de plus de dix mille prisonniers français traversa la ville. Elle était à peine surveillée... Aussi avait-on l'impression que ces masses recrues et complètement épuisées se pressaient d'elles-mêmes vers un but inconnu... La plupart de ces hommes étaient déjà complètement émoussés. Ils ne posaient que deux questions : leur donnerait-on à manger? La paix était-elle signée* [17] ?

L'exode devait être souvent confondu avec les causes de la défaite, dont il n'était que la conséquence ; confusion parfois volontaire débouchant sur des interprétations théologiques, moralisatrices et culpabilisantes sur les responsabilités de la défaite, prétexte à la mise en cause du régime politique, de l'administration ou du corps enseignant. Il en sera fait un usage abondant dans les premiers mois du nouveau régime avec la multiplication d'articles, de brochures et d'ouvrages sur le châtiment justement abattu sur la France. Pour Fabre-Luce, l'exode avait posé « *le fondement moral de l'armistice* [18] ».

La course à l'armistice

C'est à Tours que s'engage à partir du 10 juin le débat final sur l'armistice. Les ministres sont hantés par le spectacle auquel ils ont assisté sur la route de la fuite éperdue de centaines de milliers d'individus. Les dernières nouvelles reçues ajoutent au désarroi : la Basse-Seine franchie à Vernon, la VIIe armée (celle de Giraud) qui devait protéger Paris en pleine retraite, Reims tombé... L'installation des divers pouvoirs, dispersés sur divers sites au hasard des disponibilités, va ajouter encore à la confusion en créant des difficultés de communication ; ainsi les Conseils de ministres se déroulent-ils à Cangé – où s'est installé Albert Lebrun et qu'un jour certains ministères confondirent avec le château de Candé... en Maine-et-Loire. Le général Weygand qui, dès le 25 mai, avait jugé la situation militaire désespérée, récidive le 29 mai. Le 10 juin, alors que tout le gouvernement s'apprête à quitter Paris, il a fait tenir une note à Reynaud : « *Aujourd'hui, je vous annonce que cette hypothèse* [envisagée par sa note du 29 mai] *peut d'un moment à l'autre être un fait accompli.* »

Le 11 juin, au Conseil des ministres tenu au château de Cangé, le général Weygand prend la parole pour dire que la demande d'armistice s'impose, la guerre pouvant être considérée comme définitivement perdue. Tous les regards tournés vers lui, le maréchal Pétain approuve Weygand ; il ajoute déjà la mise en cause des responsabilités encourues : la guerre déclarée dans des conditions imprudentes, la pénurie de matériel, l'inexistence de l'aviation française. Le fil invisible mais bien réel qui commence à courir entre la fin de la IIIe République et la fondation du régime de Vichy est tiré ce jour-là par Weygand et Pétain.

Partisans et adversaires de l'armistice commencent à se compter. Il demeure à jamais impossible pour toute cette période de pré-armistice de reconstituer avec certitude et précision ce qui s'est exactement dit dans les Conseils des ministres. Aucun procès-verbal n'était alors tenu. On ne peut s'appuyer que sur les auditions de la Commission d'enquête parlementaire réunie à la fin de la guerre et sur les mémoires et souvenirs publiés après coup, avec toute la marge d'incertitude qui s'y attache. On connaît certes bien la position des principaux protagonistes ; c'est un exercice bien vain, en revanche, que de tenter de tenir pour les autres une comptabilité rigoureuse des pro- et des antiarmistice, d'autant que les points de vue ont pu évoluer. Et qui pourra jamais dire quelles étaient les convictions profondes ? La tentative la plus serrée de reconstitution des événements qui ont conduit à l'armistice a été faite juste après la guerre par le diplomate Albert Kammerer [19].

Le 5 juin, Paul Reynaud avait remanié profondément son cabinet.

L'entrée du général de Gaulle, pour symbolique qu'elle soit, ne saurait masquer que le camp de l'armistice s'est trouvé renforcé par l'accès aux Conseils de Paul Baudouin et d'Yves Bouthillier, futurs et actifs ministres du maréchal Pétain, ainsi que de Jean Prouvost et de Ludovic-Oscar Frossard.

La venue à Tours de Churchill, le 13 juin, pour un Conseil interallié improvisé, se déroule dans un incroyable désordre. Le chef du gouvernement anglais a-t-il, ce jour-là, délié la France de la parole engagée le 28 mars 1940 de ne pas conclure de paix séparée ? On peut douter qu'il l'ait fait formellement, même si l'on est assuré qu'en rentrant le soir à Londres il se préparait désormais à assumer l'hypothèse d'un retrait rapproché de la France des combats. Reynaud n'a pas voulu offrir à Churchill le spectacle d'un Conseil divisé : Lebrun et les ministres l'ont attendu en vain ; Reynaud seul, qui vient de quitter Churchill, se présente devant le Conseil ce 13 mai. Entre Reynaud et Weygand, l'affrontement est de plus en plus vif. C'est alors que se produit l'événement décisif ; Pétain se lève et lit une note soigneusement préparée. La défaite, selon lui, est consommée, l'armistice doit être demandé sans délai à l'Allemagne ; en ce qui le concerne, il ne quittera pas le sol national :

> *Il est impossible au gouvernement français, sans émigrer, sans déserter, d'abandonner le territoire français. Le devoir du gouvernement est, quoi qu'il arrive, de rester dans le pays sous peine de n'être plus reconnu pour tel... je resterai parmi le peuple français pour partager ses peines et ses misères* [20].

D'un coup, Pétain est devenu le chef d'une opposition au président du Conseil, le pôle d'un rassemblement autour de sa personne.

Pétain prenait ainsi directement position contre le projet dont s'était ouvert en Conseil Paul Reynaud le 8 juin, à savoir envisager de poursuivre la lutte en Afrique du Nord. Deux conceptions du patriotisme s'affrontent : à la philosophie hexagonale et terrienne de Pétain et de Weygand, pour lesquels nulle légitimité n'est tenable hors du sol métropolitain, s'oppose la vision de Reynaud (et de De Gaulle) attachés à maintenir la France dans la guerre et dans la fidélité à l'alliance anglo-saxonne.

Au soir du 13 juin, rien n'était encore joué. Reynaud a donné ordre à Weygand que l'on continue à se battre sur la Loire et à de Gaulle d'accélérer le passage en Afrique du Nord des classes de réserve encore dans les dépôts, de cadres et de spécialistes. Baroud d'honneur ? Le Conseil se sépare sans se prononcer pour ou contre l'armistice, dans l'attente de la réponse aux télégrammes pressants adressés à Roosevelt par Churchill et Reynaud.

On s'était donné rendez-vous à Bordeaux, décision commandée

par l'entrée imminente des troupes allemandes dans Paris et la dislocation du dernier front sur la Loire qui précipite les flots de réfugiés toujours plus au sud, Massif central et Bassin aquitain.

La partie décisive se joue entre le 15 et le 17 juin. Le 15, Weygand répond à Reynaud, qui lui annonce son intention de transférer en Afrique du Nord la permanence républicaine, qu'il refuse de donner à l'armée un ordre de capitulation déshonorant pour l'honneur militaire. Il ne reste donc plus que deux choix possibles : l'armistice ou la poursuite d'une lutte de plus en plus désespérée.

Deux camps nettement tranchés sont maintenant en présence. A Tours, sans doute y avait-il encore une légère majorité en faveur de la poursuite de la guerre, fût-ce en dehors du sol métropolitain. A Bordeaux, le camp adverse va se renforcer avec la dégradation accélérée de la situation militaire, avec aussi la consolidation d'un axe actif Pétain-Weygand-Baudouin auquel se rallie l'amiral Darlan, jusqu'alors chaud partisan de la continuation de la lutte. Le 15 juin, Camille Chautemps, reprenant au vol une suggestion de Frossard (se sont-ils entendus ?), propose de demander à l'ennemi ses exigences ; si elles se révélaient inacceptables, la porte serait ouverte pour une autre solution.

Ce renversement est accéléré quand tombe, le 16 juin, la réponse de Roosevelt à l'appel angoissé de Reynaud du 13. Limitée à des paroles de compréhension, elle est muette quant à la fourniture immédiate de matériel militaire, qui dépend du seul Congrès. On apprend dans le même temps que le cabinet britannique s'est refusé à délier le gouvernement français de son engagement du 28 mars 1940. Coup de grâce pour Paul Reynaud à bout de résistance ; le maréchal Pétain annonce, dans la matinée, sa démission de vice-président du Conseil :

> *La solution inévitable : solliciter un armistice, ne cesse d'être différée. A ce retard que la France paiera cher, je ne veux pour rien au monde participer. C'est par ses seules forces que la France se relèvera. Encore faut-il que le gouvernement donne l'exemple aux Français en restant avec eux et en prenant sa part aux malheurs de tous.*

Tout va se jouer dans l'après-midi du 16 juin. Coup sur coup, les nouvelles tombent en cette préfecture de la Gironde où s'est installé le président de la République.

Au plan militaire, c'est l'effondrement total : Verdun est pris, la ligne Maginot contournée sur un large front ; en plusieurs points, l'ennemi a franchi la Loire ; les troupes qui se battent en Bretagne et en Normandie sont au dernier degré. Tombe ensuite la proposition sensationnelle venue de Londres à la suggestion du Premier ministre, auprès de qui Reynaud a envoyé la veille son « joker », de Gaulle : France et Grande-Bretagne formeraient désormais un seul État, sous le nom d'Union franco-britannique, formant un seul bloc et une seule citoyenneté jusqu'à la fin des hostilités. « *Cela signifie*, observe l'un des ministres opposants, *que nous ferons figure de colonie anglaise.* » A quoi Georges Mandel, seul vrai soutien de Reynaud, rétorque : « *Préférez-vous devenir province allemande ?* »

Pour souder autour de lui une opposition à la demande d'armistice, Reynaud s'était bien gardé de rendre publique la note qu'il avait reçue de Londres en début d'après-midi : elle précisait que la Grande-Bretagne acceptait la sollicitation d'un armistice par la France si la flotte française gagnait immédiatement les ports anglais. A sa demande, le gouvernement anglais avait retiré sa note.

Peine perdue. Paul Raynaud voyait le fuir toute majorité en faveur de la poursuite de la lutte. Il ne chercha pas, d'ailleurs, à faire un comptage des voix révélateur. Interrompu à 19 h 30, le Conseil reprit le 16 juin à 22 heures ; les ministres y arrivèrent pour apprendre qu'ils étaient démissionnaires. Paul Reynaud a abandonné la partie :

> *Il est clair maintenant que seule une petite minorité partage ma manière de voir. Je ne suis pas homme à solliciter un armistice ni à prier l'Angleterre de nous dégager des obligations assumées. Peut-être un jour, messieurs, éprouverez-vous à nouveau le besoin de celui qui a fait de l'amitié et de l'alliance britanniques la base de sa politique. Aujourd'hui, toutefois, je vous prie d'accepter ma démission.*

Albert Lebrun, qui avait la veille retenu Paul Reynaud par la manche, n'a pas bougé cette fois. Et, tout naturellement, il fait appel au maréchal Pétain qui, la veille, s'était posé en prétendant à la succession. Celui-ci tient déjà toute prête la liste de ses ministres. Peu avant minuit, ce 16 juin, un bref Conseil des ministres réuni décidait de demander à l'Allemagne ses conditions de cessation des hostilités. Une note fut aussitôt rédigée par le ministre des Affaires étrangères pour le gouvernement espagnol – par l'intermédiaire de son ambassadeur De Lequerica – auquel la France demandait d'être son intermédiaire auprès de Berlin pour connaître les conditions d'armistice de l'Allemagne.

Le second Rethondes

La période du 17 au 22 juin a été riche en événements. Conclue par la signature de l'armistice franco-allemand à Rethondes, elle a vu se déployer l'action des plus engagés des partisans de l'armistice contre le projet d'un transfert des pouvoirs publics en Afrique du Nord. Cette lutte pour l'armistice apparaît inséparable d'un projet politique global, permettant de porter le maréchal Pétain à la tête d'un État profondément renouvelé.

L'homme qui inspire et oriente toute l'affaire est Pierre Laval. A son procès, il pourra dire qu'il n'avait joué aucun rôle dans les épisodes ayant conduit à l'armistice et par là n'avait pris aucune responsabilité. La réalité est bien différente ; si Laval n'entre dans le gouvernement formé par le maréchal Pétain qu'une semaine après sa formation initiale – soit le 23 juin –, il n'a pas moins tenu un rôle essentiel dans la marche des événements.

Venant de Clermont, il est arrivé à Bordeaux le 15 juin ; son maire, Adrien Marquet, est un ami, ancien dissident néo-socialiste aux côtés de Marcel Déat. Il sera promu ministre de l'Intérieur à la fin du mois de juin. La conviction de Laval est faite. Selon un témoignage, il jugeait dès le 17 mai la situation suffisamment grave pour estimer que seul un cabinet Pétain-Weygand pouvait encore arrêter la guerre aux moindres frais [21]. Le 29 mai, il préconisait une mutation entre Pétain et Reynaud et sa propre entrée au Quai d'Orsay, où il se faisait fort de retenir Mussolini sur la pente de la guerre et de négocier au mieux des intérêts français un armistice avec l'Allemagne.

A peine arrivé à Bordeaux, Pierre Laval multiplie manœuvres et conciliabules. La priorité pour lui est d'entrer dans le ministère que forme le Maréchal dans la soirée du 16 juin. Dans la liste que Pétain a tirée de sa poche, il figure bien, et aux Affaires étrangères. Mais Albert Lebrun (sur la pression du général Weygand) fit biffer son nom pour le remplacer par celui de Paul Baudouin. Il n'entrera au ministère que le 23 juin – au lendemain de l'armistice de Rethondes – comme ministre d'État sans portefeuille et vice-président du Conseil.

De n'avoir pu accéder au ministériat n'interdit pas à Pierre Laval d'agir en se concentrant sur l'opposition au transfert des pouvoirs publics en Afrique du Nord. Le 20 juin, il a forcé littéralement la porte de Lebrun à la tête d'une délégation de parlementaires favorables à l'armistice (Marquet, Piétri, Bonnet, Bergery), lui faisant une scène d'une violence terrible. Lebrun renonça finalement à l'idée de sa propre installation en Afrique du Nord, après avoir confirmé son accord pour un départ vers l'Afrique du Nord, par Port-Vendres, d'un bateau portant une trentaine de parlementaires, dont Édouard Daladier et Georges Mandel.

Devenu vice-président du Conseil le 23 juin, il semble s'être peu intéressé à la signature de l'armistice et au texte de celui-ci :

A Pierre Laval, écrit Jacques Bardoux, *qui m'annonce son entrée dans le gouvernement, je demande s'il a lu le texte de l'armistice.*

« Non. » « Cela ne pouvait pas être plus mauvais. » « Mais cela pouvait-il être mieux [22] ? »

Laval ne sera pas l'homme du double jeu. Ainsi saura-t-il à sa manière rendre hommage à l'homme du 18 Juin : « *Ça a de la gueule... Je veux continuer le combat; comme d'Artagnan. C'est une politique.* »

Autour de l'armistice et de quelques questions

Le 21 juin, à 3 heures de l'après-midi, les deux délégations française et allemande se sont rencontrées en forêt de Compiègne, dans la clairière de Rethondes, là où, vingt-deux ans plus tôt, le 11 novembre 1918, avait succombé « *l'orgueil criminel de l'Empire allemand* »; suprême raffinement dans l'humiliation, Hitler a fait rapporter des Invalides le wagon-salon de Foch. La délégation française se compose du général Huntziger – qui la dirige –, de l'ambassadeur Léon Noël, du contre-amiral Le Luc, du général d'armée aérienne Bergeret et du général Parisot, ancien attaché militaire à Rome ; une quinzaine de collaborateurs les accompagnent..., ce qui paraît témoigner de certaines illusions quant à la marge de négociation laissée aux Français. De Bordeaux, le général Weygand dirige l'opération. Pour celui-ci, c'est la « revanche » de 1918-1919 quand, second de Foch, il avait vu ce dernier écarté par Clemenceau de l'élaboration des clauses politiques du traité de paix. Jusqu'au dernier jour, Foch avait été tenu dans l'ignorance du contenu précis du traité et n'avait pu exposer ses vues en Conseil des ministres que quelques jours avant la remise du texte, le 7 mai 1919, aux plénipotentiaires allemands.

Ces scènes, comme celles du lendemain 22 juin, ont eu leur témoin privilégié, William Shirer, correspondant à Berlin du *New York Times* depuis 1934. Dans ses Mémoires, il décrit Hitler « *grave, solennel, mais illuminé par la revanche* », relève dans son maintien « *une sorte de mépris joyeux à l'idée d'assister à ce grand renversement du destin, un renversement dont il était lui-même l'artisan* [23] ».

Lecture faite par le général Keitel d'un préambule aux conditions d'armistice imposées à la France, la délégation française se vit remettre le texte, rédigé en allemand, de l'armistice. Elle put entrer en contact avec le gouvernement à Bordeaux. La ville est placée sous la menace, à tout moment, d'une entrée des troupes allemandes, et ce n'est que le 22 juin au matin, au dernier moment, que le gouvernement français obtiendra la garantie que Bordeaux ne serait pas occupé avant la signature du second armistice avec l'Italie. Les opérations militaires ne pourraient cesser, sur l'ensemble des fronts, qu'une fois les deux armistices signés. Le texte de la convention, transmis le 21 juin en soirée par Huntziger à Weygand, ne devait pas souffrir la moindre modification.

Le texte de la convention d'armistice, relativement bref, se compose de vingt-trois articles, qui peuvent être regroupés en six principaux ensembles :

– Cessation des hostilités et découpage de la France en deux principales zones : l'une non occupée, l'autre où le Reich exercera les droits de la puissance occupante, l'administration française, maintenue, devra « collaborer » (articles 1 à 3) ;

– Démobilisation des troupes, livraison des matériels, constitution d'une armée d'armistice de cent mille hommes, interdiction de toute action armée contre le Reich (article 4 à 10) ;

– Les navires français désarmés seront rassemblés dans leurs ports d'attache du temps de paix, l'Allemagne s'engageant à ne pas les utiliser et à ne pas les revendiquer lors du traité de paix (article 8) ;

– Diverses clauses relatives aux infrastructures industrielles et d'échanges (articles 11 à 14) ;

– Transports, réfugiés, entretien des troupes allemandes (articles 15 à 18) ;

– Restitution des prisonniers de guerre et civils allemands, livraison de ressortissants allemands réfugiés, maintien en captivité des prisonniers français jusqu'à la paix (articles 18 à 20) ;

– Un dernier article prévoit enfin la création d'une « Commission allemande d'armistice » où une délégation française représentera les intérêts... de la Commission.

Deux Conseils des ministres se réunirent à Bordeaux dans la nuit du 21 au 22 juin. Au matin du 22, six demandes de modification furent transmises à Huntziger ; les trois principales concernaient : Paris (et les départements qui l'entourent) qui devrait être maintenu en zone non occupée ; la flotte de guerre qui ne devrait pas être renvoyée dans ses ports d'attache du temps de paix (quatre sur cinq se trouvant dans la future zone occupée) mais en Afrique du Nord ; la non-livraison à l'Allemagne des réfugiés politiques allemands en France, car contraire à l'honneur. La délégation française ne put obtenir satisfaction sur aucun point. Sur les navires de guerre, la Commission allemande d'armistice seule aurait autorité pour aménager les clauses d'application concernant les ports d'attache. On conçoit à cet égard ce qu'a pu être l'alarme des Britanniques, en dépit des assurances prodiguées par l'amiral Darlan ; Mers el-Kébir est en gestation ; dans la soirée du 22 juin, l'ambassadeur britannique quittait la France par Saint-Jean-de-Luz.

Après un dernier échange téléphonique entre Rethondes et Bordeaux, Huntziger recevait (après l'avoir exigé) de Weygand l'ordre de signer l'armistice, ce qui fut fait (selon Shirer) à 18 h 50 (heure allemande). Le général Huntziger tint à faire une ultime déclaration :

> *Contrainte par le sort des armes de cesser le combat dans lequel elle était engagée aux côtés de ses alliés, la France se voit imposer de très dures exigences. La France est en droit d'attendre que, dans les futures négociations, l'Allemagne fasse preuve d'un esprit de nature à permettre aux deux grandes nations voisines de vivre et de travailler en paix.*

A l'heure de la signature, les troupes allemandes ont atteint à peu près une ligne Royan/Poitiers/Tours/Moulins/Saint-Étienne/Valence/Aix-les-Bains, esquissant le passage de la future ligne d'armistice, à l'exception de la « restitution » du saillant rhodano-alpin, appelé à être évacué mais qui sera compensé par l'occupation d'un large secteur côtier atlantique, non contrôlé par les troupes allemandes à la date de l'armistice.

L'armistice franco-allemand du 22 juin 1940 devient effectif six heures après la signature, le 24 juin, de l'armistice avec l'Italie, soit le 25 juin à une heure. Cet armistice a donné lieu, depuis lors, à de nombreuses exégèses. Le débat a commencé, l'encre de la signature à peine séchée, non sans confusions et rebondissements après la guerre, ni amalgames inévitables entretenus entre l'armistice proprement dit et la politique officielle de collaboration qui a suivi. Il se dégage deux points de vue que tout oppose. Pour les uns, les défenseurs du régime de Vichy, l'armistice signé était à la fois inévitable et le meilleur possible dans les circonstances du moment ; mieux, il a rendu possible, en préservant l'Afrique du Nord de l'emprise allemande, le débarquement allié de novembre 1942. Pour les autres, l'acte du 22 juin représente une véritable capitulation qui engageait délibérément la France dans une spirale collaboratrice.

La première question qui se pose est de savoir si la lutte pouvait être poursuivie et dans quelles conditions. Pour Pétain (appel du 20 juin 1940), « *la situation militaire l'imposait... Dès le 13 juin, la demande d'armistice était inévitable* ». De Gaulle (dans son troisième appel, du 22 juin) stigmatise d'emblée dans l'armistice une capitulation et un asservissement ; si la lutte n'est plus possible en métropole, elle doit être poursuivie dans l'empire, avec une flotte intacte, notre or et nos alliés [24]. A une vision immédiate et continentale s'oppose une approche mondiale à longue perspective.

L'argumentation des partisans de l'armistice se situe en fait à trois niveaux : l'armistice a épargné du sang français ; il a maintenu une souveraineté française et sauvegardé l'unité nationale ; enfin, il a permis de garder l'empire et, avant tout, l'Afrique du Nord, rendant possible le débarquement allié de novembre 1942. Au premier niveau, l'armistice est justifié par l'arrêt du sang versé, la limitation du nombre des prisonniers et de moindres pertes dans la population civile. La campagne de France aura coûté en six semaines la vie à cent mille combattants environ. Sur environ un million huit cent mille prisonniers de guerre, plus d'un million le furent entre le 17 et le 24 juin. A plus long terme, l'armistice est justifié par la protection des Français, assurée par le maintien d'un gouvernement national en métropole, et par la sauvegarde de l'unité nationale.

S'il est évident que, l'armistice signé plus tard ou voyant se substituer à lui une capitulation, les pertes humaines auraient été plus lourdes dans l'immédiat, le nombre de prisonniers plus élevé encore, l'argument de la protection assurée aux populations par le maintien d'un gouvernement peut être valable jusqu'en 1942; il est beaucoup plus discutable pour l'après–1942. Reste à ce premier niveau l'argument du maintien de l'unité nationale par un gouvernement décidé à demeurer sur le sol national. Dans le cas d'un départ, deux hypothèses s'offrent : celle évoquée alors par le général Weygand d'une prise de pouvoir à Paris par le Parti communiste, « allié » de l'Allemagne nazie; outre qu'aucun élément ne permet de fonder une telle supposition, on imagine mal les troupes allemandes présentes à Paris depuis le 14 juin donnant leur feu vert à une telle tentative. Alors, l'établissement avec l'aide des Allemands d'une équipe pronazie à Paris ? Outre qu'une telle équipe ne paraît pas en mesure d'être réunie à cette date, on voit mal, là encore, l'occupant militaire allemand, les opérations à peine terminées sur le sol européen, accorder son soutien à un « gouvernement » de collaborateurs français susceptibles de créer une inopportune interférence politique. Sur le sujet de la défense par le futur gouvernement de l'unité nationale, les adversaires de Vichy auront beau jeu de souligner, à la lumière de l'histoire des années 1940–1944, que l'armistice avait aggravé la division entre Français et que, à moitié occupée et à moitié gouvernée, « *la France était vouée* », selon Raymond Aron, « *aux querelles de loyalismes contradictoires, aux doutes, à une guerre de religion* [25]... ». C'est aussi établir une logique de continuité de l'armistice à l'année 1944.

L'armistice de juin 1940 a-t-il permis de sauvegarder l'Afrique du Nord et de rendre possible par là le débarquement allié de novembre 1942 ? Pour l'amiral Auphan, futur secrétaire d'État à la Marine du maréchal Pétain,

> *en protégeant par une barrière juridique la « zone libre », la Méditerranée et l'Afrique, en ménageant un « pré carré » national où nous serions bien chez nous, l'armistice permettait à la France et à son empire de survivre et il ouvrait sans le savoir à de futurs alliés une possibilité d'intervention* [26].

Cette analyse semble avoir pour elle les regrets tardifs de Hitler, reconnaissant à la fin de la guerre avoir commis une lourde erreur en signant un armistice avec la France en 1940 ; à partir de 1941 en effet, la guerre avec l'Angleterre avait pris une tournure difficile en Méditerranée. Cet « aveu » n'offre toutefois d'intérêt que rétrospectif. Deux questions ici se posent : l'Allemagne était-elle en mesure, dans l'été 1940, de se porter en Afrique du Nord en cas de velléité gouvernementale de s'y maintenir ? Le gouvernement français replié en Afrique du Nord avait-il les moyens d'un tel établissement et la défense de celui-ci ?

Au plan stratégique, il n'existait pour l'armée allemande que deux accès possibles vers les rivages sud de la Méditerranée. Le plus direct passait par Gibraltar, qui met à vingt kilomètres seulement les côtes marocaines ; il impliquait une traversée de l'Espagne, et bien que Franco ait laissé entrevoir ses ambitions sur une partie du Maroc français (le 14 juin, les troupes espagnoles du Maroc avaient occupé la zone internationale de Tanger), il est loin d'être acquis qu'il eût accepté un passage des forces allemandes par le territoire espagnol ; l'entrevue entre Hitler et Franco à Hendaye, le 23 octobre 1940, permettra de le vérifier. La seconde voie d'accès passait par la Sicile, à deux cents kilomètres des côtes tunisiennes, ou par la Tripolitaine avec acheminement des moyens depuis l'Italie ; rendue plus sûre par l'alliance italienne, elle présentait l'inconvénient, donnant accès à la Tunisie, d'être trop excentrée et donc peu envisageable.

Encore eût-il fallu qu'existât en juin-juillet 1940 une préparation allemande à une telle opération. Or Hitler ne s'était pas intéressé à l'Afrique du Nord et avait lourdement sous-estimé l'importance du théâtre méditerranéen. C'est le 30 juin 1940 seulement que le général Jodl élabora un plan de conquête de l'Afrique du Nord française – le « plan Félix » – approuvé par Hitler le 13 juillet. Dans un cas, une traversée hypothétique de l'Espagne, dans l'autre l'obligation de tenir des voies maritimes assez longues en affrontant la flotte combinée franco-britannique. Pour l'Allemagne, la partie était loin d'être jouée. Le 16 juillet, l'Allemagne demanda à la France l'octroi de huit bases au Maroc, mais Vichy refusa de donner suite.

On ne saurait certes accuser les signataires de l'armistice d'avoir surestimé la capacité allemande à traverser la Méditerranée. Y a-t-il eu sous-estimation symétrique des possibilités que pouvait offrir l'Afrique du Nord et des moyens de s'y maintenir ? Aucun plan n'avait été prévu dans une telle hypothèse et ce n'est qu'à la fin du mois de mai 1940 que Reynaud s'ouvrit à Weygand du rôle de l'empire comme base stratégique de repli. De grands coloniaux, tel le général Noguès, commandant suprême en Afrique du Nord, s'étaient d'abord ralliés à cette hypothèse avant de s'incliner finalement devant l'armistice. De Gaulle lui adressera un ultime appel en juin 1940. Dans une étude fouillée, André Truchet, en 1951, estimait qu'un repli sur l'empire d'effectifs et de matériels importants était réalisable, à condition d'avoir été envisagé en temps voulu et préparé [27].

Si les ressources existantes en Afrique du Nord étaient relativement importantes, une poursuite de la lutte aurait révélé, en l'absence d'une industrie de guerre, une totale dépendance à l'égard d'une métropole qui eût alors été occupée totalement. Il eût fallu commencer par rapatrier sur l'Afrique du Nord tous les effectifs en provenant qui avaient été transférés en métropole, c'est-à-dire en mesure de rassembler en un temps très bref le nombre de bateaux nécessaire. A aucun moment, l'empire n'a été, avant 1940, associé à la métropole dans une vision stratégique d'ensemble (la voie ferrée Méditerranée-Niger conçue sous le Front populaire est à peine amorcée en 1940 et sera d'ailleurs poursuivie après cette date) ; les responsables civils et militaires d'Afrique du Nord n'avaient jamais été associés aux délibérations des instances suprêmes de la défense nationale [28]. Les gouvernements et états-majors n'avaient toujours eu en tête, dans une vision ancestrale, qu'une bataille des frontières où se jouerait le sort de la guerre. L'empire demeurait un pourvoyeur d'hommes, selon une conception qui remontait à l'avant-Première Guerre mondiale (« *la force noire* » de Mangin), non une base territoriale de défense ou de reconquête.

Au total, il paraît assuré que les regrets rétrospectifs de Hitler sur l'armistice et l'Afrique du Nord renvoient moins à l'idée d'une erreur commise qu'à l'état d'impréparation et d'impuissance de l'Allemagne en Méditerranée. Pour les signataires français de l'armistice, celui-ci apparaissait beaucoup plus comme la sanction d'une défaite que comme promesse d'une revanche par les armées, et la sauvegarde de l'Afrique du Nord n'y pouvait rien changer.

La réflexion doit aller plus loin. En signant un armistice, le gouvernement du maréchal Pétain entendait-il signer un simple texte d'attente ou la préfiguration d'une paix définitive ? Était-ce prendre acte d'une infériorité momentanée ou prendre son parti d'une victoire allemande définitive ?

A-t-on recherché du côté français, au-delà d'une simple cessation des hostilités, des conditions de paix ? Si tel est le cas, pourquoi ? Otto Abetz, futur « ambassadeur » à Paris, écrit dans ses *Mémoires* :

> *Le 17 juin, le gouvernement français n'avait pas seulement demandé la cessation des hostilités, mais aussi les conditions de paix* [29].

Dans une allocution prononcée par Paul Baudouin – tout nouveau ministre des Affaires étrangères – le 17 juin, celui-ci pouvait déclarer que le gouvernement avait dû demander à l'ennemi quelles seraient ses conditions de paix. A leur départ de Bordeaux le 20 juin, les plénipotentiaires français reçurent toutefois pour mission de s'enquérir auprès de la délégation allemande des seules conditions d'un armistice. Pendant les échanges à Rethondes, devant l'ampleur et la dureté des exigences allemandes, le général Huntziger s'en émut auprès du général Jodl, arguant de l'ignorance des conditions de paix ; mais Jodl se contenta de le renvoyer à la conférence de la paix... le jour venu.

On s'est appuyé souvent sur cette attente, voire cette recherche, de conditions de paix pour en conclure à une logique de précollaboration et d'inscription de la France dans l'Europe hitlérienne, annonciatrice de la future politique de collaboration d'État du gouvernement de Vichy. Entre les hommes du 22 juin 1940 et ceux du gouvernement de Vichy – ceux de l'armistice ne s'y retrouvant pas tous – s'interpose le vote décisif du 10 juillet 1940 qui reposera, il est vrai, largement sur l'acquis de l'armistice. Dans le contexte précis de l'été 1940, le débat autour d'une supposée volonté de paix séparée doit être posé en termes plus nuancés.

« *Très dures mais non déshonorantes* », selon le jugement de Paul Baudouin (exception faite de la demande de restitution des réfugiés politiques allemands en France), les exigences allemandes n'en avaient pas moins atterré les ministres français, à tel point que, à leur accueil, dans la nuit du 21 au 22 juin, plusieurs d'entre eux semblent s'être prononcés dans le sens du rejet (ainsi Camille Chautemps et Ludovic-Oscar Frossard). L'amiral Darlan s'était emporté contre l'article 8 qui rendait possible à tout moment une mainmise allemande sur la flotte française dans ses ports d'attache de l'Atlantique, c'est-à-dire en zone occupée. L'acceptation d'entrer dans le processus d'armistice puis le refus allemand de toute concession majeure placèrent le gouvernement, soit devant un ultime sursaut, soit devant l'acceptation de conditions qui, « acceptables » à titre transitoire, s'avéreraient insupportables à long terme ; on pense ici, en particulier, au cas des prisonniers de guerre au nombre d'un million huit cent mille retenus en Allemagne jusqu'à la signature de la paix, alors que les prisonniers de guerre (peu nombreux, il est vrai) retenus par l'Italie feront l'objet d'une libération dès la signature de l'armistice franco-italien. Par là s'explique l'insistance française à tenter d'obtenir quelque indication sur le moment et la teneur d'un futur traité de paix.

Si l'espoir d'un traitement préférentiel a pu être entrevu, il s'est évanoui en ces jours-ci. En pratique sinon en volonté délibérée, par la force du *fatum* plus que par choix, la signature apposée au bas de la convention d'armistice équivalait à la reconnaissance d'une victoire définitive de l'Allemagne.

La France, enfin, s'en remettait à la « *Commission d'armistice allemande, agissant sous le contrôle du haut commandement allemand, de régler et de contrôler l'exécution de la convention d'armistice* »; le gouvernement français ne disposerait à Wiesbaden que d'une simple délégation « *chargée de représenter les intérêts et de recevoir les ordres d'exécution de la Commission allemande d'armistice* ».

La conclusion de la guerre se faisant attendre, le futur nouveau gouvernement appelé à voir le jour au soir du vote du 10 juillet 1940 se retrouvera prisonnier d'un armistice qui condamnait la France à une extinction à petit feu, à une mort lente. Il tentera de desserrer l'étreinte mortelle par une politique de collaboration officielle – appelée à ne rencontrer aucun écho politique chez Hitler. La France n'était pas pour lui un partenaire éventuel mais un ennemi une fois pour toutes abattu, utile soit par sa neutralisation totale, soit par sa participation ponctuelle à l'effort de guerre allemand. Comme il s'en était ouvert à Mussolini dans leur rencontre de Munich, le 18 juin 1940, la question pour Hitler « *avait trait au moyen d'obtenir, au cours des négociations, qu'un gouvernement français continue à fonctionner en territoire français* ». Cela éviterait « *la responsabilité désagréable qu'assumeraient les puissances occupantes en se chargeant, entre autres, du domaine administratif* [30]. Exiger la livraison de la flotte et la perte de souveraineté française sur l'Afrique du Nord eût entraîné par force le maintien de celles-ci dans la guerre.

Placée hors circuit international par l'armistice, la France de Vichy n'en voudra pas moins trouver paradoxalement une marge de manœuvre diplomatique entre le monde germanique et le monde anglo-saxon. Par là s'explique, sur le fond, tout refus de rentrée active dans la guerre, faisant perdre à la France le bénéfice supposé d'une position d'arbitrage. Sur des registres différents, cette attitude inspirera tant la politique de Pétain que celle de Laval.

En conclusion provisoire, et en contribution au débat sur la continuité entre l'armistice et le régime de Vichy, nous relèverons que Pierre Laval ne fut pas associé aux négociations sur celui-ci, que le général Weygand fut arrêté par les Allemands en 1942 et incarcéré en Allemagne, que, enfin, dans l'acte d'accusation dressé contre le maréchal Pétain en 1945 ne figure pas l'armistice dans la liste des faits qui lui ont été reprochés. C'eût été implicitement étendre l'accusation à l'immense majorité des Français qui avaient accueilli l'armistice avec soulagement et en avaient crédité Pétain.

DEUXIÈME PARTIE

VIE ET MORT DU RÉGIME DE VICHY

L'armistice de juin 1940 semble séparer la IIIe République de l'État français comme l'aube et le crépuscule séparent le jour et la nuit. Fondement moral du nouveau régime pour ses partisans, il sera stigmatisé par ses adversaires comme le symbole et la préfiguration de l'esprit de capitulation et de collaboration appelé à prévaloir dans le cadre du nouveau régime, instauré entre le 10 et le 12 juillet 1940.

Notre connaissance de ce régime, celle de sa politique « extérieure » n'ont cessé de progresser depuis un quart de siècle à la suite de travaux tant français qu'étrangers. Ils ont permis de mieux cerner la nature profonde du régime, de connaître ses relais et ses appuis dans l'opinion, d'identifier les sources d'une idéologie très spécifique, d'apprécier ses tentatives de réalisations. La politique de collaboration d'État de Vichy est désormais connue avec beaucoup de précision. L'étude, enfin, du phénomène « collaborationniste » a révélé un monde ayant ses valeurs propres, ses engagements particuliers, et entretenant avec le monde officiel de Vichy des rapports marqués davantage par la rivalité que par l'harmonie.

Seule une analyse historique en continu permet de dégager ces aspects. L'évolution de la carte de guerre, les difficultés de la vie quotidienne, le poids de l'Occupation, le jeu des rivalités et des oppositions entre les hommes représentent autant de facteurs d'inflexion.

Une ligne générale d'évolution se dessine clairement : inauguré sous le signe d'un traditionalisme à vocation patriotique et régénératrice, conforté par de nombreux et insignes ralliements individuels s'appuyant sur l'immense popularité du maréchal Pétain, le régime de Vichy a connu une progressive radicalisation, à partir de l'été 1941 surtout ; celle-ci se renforce ensuite sans cesse, à compte d'avril 1942, date du retour au pouvoir de Pierre Laval (écarté en décembre 1940). Marquée dès le départ du sceau de l'exclusion pour certaines catégories de la population, la politique de Vichy évolue sur la fin vers celle d'un État policier en voie de fascisation, qui a perdu presque tous ses soutiens et qui ne rallie plus qu'une minorité de la population, même si le maréchal Pétain conserve nombre de fidèles.

4

Naissance et anatomie du régime de Vichy

L'armistice franco-allemand du 22 juin 1940 devait-il déboucher fatalement sur le régime que fondra, le 10 juillet, le vote des parlementaires ? Une autre solution était-elle convenable, passant par un aménagement dans le cadre des lois de 1875 maintenues ? Le choix opéré, celui d'une « révolution » constitutionnelle, est porteur d'un projet d'une réforme en profondeur. Celle-ci va bien au-delà de la refonte des institutions, pourtant capitale puisqu'elle crée un chef de l'État rassemblant sur sa personne la quasi-totalité des pouvoirs.

Au-delà, c'est toute la construction économique et sociale mise en place par cent cinquante ans d'histoire française qui est remise en cause. Un arsenal impressionnant de textes officiels entreprend une impensable reconstruction. Encadrée, contrôlée, surveillée, la société française se voit proposer des modèles qui paraissent vouloir abolir les cadres existants. Révolution culturelle dans une mesure certaine, ce retour des sources antérieures à la Révolution française s'opère dans le cadre d'un pays à demi occupé et globalement sous la surveillance étroite de son vainqueur. Il y avait là une apparente contradiction que les fondateurs du nouveau régime prétendaient combler au nom de la défense d'une identité française, au besoin défendue par des lois d'exception.

Vers l'abdication de la République

25 juin 1940. A 1 heure du matin, les conventions d'armistice franco-allemande et franco-italienne sont entrées en vigueur. Se retirant ou poursuivant leur mouvement selon les secteurs, les forces allemandes tirent le rideau de fer appelé à couper la France en deux.

Le gouvernement, encore à Bordeaux, a proclamé une journée de deuil national. Partout, sur les édifices publics, les drapeaux sont en berne; partout, dans les églises, des cérémonies funèbres sont célébrées. En la cathédrale de Bordeaux, voilée de crêpe, le président de la République et les membres du gouvernement assistent à une cérémonie. Le général Weygand adresse un ordre du jour aux armées françaises, tandis que Paul Baudouin commente devant la presse les conditions des armistices.

Ce même 25 juin, le maréchal Pétain s'adresse aux Français; c'est son quatrième appel depuis le 17 juin où il avait annoncé que l'heure était venue de « *cesser le combat* ». Après avoir exposé les causes de la défaite et indiqué les « *conditions sévères* » de l'armistice, le Maréchal prononce les phrases qui resteront, deux semaines avant le 10 juillet, comme l'acte de fondation d'un nouveau régime :

> *Un ordre nouveau commence... C'est à un redressement moral et intellectuel que, d'abord, je vous convie... Français, vous l'accomplirez et vous verrez, je vous le jure, une France neuve surgir de votre ferveur.*

Cette France neuve reposera, à la base, sur l'esprit de contrition :

> *Vous avez souffert, vous souffrirez encore... Votre vie sera dure. Notre défaite est venue de nos relâchements. L'esprit de jouissance détruit ce que l'esprit de sacrifice a édifié.*

C'est le langage de Dieu à Adam et Ève chassés du paradis pour n'avoir pas su résister à l'appel du plaisir facile. Ce discours aide à comprendre la logique de passage de la IIIe République au régime de Vichy, alors que, en termes de droit, rien ne l'exigeait.

Pourquoi un changement de régime ?

Le 29 juin 1940, le gouvernement au grand complet a quitté Bordeaux, désormais en zone occupée comme toute la côte atlantique. Où aller ? On ira d'abord à Clermont-Ferrand, qui laissera à chacun une impression démoralisante et s'avérera mal équipé pour accueillir ministres et fonctionnaires. Toulouse fut rapidement rejeté; c'est alors une ville de deux cent mille habitants, « excentrée », insuffisamment équipée, et orientée de surcroît à gauche. Lyon fut envisagé mais non retenu; ville d'Édouard Herriot certes mais surtout grande ville risquant de poser des problèmes de ravitaillement et propice à d'éventuels mouvements d'opinion. Paul Baudouin a prétendu que c'est à lui que revenait la paternité du choix de Vichy.

Ce choix plaisait à Pétain, à Weygand et au « parti » militaire (présence d'un hôpital militaire); Laval, bien que possédant à vingt kilomètres de là un château – à Châteldon –, aurait préféré demeurer à Clermont; il y eût été plus près de ses affaires, y entretenant les imprimeries de Mont-Louis qui, depuis l'évacuation de Paris, travaillaient pour un grand nombre de journaux repliés. Ville d'eaux fameuse, richement pourvue en hôtels de toutes catégories, Vichy n'avait qu'une assez faible population, peu de population ouvrière, et était entouré d'un bassin alimentaire; elle n'était située qu'à une cinquantaine de kilomètres de Moulins où se situait l'un des principaux points de passage entre les deux zones. Demeurait enfin l'espoir de regagner rapidement Paris, une fois la paix signée, ce dont on ne doutait guère [1].

Pourquoi avoir imaginé une révision de la Constitution, et qui en porte la responsabilité ?

Au départ, il paraissait se poser un simple problème de fonctionnement des institutions. Élue en 1936, la Chambre avait dépassé le terme de son mandat; le Sénat était renouvelable pour un tiers de ses membres. Il y avait bien une solution, proposée notamment par Paul Baudouin et Yves Bouthillier : décider d'une mesure de prorogation du Parlement jusqu'au 15 janvier 1941. Espoir qu'à cette date une paix aurait été signée et que des élections générales pourraient être organisées. Le précédent de 1871 ne pouvait en effet rejouer. Le 28 janvier 1871, un armistice de vingt et un jours avait été signé entre Bismarck et Jules Favre pour « *permettre au gouvernement de la Défense nationale de convoquer une Assemblée librement élue* » devant se prononcer sur la poursuite de la guerre ou sur les conditions d'une paix (article II). L'armistice était déjà une réalité et l'élection d'une assemblée pouvait difficilement être envisagée dans un pays occupé aux trois cinquièmes. Dans l'immédiat, le Parlement déléguerait au gouvernement le pouvoir d'agir par décrets-lois, pratique utilisée à plusieurs reprises dans les années trente.

Il était des hommes pour souhaiter aller plus loin, beaucoup plus loin, et mettre à profit les circonstances pour opérer une révision profonde de la Constitution et reconstruire le pays en profondeur. Parmi ces hommes, Pétain, Weygand et Yves Bouthillier en sont les plus convaincus. Le premier y pensait bien avant son accession au pouvoir, comme en témoigne son article de la *Revue des Deux Mondes* sur l'éducation, publié en mars 1939. Sans son Appel du 25 juin, il annonçait l'exigence d'un changement profond : « *Un ordre nouveau commence.* » Weygand, en conservateur traditionaliste, situait les origines de la défaite dans la continuité d'une République décadente; quant à Bouthillier, il n'hésitait pas à remonter beaucoup plus loin.

> *L'histoire politique comme l'histoire des idées montraient avant tout, depuis environ deux siècles, que les concepts fondamentaux qui avaient mené le monde et l'avaient conduit à la catastrophe de*

> *1939 avaient une origine commune... En les considérant d'un peu près, on s'aperçoit... qu'elles ont toutes été fabriquées à partir de concepts posés a priori au lieu d'avoir été discernées avec patience et humilité dans la diversité concrète du monde réel* [2].

Sous-secrétaire d'État à la présidence du Conseil, Raphaël Alibert sera l'homme de la mise en forme constitutionnelle de la rupture; ce juriste monarchiste, recalé du suffrage universel, a une revanche à prendre sur la République.

Le véritable metteur en scène de l'événement n'en est pas moins Pierre Laval. De longue date il prépare une rupture, à l'ombre du Maréchal; au lendemain des armistices, il s'en est ouvert à Paul Baudouin et Yves Bouthillier :

> *Donnez au Maréchal des pouvoirs constitutionnels exceptionnels. Il est impossible de gouverner avec le Parlement... Il faut réviser la Constitution et mettre fin au régime politique actuel.*

Il aurait ajouté cet ultime argument : « *Cette Chambre m'a vomi... C'est moi maintenant qui vais la vomir* [3]. » Chez Pierre Laval, on ne discerne ni arrière-plan idéologique ni volonté de retour à l'ancienne histoire de la France, mais la recherche d'institutions autoritaires, gage d'un gouvernement fort à l'intérieur et permettant, au-dehors, une inscription de la France dans la nouvelle géographie politique de l'Europe. Les dirigeants français, pour lui, avaient transformé la guerre en une croisade idéologique, liant la cause de la France à celle de la démocratie internationale. La défaite sonnait la mort de la démocratie, qui devait expier les fautes passées en laissant la place à un régime d'autorité. C'est permettre son retour, à lui, au premier plan et l'occasion d'une belle revanche sur le monde parlementaire. Aux yeux de Laval, le Maréchal, symbole et garant des nouvelles institutions, incarne la pérennité de cette politique nouvelle. Il n'entend pas lui voir assumer de rôle actif, ce qu'il se réserve; Pétain, à ses yeux, est « *un dessus de cheminée, une statue sur son socle.* »

Le vote du 10 juillet 1940.
Les actes constitutionnels des 11 et 12 juillet

Il restait à organiser l'opération. Elle a donné lieu, de sa réalisation à nos jours, à de nombreuses interrogations et controverses. Légalité ou illégalité constitutionnelle du vote de dévolution du pouvoir au maréchal Pétain ? Liberté des parlementaires ou contrainte exercée sur eux ? Nature et portée exactes du vote de dévolution ? Signification des actes constitutionnels : coup d'État ou sanction logique du vote du 10 juillet ?

Il convient de reconstituer d'abord le film des événements.

Le 4 juillet, sous l'aiguillon de Pierre Laval, le Conseil des ministres adopte, sans débat, l'article unique du projet de loi devant être soumis au Parlement. C'est un projet de pleins pouvoirs dont il avait exposé les grandes lignes pour la première fois à Bordeaux et mis en forme à Clermont : il confère « *tous les pouvoirs au gouvernement de la République, sous la signature et l'autorité du maréchal Pétain, à effet de promulguer, par un ou plusieurs actes, la Constitution de l'État français* ». Il a obtenu là-dessus l'accord de Pétain et de Lebrun.

Par petits groupes, dans des réunions informelles, Laval réunit les parlementaires, au fur et à mesure de leur arrivée à Vichy, pour les gagner à ses vues. Las, emportés par la panique générale, attachés par des demi-promesses, surpris par l'atmosphère brusquement paisible de Vichy, la plupart d'entre eux voient le Maréchal comme le refuge et le garant d'un patriotisme maintenu.

Conçue et conduite par Laval – appuyé par Marcel Déat et Adrien Marquet notamment – et le petit groupe de ses amis, la manœuvre n'en fut pas moins plus difficile que prévu à mettre en œuvre. Albert Lebrun entendait bien ne pas démissionner de ses fonctions présidentielles et rencontrait l'appui des présidents des deux Assemblées, Édouard Herriot et Jules Jeanneney.

Deux contre-projets, surtout, menacèrent l'entreprise en la détournant de sa finalité recherchée, à savoir la révision des institutions par voie autoritaire. Le premier émanait d'un groupe de parlementaires anciens combattants animé par le sénateur Taurines ; celui-ci proposa le 5 juillet que, « *dans la légalité républicaine* », les pleins pouvoirs fussent donnés à Pétain pour prendre par décrets les mesures imposées par la situation, les assemblées étant associées par ailleurs au processus de révision constitutionnelle. Second contre-projet, celui de Pierre-Étienne Flandin, ancien président du Conseil, qui, dans un discours prononcé le 7 juillet, proposa une démission d'Albert Lebrun et l'élection du maréchal Pétain à la présidence de la République avec pour mission de travailler au redressement du pays ; là encore, les assemblées restaient associées à la démarche.

Les deux projets présentaient une double particularité : ils substituaient à une révision autoritaire par voie gouvernementale une révision dans le cadre des institutions avec participation des assemblées (c'est la solution de 1958) ; en second lieu, ils ne faisaient aucune place particulière à Pierre Laval ; chez Taurines, Pétain gouverne mais Lebrun demeure en garant de la permanence républicaine ; chez Flandin, Lebrun s'efface mais Pétain cumule la double fonction de président de la République et de président du Conseil. Ni l'un ni l'autre projet ne requérait de procéder à une révision des institutions.

Laval sut parer aux deux coups par une concession sur le texte du projet de loi sur la révision ainsi amendé : la nouvelle Constitution réserve à la nation et non plus aux assemblées créées par elle le soin de ratifier le nouveau régime. Les Français se prononceraient sur les nouvelles institutions et non les assemblées mises en place par le nouveau régime. Les mots « référendum » ou « plébiscite » n'étaient, pour autant, pas prononcés. Il s'engagea aussi sur le fait que les Chambres subsisteraient. Laval gagna beaucoup aussi aux ralliements spectaculaires de Xavier Vallat, député de droite, et surtout de Charles Spinasse, ancien ministre socialiste de Léon Blum, tous deux anciens combattants.

Il demeure qu'à la veille de la réunion de l'Assemblée nationale une opposition croissante avait commencé à se manifester à l'encontre des projets de Pierre Laval. Celui-ci avait habilement gardé en réserve l'arme absolue qu'il sortira au dernier moment : la lettre obtenue de Pétain le 7 juillet ; le Maréchal y précisait :

> *Comme il m'est difficile de participer aux séances, je vous demande de m'y représenter. Le vote du projet que le gouvernement soumet à l'Assemblée nationale me paraît nécessaire pour assurer le salut de notre pays...*

Le 9 juillet, en séances distinctes, les deux Chambres sont réunies pour se prononcer sur le principe de la révision de la Constitution. Plus de six cents parlementaires sont présents. La résolution de révision fut adoptée par la Chambre (395 votants sur 398) – les opposants étant le radical Margaine et les socialistes Biondi et Roche – et le Sénat (229 voix contre une) (le marquis de Chambrun, frère du beau-père de Josée de Chambrun-Laval). Il n'y eut donc que quatre opposants au total pour refuser le principe de la révision constitutionnelle.

Ce vote lourdement approbateur du principe de révision ne manque pas de surprendre ; d'un côté, il ouvre grande la porte au vote massif du lendemain sur la nouvelle Constitution ; de l'autre, il ne laisse pas augurer d'une opposition gonflée à quatre-vingts représentants. Dans le cadre peu prestigieux du Grand Casino (« *une salle de cinéma* » selon la formule de Pierre Laval), les deux Chambres réunies en Parlement le 10 juillet approuvent par 569 voix contre 80 le projet de loi constitutionnelle, en séance privée le matin, publique l'après-midi. Quatre-vingts parlementaires votent ce jour-là contre le projet de loi constitutionnelle ainsi rédigé :

> *Article unique.*
> *L'Assemblée nationale donne tous pouvoirs au gouvernement de la République, sous l'autorité et la signature du maréchal Pétain à l'effet de promulguer, par un ou plusieurs actes, une nouvelle Constitution de l'État français. Cette Constitution devra garantir les droits du travail, de la famille et de la patrie. Elle sera ratifiée par la Nation et appliquée par les Assemblées qu'elle aura créées.*

Mais le texte a été approuvé par 569 parlementaires, soit 88 pour cent des présents et près de 90 pour cent de la totalité des membres des deux assemblées siégeant à cette date (il faut en retrancher les 61 parlementaires communistes déchus de leur mandat en janvier 1940). Parmi les absents (176) figurent notamment les vingt-sept passagers du *Massilia*, embarqués pour l'Afrique du Nord. Socialistes et radicaux ont voté massivement en faveur du projet Laval, pour plus des trois quarts de leurs membres, comme les groupes du centre et de la droite.

Quant aux quatre-vingts, ils se recruteront pour 74 d'entre eux dans les groupes de la gauche et de l'extrême gauche, 6 dans ceux de la droite et du centre [4]. On citera : Vincent Auriol, Léon Blum, Marx Dormoy, Félix Gouin, Jules Moch, Louis Noguères – futur président de la Haute Cour –, André Philip (SFIO), Vincent Badie (radical), Paul Ramadier (non inscrit). Parmi ceux qui se sont abstenus figurent Henry Queuille et Édouard Herriot, et, chez les « excusés », Paul Reynaud, Paul Bastid et François de Wendel.

De bout en bout, Pierre Laval a dirigé la manœuvre, usant de tous les registres, de la menace à peine voilée à la parole rassurante, prodiguant la promesse, morigénant l'un, interpellant l'autre en porte-parole du Maréchal. Il a su renverser tous les obstacles, balayer les ultimes réserves ; le danger le plus grand aurait pu venir de Pierre-Étienne Flandin, très écouté, si celui-ci n'avait pas échoué dans sa manœuvre pour remplacer Lebrun par Pétain, ce qui aurait permis de faire l'économie d'une révision constitutionnelle profonde ; il se ralliera finalement à Laval. Au nom de vingt-sept parlementaires, le radical Vincent Badie voulut lire une motion qui, tout en soulignant l'urgence de réformes profondes, proposait de confier au maréchal Pétain tous les pouvoirs mais se refusait à la disparition du régime républicain. Il en fut empêché.

Le texte voté ce 10 juillet par les 569 parlementaires met fin au régime tel qu'il avait fonctionné depuis 1875. Met-il pour autant formellement fin à la définition républicaine du régime ? « Légitimé » par l'article 8 de la loi constitutionnelle de 1875, le texte de la loi du 10 juillet « *donne tous pouvoirs au gouvernement de la République sous l'autorité et la signature du maréchal Pétain à l'effet de promulguer, par un ou plusieurs actes, une nouvelle Constitution de l'État français* ». Si, formellement, au départ, l'ordre et la légalité républicaine paraissaient respectés, il eût dû en résulter que seule l'Assemblée nationale était compétente pour réviser la Constitution, le gouvernement se limitant à en « promulguer » le texte. Or ce qu'a délégué en pratique, ce jour-là, l'Assemblée au gouvernement, c'est la révision par ce dernier de la Constitution. Mais, comme délégués, les parlementaires ne pouvaient déléguer leur délégation.

Les hommes qui ont monté l'opération du 10 juillet 1940 se sont bien gardés, en vue de faciliter les ralliements et en soulageant les consciences, de remettre en cause la loi de révision du 14 août 1884, interdisant de changer la forme républicaine du gouvernement. Pierre Laval n'avait-il pas donné cette explication en séance : « *Il appartient à la présente Assemblée d'interpréter l'article 8 de la loi constitutionnelle de 1875* » ? En outre, quatre concessions importantes ont été faites par Pierre Laval, qui n'a cessé au cours des débats de se poser, non en ennemi de la République, mais en républicain réformateur : d'abord, la réunion d'une commission spéciale constituée de la commission législative du Sénat et de la commission du suffrage universel de la Chambre ; ensuite, le principe de la ratification par la nation et son application par les Assemblées qu'elle aura créées ; les Chambres subsisteraient jusqu'à ce que soient formées les Assemblées prévues par la loi constitutionnelle du 10 juillet 1940 ; enfin, le chef de l'État se verrait interdire « *de déclarer la guerre sans l'assentiment préalable des Assemblées législatives* ». Le second et le troisième de ces « engagements » donnés verbalement demeureraient à l'état de promesses. Ce sont là des concessions de forme sans aucune garantie de concrétisation, Pierre Laval n'ayant répondu que de manière évasive aux demandes de précisions des orateurs. En contrepartie de ces « concessions », il a, dans la foulée, fait passer que le Maréchal, chef du gouvernement, disposerait de la plénitude du pouvoir constitutionnel mais aussi législatif.

C'est un escamotage en bonne et due forme du régime républicain, effectué par de parfaits connaisseurs des modes et usages du régime parlementaire, sous couleur d'une nécessaire modernisation de celui-ci. Les choses se sont opérées avec toutes les apparences de la régularité : mode de révision, convocation et réunion de l'Assemblée, vote représentatif de celles-ci. On ne pourrait guère, dans la forme, trouver à objecter que l'obstruction opposée à Vincent Badie, empêché de prendre la parole, et, dans le fond, que la capacité de l'Assemblée à déléguer son pouvoir constituant. La pratique des décrets-lois depuis 1934 avait placé le Parlement sur le chemin d'une démission permanente. Le 11 juillet 1940, *Le Journal officiel* publie le texte de la loi du 10 juillet sous la double signature d'Albert Lebrun et de Philippe Pétain.

Les deux présidents, Édouard Herriot et Jules Jeanneney, dont on savait certaines réserves et qui avaient notamment encouragé Albert Lebrun à ne pas donner sa démission, ont paru, en séance, accompagner le mouvement de ralliement des parlementaires, le renforçant même de paroles louangeuses envers le maréchal Pétain. Le recours, enfin, à l'article 8 de la loi constitutionnelle du 25 février 1875 rattachait juridiquement la révision au principe qui la fondait.

Ces parlementaires, qui ne pouvaient ignorer la portée de leur acte – une Assemblée républicaine abolissant en pratique le régime républicain –, ont-ils agi sous la contrainte ? Léon Blum a évoqué la peur « *des bandes de Doriot dans la rue, des cavaliers de Weygand à Clermont-Ferrand, des blindés allemands qui sont à Moulins, des gendarmes français qui sont partout* ». Plus que la peur, ce qui a dominé est un immense accablement et un désarroi total qu'ont traduits de nombreux témoignages postérieurs de parlementaires ; Paul Ramadier :

> *Toute notion morale, toute foi politique, tout patriotisme s'évanouissent dans l'angoisse... Pétain est un refuge commode tout prêt pour leur lassitude et leur lâcheté*[5].

Ernest Laroche, alors député du Puy-de-Dôme :

> *Je suis arrivé à Vichy, le 7 juillet au matin... Je fus complètement épouvanté de la cohue désordonnée du Parlement et de ce qui restait de l'« autorité »... Personne n'osait prendre une initiative... Seul Pierre Laval garda son sang-froid*[6].

On ajoutera que, seul Pierre Laval avait, dans ces groupes et ces assemblées parlementaires désemparés, un projet à la fois de refonte intérieure et d'engagement extérieur. Son discours du 10 juillet 1940 au matin est, à sa manière, un chef-d'œuvre d'éloquence parlementaire dans lequel il a joué de trois ressorts fondamentaux qui donnent, au fond, la clef d'un vote de démission collective. Tous trois ressortent de l'état de la psychologie collective ; l'anglophobie d'abord : latente depuis le mois de juin 1940, elle s'est exacerbée avec le bombardement naval de Mers-el-Kébir du 3 juillet ; l'antiparlementarisme, ensuite, de l'opinion que députés et sénateurs ont pu vérifier dans leur traversée de la France et qui crée en eux un complexe d'autoculpabilité adroitement entretenu par Laval ; l'alibi et le refuge enfin que représente le maréchal Pétain, dont le sénateur de la Seine semble n'être que le porte-parole fidèle.

En quelques jours s'accomplit le processus du passage de la IIIe République au régime de l'État français. Les 11 et 12 juillet, *Le*

Journal officiel publie, sous la seule signature de Philippe Pétain, quatre actes constitutionnels qui lui confèrent les fonctions de chef de l'État français, lui attribuent la plénitude des pouvoirs exécutif et législatif (en sus du pouvoir constituant) et font de Pierre Laval le successeur du maréchal Pétain. Si les Chambres subsistent en théorie, elles sont ajournées jusqu'à nouvel ordre. Convient-il, à leur propos, de parler de « coup d'État » ? Il y en aura, parmi les 589 parlementaires ayant donné leur approbation le 10 juillet à la révision, pour dire qu'ils avaient été trompés et mis devant le fait accompli.

Le débat fut posé devant la Haute Cour de justice à la Libération. M. Boivin-Champeaux, rapporteur du débat, favorable, parlera le 9 pour la réunion du 10 juillet d'un « *mandat trahi* » : « *Dans notre esprit, le Maréchal gouvernerait le pays en faisant appel aux Chambres.* » Il évoquera encore « *une escroquerie* [7] ». Le rapporteur Boivin-Champeaux avait aussi déclaré dans son rapport du 9 juillet :

> *Ce n'est pas sans tristesse que nous dirons adieu à la Constitution de 1875. Elle avait fait de la France un pays libre, un pays où l'on respirait à l'aise, où l'on se sentait à la fois fort et dispos.*

Pierre Laval avait évoqué le « *très beau rapport de M. Boivin-Champeaux.* »

Faut-il parler d'une traduction dans les textes du vote du 10 juillet ? Pierre Laval avait certes « fait avaler » aux parlementaires dans ses explications orales que le maréchal Pétain s'attribuerait tout le pouvoir législatif. Albert Lebrun a présenté une autre explication dans ses *Souvenirs* comme dans sa déposition devant la Haute Cour : entre la suspension des lois constitutionnelles et la promulgation de la Constitution future, un long espace de temps devait s'écouler : cet espace fut comblé par des « créations intermédiaires », les Actes constitutionnels, qu'il n'approuve pas dans leur contenu mais qu'il reconnaît comme inéluctables. Il n'en demeure pas moins que la promulgation de ces Actes n'était pas conforme à la loi du 10 juillet. Ils auraient dû être délibérés en Conseil des ministres alors qu'ils ne furent même pas approuvés par celui-ci ; leur rédaction, par ailleurs, ne respectait pas la loi de 1884 sur la forme républicaine du gouvernement puisqu'il n'est question ici que d'État français ; l'acte n° 3, enfin, n'associait pas les bureaux des grandes Commissions aux Actes constitutionnels, et aucune Commission parlementaire ne fut jamais appelée à fonctionner. Le maréchal Pétain, bien aidé par le rédacteur des Actes, Alibert, avait d'emblée transformé une délégation constituante en un pouvoir quasi absolu.

Le 13 juillet, Albert Lebrun, qui n'a aucune place dans le nouveau dispositif, se retire tout naturellement à l'occasion de la visite que lui fait le maréchal Pétain : « *L'Assemblée nationale a prononcé. Tous les Français doivent se soumettre.* » Et il gagne sa maison familiale – ô ironie – de Vizille. Un régime nouveau et bien né ces jours-là. On le verra bientôt à divers signes : le 4 février 1941, *Le Journal officiel* portera un nouvel en-tête *État français*; dans de nombreuses mairies le buste du Maréchal sera substitué à celui de Marianne ; le vieux cri « *Vive la République* » sera supprimé sur les unités de guerre. La République n'a pas été officiellement abrogée. Elle n'est plus mentionnée. Elle disparaît par omission. Au moins ne portera-t-elle pas les fautes de l'État français.

Une page nouvelle s'ouvre. Promoteurs, victimes, complices ou dupes, ils auront été nombreux à la tourner...

Nouveau régime et collaboration d'État

De bout en bout, Pierre Laval a mené un projet qui porte sa marque et qui doit aboutir à lui conférer, derrière la façade respectable et populaire du vainqueur de Verdun, la véritable réalité du pouvoir. Le vote sur la révision est avant tout à ses yeux le paravent d'une transformation profonde et durable des institutions de la France dans un sens autoritaire : à son abri, il pourra conduire, au-dehors, une politique hardie de collaboration dans un cadre européen avec l'Allemagne, vainqueur définitif à ses yeux.

Porté par son habituelle confiance en lui, Laval n'en a pas moins commis deux erreurs initiales, qui pèseront lourd par la suite. La première est d'avoir sous-estimé le vieux Maréchal (et son entourage) en croyant l'avoir relégué au rang de « dessus de cheminée ». Il semble avoir été surpris, à son témoignage, de la manière dont le maréchal Pétain concevait ses nouvelles fonctions :

> *Dès le lendemain du vote, et dès la signature du premier Acte constitutionnel avec la formule « Nous Philippe Pétain », je compris l'immensité de l'erreur que j'avais commise et que je partageais avec tous ceux, au Parlement ou en dehors, qui n'avaient pu prévoir le caractère personnel que le Maréchal allait imprimer à son pouvoir*[8].
> *Je fus systématiquement écarté*, dira-t-il encore, *de toutes les consultations qui avaient trait à la direction politique du gouvernement; ma seule qualité de parlementaire me rendait suspect.*

Il faut tenir compte du fait que, s'exprimant à la fin de la guerre, préparant sa défense et s'attendant à comparaître devant une Haute Cour composée de ses pairs, Laval développe ici des arguments de défense parlementaire et républicaine, celle d'un homme abusé par la réaction triomphante. Il n'en est pas moins vrai qu'une lézarde profonde s'est ouverte ces jours-là dans les relations qu'entretenaient les deux hommes.

Seconde erreur, c'est l'illusion que Pierre Laval entretenait (à sa décharge, il est loin d'être isolé) sur les intentions allemandes vis-à-vis de la France. La conversion de la France à des institutions autoritaires était, pour lui, le premier « signal » adressé à Berlin ; elle devait permettre aussi la création d'un instrument de communication politique mieux adapté à la nature et aux structures du régime nazi. Or, au lendemain du vote du 10 juillet 1940, le ministère allemand de la Guerre publiait la déclaration suivante :

> *Le passage de l'ancien régime en France à une forme de gouvernement autoritaire n'influencera en aucune façon l'issue politique de la guerre. En fait, l'Allemagne ne considère pas les comptes avec la France comme réglés. Ils le seront par la suite, avec un réalisme historique.*

Il est indéniable enfin que les circonstances et les modalités du vote du 10 juillet ont défavorablement impressionné les observateurs étrangers, présents lors de la séance publique du 10 juillet après-midi. On en veut pour preuve les impressions rapportées par René de Chambrun, gendre de Pierre Laval, alors aux États-Unis où l'avait dépêché Paul Reynaud en mai 1940 ; aimablement reçu une première fois par le président Roosevelt le 14 juin, il le revoit le 1ᵉʳ août et relève une profonde différence de tonalité : il doit répondre longuement au Président sur ce qu'il faut « *penser vraiment du Maréchal, de Pierre Laval et des problèmes qui sont la conséquence de l'armistice*[9] ». Le vote du 10 juillet n'a pas fait bonne impression aux États-Unis.

Mal aimé des Anglais et suspect aux yeux des Américains, Pierre Laval a engagé sa recherche de l'interlocuteur allemand. Il lui faut tenir compte de sensibilités très différentes en matière de politiques de collaboration. Pétain, Weygand et Baudouin, avec des nuances, partagent un point de vue proche : strict respect de l'armistice, rejet de toute attitude pouvant conduire à une rupture avec les démocraties anglo-saxonnes. Weygand y ajoutait un troisième volet : celui d'une rentrée éventuelle de la France dans la guerre, à partir de l'Afrique du Nord. Pour lui, l'armistice, aussi longtemps qu'il serait maintenu, suspendait toute politique extérieure et interdisait par là toute négociation avec l'Allemagne permettant d'aller au-delà de l'armistice. C'était l'opposé exact de la vision de Pierre Laval, partisan d'une politique de mouvement. Pétain, plus « politique » que Weygand, plus soucieux de « finasser », était en fait, dans l'été de 1940, moins éloigné de Laval que de Weygand – partisan d'un strict statu quo –, deux hommes qu'il n'aimait pas plus l'un que l'autre.

prêt à « user » les hommes sur le théâtre politique comme il l'avait fait sur le champ de bataille en 1916. Pétain soutiendra son vice-président du Conseil jusqu'au 13 décembre 1940 dans la vaine attente des résultats heureux de la politique lavalienne.

Si le Maréchal demeure, comme à Verdun, l'homme de la bataille d'arrêt et si Laval – pour conforter notamment une position personnelle mal assurée après les Actes constitutionnels – est un homme en flèche, l'un et l'autre sont poussés au mouvement par un simple constat : l'armistice est apparu très vite comme un licol passé autour du cou de la France, un « *mors entre les dents du cheval français* » selon l'expression de Goering. L'armistice franco-allemand du 22 juin 1940 s'est révélé très tôt comme la mise en forme juridique et formelle d'un blanc-seing laissé aux autorités militaires allemandes et, au-dessus d'elles, à Hitler.

Pour ses signataires français, l'armistice, dans sa dureté, était acceptable dans une double perspective : la guerre serait rapidement terminée, l'Allemagne (comme avait dit le souhaiter le général Huntziger à Rethondes) saurait dominer sa victoire et reconnaître la nécessité d'une France relevée en Europe. Double erreur d'appréciation : les exigences d'une guerre qui dure et s'étend conduiront l'Allemagne à transformer la France en base arrière de son effort ; Hitler, quant à lui, n'avait en tête qu'un effacement définitif de la France en Europe.

La convention d'armistice fut à la fois violée, dépassée et interprétée librement par les autorités d'occupation tout en leur fournissant les moyens d'un chantage permanent sur les autorités françaises.

Violation du texte que l'annexion de fait de l'Alsace et de la Lorraine mosellane, alors qu'à Rethondes ni les textes ni les échanges verbaux n'avaient pu laisser entendre que leur cas pût être disjoint du reste de la zone occupée. Dès la mi-juillet 1940, préfets et sous-préfets sont expulsés ; s'ensuivent la nomination de *Gauleiter* en Alsace et en Lorraine, la mise en place d'une politique de germanisation, l'expulsion des populations jugées indésirables. Face à ces voies de fait, on a souvent évoqué le « silence » de Vichy. Or, les protestations écrites et orales émanant de Pétain lui-même, du gouvernement de Vichy ou de Wiesbaden (siège de la Commission allemande d'armistice) furent nombreuses (plus de cent en quatre ans), mais restèrent presque toutes ignorées des populations parues abandonnées à leur sort.

A la fin juillet, les départements du Nord et du Pas-de-Calais sont attachés par ordonnance au commandement militaire de Bruxelles et intégrés à la « zone mark ». Autre zone spéciale créée arbitrairement par les occupants, celle qui, longeant la Somme et l'Aisne, aboutit à Chaumont et Dole ; cette zone fut interdite au retour des réfugiés qui en étaient originaires. En 1941, enfin, sera créée une zone côtière interdite sur une profondeur de trente kilomètres, qu ajoutera encore aux difficultés de circulation des populations.

Ces séparations, parfois accompagnées d'un début de colonisa tion comme en zone interdite, cachaient une intention évidente, le jour venu, d'annexion pure et simple. Hitler avait évoqué à plu sieurs reprises, avant 1939, son intention d'effacer les frontière antérieures aux traités de Westphalie.

En zone occupée, le Reich se réservait (article 3) « *tous les droit de la puissance occupante ; les services administratifs français s'enga geaient à collaborer* [avec les autorités militaires allemandes] *d'une manière correcte* ». Il en résulta immédiatement une quasi-mainmise sur tous les services français en matière économique et financière comme aux plans de la justice et de la police. Cette mainmise de fai s'accompagnait de la reconnaissance de l'autorité entière de Vichy celle-ci, inscrite dans la convention d'armistice, avait fait l'obje d'engagements verbaux de la part des officiels allemands à Wies baden. De cette conjonction – alliée à la volonté sans cesse et para doxalement de plus en plus proclamée de Vichy après 1940 de s'affirmer souverain en zone occupée – allait naître une fatale équi voque qui pèserait sur toute l'histoire du régime. Jugée comme un excellent précédent au traité de paix, cette volonté de souveraineté théorique de Vichy sur l'ensemble de la France s'accompagnera en pratique d'une coopération avec les autorités d'occupation, vite assimilée à une complicité. Illustration de cette compromission, la publication en zone occupée du *Journal officiel* dans son édition parisienne sera soumise au visa préalable des autorités militaire allemandes.

A tout le moins, le gouvernement français gardait-il une souverai neté totale et sans compromission sur la zone non occupée ? Celle-c n'est pas frappée des mêmes sujétions et les autorités françaises dis posent d'une « Délégation générale du Gouvernement dans les Ter ritoires Occupés » (DGTO). Ce poste avait été créé à l'instigatio des Affaires étrangères et en référence au précédent de la missio confiée au comte de Saint-Vallier en 1871 auprès du maréchal von Manteuffel, alors commandant en chef des troupes d'occupa tion allemandes en France. Cette délégation a pour vocation de fournir une assistance aux autorités françaises locales en évitan leur isolement face aux occupants. Les Allemands n'en disposen pas moins de multiples lieux de surveillance et de nombreu moyens d'intervention. Les commissions de contrôle de l'armistice la présence de postes de surveillance dans certaines gares, les activi tés des nombreuses missions économiques, l'entretien de stations d communication, tout cela grève lourdement l'exercice pratiqu d'une souveraineté théorique. Sur cette zone sud plane l menace permanente d'une extension de l'occupation. L'Allemagne, enfin, s'arroge un droit officiel de contrôle de la politique extérieure française en interdisant toute relation diplomatique avec les pays occupés par elle.

L'Allemagne s'est réservé l'usage, en dernier ressort, de trois puissants leviers. Le million et demi de prisonniers de 1940 sont devenus autant d'otages et la source d'un chantage permanent. Le gouvernement français obtiendra – cas unique en Europe – d'assurer lui-même leur protection (mission Scapini); succès en trompe-l'œil qui fera de Vichy l'associé de leurs geôliers. La question des prisonniers demeurera l'obsession permanente du gouvernement de Vichy et du maréchal Pétain tout particulièrement. La ligne de démarcation (article 2 de la convention d'armistice) ne devait être, au départ, qu'une simple ligne militaire; par interprétations et empiétements successifs, l'occupant en fera une quasi-frontière administrative, économique et humaine. Courrier, passage des personnes et circulation des marchandises firent l'objet de contrôles tatillons et de la délivrance restrictive d'autorisations de passage. Le cordon ombilical pouvait être à volonté coupé ou rétabli, selon que Vichy paraissait récalcitrant ou de bonne composition; établis à Vichy, les ministères dépendaient ainsi, dans leurs communications avec des services demeurés à Paris, du bon vouloir allemand pour leur courrier, leurs échanges téléphoniques ou le passage des personnels.

Dernier levier : il est représenté par le paiement d'énormes indemnités pour « *frais d'entretien des troupes d'occupation* » (article 18) : vingt millions de marks par jour, montant extravagant renforcé encore par la fixation d'un taux de change arbitraire favorable au mark et bien propre à asphyxier l'économie française.

Il ne faut enfin jamais perdre de vue que la Convention d'armistice (article 22) a instauré, pour veiller à la bonne exécution de ce dernier, une commission allemande d'armistice siégeant à Wiesbaden. La France n'y est représentée que par une simple délégation, plus souvent placée devant des exigences ou des rappels à l'ordre du vainqueur qu'en position de faire avaliser ses protestations.

Si l'on ajoute à ce tableau déjà très sombre le poids des pillages, réquisitions et prélèvements opérés en zone occupée dans les premiers mois qui suivirent l'armistice, on conçoit aisément que les ambitieux espoirs de collaboration de Pierre Laval se soient heurtés d'emblée aux dures réalités; il a fallu attendre le mois de novembre pour que les préfets de zone occupée reçoivent des instructions régulières de Vichy. Or, pour le dauphin de Pétain, prêt à avaler tous les obstacles, l'armistice n'est qu'un horizon momentané, une simple transition vers la paix qu'il convient de préparer au plus tôt.

Convaincu de servir les intérêts de son pays, Laval n'ignorait pas que c'était la seule façon de renforcer une position personnelle moins bien assurée qu'il le pensait depuis la publication des Actes constitutionnels. Le contact à établir avec les autorités allemandes devrait déboucher sur d'authentiques conversations politiques, non sur de simples échanges techniques. Deux conditions sont nécessaires : s'assurer du monopole dans la relation avec l'Allemagne, trouver l'interlocuteur idéal.

A Vichy, Laval n'avait que deux rivaux possibles, Weygand et Baudouin. Le premier quittera Vichy le 6 septembre pour prendre les fonctions de délégué général du gouvernement en Afrique du Nord; il lui faudra attendre le 28 octobre – au lendemain de Montoire – pour évincer Paul Baudouin du ministère des Affaires étrangères et être nommé à ses fonctions par décret du Maréchal. Second obstacle sur le chemin de Laval : il ne connaît aucun Allemand de quelque envergure (si l'on excepte Goering et Ribbentrop qu'il n'a rencontrés qu'une fois avant la guerre).

Négociateur sans partenaire, Pierre Laval aura recours à plusieurs intermédiaires, depuis longtemps en relation avec l'Allemagne : Fernand de Brinon (ancien animateur du Comité France-Allemagne), Henri-Haye (sénateur-maire de Versailles), George Scapini (ancien combattant et aveugle de guerre, il s'est entretenu avec Hitler), deux journalistes enfin : Jean Fontenoy, ancien doriotiste, et Jean Luchaire, fondateur de la revue *Notre temps*. A des niveaux divers, ces hommes lui obtiennent son premier « contact » allemand : Otto Abetz qui occupe, depuis le 14 juin, une adresse prestigieuse à Paris : le 78, rue de Lille, siège de l'ambassade d'Allemagne.

Ancien responsable pour la France du Bureau Ribbentrop à Paris, Abetz avait fait l'objet par Daladier d'une mesure d'expulsion en juillet 1939. Chargé de représenter les Affaires étrangères auprès du commandement militaire à Paris, il prendra rang d'ambassadeur en août, ses services devenant ambassade d'Allemagne en novembre 1940.

Le 19 juillet 1940, ayant reçu le signal tant attendu, Laval a son premier entretien avec Otto Abetz à l'ambassade d'Allemagne. Il illustre parfaitement le contraste entre l'ampleur des espoirs entretenus par Laval et la dure réalité des choses; il préfigure à distance le décalage entre une illusion française de collaboration et les données de la politique allemande. Abetz retient Laval à dîner qui, le lendemain, le conviera à déjeuner au ministère du Travail, une des rares résidences officielles non réquisitionnées par les Allemands et où *Maxim's* assurera le repas. Au soir du 20 juillet, les deux hommes ont établi un bon contact personnel. Abetz aurait rencontré plus volontiers Daladier ou Flandin, les deux hommes politiques français qu'il connaissait le mieux, mais il n'est pas mécontent d'avoir parlé avec un « interlocuteur valable » à Paris ; le 6 août, il est élevé à la dignité d'ambassadeur. Quant à Laval, il reçoit, à son retour, le blanc-seing du Maréchal qu'il souhaitait, lui permettant de s'octroyer désormais le monopole des relations franco-allemandes.

Les résultats de cette première entrevue sont pourtant fort minces. Pierre Laval avait apporté avec lui une liste d'une trentaine de demandes portant, non sur des aspects de haute politique, mais sur des points très concrets, révélateurs de l'état de la France comme de la dureté ou du peu de respect par l'Allemagne des conventions d'armistice : facilitation du retour des réfugiés, acheminement de blé en zone sud, coup d'arrêt à donner dans les expulsions arbitraires depuis la « zone interdite » ; il y avait ajouté la non-application de la clause d'armistice prévoyant la livraison des réfugiés allemands aux autorités d'occupation. Prudemment, Abetz, francophile à sa manière, avait laissé peu d'espoir à Laval sur les chances de concrétisation rapide d'une authentique politique de collaboration dont son interlocuteur s'était ouvert auprès de lui, en dépit de la rupture intérieure intervenue en France.

> *Chaque pays vaincu*, aurait dit Abetz à Laval, *a tendance à croire qu'un changement de régime... lui vaudra des conditions de paix plus acceptables. Il y avait là une erreur que nul vainqueur n'hésiterait jamais à rectifier.*

Abetz, dans une position encore mal définie, n'a pas voulu donner de caractère officiel à la rencontre et ignore quel effet fera auprès de Hitler la visite de Laval à l'ambassade. Le 3 août – postérieurement donc à son entrevue avec Laval –, il se verra notifier ses attributions précises dans une note adressée par Ribbentrop au commandant militaire allemand en France ; elles sont de conseiller les services militaires sur les questions politiques, d'exercer une influence politique sur les personnalités politiques françaises des deux zones, d'assurer la direction politique des moyens d'information en zone occupée et d'influencer les moyens de formation de l'opinion en zone non occupée [10]. Ne perdant pas de vue les finalités de sa mission, le même Abetz, dans un rapport à son ministre écrit le 30 juillet 1940 – soit dix jours après avoir vu Laval –, avait déjà pu écrire : « *Le but de notre propagande doit être d'empêcher la création d'un front uni* [des Français]. » Conseillant l'exploitation du thème européen, il ajoutait :

> *L'idée du Reich est adaptée à l'idée européenne... Il serait possible que le Reich adoptât l'idée européenne sans pour autant porter atteinte à l'exigence de leadership continental ancré dans le peuple allemand par le national-socialisme* [11].

Dans le débat initié sur les origines de la « *collaboration d'État* » (l'expression est de Stanley Hoffmann), il est indéniable que la responsabilité en revient aux dirigeants de Vichy pour les raisons que nous avons évoquées : non-respect ou outrepassement par l'occupant des conditions d'armistice, exigences pratiques d'une reconstruction, mais aussi conviction que la victoire allemande nécessitait de voir au-delà du présent immédiat. En flèche en matière de politique de collaboration, Pierre Laval se trouve en porte à faux à Vichy au plan intérieur.

Un régime fondateur

Le gouvernement de Vichy, dès le départ, conformément aux circonstances de son avènement et à la volonté de ses initiateurs, s'est voulu fondateur et non simple gestionnaire. Les raisons en sont de divers ordres. De tous les pays de l'Europe dominés par l'Allemagne, la France occupe dans les années quarante une position unique.

Elle n'est pas un pays globalement annexé (tel le Luxembourg), ni un pays sous tutelle directe (Norvège, Pays-Bas), ni un satellite pur et simple (Hongrie ou Roumanie), ni un pays placé dans son ensemble sous gouvernement militaire (Belgique) [12]. Elle demeure pour ses gouvernants l'unique pays ayant conservé une souveraineté réelle sur une portion importante de son territoire et une souveraineté de principe sur la totalité de celui-ci. La France réunissait en fait, simultanément, sur son sol la qualité d'État officiellement libre, de pays contrôlé (zone occupée) ou annexé (Alsace et Lorraine), de zone « rattachée » (Nord et Pas-de-Calais), de territoires séparés (zone interdite). Elle représentait à elle seule comme la synthèse de toute l'Europe sous influence allemande. Elle possédait toutefois cette particularité unique d'avoir conservé un gouvernement possédant une autorité internationalement reconnue par la quasi-totalité des pays appartenant alors à la communauté internationale. Ces pays ne pouvaient, il est vrai, connaître que d'une convention d'armistice ne distinguant qu'une zone occupée d'une zone libre.

Un pouvoir sans partage

Sur ces bases, Vichy a voulu se comporter en gouvernement actif reposant sur les bases légales du vote du 10 juillet et entendant procéder à un changement profond de régime politique et social. Réalisme, capacité d'illusion ou simple « utilisation » d'un contexte extérieur à des fins intérieures ? La réponse est plus complexe qu'il pourrait y paraître. Si d'indéniables volontés de revanche politique sont à l'œuvre, les remèdes proposés le sont dans le souci annoncé de tirer les leçons du passé et d'opérer, dans la patience et le renoncement, le redressement nécessaire. Sur ce plan, Vichy prolonge dans un contexte de défaite et d'armistice les illusions d'une France grande puissance, blessée mais non abattue en 1940, qui avait perduré au-delà de la victoire mutilante de 1918.

La première exigence d'une autorité régénérée résidait dans le renforcement de ses pouvoirs. De la nature de cette autorité, voire de la simple qualification à lui attribuer, il a été beaucoup débattu [13]. Plus que par le vote du 10 juillet, qui donnait « *tous pouvoirs au gouvernement de la République sous l'autorité et la signature du maréchal Pétain* », c'est des Actes constitutionnels du 11 juillet que l'État français tire sa naissance et que son chef dégage l'exercice concret de ses pouvoirs. La formule de majesté : « *Nous Philippe Pétain... Déclarons assumer les fonctions de chef de l'État* » transmue une autorité autoproclamée en pouvoir personnel, en monocratie. Pouvoir étonnant qui entend fonder sa légitimité sur trois sources : Pétain est l'homme des circonstances, le chef providentiel, la victime sacrificielle. Cette triple base militaire, chrétienne et royale fondait, pour ses partisans, un régime puisant à des sources françaises et non à des modèles étrangers.

Ce pouvoir personnel est le fondement d'un État autoritaire. Plus de distinction des pouvoirs : exécutif, législatif et judiciaire sont fondus dans l'exercice d'une autorité gouvernementale sans partage. Les pouvoirs de chef de l'État et de président du Conseil sont réunis dans la seule personne de Philippe Pétain. Le Cabinet, à la structure et à la hiérarchie resserrées, est formé de membres nommés par le chef de l'État, responsables devant lui seul et révocables à tout moment ; on n'y délibère pas, on n'y prend pas de décision collective, il ne s'y exerce aucune solidarité, celles-ci faisant l'objet de décrets promulgués par le chef de l'État et qui ont valeur à la fois de lois et de règlements ; le Conseil des ministres n'est qu' « entendu ». Responsable de la diplomatie et de la force armée, le chef de l'État n'a reçu qu'une limite à son pouvoir quasi absolu : il ne peut déclarer la guerre sans le vote des Assemblées qui, ajournées, ne peuvent se réunir que sur convocation du chef de l'État. Maître de la justice politique, il dispose enfin de la plénitude du pouvoir constituant : c'est la base même du mandat reçu de l'Assemblée nationale le 10 juillet.

Convient-il de parler de dictature ? Si le terme, en bonne définition, implique l'exercice d'un pouvoir solitaire relayé par l'action et les ramifications d'un parti unique, Vichy ne s'est pas doté de ces moyens à sa naissance.

Une telle solution avait bien été proposée au maréchal Pétain dans l'été de 1940 par Marcel Déat. Celui-ci, à la tête d'un Comité directeur pour le projet de parti unique, avait tenté de faire avaliser par le nouveau chef de l'État un « Rapport sur la constitution d'un Parti national unique », où il développait successivement la nécessité d'un parti unique, sa doctrine et son programme, sa structure et son organisation. Diverses influences s'en partageaient l'inspiration, reflet de la coalition hétérogène qu'avait réunie Déat : celles d'une droite traditionnelle (thèmes de la communauté nationale et de la cellule familiale), d'une gauche réformiste et pacifiste (organisation corporative de l'économie, entente avec le vainqueur, mais, surtout, d'une pensée autoritaire calquée sur les modèles fascistes européens (responsabilités de l'État en matière économique et sociale, mission du parti unique). Le projet ne fut finalement pas accepté par Pétain, encouragé en ce sens par des hommes comme La Rocque, Weygand, Maurras ou du Moulin de Labarthète [14].

A la même époque, Drieu La Rochelle, qui était allé proposer à Otto Abetz le lancement d'un parti unique, réminiscence de son passage au PPF, s'était entendu répondre que « *les intentions du gouvernement allemand étaient, pour le moment, loin d'être claires* [15] ».

L'étouffement de toute expression démocratique

Au plan national comme au plan local, le nouveau régime vise à l'encadrement de l'opinion et au contrôle étroit de toute forme d'expression publique. Il serait excessif, certes, de tout mettre au compte de Vichy. Depuis septembre 1939 – date de l'entrée de la France dans la guerre –, bien des libertés individuelles et collectives ont été suspendues, et les dispositions de l'état de guerre seront strictement maintenues jusqu'à l'automne 1941, avant d'être assouplies après cette date. Des orientations nouvelles n'en sont pas moins à l'œuvre à partir de juillet 1940. Elles touchent au plan national comme au plan local. Deux lois, prises en juillet et octobre 1940, interdisent les réunions spontanées puis les sessions des conseils généraux, dont les pouvoirs sont transférés aux préfets. Des commissions administratives aux membres nommés se substituaient à eux, occasion pour le gouvernement d'opérer, par les nominations, une épuration administrative.

Une réforme profonde modifia la vieille loi municipale de 1884. La nouveauté réside dans la distinction opérée entre commune rurale et commune urbaine. Le principe de l'élection subsistait ainsi dans 35 000 des 38 000 communes de France. Dans les 3 000 autres, les membres du conseil municipal étaient nommés par le ministre de l'Intérieur pour celles de plus de 50 000 habitants, par le préfet pour celles comptant de 20 000 à 50 000 habitants.

Au niveau municipal, le ministre de l'Intérieur et les préfets se virent attribuer le droit de relever les municipalités en place par des délégations spéciales aux membres nommés. En quelques mois, plus de 300 conseils municipaux furent l'objet de mesures de substitution. A Paris, les sessions du conseil municipal furent suspendues, comme celles du conseil général de la Seine.

Au plan national, Sénat et Chambre des députés subsistent en droit jusqu'à la réunion des assemblées à créer, mais ajournées, leurs membres ne peuvent se réunir sans une convocation du chef de l'État ; Sénat et Chambre ne seront jamais réunis et leurs bureaux seront supprimés en août 1942.

Les partis politiques, expression d'une vie démocratique rejetée par Vichy dans un passé honni, sans être formellement interdits, se verront interdits de réunion et de toute activité à partir d'août 1941. La toute relative mansuétude des gouvernements à leur égard jusqu'alors s'explique en fait surtout par la dispersion de leurs membres en province, l'évanouissement des états-majors politiques et la censure sur les organes de presse. Après le remaniement du 6 septembre, Pierre Laval demeure le seul ministre ancien parlementaire. Le 1er décembre, l'Acte constitutionnel n° 6 autorise le Maréchal à prononcer par décret la déchéance de tout parlementaire, sur proposition du garde des Sceaux.

À la recherche d'institutions-relais et d'appuis

Avec la mise en sommeil des Chambres et l'étouffement de la démocratie locale, le nouveau régime courait un risque majeur : celui de se trouver privé de tout instrument d'écoute du pays, réduit aux seuls rapports de ses préfets et de ses commissaires spéciaux. Considération qu'on aurait tort de juger étrangère à un gouvernement autoritaire, comme le reconnaîtra le Maréchal dans son discours du 12 août 1941 :

> *La France ne peut être gouvernée qu'avec l'assentiment de l'opinion publique, assentiment plus nécessaire encore en régime d'autorité.*

C'est ce souci de recréer des instruments de communication et de contact qui est à l'origine de la création des deux grands instruments relais du régime, la Légion Française des Combattants et le Conseil national.

La Légion est née d'une double aspiration. Celle, d'abord, du mouvement combattant et de ses dirigeants, qui remontait à l'entre-deux-guerres, de jouer un rôle civique actif, fort de ses trois millions et demi de membres. Celle, ensuite, de quelques responsables d'organiser le rassemblement officiel des bonnes volontés combattantes au service de l'État nouveau ; le rôle décisif revient ici à Xavier Vallat, secrétaire général aux Anciens Combattants, qui fit passer le projet auprès de Pétain.

Créée par une loi du 29 août 1940, la Légion se voyait affecter quatre missions : maintien du culte des valeurs nationales, rôle de courroie de transmission entre le sommet et la base, diffusion dans le pays des principes de la Révolution nationale par une collaboration active avec les représentants des pouvoirs publics, surveillance enfin de l'opinion. La Légion devait être étendue aux deux zones, mais l'interdiction de l'occupant – qui soupçonnait en elle une organisation paramilitaire de résistance – la contraignait à rester cantonnée à la zone sud. Organisée en Unions départementales et en sections communales, la Légion est appelée à devenir le grand mouvement de masse du régime, très représentatif d'un pétainisme érigé en valeur suprême [16].

Le Conseil national représente la seconde tentative de création d'un organe de liaison et d'écoute. Mis sur pied à partir de la fin de l'année 1940, il trouve son origine dans une volonté de rallier les milieux politiques au gouvernement au lendemain du renvoi de Pierre Laval le 13 décembre 1940. Son initiateur, Pierre-Étienne Flandin, y voyait un substitut de l'Assemblée nationale et le moyen de renforcer l'influence de Vichy en zone occupée contre Laval et Déat. Sans doute faut-il y voir aussi un signal adressé aux démocraties anglo-saxonnes, indisposées par le vote du 10 juillet.

Le Conseil national est l'une des rares institutions de la Révolution nationale à avoir connu une extension en zone occupée, ses membres étant venus de tous les départements occupés (hormis d'Alsace et de Lorraine). L'étude qu'en a faite Michèle Cointet [17] révèle les caractères d'un régime autoritaire ; assemblée mixte, aux parlementaires sont adjoints des membres issus des milieux familiaux, sociaux et professionnels (136 sur 213). Soixante-dix parlementaires y figurent, anciens élus. Les risques d'une émancipation du Conseil sont contenus par l'absence d'assemblée plénière de ses membres et leur réunion en commissions spécialisées temporaires, l'absence de publicité des débats, la nomination des présidents de commissions et l'installation des conseillers nationaux par ordre alphabétique.

La présence de membres socio-professionnels apparaît aussi comme l'esquisse du régime corporatif souhaité par certaines familles de la Révolution nationale.

Pouvoir et société.
Pouvoir d'influence ou contrôle direct ?

Antidémocratique, le régime entend dégager les groupes sociaux de l'emprise néfaste des partis, non pour les abandonner à eux-mêmes mais pour les encadrer dans les structures autoritaires et hiérarchisées. Loin de « *l'idée fausse de l'égalité naturelle des hommes, il importe de fonder un régime hiérarchique et social* » (message du 10 octobre 1940). Au concept rousseauiste des droits de l'individu portant culpabilité de la société se substitue celui de devoirs envers la société fondant la responsabilité de l'individu.

Vichy a jusqu'au bout voulu mettre à l'honneur les communautés naturelles : patrie, région, famille, métier, jeunesse. Réflexe tout autant qu'idéologie, la France de la défaite et de l'armistice semble retournée aux temps passés de l'isolement, du repli, de l'auto-culpabilisation, des chefferies locales. Communication et échanges sont devenus privilèges, exploits ou épreuves d'endurance ; les populations, pour un temps, ne sont plus mues que par la reprise des contacts avec leurs proches ou la recherche du ravitaillement. Le retour aux solidarités traditionnelles s'opère tout naturellement ; les gouvernants qui, de tout temps, n'ignorent pas que les lois accompagnent les mœurs, n'ont qu'à s'appuyer sur elles pour fonder leur légitimité. S'étant refusé les moyens – par ailleurs improvisés et inappropriés – du parti unique, Vichy n'avait d'autre choix, nonobstant ses inclinations, que de faire confiance aux groupements naturels.

Nulle législation de Vichy n'est plus significative à cet égard que celle créant la Corporation paysanne. Famille traditionnellement revendicative dans une France encore largement rurale, le milieu paysan, très organisé au plan syndical, se vit proposer une autogestion aménagée de ses intérêts dans un cadre corporatif. Si l'autogestion proclamée est le reflet d'une approche idéologique, son aménagement correspond aux exigences d'une situation annoncée de restrictions et de répartition. Si les membres de la Commission nationale sont nommés, les syndics, qui coiffent toutes les activités au plan régional et local, sont élus [18].

Les Chantiers de Jeunesse reflètent dans leur création ce même mélange d'empirisme adaptateur et d'idéologie annoncée. L'armée d'armistice laissée à la France interdisait le service militaire et, du même coup, l'incorporation des nouvelles classes d'hommes. Pouvait-on les laisser à eux-mêmes ? Une volonté d'encadrement et de contrôle, voire d'endoctrinement, n'en existait pas moins chez nombre de cadres militaires et civils, comme aussi de maintien du culte des valeurs patriotiques [19].

Les Compagnons de France reflètent également, au départ, une préoccupation très concrète, celle d'encadrer en petites équipes les jeunes chômeurs et les réfugiés. Le travail manuel s'accompagne d'une éducation civique et morale. Comme chez les jeunes des Chantiers, l'uniforme et le salut sont de rigueur [20].

Vichy allait voir s'épanouir enfin de nombreuses écoles de cadres, pépinières de chefs et de conférenciers, dont trois écoles nationales (La Chapelle-en-Serval en zone nord, Ecully et Uriage en zone sud) ; la dernière fut promise à la renommée, aux polémiques et à la célébrité contemporaine et posthume par le renom de ses responsables (Pierre Dunoyer de Segonzac), de ses directeurs d'études et de ses conférenciers (Hubert Beuve-Méry, Emmanuel Mounier [21]).

On ne saurait omettre l'Armée d'armistice parmi les supports naturels du régime. Celui-ci a octroyé fonctions et faveurs aux cadres militaires. Généraux, amiraux surtout, occupent emplois politiques et fonctions administratives. L'ordre, l'autorité, la hiérarchie mis à l'ordre du jour ne peuvent que plaire à ces cadres. Les Chantiers de Jeunesse, la Légion sont autant d'organismes à résonance patriotique, où nombreux sont les anciens cadres de l'armée [22].

La mise en place de ces structures d'encadrement ou l'existence de supports naturels comme l'armée sont inséparables de la rencontre, en 1940-1941, entre les actes du nouveau régime et les grandes orientations de l'Église catholique à cette date.

La connaissance de ces relations a beaucoup progressé depuis une vingtaine d'années avec l'organisation de grands colloques scientifiques [23] et la publication de nombreux travaux individuels.

Ce mouvement, nous l'avons vu, a été amorcé dans les dernières années de la IIIe République, particulièrement sous le gouvernement d'Édouard Daladier. Il a été renforcé dans le climat très particulier de la défaite et de l'exode, qui a vu l'expression volontiers entretenue d'un dolorisme et d'un « mea-culpisme » qui évoquent l'après 1870. Les dirigeants de Vichy, personnellement peu dévots, n'ont pas manqué d'être sensibles à l'influence morale et sociale que l'Église pouvait avoir. Si, dans leur grande majorité, les ministres de Vichy ne sont pas des catholiques fervents, ceux-ci se retrouvent à la tête ou dans la mouvance dirigeante d'un certain nombre d'organismes ou d'administrations. Jeunesse, Famille, Conseil national, Légion Française des Combattants. L'Église, influente traditionnellement dans ces milieux – et qui avait été relancée dans les années trente par les mouvements d'action spécialisés –, ne subit plus la concurrence active de la gauche laïque.

Tandis que Paul Claudel s'adresse à la France, fille de Saint Louis : « *En as-tu assez maintenant de la politique?* » Mgr Gerlier identifie Pétain à la France et Mgr Liénart invite les Français à l'examen de conscience et à la pénitence. Les lois scolaires et familiales de Vichy, le nouveau climat moral, créent en 1940 les conditions d'une bonne entente, voire d'une étroite collaboration. Nous prendrons l'exemple de la Légion Française des Combattants. A l'époque de son lancement, la hiérarchie a été consultée pour de nombreuses nominations : l'équipe dirigeante est faite d'hommes aux orientations rassurantes : Xavier Vallat ; François Valentin, directeur général ; Jacques Péricard, l'un de ses vice-présidents ; au plan du directoire comme des responsables locaux figurent de nombreux ecclésiastiques. Les évêques célèbrent des messes légionnaires et les cérémonies de la Légion sont accompagnées de célébrations religieuses [24].

En dépit du surgissement d'institutions-relais et d'un contrôle indirect sur la société par une institution consacrée comme l'Église, la réalité concrète de Vichy se situe pourtant à un autre niveau : celui du pouvoir direct de contrainte ou d'influence et de la gestion autoritaire. Il sera de plus en plus sensible aux diverses couches de la population et ne contribuera pas peu à une perte progressive de contact du pouvoir avec celle-ci. On relève cette orientation majeure à trois niveaux : la gestion administrative, le rôle de la censure et de la propagande, l'organisation de l'économie.

La célébration par Vichy des mérites de la personne et du groupe social se traduisit dans les faits par le règne d'une administration efficiente et centralisée. A l'origine, une situation d'urgence caractérisée par les prélèvements arbitraires de l'occupant, la pénurie et la nécessité d'assurer à chaque Français un ravitaillement minimal ; il fallait enfin créer les conditions d'une harmonisation avec les autorités d'occupation.

Pièce maîtresse de cette administration : les préfets. Libérés du patronage politique des partis et des parlementaires locaux, devenus les véritables patrons d'une administration départementale professionnalisée et étatisée, ils devinrent l'œil et le bras de l'État dans leur ressort d'autorité. Ce renforcement de pouvoir et de prestige fut tel qu'on vit – retournement de situation – d'anciens parlementaires accepter des fonctions préfectorales. Le corps fut sévèrement épuré : en 1940, sur 94 préfets, 26 furent mis à la retraite, 29 révoqués et 37 furent déplacés [25].

Au niveau des autres corps, on ne constate pas, du moins jusqu'en 1944, de volonté d'encadrement comparable à celle des régimes de dictature en Europe. A l'Éducation nationale, si les instituteurs furent l'objet d'une reprise en main consécutive à la disparition du Syndicat National des Instituteurs (SNI), les professeurs du Secondaire demeurèrent officiellement libres dans leurs enseignements, tout comme ceux du Supérieur [26]. L'enseignement – si sensible – de l'histoire ne fit pas l'objet d'un bouleversement [27]. En zone nord, une réorientation n'en est pas moins visible. Ainsi, la liste « Otto » interdit certains manuels ; Vichy parut s'en inspirer en diffusant, en 1941, à l'intention des bibliothèques d'établissement une liste d'ouvrages à retirer. De nouveaux manuels firent leur apparition en 1942, qui ne témoignent pas d'une réelle volonté d'endoctrinement.

A côté des agents de l'administration directe, censeurs et propagandistes occupent une grande place dans le régime de Vichy. Entre 1940 et 1944, les services de l'Information – regroupant censure et propagande – ont connu une série de transformations et d'âpres luttes d'influence [28]. L'amiral Darlan, de 1941 à 1942, et Pierre Laval, à partir de cette date, devaient s'attacher à en contrôler tous les rouages, davantage dans le but d'assurer totalement leur autorité que dans celui de susciter l'essor d'une véritable agitation politique. C'est ce qui explique l'échec de Paul Marion, secrétaire général à l'Information sous Darlan, ancien du Parti communiste puis du Parti Populaire Français. Manquant de troupes, il tenta de mettre à son service en 1941-1942 les services spécialisés des mouvements de jeunes et de la Légion des Combattants en leur insufflant un esprit révolutionnaire national bien proche du fascisme.

Sur la presse comme sur la radio pesa pendant toute la guerre le poids d'une lourde censure et de consignes d'orientation impératives [29]. L'Office Français d'Information (OFI) fut créé comme agence d'État en novembre 1940 en zone nord; en zone sud, les agences privées étaient étroitement contrôlées. On aboutit à ce paradoxe que en l'absence de toute liberté d'expression en zone non occupée, la presse de Paris, contrôlée par l'occupant, en vint à faire figure de presse d'opposition au régime de Vichy...

Le domaine de l'économie est l'occasion de révéler la même contradiction entre un modèle idéologique – la corporation – et une réalité quotidienne : le contrôle de l'État.

L'idéal corporatiste conciliait l'autonomie du métier génératrice d'initiative et le rejet du syndicalisme porteur de lutte des classes. Il se heurtait dans la pratique aux aspirations libérales du patronat, aux exigences d'organisation par l'État d'une économie de pénurie et aux nécessités concrètes de la politique de collaboration. Cette dernière exigeait la mise sur pied d'un appareil de direction étatique ajusté aux données et aux besoins de l'économie allemande.

Dans ses nouvelles structures, l'économie organisée repose sur trois piliers : les Comités d'Organisation (CO), l'Office Central de Répartition de la Production Industrielle (OCRPI), le ministère de la Production industrielle. Quatre sur cinq des cent dix Comités d'Organisation existant en 1944 recrutent parmi les dirigeants des anciens Comités patronaux ou les chefs d'entreprises. (Il y aura quatre cents Comités d'Organisation en 1944.) Le passage de l'avant-guerre à l'après-défaite s'opère parfois au prix d'un simple changement d'appellation : le Comité des Combustibles est l'héritier du Comité des Houillères, le Comité de la Métallurgie succède au Comité des Forges. L'ensemble des dirigeants des Comités d'Organisation recrute dans la frange supérieure de l'élite industrielle et de la haute fonction publique [30]. Au-delà du simple poids des circonstances, Vichy a opéré une rupture fondamentale vers une économie dirigiste, fondée sur la répartition et la création des premières structures de planification. Globalement, le projet de Vichy vise à s'appuyer sur les élites sociales en doublant leur influence de l'action d'une administration renouvelée et revigorée.

Quelle place fut faite au travail dans cette organisation de l'économie ? La Charte du Travail, promulguée le 4 octobre 1941, a recherché une difficile conciliation entre les exigences d'une économie organisée et la reconnaissance des droits du monde du travail, reconnue nationalement au seul plan du métier. La corporation reconnaît le syndicat, qui assure la seule défense des intérêts professionnels. Elle établit un règlement du travail et le plan de conventions collectives [31]. Il demeure qu'à aucun moment les Comités sociaux de la Charte du Travail n'ont été associés à la décision économique.

Vichy, enfin, a-t-il jeté les bases d'une politique culturelle ?

On a longtemps cru en l'existence d'un « projet culturel » de Vichy. Les choses ne sont pas aussi évidentes, à tout le moins en terme de pratique, sauf à considérer le débat sous sa seule dimension régionaliste et « folklorique », non négligeable d'ailleurs. *La Fille du puisatier* (août 1940) est plus représentatif d'un climat (d'ailleurs antérieur à la guerre) qu'enfant d'une politique délibérée. Il n'existe pas d'Arno Brecker français et l'art officiel n'a jamais dépassé le niveau de la décoration d'édifices ou de la production d'objets à l'effigie du Maréchal. C'est qu'à cet égard la véritable capitale française est restée Paris où l'occupant, par dessein – et tout en sachant contrôler ou interdire –, a préféré laisser s'épanouir une vie théâtrale et cinématographique largement indépendante. Montherlant et Claudel n'étaient pas plus importunés de voir leurs pièces présentées devant des parterres d'officiers allemands que Gaston Dullin peiné de quitter son petit théâtre de l'Atelier pour venir s'établir au vaste Théâtre de la Cité (ex-Théâtre Sarah-Bernhardt) [32].

Réflexion bien amère que de constater, dans un régime apparemment aussi structuré idéologiquement que celui de Vichy, l'absence d'une véritable influence de celui-ci dans le domaine culturel. Deux hypothèses peuvent être évoquées : soit Vichy n'a pu, voulu ou su s'atteler à un tel chantier, soit les acteurs et l' « opinion éclairée » ont connu leur propre vie intellectuelle et artistique dans le prolongement de celle d'avant guerre.

Il y a bien eu, outre le poids d'un pesant conformisme idéologique, volonté de Vichy de favoriser la diffusion des produits culturels, celle de promouvoir le sport, d'encourager les initiatives en matière régionale [33]. Il demeure difficile de distinguer ce qui revient aux textes officiels et aux initiatives locales ou ponctuelles de fonctionnaires, d'animateurs ou de bénévoles laissés plus libres parfois dans leurs activités par le choc de la défaite et les difficultés d'échange et de communication. Demeure surtout un contraste formidable entre Vichy et la zone sud d'une part, et Paris d'autre part. Vichy est la capitale de l'opérette et des tournées Barret et d'une censure pudibonde [34]; Paris demeure le royaume de la grande création. La volonté calculée de l'occupant y est pour beaucoup; conscient de l'effet désastreux qu'aurait produit un contrôle raide et tatillon de la production littéraire et artistique, les responsables de la politique culturelle allemande préférèrent paraître présider à l'éclosion de mille fleurs culturelles, en heureux prélude à l'épanouissement d'une saine compréhension franco-allemande. Ce qui n'interdisait ni un discret contrôle à distance, ni le « suivi » scrupuleux des productions et des auteurs [35].

Quant au cinéma sous Vichy – à propos duquel on a tellement glosé –, beaucoup plus qu'un « esprit » de la Révolution nationale, il prolonge les tendances apparues à la fin des années trente et doit beaucoup, là encore, au « libéralisme » de l'occupant, préoccupé de laisser aux occupés une sphère de divertissement et de rêve propre à leur faire oublier un peu leurs soucis [36].

Un régime d'exception

Officiellement épris d'unanimisme, ne cessant de rappeler son attachement à la concorde nationale, Vichy – paradoxe ou logique ? – a adopté au départ une série de mesures d'élimination et d'exclusion de la communauté nationale visant diverses catégories de la population. Pourquoi ces mesures ? Comment les interpréter ? Comment juger de l'accueil qu'elles reçurent ?

L'annonce de ces mesures est contenue dans deux décisions initiales : le 18 juillet 1940, une loi exige de tout fonctionnaire qu'il soit né de père français; les agents ne remplissant pas cette condition pouvaient être déchus par décret ministériel. Selon Robert Aron (qui a effectué un comptage dans *Le Journal officiel*), 2 282 révocations de fonctionnaires avaient été effectuées à la fin de l'année 1940 (sur quatre mois) [37]. La comptabilisation totale des « épurés » de Vichy reste difficile à établir; Pierre Laval, à son retour au pouvoir en 1942, réintégrera bon nombre des exclus au nom d'une « reconquête républicaine » du régime de la Révolution nationale. Le 22 juillet, un texte permet de réviser toutes les naturalisations intervenues depuis la loi de 1927, au nombre d'environ 500 000. Selon une étude récente, entre 1940 et 1944, cette loi du 22 juillet aurait concerné plus de 15 000 personnes, une certaine application antisémite de la loi pouvant être observée (Bernard Laguerre, « Les dénaturalisés de Vichy », *XX*ᵉ *siècle*, janvier-mars 1990).

Il faut distinguer parmi les proscrits plusieurs catégories qui, toutes, n'ont pas vu une innovation par rapport à l'avant-Vichy, diverses mesures d'exception étant intervenues sous le gouvernement Daladier après le 3 septembre 1939.

L'interdiction des sociétés secrètes (en fait la franc-maçonnerie) par la loi du 13 août 1940, aggravée en 1941 par la publication de la liste des dignitaires (dès le premier grade), se situe dans la filiation directe de la condamnation globale de la IIIᵉ République et de ses responsables [38]. Les communistes peuvent être mis en état d'arrestation par la loi du 3 septembre 1940, la presse communiste sévèrement réprimée, les élus communistes assignés à résidence ou internés ; ce n'est plus, comme sous Daladier, le Pacte germano-soviétique qui leur est reproché mais leur appartenance à un parti « antinational ».

Les « gaullistes » (ou « de gaullistes ») et premiers résistants se voient opposer la même condamnation d'obéir à l'étranger et poursuivis pour « propagande antinationale ». De Gaulle se voit rétrogradé au rang de colonel, mis à la retraite d'office, traduit devant un premier tribunal militaire en juin, puis un second en juillet, condamné à mort, ses biens confisqués, déchu de la nationalité française. Les admirateurs de De Gaulle en France sont assimilés à de petits bourgeois niais et crédules ou à des agents francs-maçons ou juifs [39].

Le 3 octobre 1940 est édicté le premier Statut des Juifs dû à Raphaël Alibert. Est définie comme juive toute personne *« issue de trois grands-parents de race juive ou de deux grands-parents de la même race, si son conjoint lui-même est juif »*. Le Statut des Juifs ainsi édicté introduit un numerus clausus dans les professions libérales, exclut les Juifs de la fonction publique et leur interdit toute responsabilité dans certaines professions (journalisme, théâtre, radio, cinéma). L'industrie et le commerce leur demeurent toutefois ouverts, au moins jusqu'au second Statut du 2 juin 1941. Si, à la différence de la zone nord, Vichy ne pratiqua pas à leur égard des mesures infamantes, telles que le port de l'étoile jaune ou l'interdiction de l'accès aux lieux publics, la législation française allait plus loin que l'allemande, en donnant du Juif une définition « raciale » plus large encore que la loi allemande dans les critères d' « appartenance » (et non religieuse). En juillet 1941 sera prononcée l' « aryanisation » des biens juifs. Un Commissariat aux questions juives sera créé en 1941 et confié à Xavier Vallat ; l' « Union Générale des Israélites de France » (UGIF), organisme juif, est chargé de la gestion de la communauté juive [40].

Ces lois d'exception s'accompagnent de la pratique de l'internement administratif, donné aux préfets par un décret du 3 septembre 1940, et de l'ouverture (ou de la réouverture) de camps d'internement où furent placés principalement des communistes et des Juifs étrangers, ces derniers touchés par une loi du 4 octobre 1940. L'acte constitutionnel n° 5 du 30 juillet 1940 créa enfin une Cour suprême de justice chargée de juger les anciens ministres, tenus pour responsables du « *passage de l'état de paix à l'état de guerre* » ; c'était fournir au vainqueur l'argument d'une responsabilité du vaincu dans sa défaite. L'édiction du Statut ne suscita guère, dans l'opinion, de réserves ou de réactions d'indignation ; Vichy demeure encore largement le miroir d'un pays où l'antisémitisme était fort répandu avant la guerre.

On doit s'interroger sur les raisons d'une telle série de textes ou de mesures qui faisaient sortir la France de l'État de droit.

Il y a d'abord, dans le climat très spécifique de l'après-défaite, la recherche frénétique des « coupables », des « responsables », de tous ceux qui sont à l'origine d'une défaite dont on rejette prudemment la recherche publique de la responsabilité des militaires (ce qui n'empêcha pas l'état-major de l'armée de se mettre rapidement au travail pour tirer les enseignements de la déroute). Vaste catharsis dont les prodromes sont – nous l'avons vu – bien plus anciens et avaient scandé la montée d'un sentiment de déclin de la France tout au long des années trente, avant que le mythe de la « 5e colonne » ne vienne, pendant l'exode, prendre le relais. Puissant dans l'opinion au cours de l'été quarante, cet état d'esprit, médiatisé en zone occupée par une presse d'obédience allemande, trouvait en zone libre des relais influents jusqu'au cœur du pouvoir. Selon divers témoignages (ceux notamment de Paul Baudouin et d'Henri du Moulin de Labarthète), le Maréchal n'était pas le moins ardent à poursuivre de son courroux les hommes politiques qu'il jugeait responsables de la situation. Il voulut l'arrestation et l'emprisonnement de Paul Reynaud, Édouard Daladier et du général Gamelin, internés sur son ordre quatre mois avant l'ouverture du procès de Riom.

Peut-on alléguer une pression directe de l'occupant ? Une volonté d'imitation ? L'espoir que, en retour, il se montrera plus accommodant ? Dans leurs *Mémoires,* Paul Baudouin et Marcel Peyrouton ont mis en avant, dans la promulgation du premier Statut des Juifs, les informations parvenues à Vichy courant septembre de la mise en œuvre imminente par les Allemands, en zone nord, des lois de Nuremberg : « *Si nous continuons de nous abstenir de toute inter-*

vention dans cette question, écrit Baudouin, *les Allemands vont prendre en zone occupée des décisions brutales* [41]. » En d'autres termes, c'est pour tenter de protéger du pire les Juifs de zone sud que le gouvernement de Vichy a dû se résigner à adopter un statut spécial des Juifs. Pour Peyrouton, « *il était impossible pour le gouvernement d'admettre en seule zone occupée l'application intégrale des lois de Nuremberg et de maintenir le droit antérieur français au seul bénéfice des Israélites réfugiés sur la Côte d'Azur, les plus riches, les moins intéressants. Et ce dualisme eût morcelé la France* [42] ». Le 27 septembre 1940, l'occupant avait bien ordonné un recensement des Juifs de zone occupée et l'aryanisation des biens juifs le 18 octobre. Ce serait donc pour mieux affirmer son autorité face à l'Allemagne et éviter une situation dualiste pour le pays que Vichy aurait édicté son propre Statut des Juifs. Il y a dans cette législation antisémite assez de sources françaises pour permettre aussi de penser que Vichy avait ses propres intentions en ce domaine ; ce qui conduit à relativiser fortement l'argument d'une nécessaire réponse à la législation allemande en zone nord. On veut pour preuve de la réalité de ces sources françaises de l'antisémitisme de Vichy le fait que les anciens combattants d'origine juive étaient automatiquement relevés de leur « indignité ». Le combat mené et le sang versé les lavaient de tout soupçon. Marc Bloch, d'abord relevé de ses fonctions de professeur d'université, fut réintégré « *pour services exceptionnels rendus à la France* » ; il était alors à la faculté des lettres de Strasbourg, repliée à Clermont-Ferrand.

Une dernière question se pose. Quels furent le degré d'application et le niveau d'extension des mesures d'exception prises par le gouvernement de Vichy ? Quelle fut sa portée générale ? A la première question, il demeure plus difficile de répondre qu'il ne le semblerait. Aucune enquête d'ensemble, à ce jour, n'a été faite sur la réalité quantitative de l'épuration administrative. Si les dignitaires – fût-ce d'un rang modeste – de la franc-maçonnerie ont été spectaculairement montrés du doigt, que dire des autres ? Les déclarations exigées n'ont pas toujours été souscrites et toutes enquêtes n'ont pas été diligentées (restait, il est vrai, la délation, promue au rang de sport national pendant la guerre) ; les francs-maçons relevant de la fonction publique ont de toute façon beaucoup plus payé que les cadres des professions industrielles, commerciales ou libérales qui n'étaient pas astreints à remplir la fameuse déclaration. La population juive de nationalité française paraît avoir voulu faire l'objet d'une protection – ou d'une reconnaissance indirecte – à travers le premier statut. Les Juifs anciens combattants échappaient à l'opprobre officiel.

Sans perdre de vue la suite des événements, il apparaît bien que deux groupes principaux ont été, dans les débuts du régime de Vichy, promus au rôle de victimes expiatoires : les communistes et les Juifs étrangers qui, tombant sous le coup de l'internement administratif, sont les premiers à peupler les camps ouverts sous Édouard Daladier.

Quant à la portée générale de ces mesures, elle s'apprécie à l'aune d'un conflit mondial qui ne fait que commencer. L'issue ne peut certes être appréhendée en 1940, ni plus encore sa durée. On peut encore tenir compte et de la brutalité et de l'ampleur d'une défaite sans précédent, comme de la recherche du bouc émissaire dans une société ayant perdu tous ses points de repère. Mais les gouvernements – surtout lorsqu'ils se sentent légitimes – ont aussi un devoir de contrôle vis-à-vis de cette opinion. Dans son souci proclamé de sauvegarder une identité et une permanence françaises, Vichy prenait le risque grave d'ouvrir un jour une division dans une opinion demeurée plus diverse que ne le laissait penser l'accablement et l'unanimisme de l'été 1940. Or, au sein même des équipes dirigeantes, l'unanimité était loin d'exister sur l'opportunité de ces mesures d'exception, en particulier du Statut des Juifs. Pierre Laval, fer de lance de la politique de collaboration, considérait qu'il y avait plus urgent à faire. Le ministère des Affaires étrangères – Paul Baudouin le premier – se montra très sensible aux effets produits à l'étranger, notamment aux États-Unis. Dans ses *Souvenirs,* François Charles-Roux rapporte avoir reçu de l'ambassadeur français à Washington un télégramme renfermant notamment ces passages :

> *L'annonce que la pleine liberté d'expression aurait été rendue à l'antisémitisme en France a provoqué ici une vive réaction... Je n'ai pas besoin de signaler combien les influences israélites sont fortes dans l'administration, en particulier à la Trésorerie et à la Maison Blanche* [43].

L'explication de ces mesures se trouve-t-elle dans la composition des familles de pensée à l'œuvre dans la politique de Révolution nationale ?

La Révolution nationale : hommes et courants

Étrange formule que celle-là. Il y a en elle une alliance de mots inattendue. Si le substantif « révolution » introduit l'idée d'un changement brutal imposé par la base, dans l'agitation et l'effervescence, l'adjectif « nationale » ramène à l'idée d'un ordre imposé par le sommet, dans l'unité et le respect de l'autorité. L'historique de l'expression nous éclaire sur ce paradoxe. Elle avait fait partie du vocabulaire politique des « Jeunesses patriotes » de Taittinger ; c'est aussi le titre d'un livre de Georges Valois publié en 1924, à l'époque de sa séparation d'avec Maurras – dont il déplore l'immobilisme – et de son évolution vers le fascisme. Vocable bien incertain en vérité et propre à faire naître tous les malentendus : slogan dynamiseur des groupements conservateurs, il les épuisera en mobilisations vaines ; il apparaîtra rapidement, en revanche, aux yeux des éléments les plus activistes du régime comme un frein à leurs entreprises.

Fourre-tout, l'expression avait l'avantage d'offrir, comme sur étagères, tous les articles du grand magasin aux idéologies. Henri du Moulin de Labarthète, directeur du Cabinet civil du maréchal Pétain, y voyait « *du Renan, du Joseph de Maistre, du Le Play, du Taine, du Tourville, du Bourget, du La Tour du Pin, du Maurras, du Salazar... du Barrès* [44] ». On pourrait aisément ajouter à cette liste Péguy, Albert de Mun, Proudhon, Lyautey ou encore Harmel, le patron social.

L'expression ne plaisait guère à Pétain, qui l'utilise pour la première fois dans son message doctrinal du 10 octobre 1940 et ne l'emploiera plus par la suite qu'à quatre reprises. Visiblement, le vocable de « révolution » avait du mal à passer par ses lèvres ; à « Révolution nationale », il préférait « Redressement national » ou « Rénovation française ».

On conçoit aisément que chacun ait pu placer dans la « Révolution nationale » des projets et des espoirs divers et même opposés. « *Chacun mettait dans ces mots son désir, son idéal et le régime tel qu'il le voyait* », comme le rappela Pierre Laval lors de son procès. A un Maurras voyant dans l'avènement du nouveau régime une « *divine surprise* » propre à promouvoir une restauration des valeurs s'oppose un Laval qui, en empiriste et en opportuniste, y voit une marotte de vieillard lui laissant les mains libres pour les choses sérieuses. Si Darlan n'en avait cure, Déat avait montré ce qu'il attendait du bouleversement des esprits né de la défaite : la mise sur pied d'un régime dictatorial reposant sur la phalange d'un parti unique. Déçu, il ira chercher à Paris ce qu'il n'avait pu trouver à Vichy.

Où situer Pétain lui-même ? Les fameux « Messages » ne nous sont que d'une aide limitée, car il y eut de nombreux « teneurs de plume », quand bien même il aimait, jusqu'à la fin, les peaufiner. Autoritaire par tempérament comme par formation, c'est fondamentalement un homme d'ordre. Il n'est ni un monarchiste de regret, ni l'homme d'un parti « catholique », pas davantage un chef bonapartiste, pas plus un manipulateur de parti unique. Ses préférences vont au groupe plus qu'à l'individu, aux communautés organisées plus qu'aux initiatives spontanées ; aux unités abstraites, il oppose les hiérarchies naturelles... L'État est moins une entité abstraite et absolue qu'un tuteur s'appuyant sur les « vraies » élites. Fausses élites, en revanche, et mauvais guides que les partis qui jouent sur les divisions, et que les syndicats qui excitent les antagonismes de classes. Au sommet, un chef de l'État, père de la patrie, gardien du bien commun. Cette *Res publica* des bons sentiments évoque davantage les pères fondateurs de la République américaine que les chefs fascistes enrégimentant la jeunesse et coulant tout au moule de l'État totalitaire. Par l'État, restauré dans sa véritable vocation, en charge de l'essentiel s'opérera dans la société *La Contre-Révolution spontanée* (titre d'un opuscule de Maurras).

Cette conception de l'organisation sociale et politique n'en comporte pas moins faiblesse, contradiction et risque.

La faiblesse constitutive du régime de la Révolution nationale réside à trois niveaux : l'absence d'abord – elle est voulue – d'un moteur puissant pour la machine gouvernementale ; le refus d'un parti unique dans ce régime autoritaire (c'est ce que, dans sa logique, avait compris Marcel Déat) conduira Vichy à être interventionniste sans direction unique et par là tatillon, brouillon et arbitraire. Cette faiblesse agit aussi – nous allons le voir – dans l'extrême diversité des hommes et des équipes, qui ont plus souvent annihilé leurs efforts plutôt que conjugué leurs forces. Par là, Vichy nous semble, plus que dictatorial, tyrannique. Une dernière faiblesse du régime tient à sa base sociale finalement étroite et fragile. Coupé de Paris et des grandes villes de la zone nord, le régime a recruté ses appuis les plus sincères et les plus fidèles, souvent jusqu'en 1944, parmi les notables provinciaux pour lesquels la « divine surprise » constituait une revanche sur un pouvoir parisien lointain, méprisant et bureaucratique. Ces milieux peuplent les instances dirigeantes locales de la Légion Française des Combattants, qui se rendront souvent impopulaires par leur autoritarisme et leur sectarisme.

A ces trois faiblesses, Pétain, chef tout-puissant de l'État, ne pouvait suppléer par une présence et une action de tous les instants, n'étant lui-même ni le maître d'une doctrine unifiée ni un chef populiste. La réalité quotidienne du pouvoir sera incarnée par des préfets et des fonctionnaires d'autorité condamnés par la situation à prendre des mesures toujours plus impopulaires. La vérité est que Vichy n'est pas un État fort et qu'il n'est totalitaire que dans son refus de l'opposition, sa volonté d'encadrement et sa volonté de fonder un État dépositaire de la morale commune.

La contradiction se trouve dans le fait que, régime d'« unanimité nationale », Vichy a commencé par retrancher de la communauté un certain nombre de catégories jugées antinationales et suspectées de vouloir entraver l'effort de redressement national. Victimes expiatoires de la défaite, les exclus étaient voués au rôle permanent de boucs émissaires de toutes les difficultés que pourrait rencontrer le régime. Pour les responsables de 1940, loin d'y avoir paradoxe, il y avait convergence : l'entente autour d'eux se réalisait par la répudiation du passé proche et l'élimination de tous ceux qui y paraissaient associés ; l'expulsion faisait l'union. Il y aurait désormais les « bons Français » et les « mauvais Français », la « France » et l'« anti-France ». Choquantes en période de domination étrangère, ces mesures étaient politiquement maladroites en rejetant d'emblée dans l'opposition ou le ressentiment certains groupements pas forcément mal disposés au départ.

Faiblesse, contradiction, risque, enfin, que la pratique politico-idéologique passe pour inspirée par l'occupant, à tout le moins tolérée par lui, et par là ne voie ses bases d'emblée minées gravement. Les contemporains ont-ils été frappés par ce risque apparent ? A l'évidence non. Tous les témoignages mettent au contraire fortement l'accent sur le caractère national de l'œuvre de reconstruction. Il fallait d'autant plus le faire, ont-ils estimé, que la pression était plus forte et que la partition du pays était une menace permanente. On peut se demander encore si, pour certains hommes tout au moins, la présence de l'occupant ne représentait pas, précisément, la garantie d'une pérennité de l'œuvre engagée. A tout le moins, pour les protagonistes de cette œuvre, la défaite et l'armistice, en faisant sortir la France de la guerre, offraient l'occasion d'une reconstruction. Pour eux, la pire des hypothèses était celle d'une réouverture des hostilités qui, en ranimant les passions intérieures, compromettrait l'œuvre entreprise. Avec la prolongation de la situation d'armistice et l'alourdissement du poids de l'Occupation, la Révolution nationale, aux yeux de l'opinion, finira par se confondre avec la collaboration.

Ces ambiguïtés, ces paradoxes, ces interrogations sur la Révolution nationale trouvent en grande partie leur réponse à l'examen des courants, des équipes et des hommes.

L'État sous Vichy a pu être qualifié, selon les moments et les modes intellectuelles, d'autoritaire, de traditionnel, de dictatorial ou de totalitaire. De 1940 à 1944, il a pu présenter – la suite de son histoire le montrera – des visages différents. L'absence de tout corps de doctrine de la Révolution nationale ne signifie pas que celle-ci serait exclusive de toute considération doctrinale, et le simple produit de circonstances malheureuses. Pour autant, n'imaginons pas que l'œuvre de Vichy sorte d'un catalogue de prêt-à-porter idéologique. Il y a bien eu des projets ou des réalisations portés par un climat de vacuité brutale et inspirés par des courants d'idées ou d'opinion bien antérieurs à 1940.

Trois précautions préalables doivent être prises. La perception de ces influences risque ici toujours d'être troublée par des considérations d'engagements individuels ou collectifs dans le cours des années trente. Cela ne fonde pas par principe la responsabilité directe de tel ou tel courant de pensée considéré comme porteur de volonté de collaboration. L'Action française a « donné » aussi bien Georges Claude (qui y avait fait ses premières armes) que Jacques Renouvin, mort en déportation. Et Philippe Henriot n'engage pas la mouvance catholique dans son ensemble par ses attitudes extrêmes.

En second lieu, Vichy n'est pas Paris, même si les deux « capitales » ont vu s'ébaucher certains contacts, voire certains rapprochements avant même 1943-1944. Le monde de la collaboration militante ou idéologique avait fait de Paris – après l'échec de Déat à Vichy dans sa tentative de mise sur pied d'un parti unique – sa capitale. Et l'erreur conceptuelle des hommes de Vichy a été avant tout de se « penser libres ». Vichy, enfin, n'est un ni dans l'espace ni dans le temps. La simultanéité d'influences diverses le dispute aux variations dans les lignes de force entre 1940 et 1944. Autant dire qu'il est quasiment impossible d'isoler des substances chimiquement pures. C'est exceptionnellement qu'un acteur – politique, intellectuel ou homme de terrain – porte la marque d'une école ou d'une influence unique et déterminante (Xavier Vallat est à la fois homme de l'Action française et du catholicisme social). Et les itinéraires individuels sont là pour remettre en cause l'idée de « marques de fabrique » idéologiques d'origine. Il faut veiller, enfin, à ne pas faire remonter toujours plus vers l'amont certains engagements : Déat, Bergery ou Henriot ne sont pas plus les uns que les autres des fascistes depuis 1934 [45].

Ces précautions prises, il est permis de repérer, derrière les orientations ou les réalisations de Vichy, des groupes et des écoles de pensée.

L'influence de l'Action française doit faire l'objet d'une réévaluation. A la suite d'Olivier Wormser [46] et de Robert Aron [47], on a longtemps insisté sur la dimension traditionaliste et maurrassienne du régime. La « divine surprise » de Maurras, qui a beaucoup servi, est aujourd'hui usée jusqu'à la corde. Le livre de Wormser – rédigé en 1941 – porte la marque du « complot contre la République » dans lequel on voyait avant tout la main des maurrassiens. Les adversaires parisiens de la Révolution nationale – Déat le premier – ont contribué de leur côté à accréditer la thèse de l'influence préférentielle de l'Action française en dénonçant le projet « *cléricalo-réactionnaire* » des hommes de Vichy.

C'est dans les tout débuts du régime, en 1940, chez certains acteurs, dans certaines institutions, que l'influence de l'Action française est la plus sensible. Henri du Moulin de Labarthète (directeur du Cabinet civil), Henri Massis, Bernard Ménétrel (chef du Cabinet particulier), Raphaël Alibert, l'amiral Fernet (secrétaire général du Conseil national), Maxime Weygand sont les plus notables. Mais Weygand quitte très tôt Vichy, et le Conseil national – où les maurrassiens sont peu nombreux – n'a pas l'influence d'un Parlement.

L'Action française ne parvient pas pour autant à placer ses hommes aux postes de décision de l'État. Si dans le cercle des familiers de Pétain figurent des maurrassiens plus ou moins zélés (Alibert, du Moulin de Labarthète, Ménétrel, René Gillouin ou René Benjamin), les deux chefs de gouvernement, Pierre Laval et l'amiral Darlan, n'ont rien tant en détestation qu'hommes et idées d'Action française : leurs origines républicaines comme leur politique de collaboration sans états d'âme les incitaient à voir en elle un ferment de division. Maurras lui-même ne vint qu'à quatre reprises à Vichy et n'entretenait pas de rapports étroits avec le maréchal Pétain. Ses articles relatifs au départ de Weygand et au retour de Pierre Laval seront même censurés. C'est que l'étoile du fondateur de l'Action française était sur son déclin bien avant 1940 ; beaucoup de ceux qui l'avaient fréquentée l'avaient quittée après un passage pour évoluer soit vers un engagement fasciniste (Georges Claude, Abel Bonnard), soit vers un corporatisme social (Louis Salleron). Il demeurait un climat, un état d'esprit que les observateurs ont confondu avec une capacité réelle de décision. Demeurent la figure redressée du chef de l'État, la Constitution nouvelle, l'idée de décentralisation (encore que celle-ci ait d'autres sources), mais aussi le renforcement des tendances au repli sur la seule France.

Hommes et idées de l'Action française – son chef en tête – n'en feront pas moins l'objet de dénonciations et de poursuites ardentes à la Libération. Prolongement des querelles du passé, elles firent porter à l'école monarchiste presque tout le poids du « péché de Vichy » que bien d'autres eussent mérité alors de partager.

Plus que l'Action française, l'influence des milieux catholiques est la marque dominante du régime de Vichy, jusque vers 1942 tout au moins. Curieusement, elle fut moins relevée ou, là encore, associée à la seule Action française dans ses manifestations les plus spectaculaires. A la Libération, la participation de nombreux groupements catholiques à des actions de résistance ou d'opposition au régime de Vichy comme leur association étroite aux gouvernements, sous la forme du MRP, firent oublier (ou pardonner) la part active prise par l'Église et le monde catholique tant dans le « climat » que dans les réalisations d'alors. Un geste, seul, prit valeur de témoignage : le refus du général de Gaulle, lors du *Te Deum* de Notre-Dame, le 26 août 1944, d'être accueilli sur le parvis par

Mgr Suhard, archevêque de Paris. L'épuration épiscopale qui intervint à la fin du mois de juillet 1945 n'en fut pas moins fort modeste, n'affectant que quatre évêques et trois vicaires apostoliques [48].

Il n'y a pour autant, en 1940, de la part de la hiérarchie des clercs ou des laïcs ni investissement de l'État ni prise de position de nature politique. La « Déclaration des cardinaux et archevêques » de zone non occupée (24 juillet 1941), adoptée en septembre par ceux de zone occupée, évoque « *le loyalisme sincère et complet envers le pouvoir établi* ». On ne trouve dans ce document nulle référence formelle et explicite à une légitimité particulière du pouvoir du maréchal Pétain. On a parfois conclu trop vite à la « divine surprise » pour une Église préparée par là à verser dans le culte outré d'un pétainisme sans retenue, pour en obtenir en retour positions et mesures favorables.

Ce n'est pas à ce niveau que se situent la place et l'influence de l'Église et des catholiques sous Vichy. Les directions, services et organismes à caractère social, familial et éducatif furent en revanche – nous l'avons vu – des sites d'accueil privilégiés pour les cadres catholiques et fournirent d'appréciables structures d'encadrement de la société [49]. Ils sont également bien représentés au Conseil national (Jean Le Cour Grandmaison, Hervé Budes de Guébriant). Ils animent « Les Semaines sociales de France », le mouvement « Compagnons », fondé par Henri Dhavernas.

Les catholiques sont influents dans la Légion Française des Combattants. Son directeur général, François Valentin, un proche du cardinal Gerlier, a été président de l'Union régionale de Lorraine de l'ACJF. Jacques Péricard, l'un des vice-présidents du mouvement, a été président fondateur de la DRAC (Ligue pour les Droits du Religieux Ancien Combattant). Xavier Vallat, secrétaire général aux Anciens Combattants, s'est toujours fait, à la Chambre, le défenseur des valeurs traditionnelles et chrétiennes. Dans les comités départementaux de la Légion figurent dix ecclésiastiques ; près de deux cents y occupent des postes dirigeants au niveau du canton ou de la commune (quarante-cinq en Lozère, vingt-cinq en Aveyron). La Légion a été bien accueillie par un épiscopat où nombreux sont les anciens combattants (le cardinal Gerlier, familier du Maréchal, est l'un des plus illustres).

Cette rencontre entre deux attentes – celle de l'État nouveau et celle de l'Église – ne constitue d'ailleurs pas une nouveauté. Le tournant ne se situe pas en juillet 1940 mais sensiblement plus tôt, dans les années trente. Confrontée à la crise née du double choc de la montée des totalitarismes et de l'érosion du « peuple chrétien », l'épiscopat français n'a vu d'espoir de réaction et de redressement que dans une rechristianisation de la société française. Sa condamnation de l'individualisme, du libéralisme, du laïcisme et du matérialisme s'accordait trop bien avec les valeurs prônées par le régime né de la défaite pour que l'accord ne se fît entre les deux pouvoirs. Par là s'expliquent ces manifestations tangibles d'attachement, ces déclarations de fidélité et de respect[50]. « *Ces trois mots sont les nôtres* », disait le cardinal Gerlier à propos de la devise du régime. Lettres, paroles et prédications empruntent le langage de la Révolution nationale, proche lui-même de celui des sermons. Les manchettes de *La Croix* en 1940 rassemblent le florilège exemplaire de toutes les vertus demandées aux Français. Il faut prendre en compte, il est vrai, l'adhésion à cette date de la masse des Français au nouveau régime. L'engagement social et civique de prêtres, de religieux ou de laïcs s'inscrit dans une logique de « présence » dont témoigne, par exemple, l'activité du père Desbuquois, animateur de l'« Action populaire » ou celle des Jésuites de Vanves[51].

La politique de Vichy fut-elle, pour autant, une politique cléricale ? La réponse est négative. Un seul ministre fut réellement un « clérical », Jacques Chevalier. Ce philosophe chrétien, d'abord secrétaire général du ministère de l'Éducation nationale, occupa les fonctions de ministre de l'Instruction publique de décembre 1940 à février 1941, lors de l'« intermède Flandin ». Cet adversaire de la morale laïque introduisit dans les programmes de morale de l'école primaire les devoirs envers Dieu et intégra les enseignements religieux dans les horaires scolaires. L'arrivée de l'amiral Darlan mit fin à son bref ministère et à ses projets.

La bonne entente entre Vichy, l'Église et les catholiques reposait sur des attentes réciproques. Concrètement, ces derniers attendaient avant tout du régime une solution à la question des Congrégations (abolition des lois de 1901 et 1904) et la solution de problèmes urgents dans le domaine de l'enseignement (aide à l'enseignement privé). Les influences laïques ou laïcisantes n'en demeuraient pas moins fortes, ainsi dans un Conseil d'État pétri de traditions gallicanes. Nous en voulons pour preuve le rapport rédigé par le jeune auditeur André Lavagne – à une date qui, tardive, n'en garde pas moins de sa valeur sur toute la période – sous le titre « Règles à suivre en matière de politique religieuse » :

> *L'Église est une puissance avec laquelle on traite d'égal à égal... La frontière entre le spirituel et le temporel n'est pas arrêtée d'une manière nette. L'Église a tendance à le déplacer, suivant les cas; elle n'admet à aucun titre l'intrusion du pouvoir temporel dans son domaine, mais elle est, parfois, moins intransigeante lorsqu'il s'agit pour elle de pénétrer dans le domaine temporel... A certains moments, l'homme d'État doit savoir refuser*[52].

La confluence qui s'opère à partir de l'été 1940 entre le régime et les catholiques s'opère sur des bases porteuses de malentendu :

Vichy entendait affirmer l'État sur des valeurs empruntant largement au fond chrétien; ses partenaires comptaient mettre à profit l'avènement d'un régime bien disposé pour faire triompher son modèle d'une société chrétienne. Cela impliquait un État pénétré des valeurs chrétiennes, non un État à vocation autoritaire agissant pour son compte propre. Dès 1941, les malentendus s'accumuleront; à partir de 1942 s'opérera l'amorce d'une séparation avec une partie importante du monde catholique. Entre-temps, il est vrai, l'Église aura obtenu certaines satisfactions; ainsi l'autorisation rendue aux membres des congrégations d'enseigner ou le versement de subventions à l'école libre.

Il est juste de préciser ici, par extension, que les Églises et la société protestantes ne semblent pas témoigner d'une différence notable avec l'Église et le monde catholiques. On trouve le même parallélisme dans les prises de position, les mêmes louanges envers le maréchal, les mêmes affirmations de loyalisme envers son gouvernement. La différence serait peut-être dans une interrogation et un détachement plus précoces qui peuvent sans doute s'expliquer par l'histoire de la conscience protestante [53].

Le régime doit, en général, à ces deux familles – la traditionaliste et la catholique – sa coloration et son « tempo » si caractéristiques des années 1940 et 1941 qu'ont longtemps privilégiés observateurs et analystes, frappés par l'archaïsme et l'« antimodernité » de Vichy. La réalité est beaucoup plus complexe.

La présence dans les premières équipes de Vichy d'une famille conservatrice-libérale est longtemps passée inaperçue ou fait l'objet d'une sous-estimation [54]. Soumise à la concurrence et à la pression d'une droite traditionnelle soudainement retrouvée, la droite libérale n'a pas disparu pour autant. Il y a place, certes, davantage pour des personnalités que pour des groupes cohérents. Cette droite libérale est présente principalement dans le Conseil national, qui doit sa création à Pierre-Étienne Flandin, grand notable de la IIIe République, et était destiné dans sa finalité tout à la fois à apporter au Maréchal une caution parlementaire dans les provinces des deux zones et à apaiser les craintes anglaises. Parmi les conseillers nationaux-députés, vingt-six sur quarante-neuf relèvent de la droite modérée et dix-sept sur vingt-huit parmi les conseillers nationaux-sénateurs. Une unique institution et des chiffres aussi faibles pourraient faire douter de la réalité d'une authentique présence des milieux libéraux. Elle fut jugée sévèrement dans les milieux maréchalistes. La Légion Française des Combattants prit fort mal cette création dans laquelle elle voyait un désaveu de sa mission; le Cabinet du Maréchal a été inondé de lettres dans lesquelles les correspondants s'indignaient de ce repêchage de parlementaires.

Parmi ces personnalités se dégagent quelques figures, plus pragmatiques qu'idéologiques. Le sénateur du Puy-de-Dôme Jacques Bardoux, anglophile et défenseur du suffrage universel; Henri Moysset et Lucien Romier, tous deux conseillers écoutés de Pétain; Émile Mireaux, éphémère ministre de l'Éducation et collaborateur du journal *Le Temps*; le sénateur de la Loire, Antoine Pinay. Presque tous gravitent autour du Conseil national et principalement de sa Commission de la Constitution, sur la liste de laquelle le nom de René Capitant avait fait l'objet (par Joseph Barthélemy, le garde des Sceaux) d'une première proposition, finalement non retenue. Tous sont intéressés avant tout par le problème de la réforme de l'État, thème ô combien récurrent depuis les années vingt. Néolibéraux, ils sont méfiants envers la démocratie sans contrôle et sans freins, destructrice des élites et dangereuse pour les libertés. Parlementaires chevronnés, ils sont éloignés des pratiques et des mœurs d'un parlementarisme à leurs yeux dévoyé par le jeu exacerbé des partis et des intérêts. Au fond d'eux-mêmes, ils rêvent aux joutes parlementaires de la monarchie de Juillet. Ils seront à l'origine, dans les années quarante, d'une suite de projets constitutionnels et, à l'automne 1943, seront les initiateurs avec quelques autres d'une ultime tentative politico-institutionnelle destinée à maintenir son pouvoir au maréchal Pétain à la fin des hostilités.

C'est en pleine guerre qu'a été lancée la polémique sur la « Synarchie » (ou Mouvement Synarchique d'Empire, MSE), dénoncée par certains milieux comme l'organisation occulte des représentants d'une technocratie activiste. Les technocrates font vraiment leur apparition à Vichy avec la formation du gouvernement de l'amiral Darlan en février 1941. La présence de « Synarques » supposés est relevée par des représentants des milieux néo-libéraux aussi bien que traditionalistes, qui dénoncent une entreprise conduite à des fins intéressées auprès du maréchal Pétain et du général Weygand, dirigée par Gabriel Le Roy Ladurie, Jacques Barnaud, Jean Bichelonne et Yves Bouthillier, et comprenant notamment Jacques Benoist-Méchin, tous membres de l'équipe Darlan. Ils sont jugés favorables à une concentration et à une rationalisation de l'industrie française, servant les intentions allemandes de contrôle de celle-ci.

La Synarchie, comme la Cagoule, n'a cessé depuis d'alimenter une littérature aussi abondante que, le plus souvent, confuse et invérifiable [55]. Il demeure difficile de distinguer l'exploitation politique du mythe ou de la réalité. A la base, on trouve l'émergence dans l'entre-deux-guerres – nous avons examiné plus haut ce phénomène – de cercles soucieux de faire entrer la France de plain-pied dans le XXe siècle par une modernisation de ses structures économiques et un réaménagement des rapports sociaux dans l'entreprise. Jean Coutrot s'est vu généralement attribuer le rôle d'organisateur de ce mouvement de pensée et d'action. L'homme et son itinéraire valent d'être brièvement évoqués ici.

Né en 1895, entré à Polytechnique en 1913, il ne fera que la première année et entrera à la fin de la guerre dans l'entreprise de son beau-père. Il se passionne dès lors pour les problèmes de l'Organisation scientifique du travail sur lesquels il écrit de nombreux articles. En 1930, il crée le Bureau d'Ingénieurs-Conseils en Rationalisation (BICRA) en compagnie d'un Allemand et d'un Hollandais, l'un des tout premiers bureaux de ce genre en France. En 1931, il entre dans le Groupe X Crise, fondé à l'appel de trois polytechniciens (Bardet, Nicolotis, Loizillon), dont le but est d'étudier en urgence les causes de la crise économique et trouver les remèdes adéquats ; le groupe poursuivra ses recherches jusqu'à la guerre sous le nom de Centre Polytechnicien d'Études Économiques (CPEE). En 1936, il contribue à la création du Centre d'Études des Problèmes Humains (CEPH), placé sous le patronage d'Alexis Carrel, qui tiendra jusqu'en 1941 de nombreuses réunions de travail à Paris. Il attire de nombreuses personnalités, telles qu'Henri Focillon, Aldous Huxley, Hyacinthe Dubreuil, Marcel Prelot, Alfred Sauvy, le père Teilhard de Chardin, Françoise Marette (future Françoise Dolto).

Ces recherches ne pouvaient à ses yeux n'être conduites que dans un cadre international et d'abord européen. De là ses relations avec les mouvements fédéralistes là où ils existent et avec leurs responsables (Alexandre Marc, fondateur à Aoste du Collège européen, Robert Aron, Rowsley en Angleterre). Cette préoccupation d'ouverture lui vaut d'être l'objet d'attentions de la part d'Otto Abetz, responsable en France du « Bureau Ribbentrop », qui lui fait demander s'il accepterait de travailler avec l'Association France-Allemagne ; on a toutes les raisons de penser que Coutrot refusa avec vivacité.

Dans les années vingt et au début des années trente, Coutrot et sa femme se lient avec divers artistes et créateurs, reçus et parfois aidés sous diverses formes, ainsi Robert et Sonia Delaunay, André Lhôte, Jules Supervielle. Ils fréquentent Le Corbusier et Auguste Perret dont ils habitèrent l'un des premiers immeubles parisiens.

A l'avènement du Front populaire, Charles Spinasse, ministre de l'Économie, appelle auprès de lui Jean Coutrot ; il le charge d'animer le Centre National d'Organisation Scientifique du Travail (CNOST), créé par décret présidentiel début 1937 et qui a pour but de rechercher l'abaissement des prix de revient français sans compression des salaires, par une meilleure organisation des entreprises et de l'administration. Ce centre accueillera notamment

Alfred Sauvy, qui se battait pour l'élaboration scientifique de données statistiques et démographiques.

Après l'installation du gouvernement à Vichy, Coutrot s'efface, vivant solitaire dans sa maison parisienne. En avril 1941, il est nommé à la Commission du Plan comptable. Le 19 mai 1941, il est retrouvé mort au pied de sa maison, tombé selon toute apparence d'une fenêtre.

Quelques jours après la brutale disparition de Jean Coutrot, une campagne de presse se déchaînait dans la presse parisienne la plus engagée, *L'Appel, La Gerbe, Le Pilori*. Quelques jours après sa mort, les services allemands firent irruption au domicile de Jean Coutrot, dans les bureaux de ses différents groupes d'études, ainsi qu'au ministère de l'Économie nationale, où ils firent main basse sur de nombreux papiers. Le mythe de la Synarchie, né quelques semaines plus tôt, s'enracinait. Il ne disparut pas avec la fin de la guerre et se poursuivit pendant de nombreuses années.

Le bruit avait circulé à Vichy, au lendemain de la mort de Jean Coutrot, qu'il avait été assassiné pour avoir révélé à l'entourage du Maréchal (ce qui aidait à comprendre le déchaînement de la presse parisienne antimaréchaliste) les agissements des milieux synarchistes en faveur d'une collaboration économique poussée à un point tel avec l'Allemagne qu'elle leur traçait la voie à un accès hégémonique au pouvoir. Sur une liste gardée par le garde des Sceaux, Joseph Barthélemy [56], figuraient les noms de Jacques Barnaud, Paul Baudouin, René Belin, Jacques Benoist-Méchin, Jean Bichelonne, Yves Bouthillier, Eugène Deloncle, Jacques Guérard, Robert Gibrat, François Lehideux, Jacques Le Roy Ladurie, François Piétri, Henri de Peyerhimoff, Jacques Rueff, Alfred Sauvy et Paul-Louis Weiler. Dans ses *Souvenirs*, Jacques Benoist-Méchin confirme l'existence d'un groupe de pression qui mit en avant l'amiral Darlan et fit tout pour le propulser au pouvoir. Le nom de Pierre Pucheu ne figure pas sur cette liste. Il apparaît pourtant, nous le verrons plus loin, comme le type accompli du technocrate homme de gouvernement, comme ministre de l'Intérieur de l'amiral Darlan, chef de gouvernement à partir de février 1941.

Cette polémique autour de la Synarchie révèle un fait majeur : l'accès au pouvoir politique des techniciens, experts et spécialistes. C'est une rupture par rapport à la IIIe République, caractérisée par l'accès réservé aux parlementaires pour les fonctions ministérielles. Leur montée est parallèle au déclin des politiques : dès le 6 septembre 1940, Pierre Laval demeurait au gouvernement le seul des anciens parlementaires. L'idéologie antiparlementaire débouchait logiquement sur l'appel aux techniciens que le vide politique et l'urgence des tâches matérielles rendaient encore plus séduisants.

Le décloisonnement entre le secteur public et le secteur privé s'opérait au bénéfice de ce dernier, au sein des nouveaux comités d'organisation. Quatre groupes peuvent être isolés : celui des inspecteurs des Finances, groupe le plus puissant (Paul Baudouin, Yves Bouthillier, Jacques Barnaud), celui des ingénieurs et polytechniciens (Jean Bichelonne, René Gibrat, Georges Lamirand), celui des « patrons » ayant appartenu aux groupes planistes et dirigistes (Pierre Pucheu, François Lehideux) ; les « Synarques » proprement dits ne représentent ici qu'un groupe parmi les autres hommes liés de longue date par des sympathies et appartenances communes.

A ces quatre familles majeures – traditionaliste, néo-libérale, catholique et technocratique –, il convient d'en ajouter deux autres, à l'influence plus limitée mais très significative. La famille corporatiste d'abord. Elle voit dans le corporatisme – prolongeant en cela un courant de pensée des années trente – l'ultime rempart contre la montée de l'étatisme engendré par la crise du libéralisme et de la faillite du capitalisme. L'anti-individualisme des corporatistes n'est pas celui des traditionalistes ou des catholiques. Au cœur de leur projet, ils placent une « communauté » dont les « Principes » donnent lieu à un affichage dans les mairies [57]. C'est dans la Charte du Travail et les Comités d'organisation qu'ils plaçaient leurs espoirs. Les travailleurs y acquerraient une existence véritable par rapport aux groupes auxquels leur activité les rattachait ; ils étaient appelés à devenir les éléments organiques de la nation. Par là, le concept corporatiste débouche sur un authentique projet politique. A la Déclaration des droits de l'homme porteuse d'anarchie et de dispersion, les « Principes de la Communauté » substitueraient une conception organique et rassembleuse.

Deux noms se dégagent parmi les corporatistes. Celui, d'abord, de Claude-Joseph Gignoux, nommé en 1941 président de la Commission de Réorganisation économique. Ancien président de la Confédération Générale du Patronat Français (CGPF), il s'efforça de trouver un compromis satisfaisant entre la nécessité économique d'accorder aux grandes entreprises une place importante et l'exigence sociale et philosophique de reconnaître les mérites de la petite et de la moyenne entreprise. Il se heurta à la contre-offensive des milieux du grand patronat mais put faire reconnaître la notion de famille professionnelle comme cadre du regroupement des Comités d'organisation ; la liaison entre l'économique et le social devait en principe pouvoir s'y réaliser.

François Perroux est, lui, un professeur d'économie politique, issu d'une grande famille lyonnaise. Formé par Gaétan Pirou, théoricien du corporatisme, influencé par Sorel et Schumpeter, il juge vaine une analyse des phénomènes économiques qui n'intégrerait pas celle des relations sociales. S'il professe de l'estime à l'endroit de Salazar, il n'a aucune illusion sur le nazisme; publié en 1935, son livre, *Des mythes hitlériens à l'Europe allemande*, résonne comme un cri d'avertissement. En 1938, il a publié *Capitalisme et communauté du travail* où se développe l'idée que les luttes de classes seront résolues sous l'arbitrage de l'État, émancipé et fort, par une économie de recherche modérée du profit alliée à une préoccupation de service social. Ses qualités le font appeler à Vichy par Lucien Romier, conseiller du Maréchal, et Joseph Barthélemy, ministre de la Justice; il est nommé membre du Conseil national dans la sous-commission chargée d'étudier les modalités de l'intégration des professions dans les institutions représentatives de l'État. François Perroux développera une activité considérable de publiciste, d'animateur et de conférencier; on le rencontre notamment à Uriage où, sans avoir appartenu au premier noyau, il y prononce un certain nombre de conférences. A la fin de 1942, il se séparera de Vichy qu'il soupçonne d'être livré à l'influence des « trusts ».

La mission difficile de Gignoux comme le départ de Perroux illustrent bien le « mal-vivre » des corporatistes à Vichy. Les contraintes d'une économie de pénurie comme les pratiques autoritaires de l'État ont interdit pendant toute la guerre que fût conduite plus avant l'expérience corporatiste.

On est, a priori, plus surpris en découvrant la présence d'hommes de gauche à Vichy. L'historiographie a en effet longtemps privilégié – jusqu'à la fin des années soixante-dix au moins – la thèse d'un régime fondé et ancré solidement à droite et à l'extrême droite. Vichy et la collaboration avaient représenté la droite comme la Résistance et la gauche s'étaient trouvées associées. Identifications aussi simplistes que réductrices. Il faut aller plus loin et relever, dans le débat idéologique contemporain, que les fascistes français les plus authentiques des années quarante viennent des rangs de la gauche radicale (Gaston Bergery), socialiste (Marcel Déat) ou communiste (Jacques Doriot). C'est l'étude de ce lien gauche-fascisme qui avait retenu Philippe Burrin[58].

Sur l'engagement de ces hommes de gauche à Vichy ou à Paris, souvent dans le collaborationnisme, parfois jusqu'au fascisme, deux questions doivent être posées : quels hommes et quels courants ? Pour quelles motivations et pour quelles causes profondes ?

Une première composante de la gauche « vichyssoise » est de nature politique. Les radicaux sont loin d'être absents; le congrès du Parti radical de décembre 1944 prononcera l'exclusion d'une trentaine de parlementaires. L'internement en Allemagne d'Édouard Daladier et d'Édouard Herriot, l'assassinat de Maurice

Sarraut comme le destin de Jean Moulin ne sauraient masquer la présence de nombreux élus radicaux sur les bords de l'Allier. Une quinzaine de députés et sénateurs radicaux siègent au Conseil national (dont Georges Bonnet, ancien ministre des Affaires étrangères d'Edouard Daladier, et Albert Chichery, président du groupe radical à la chambre). Dans les Commissions administratives départementales (CAD) mises en place en 1941 à la place des conseils généraux dissous, figurent de nombreux notables radicaux des deux zones. Quatre présidents départementaux de la Légion nommés en 1940 sont de sympathie radicale-socialiste ou d'appartenance ; dans l'Ariège, la Creuse, le Lot, les Pyrénées-Orientales, c'est la présence majoritaire de cadres légionnaires venus du radical-socialisme qui a fait plutôt bien accepter dans ces départements une institution marquée au plan national par une image « droitière ».

Reste le cas de quelques ténors du régime d'origine radicale. Gaston Bergery – qui a, il est vrai, rompu avec son parti dès les années trente – prête quelquefois sa plume au Maréchal pour ses « Messages » aux Français (notamment à l'occasion du grand discours « social » du 10 octobre 1940) ; Paul Creyssel, l'un des responsables de la propagande sociale ; Jean Luchaire qui, à Paris, franchira allégrement la frontière séparant l'allégeance au régime et l'engagement le plus extrême dans la collaboration dans son hebdomadaire *Les Nouveaux Temps*, subventionné par l'ambassade d'Allemagne [59].

Nettement plus nombreux sont les socialistes. Il faut, parmi eux, distinguer deux groupes : celui d'abord des socialistes restés d'obédience en 1940. Ils sont le reflet de la cassure interne survenue dans le parti au congrès de Montrouge en novembre 1938 entre « bellicistes » (Léon Blum) et « pacifistes », ces derniers dirigés par Paul Faure, secrétaire général du parti. Ce sont les « fauristes » – tel Charles Spinasse, ancien ministre du Front populaire, qui sera à Paris l'animateur de « L'Effort national » ; on peut encore citer Ludovic-Oscar Frossard, l'un des fondateurs du Parti communiste en 1920, rallié à la SFIO et qui, comme beaucoup d'autres, avec l'aide d'une subvention gouvernementale, lance, à la fin de l'année 1940, à Marseille le journal *Le Mot d'ordre*. Ce sont les fauristes qui, après juillet 1940, fournissent le gros de la troupe des ralliés. Le groupe socialiste de la Chambre de 1939 fournit neuf conseillers nationaux ; six seront exclus à la fin de 1941 (mais non Paul Faure). Dans les Commissions administratives départementales figurent (même si en moins grand nombre) de nombreux sympathisants socialistes. Une figure intéressante est celle d'Angelo Tasca. Membre fondateur du Parti communiste italien en 1920, il a rompu avec le mouvement communiste en 1929 et vient s'installer à Paris en 1929. Il adhère à la SFIO en 1934 en même temps qu'au

Parti socialiste italien. Anticommuniste et antifasciste tout à la fois, Tasca occupe à Vichy, jusqu'en 1943, des fonctions officielles au ministère de l'Information [60].

Autre figure, celle de François Chasseigne. Transfuge du Parti communiste, il a adhéré à la SFIO en 1937 ; il est député de l'Indre. Appelé par Paul Marion, secrétaire général à l'Information auprès de l'amiral Darlan, il devait occuper d'importantes fonctions dans le secteur de la propagande politique et sociale.

Les néo-socialistes représentent une autre composante de ce monde socialiste. Leur chef de file est Marcel Déat, exclu de la SFIO après le congrès de 1933 ; après son échec dans la promotion d'un parti unique (été 1940), il a gagné Paris où en 1941 il fonde le Rassemblement National Populaire (RNP) et anime le quotidien L'Œuvre.

Les communistes (ou anciens communistes) ont fourni un nombre de ralliés relativement élevé ; ils sont parfois notables. C'est le cas de Jacques Doriot, exclu du parti en 1934 et fondateur du Parti Populaire Français (PPF). Le « grand Jacques » est en 1940-1941 un maréchaliste ardent qui a multiplié appels du pied et offres de service... sans grand succès. De même que chez les socialistes, de nombreux maires de municipalités communistes de la banlieue ouvrière parisienne resteront en place jusqu'en 1944 ou seront placés à la tête de délégations spéciales ; ils se recrutent en général chez ceux des responsables du parti qui ont rompu avec celui-ci au moment du pacte germano-soviétique (22 août 1939), de l'attaque russe contre la Pologne (16 septembre 1939) ou de l'agression soviétique contre la Finlande (février 1940). Se posant en communistes nationaux, ils s'associent à la lutte contre le bolchevisme et à la remise de la France au travail, à l'honneur. C'est le cas de Clamamus, maire de Bobigny, sénateur en 1936, et qui a quitté le parti en 1939 après le Pacte germano-soviétique. C'est le cas, encore, de Marcel Gitton, ancien membre du comité central, assassiné en septembre 1941.

A ce noyau des politiciens de gauche ralliés ou neutralisés s'ajoute celui des représentants des milieux syndicalistes, certes minoritaire mais non négligeable. A Paris comme à Vichy sont apparues des initiatives révélatrices d'une volonté explicite de participation à part entière à la création d'un ordre nouveau. En général de tendance fauriste ou relevant d'une orientation cégétiste anticommuniste, ce syndicalisme fera de la défense de la Charte du Travail son engagement principal avec celle des intérêts matériels et moraux des populations ouvrières et de la promotion du syndicat, à l'instar de certaines organisations catholiques d'action spécialisées.

Ce mouvement syndical a ses représentants au niveau gouvernemental et institutionnel. Ainsi René Belin, principal animateur avant la guerre du courant anticommuniste à la CGT (réunifiée depuis 1935); ou encore Hubert Lagardelle, vieux routier du syndicalisme libertaire du début du siècle, influencé par Sorel et ami de Mussolini. L'un et l'autre ont occupé, successivement entre 1940 et 1943, le ministère du Travail et ont fait de la Charte du Travail leur grand objet de préoccupation. Le monde syndicaliste est encore bien représenté au Conseil national. Certains sont des collaborateurs de René Belin : Pierre Vigne, secrétaire général de la Fédération du sous-sol; Marcel Roy, secrétaire de la Fédération des métaux; Alfred Savoy, secrétaire de la Fédération des travailleurs de l'alimentation. Une figure marquante est celle de Georges Dumoulin, ouvrier mineur à seize ans, secrétaire de la Fédération des mines du Pas-de-Calais et trésorier de la CGT.

Il reste à s'interroger sur les motivations et les raisons profondes de l'engagement de ces hommes de gauche. Les antécédents se nomment antiparlementarisme, planisme, pacifisme, anticommunisme et renvoient à l'histoire d'une gauche politique et syndicale qui remonte à la fin du XIXe siècle quand l'espoir de résoudre la question ouvrière se conjuguait sur les modes de l'idée sociale et de l'idée nationale étroitement associées. L'avènement d'un régime comme celui de Vichy paraît réunir des conditions enfin favorables. Il s'ajoute l'argument du réalisme en faveur d'une politique de présence et de participation, quand l'effacement du Parti communiste permet l'oubli des vieilles étiquettes et évite de laisser à la droite le monopole de la représentation. Le premier Vichy apparaît enfin comme anticapitaliste, antilibéral et social. Pour les syndicalistes, c'est comme un retour aux sources du XIXe siècle; ce n'est pas un hasard de voir des syndicalistes de tendance fauriste et pacifiste lancer à Paris, à la fin de l'année 1940, un hebdomadaire dont le titre, *L'Atelier*, reprend celui du journal de l'ouvrier Corbon lancé au lendemain de la révolution de 1848.

Il demeure que ces hommes, dont il est vain de chercher à suspecter les sensibilités, n'ont pu que se trouver de plus en plus embarrassés par l'évolution d'un régime de moins en moins anticapitaliste au plan économique et de plus en plus autoritaire au plan politique. La Charte du Travail sera une déception, comme la coupure croissante du régime et de l'opinion. Pris entre l'autoritarisme vichyssois et la surenchère parisienne, la plupart de ces hommes et de ces courants se retireront ou s'éteindront progressivement. Resteront à Paris, désormais, les plus engagés, proches de la collaboration idéologique avec le nazisme et adversaires farouches de Vichy (Marcel Déat, Jacques Doriot, Claude Jamet, Georges Albertini, Jean Luchaire, Guy Crouzet...). A partir d'avril 1942, Pierre Laval tentera, pour relancer un régime essoufflé, de rallier à sa politique des hommes de gauche ; politique, nous le verrons, qui s'essouffla rapidement, non sans avoir connu quelques succès initiaux.

Au terme de ces lignes consacrées aux familles politiques et idéologiques représentées dans le régime de Vichy (ou à ses marges) à ses premiers développements, on est tenté de conclure que Vichy fut bien un régime pluriel et non une entreprise au singulier. En rester là serait toutefois beaucoup simplifier les rapports au temps et à l'espace.

Dans l'espace, on constate à la fois des alliances et des antagonismes entre ces forces. Le premier Vichy doit sa tonalité si spécifique à l'entente entre forces d'Action française et catholiques conservateurs. En revanche, corporatistes – souvent liés au camp catholique – et technocrates se sont durement affrontés, au bénéfice des seconds. Les néo-libéraux ne trouvèrent d'espace relatif de liberté que dans le Conseil national, tandis que, parmi les hommes venus de la gauche, nombreux étaient ceux qui pensaient que Paris, en pleine zone occupée, leur offrait une atmosphère plus propice que l'air confiné de la petite capitale de zone libre. Pour Déat comme pour Doriot, où tout avait commencé à Vichy, tout finit à Paris.

Dans le temps, les évolutions furent rapides, tant dans les rapports de forces entre groupes que dans les itinéraires personnels. La pression de l'occupant, l'évolution de la carte de guerre, les fluctuations d'une opinion dont il fallut bien tenir compte ont autant d'importance ici que les tempéraments et les idéologies. Tout tableau statique, tout portrait en pied sont interdits. Plus qu'un album de famille, Vichy est un film en accéléré. Jusqu'en 1942 au moins, le régime n'a manqué ni d'appuis ni de relais, eussent-ils été déjà successifs. Ceux qui voulaient s'y engager ne manquaient pas de bonnes raisons : patriotisme, reconnaissance envers un symbole vivant, revanche personnelle ou politique, politique de présence, attachement à certaines valeurs, volonté de reconstruction, patience nécessaire. Si aisément identifié aujourd'hui avec la collaboration (ce qui interdit de comprendre les comportements de l'époque), le régime du Maréchal aux yeux de beaucoup incarnait tout au contraire une image de permanence et de résistance.

C'est ce point capital qu'il faut aborder maintenant.

UNE RÉSISTANCE À VICHY ?

Si le mythe de l'épée et du bouclier a bien vécu, il demeure un débat – relancé par la « confession » de François Mitterrand –

autour d'une résistance prenant naissance à Vichy même, chez des hommes longtemps inspirés par les idéaux de la Révolution nationale et mettant à profit certaines complicités au sein du régime pour développer des actions d'opposition ou de résistance. La thèse a pu être poussée à sa limite extrême, faisant de cette résistance ramifiée en mouvements et réseaux la plus authentique des résistances; « *résistance légale* » contre « *résistance révolutionnaire* », selon la formule de l'amiral Auphan, ancien secrétaire d'État à la Marine du maréchal Pétain.

Il est indéniable qu'il y eut, à la création du régime, diverses initiatives destinées à maintenir le culte des valeurs nationales. On a eu l'occasion de souligner déjà que cette préoccupation s'accompagnait d'un souci d'encadrement et d'inculquement de valeurs traditionnelles, ainsi que de fidélité au régime; les Chantiers de Jeunesse, la Légion Française des Combattants, l'armée d'armistice en fournissent sans doute les meilleurs exemples, avec l'École des Cadres d'Uriage.

La Légion se prête bien à l'examen par la représentativité exceptionnelle que lui confère sa qualité de « *meilleur instrument de la Révolution nationale* ». Très maréchaliste par les hommes qui la dirigent (Jacques Péricard, François Valentin), antiallemande par les origines combattantes de ses adhérents, la Légion pouvait-elle adopter l'allure d'une formation paramilitaire préparant une rentrée de la France dans la guerre? La figure de François Valentin, directeur général de la Légion, prend ici valeur d'exemple. Jeune député de Nancy, patriote engagé et chrétien fervent, son premier réflexe a été de rejeter l'idée d'armistice et de rejoindre de Gaulle à Londres. Finalement, son sens de l'obéissance, sa confiance en Pétain, sa foi en la Légion lui font accepter un poste qu'il abandonnera en avril 1942.

La conception de la Légion comme organe d'une résistance camouflée à l'occupant s'incarne dans l'été 1940 en un homme, Georges Loustaunau-Lacau [61]. Né à Pau en 1894, entré à Saint-Cyr en 1912, il a été le condisciple du commandant de Gaulle à l'École de guerre. Il a appartenu aux états-majors du général Weygand et du maréchal Lyautey. Pendant près de quatre ans (octobre 1934-mars 1938), il a travaillé aux côtés du maréchal Pétain. En 1936, après la victoire du Front populaire, il a monté un service de renseignements, le réseau *Corvignolles*, chargé de détecter les activités communistes dans l'armée. Spécialiste de l'action de renseignements, il a fait pour le compte de Pétain, en 1937, une enquête sur les ligues. Démis de ses fonctions et placé en non-activité (2 mars 1938), il a fondé « l'Union militaire française ». Grièvement blessé le 14 juin 1940, il s'est évadé le 15 août de l'hôpital de Châlons-sur-Marne et, rentré en zone libre, a gagné Vichy.

Il y retrouve deux anciens camarades, le colonel Groussard et le colonel Heurtaux[62]. Groussard est à cette date commandant en second de Saint-Cyr et chef d'état-major du général Dentz, commandant la place de Paris. Proche, comme Loustaunau-Lacau, des milieux cagoulards, Groussard obtient à Vichy la direction du « Centre d'Information et d'Études » (CIE), en fait officine de renseignements militaires d'orientation anticommuniste. Vichy est devenu en effet pour un temps le lieu de regroupement des membres et sympathisants de la Cagoule. Trois voies s'ouvraient en théorie à elle : la collaboration engagée, le soutien au régime du Maréchal, la France libre. Ces trois voies seront – quoique inégalement – empruntées notamment par Fourcaud (à Londres), Deloncle (à Paris) ou encore Groussard et Heurtaux (à Vichy)[63]. Par le général Huntziger, ministre de la Guerre, Groussard s'est mis en relation avec le colonel Baril, chef du 2e Bureau, et le contrôleur général Carmille, organisateur d'un Institut démographique, en fait paravent d'une cellule clandestine de recrutement.

La position de Heurtaux offre d'autres possibilités. Nommé en septembre 1940 vice-président de la Légion (pour l'aviation) et résidant à Paris, il se fait fort d'y assurer certains contacts. C'est par ces hommes que s'effectue l'entrée de Loustaunau-Lacau à la Légion en septembre ; sa qualité de délégué général, chargé des relations avec les Unions départementales, lui permet de courir les routes pour former une Légion qui serait le paravent d'une force ultérieure de résistance. Il ne pourra le faire que dans son pays natal, le Béarn. Avec l'aide de son ami Henri Saüt, compagnon des combats politiques de l'avant-guerre, il met sur pied l'Union départementale de la Légion des Basses-Pyrénées où une dizaine d'hommes étaient au courant de la politique de recrutement d'agents sous la couverture légionnaire. Ainsi se trouvait lancé le réseau *Navarre* qui, sous le nom d'*Alliance*, deviendra sous la direction de Marie-Madelaine Méric (plus tard Marie-Madeleine Fourcade) l'un des plus efficaces réseaux de la Résistance. Il succédait en fait au réseau anticommuniste d'avant guerre *Corvignolles*[64]. C'est là une résistance tout à la fois antiallemande, anticommuniste et antigaulliste. Épisode significatif, c'est dans la maison d'un des compagnons béarnais de Loustaunau-Lacau, Pierre Dupuy – membre du Comité départemental de la Légion des Basses-Pyrénées –, que devait fonctionner le premier poste émetteur qui ait émis en France après l'armistice, le poste *Roméo* ; celui-ci avait été mis au service de Pierre Fourcaud, ancien cagoulard et l'un des premiers envoyés du général de Gaulle en France avec Maurice Duclos. Mais *Roméo* n'émit pas directement avec la France libre ; il le fit avec les services anglais, ce qui valut à Fourcaud une sévère admonestation à son retour à Londres.

Loustaunau-Lacau n'eut pas le loisir de prospecter d'autres départements. A Vichy, qu'il regagne fin octobre 1940, le malentendu, déjà latent, qui le séparait de Xavier Vallat, créateur de la Légion et secrétaire général aux Anciens Combattants, se transforme en rupture. A l'égard de Vallat, Loustaunau-Lacau enregistre, à l'en croire, une grave désillusion, le premier ayant évoqué le risque de voir la Légion « *glisser vers d'autres horizons que Montoire* ».

Xavier Vallat n'ignorait pas que de nombreux officiers souhaitaient établir un contact étroit avec les amicales régimentaires maintenues dans le cadre de la Légion. En témoigne la note émanant du ministère de la Guerre datée du 5 septembre 1940 et intitulée « Note sur l'action nationale auprès des Français de plus de vingt ans ». Nous en citons quelques extraits :

> *Les jeunes Français d'après 1940 recevront une formation morale tout autre que celle de la plupart de leurs aînés. Auprès d'eux, nous poursuivons un double but :*
> *1° Un but général de redressement de l'esprit national,*
> *2° Un but strictement militaire de reconstitution des réserves de l'Armée.*

Le fichier central de la Légion fut confié au Service national des Statistiques (à Lyon) qui, sous l'autorité du contrôleur général Carmille, jouait un rôle discret de recrutement d'effectifs dans l'hypothèse d'une rentrée de la France dans la guerre. En novembre 1940, Loustaunau-Lacau se verra contraint d'abandonner ses fonctions de délégué général de la Légion. Il est bon de rappeler ici que le colonel Heurtaux (futur Compagnon de la Libération), Georges Loustaunau-Lacau et Henri Saüt seront tous trois déportés en Allemagne entre 1941 et 1943 ; le dernier mourra au camp d'Hersbrück en 1944 ; il en ira de même pour le contrôleur général Carmille.

Ces hommes avaient incarné un moment les espérances d'un mouvement légionnaire préparant une résistance discrète mais active, prélude à la rentrée en guerre du pays. Elles ne devaient pas survivre à l'évolution politique de la Légion, concrétisée par son détachement du ministère de la Guerre et son rattachement au ministère de l'Intérieur en novembre 1940. En foi de quoi, l'affiliation à la Légion sera interdite à l'ensemble des personnels militaires.

En marge de l'armée d'armistice, nombre d'officiers prirent diverses initiatives : le général Cochet rédigea au moment de l'armistice des tracts dans lesquels il demandait à ses hommes de poursuivre clandestinement le combat ; plusieurs officiers donnèrent des consignes en vue de cacher armes et munitions : le général Colson, le général Frère, le commandant Mellard. Gestes spontanés d'hommes – et il y en eut bien d'autres – qui n'oublient pas qu'ils demeurent des soldats ou amorce d'un processus d'entrée dans la clandestinité et d'opposition au régime ? Dans ses *Mémoires de guerre*, le général de Gaulle précise que les premières formes de résistance sont venues d'officiers de l'armée d'armistice. Il est difficile en 1940-1941 de poser semblable question. Les conduites et les itinéraires s'orienteront souvent différemment, selon des rythmes divers. Le capitaine Frénay entre en résistance avant de rompre totalement avec le régime et son chef.

Même attitude enfin chez de nombreux responsables des services secrets : le colonel Rivet, le colonel Baril, le commandant Paillole [65] ont toujours estimé que leurs fonctions leur commandaient, sous des noms d'emprunt, de poursuivre leur mission d'information, de renseignement et de camouflage. Le maréchal Pétain n'y fit pas obstacle et le général Weygand donna son accord.

Ces appels doivent être accompagnés de deux remarques. Ces itinéraires d'abord ne se sont pas fixés en un jour. Ils se sont accompagnés en même temps – sur des périodes plus ou moins longues – du maintien de la fidélité au maréchal Pétain et de l'obéissance à son gouvernement [66]. S'estimant garants de la pérennité du pays, les cadres supérieurs de l'armée, les chefs de la Légion comme les responsables des Chantiers de Jeunesse et du premier Uriage ont spontanément adhéré aux valeurs d'un régime né des malheurs du temps. Tous les grands thèmes de l'époque sont repris dans les éditoriaux et conférences, des « *mensonges qui nous ont fait tant de mal* » à « *l'esprit de jouissance* » corrupteur.

Les Chantiers de Jeunesse – qui devaient être initialement confiés au général de Lattre de Tassigny et le furent au général de La Porte du Theil – apparaissent tout à la fois comme un substitut de service militaire, un conservatoire du sentiment national et un lieu d'éveil à une nouvelle vie civique.

Quant à l'école d'Uriage, dirigée d'assez loin par le commandant Dunoyer de Ségonzac, elle échappa rapidement au désespoir d'Henri Massis, son inspirateur, à ses sources catholiques et nationales pour devenir un foyer de pensée démocrate-chrétienne tournée vers l'engagement civique et politique.

Autre remarque : propos et attitudes ne sont pas qu'antiallemandes et créent facilement l'amalgame entre tous les adversaires du régime. Le bureau des « menées antinationales » était chargé tout aussi bien de la surveillance des agents allemands ou italiens (plusieurs dizaines, arrêtés, furent fusillés) que de celle des communistes, des gaullistes, des opposants divers. Il en allait de même des Groupes de Protection [67] de Groussard. Le général Frère, résistant de la première heure et qui mourra en déportation, préside à Clermont-Ferrand en août 1940 le second procès contre le *colonel* de Gaulle, procès qui le condamne à mort, à la dégradation militaire, à la déchéance de la nationalité française et à la confiscation de ses biens.

On conçoit aisément que ces patriotes de Vichy se soient souvent détachés avec difficulté de ces liens de fidélité personnelle et d'obéissance à l'État. Henri Frenay, l'un des fondateurs de *Combat*, qui ne rompt vraiment avec la personne du Maréchal et son régime qu'au printemps 1942, a bien exposé dans ses Souvenirs ce qu'était son état d'esprit lié à un double contexte familial et professionnel. Une attitude très voisine sera celle de François Valentin, directeur général de la Légion, qui entrera en dissidence au printemps 1942. Ces désengagements seront facilités par le poids devenu écrasant de la pression de l'occupant et le durcissement parallèle d'un régime resté prisonnier de la signature donnée.

S'il est permis de parler d'une résistance à Vichy, bénéficiant à l'occasion de la complicité ou de la tolérance d'acteurs du régime, il n'est guère possible d'évoquer une résistance de Vichy autrement qu'en *termes* de maintien d'une tradition patriotique que paieraient de leur éloignement ou de leur arrestation de nombreux membres du premier entourage de Pétain.

Il convient en effet, lorsqu'on parle de formes de résistance à Vichy, de ne pas confondre celles-ci avec l'idée d'un retour de la France dans la guerre. Par ailleurs, peu favorable à l'Angleterre et ne croyant guère à sa survie comme grande puissance, Pétain n'excluait pas une entrée tardive des États-Unis dans le conflit; en attendant, selon sa formule, « *il faut vivre* », c'est-à-dire patienter et supporter le joug allemand en essayant de l'alléger.

Comment définir ce patriotisme ? Quelles raisons s'opposaient à ce que se constituent – ainsi la Légion – d'authentiques instruments de préparation à un retour de la France dans le conflit ?

A un niveau élémentaire, on peut alléguer sans peine des raisons de circonstance. En grande partie occupée, placée sous le regard vigilant d'un vainqueur ne respectant même pas un texte d'armistice pourtant très dur, la France était tenue à beaucoup de prudence. La Légion, en particulier, était regardée en suspicion, soupçonnée de masquer une organisation paramilitaire. Ce qui explique l'interdiction par l'Allemagne d'une extension de la Légion aux deux zones et sa limitation à la seule zone non occupée. Les Chantiers de Jeunesse firent l'objet de la même suspicion.

A ces considérations de strict opportunisme, il faut joindre des arguments de nature politique et philosophique. Vichy, bâti sur l'acceptation pleine et entière de l'armistice et de sa portée, fonde sur lui ce qu'il conserve de capacité en politique étrangère et s'engage, à partir de Montoire, dans une politique officielle de collaboration. C'est la pleine reconnaissance de la défaite subie et le rejet, à court ou moyen terme, d'une politique de revanche. On rejoint là ce qui demeure la philosophie profonde du régime et de ses responsables, l'image qui est la leur d'une nécessaire intériorisation de la défaite préparant la voie d'une rénovation intérieure. La patience et la souffrance acquièrent ici une valeur rédemptrice d'où sortira, un jour, une France nouvelle. « *Ne cherchons appui que dans la souffrance et payons comptant* », s'exclame Paul Morand dans *Le Figaro* du 21 septembre 1940. Cette inspiration se retrouve chez l'un des pères fondateurs de la Légion, le radicalisant Henri Pichot. Dans la lettre-testament qu'il adresse à ses camarades de l'Union fédérale des Combattants, il écrit :

> La France connaît le pire destin qu'elle ait connu depuis cinq siècles, quand Jeanne d'Arc la rendit elle-même... La France survit ; son honneur est sans tache, mais elle doit méditer son épreuve. La rédemption sortira de la pénitence. Repenser la France moralement, politiquement et socialement, voilà le devoir présent [68].

Selon François Charles-Roux, secrétaire général du ministère des Affaires étrangères, n'était-ce pas là « *le manuel du parfait vaincu* » ?

Culte du souvenir, recueillement, méditation, ces traits renvoient irrésistiblement aux lendemains de la défaite de 1870. Cet état d'esprit inspire de nombreux essais, tels ceux de Michel Mohrt, *Les Intellectuels et la défaite* [69], de Daniel Halévy, *Trois épreuves 1871-1914-1941* [70], de Bertrand de Jouvenel, *Après la défaite* [71].

Dans ces conditions, prétendre à une libération par les armes relève d'une absence de réflexion sur les causes de la défaite ; une revanche laisserait la France encore plus affaiblie en l'absence de la volonté de porter remède aux anciennes errances. Quant à une libération due aux armes étrangères, elle laisserait la France face à ses problèmes et dans l'impossibilité de les résoudre dans un cadre purement français. Une telle philosophie impliquait attente prolongée et repliement sur soi. Elle fondait une logique puissante d'interaction entre politique de l'État au-dedans et engagements de ce même État au-dehors. Les choix intérieurs conditionnaient la politique étrangère comme celle-ci légitimait le régime.

L'abondante littérature des années 1940-1941 a fait l'objet d'une recension et d'une analyse d'inspiration toute nationale-socialiste par Bernhard Payr, l'un des responsables de l'*Amt Schriftum* (« Office de la Littérature ») de l'officine Rosenberg, dans un livre publié en 1943, *Phénix ou Cendres ?* [72]. L'une de ses conclusions est particulièrement intéressante. S'il juge cette littérature révélatrice de la lutte intellectuelle qui se livre en France après sa défaite, il est conduit à penser, au double plan de l'intérêt national allemand et de la pensée nazie, que, souvent inspirée par une philosophie catholique (le « *catholicisme politique* » selon Payr) ou traditionaliste, elle ramène la France à son passé et tourne le dos à une saine compréhension de l'Europe nouvelle guidée par l'Allemagne. On peut rappeler ici que Léon Daudet, mort en 1942, Henri Massis et Henry Bordeaux figuraient sur la première « liste Otto » (septembre 1940), Charles Maurras dans la seconde (juillet 1942) et Jacques Bainville dans la troisième (mai 1943).

Sur fond de patriotisme rétrospectif et de fidélité au nouveau régime et à son chef prestigieux, on peut comprendre combien les ruptures chez ces hommes furent souvent lentes et difficiles et s'accompagnèrent rarement d'une adhésion aux valeurs d'une résistance extérieure considérée comme « vendue à l'étranger » et tournant le dos aux vrais problèmes du pays. Ces ruptures d'allégeance n'en parsèment pas moins l'histoire au jour le jour du gouvernement de Vichy et constituent à terme une des composantes de la Résistance.

5

D'une collaboration offerte
à une collaboration contrainte
juillet 1940 – février 1941

Les mois qui suivent l'éclosion du nouveau régime sont dominés, au niveau de ses dirigeants, par la recherche de l'« ouverture » du côté de l'Allemagne, permettant un allègement du poids de l'armistice et préludant à la recherche de la paix.

Dès le contact établi avec Otto Abetz, Pierre Laval conduit avec persévérance une politique qui vise beaucoup plus haut que le simple aménagement des clauses de l'armistice. Ce qu'il recherche, ce sont les conditions d'obtention d'une paix mettant fin à l'antagonisme franco-allemand et ouvrant l'ère d'une collaboration permanente en Europe entre les deux pays.

La rencontre de Montoire – en octobre 1940 – ne débouche pourtant sur rien de concret : Hitler n'a rien de précis à proposer à la France. Bien pis, en se prolongeant, l'armistice se révèle comme un garrot pour le pays que l'occupant serre ou desserre à son gré. Le renvoi de Pierre Laval, le 13 décembre 1940, dû beaucoup plus à des causes internes qu'à des facteurs extérieurs, n'en est pas moins suivi pendant deux mois d'un blocage dans les relations franco-allemandes ; succédant à Laval, Pierre-Etienne Flandin n'est pas accepté comme interlocuteur par l'occupant. C'est l'amiral Darlan qui, obtenant son « investiture », engage le pays dans une politique de collaboration, plus poussée encore que celle de son prédécesseur.

Vers Montoire

Ayant finalement trouvé l'« interlocuteur valable », Pierre Laval va s'identifier pendant six mois à cette recherche obstinée d'une collaboration permettant à l'intérieur l'enracinement du régime né du vote du 10 juillet et la consolidation de sa position.

Les semaines qui suivent le premier contact de Laval et d'Abetz à Paris, le 19 juillet 1940, sont pourtant décevantes. Le 19 juillet à Paris, il a rencontré pour la première fois Otto Abetz, appelé à devenir son interlocuteur habituel. Entendant se réserver le monopole des déplacements à Paris, Laval a obtenu du Maréchal un blanc-seing ; de son côté, Abetz a été élevé à la dignité d'ambassadeur d'Allemagne (bien que non accrédité auprès du gouvernement de Vichy). Dans sa politique personnelle, Pierre Laval « court-circuite » totalement – outre Paul Baudouin, titulaire officiel des Affaires étrangères – la « Délégation du Gouvernement Français dans les Territoires Occupés » (DGTO), d'autant plus que les premiers responsables sont partisans d'une politique beaucoup plus mesurée : l'ambassadeur Léon Noël (qui se retire le 23 août), puis le général de La Laurencie (jusqu'au 17 décembre 1940). Son attitude est la même vis-à-vis de la Délégation Française auprès de la Commission Allemande d'Armistice de Wiesbaden (DFCAA), présidée depuis le mois de septembre 1940 par le général Doyen ; celui-ci se retirera en juillet 1941, jugeant illusoire toute attente d'un « geste » de l'Allemagne.

Pétain et son dauphin ont alors des visions voisines, inspirées par la conviction d'une victoire allemande, la nécessité de desserrer l'étau de l'armistice et de préparer les conditions d'une paix de restauration pour la France et de réconciliation franco-allemande. On relève toutefois chez Pétain plus de prudence, un souci plus grand de temporisation, une certaine volonté de ne pas heurter de front les opinions anglo-saxonnes ; chez Laval, la volonté d'aller vite, de créer par le mouvement une situation irréversible en convainquant l'Allemagne, au besoin par des concessions unilatérales, de la sincérité de son engagement [1]. Comme son chef, Laval exclut toutefois le domaine militaire : après Mers El-Kébir, Vichy refuse à l'Allemagne l'utilisation de bases aériennes au Maroc et le contrôle militaire de Dakar. Même intransigeance sur Dakar lors de la tentative, les 23-25 septembre 1940, des forces anglo-gaullistes ; le gouverneur général Boisson fera tirer sur les envoyés de la France libre. Ce refus se traduisait par un renforcement des contrôles sur la ligne de démarcation. La flotte, l'empire – fussent-ils neutralisés –, une large reconnaissance internationale représentent, avec une opinion encore largement favorable au régime, les principaux atouts d'une politique qui rejette l'idée même de neutralité pour la France. La politique anglaise, celle d'un pays arc-bouté dans ses derniers retranchements, laisse, il est vrai, peu de jeu à la France, placée entre l'indifférence méprisante de son vainqueur et la méfiance agressive de son ancien allié, qui pratique un blocus serré de ses côtés. François Charles-Roux analysait finement cette situation dans une de ses notes :

> *Notre position a quelque analogie avec celle d'un joueur de cartes à qui son ancien partenaire, continuant la partie, lancerait des bourrades, et à qui ses gagnants interdiraient de se refaire en entrant dans le jeu à leurs côtés* [2].

Les semaines qui suivent le premier déplacement de Pierre Laval à Paris n'apportent que désillusions; l'Allemagne semble vouloir assujettir à son effort de guerre l'ensemble du potentiel économique français; à cette mise à sac, le gouvernement français a répondu par la livraison à l'Allemagne de l'or belge conservé en dépôt à Dakar.

A la mi-octobre 1940, c'est l'ensemble du gouvernement qui est bel et bien dans l'étau allemand, cependant que Laval, qui a tout pris sur lui, se trouve menacé dans sa position personnelle par la cohorte bien fournie de ses adversaires, à l'affût d'un faux pas. C'est dans ce ciel pommelé d'une collaboration à partenaire unique qu'éclate le coup de tonnerre de Montoire.

Montoire, journée des dupes ou comédie des erreurs?

> *Français, j'ai rencontré jeudi dernier le chancelier du Reich. Cette rencontre a suscité des espoirs et provoqué des inquiétudes... Une collaboration a été envisagée entre nos deux pays. J'en ai accepté le principe... Cette collaboration doit être sincère.*

Par ce message aux Français en date du 30 octobre 1940, le Maréchal faisait entrer officiellement la France dans la voie de la collaboration.

La rencontre de Montoire soulève deux grandes questions: qui a voulu et « réussi » celle-ci? Quelle fut sa portée?

Pierre Laval s'est attribué Montoire à mérite. Dans ses Notes rédigées à Fresnes, il a écrit qu'il avait fait savoir aux Allemands de Paris son souci d'avoir une conversation « *avec une personnalité disposant d'un pouvoir de décision...* ». « *Je ne doute pas qu'ils aient finalement incité Hitler lui-même à venir à Montoire* [3] », précise-t-il. Pétain, inquiet du blocage dans les contacts franco-allemands, n'était pas resté inactif. En septembre, il avait envoyé à Berlin Georges Scapini, aveugle de guerre, ancien président du Comité France-Allemagne; celui-ci avait rencontré le secrétaire d'État von Weizsäcker, à qui il avait demandé une rencontre au plus haut niveau possible, à Berlin ou à Paris. Peu après, le 8 octobre, un second envoyé, le colonel Fonck, « l'homme aux soixante-douze victoires aériennes », avait eu une conversation avec un autre de la Grande Guerre, Hermann Gœring. Ce dernier avait simplement transmis le message du maréchal Pétain... à Abetz. On peut dès lors se demander si la question de l' « invention » française de Montoire peut avoir une réponse; celle-ci n'a d'importance que dans le cadre des relations difficiles entre le « camp » Laval et le « camp » Pétain. Dans le montage de l'opération, Laval apparaît toutefois comme le maître du jeu. Quittant Paris le 22 octobre au matin en compagnie d'Abetz, c'est en fin d'après-midi, après un arrêt de plusieurs heures à Tours, que Laval a appris de sa bouche, *à sa grande surprise*, qu'il allait rencontrer Hitler. Le lendemain, le 23, rentré à Vichy après un premier entretien avec Hitler à Montoire, Laval informe le Maréchal que le Chancelier est prêt à avoir un entretien avec lui le 24 octobre, toujours à Montoire. Il semble bien que Pétain ait appris de Laval la présence de Hitler en France et sa disponibilité à le rencontrer. L'entourage de Pétain fit tout pour le retenir, évoquant jusqu'à la crainte d'un enlèvement. Mais Laval, évoquant l'entrevue de Tilsit de 1807 entre Napoléon et le tsar, sut convaincre le vieux maréchal qui, au fond, ne demandait que cela. C'est sans Paul Baudouin, ministre en place des Affaires étrangères, que Pétain et Laval quittent Vichy le 24 au matin. La rencontre a lieu en gare de Montoire entre 17 heures et 18 h 30 environ.

On est ainsi en présence de deux « Montoire », le 22 et le 24 octobre, séparés par la rencontre, le 23, à Hendaye, entre Hitler et Franco. C'est Hitler qui a proposé à Laval, le 22, d'avoir le surlendemain une entrevue avec le Maréchal. Seul Laval a participé aux deux réunions.

Le contenu des deux entretiens est connu avec beaucoup d'exactitude. La rencontre Hitler-Laval du 22 octobre a fait l'objet d'un procès-verbal de l'interprète de Hitler, Paul Schmidt [4]. L'entrevue Hitler-Pétain du 24 est connue, là encore par Schmidt, mais aussi par les souvenirs de du Moulin de Labarthète, directeur du Cabinet civil de Pétain, à qui ce dernier a résumé l'entretien [5]. Un « protocole » final a été arrêté par Otto Abetz, qui l'a publié en 1943.

Les « conventions » de Montoire frappent à la lecture par la minceur de leur contenu; pour l'essentiel : continuation du réarmement de l'empire en vue de le défendre contre toute menace; amélioration du modus vivendi entre la France et l'Allemagne sans coopération militaire; pas de fixation d'un statut des relations francoallemandes avant la fin de la guerre; participation de la France à la nouvelle Europe. Et pourtant, quelles interprétations et exploitations en ont été faites! « *Montoire, Verdun diplomatique* » pour Louis-Dominique Girard, l'un des plus fervents défenseurs du maréchal Pétain, qui aurait « lanterné » Hitler, refusant de déclarer la guerre à l'Angleterre, sauvant l'empire de toute menace allemande d'intervention et préservant la France pour la deuxième fois après l'armistice.

Pierre Laval, pour sa part, restera convaincu jusqu'au bout qu'

...ontoire ouvrait d'immenses potentialités qui devaient être définivement gâchées par son renvoi, le 13 décembre 1940, qu'il attribuait à ses ennemis intérieurs et aux Anglais. Quant à Pétain, dont ... continuité dans une ligne précise ne semble pas avoir été la règle, ... semble bien s'être rendu à Montoire sans conviction, ni plan précis, pour une rencontre purement exploratoire n'engageant aucune ...es deux parties de manière contraignante mais lui offrant pourtant ...avantage d'une « rencontre au sommet ». Hitler, lui, tout à son ...uel de plus en plus mal engagé avec l'Angleterre, n'avait rien de ...oncret à demander à la France qu'il ne tînt de l'armistice ou de la ...bre interprétation qu'il en avait faite.

Montoire se révèle aujourd'hui comme un « coup » monté et ...xploité par Abetz avant tout, qui crut que du choc de la rencontre ...ortirait le déclic psychologique décisif, capable de décider Hitler à ...n geste significatif et décisif en faveur de la France. C'est Hitler ...ui s'est dit prêt à une collaboration ; l'initiative n'est pas venue, ce ...ur-là, de Pétain. Attaché au char – somme toute modeste – ...'Abetz, Laval crut en tirer un avantage déterminant au plan intérieur. Coup de poker pour Abetz et Laval, geste de propagande peu ...oûteux pour Hitler, il permettait au Maréchal de reprendre la main ...ans la conduite de sa politique extérieure en ayant établi, dans une ...pparente égalité, le premier contact direct depuis l'armistice avec ... chef d'État grand-allemand.

De Montoire ne devait sortir aucun effet concret favorable à la ...rance qui fût de quelque ampleur, qu'il s'agît des prisonniers (mise ... part, dans les semaines qui suivirent, la libération de quelques ...izaines de milliers d'entre eux, l'octroi de congés de captivité pour ...s prisonniers pères de quatre enfants mineurs et la reconnaissance ...our la France de sa qualité de puissance protectrice pour ses pri...onniers), de la ligne de démarcation, de la charge des frais ...'occupation ou de ravitaillement (tous points évoqués par Pétain ...ans son message du 30 octobre), rien qui n'annonçât dans les ...emaines qui suivirent la double rencontre l'espoir d'un aménage...ent. Les délégués français à la Commission de Wiesbaden purent ...onstater que l'attitude de leurs interlocuteurs n'était en rien affec...e par Montoire, qu'ils considéraient comme un épisode en marge ...u déroulement des séances de la Commission et ne devant en rien ...ltérer sa nature et sa mission.

Pierre Laval dira lui-même au procès du maréchal Pétain :

> *Montoire n'a pas eu de suite... Aucune proposition ne nous a été faite par l'Allemagne pour une collaboration définie.*

Le « protocole » de Montoire, qui devait être soumis aux deux ...ouvernements pour agrément, ne sera jamais présenté officiellement. Hitler n'en avait cure; il y aura à Vichy deux conseils, 26 octobre, aussi confus que non décisifs. Le 4 novembre, comm dans un rappel à l'ordre, Ribbentrop télégraphiait à Abetz :

> *Il faut ouvrir les yeux du gouvernement français sur le fait que le gouvernement du Reich n'admet pas les conclusions unilatérales en faveur de la France que Laval semble en tirer*[7].

Instructions qui renvoient à sa faible consistance l'argument fina en défense d'Abetz, qui tentera de mettre au compte de subalterne bornés le « sabotage » de Montoire.

Rencontrant Gœring le 9 novembre 1940, Laval ne peut qu s'entendre dire que la France doit faire ses preuves en travaillar pour l'Allemagne, en reconquérant ses colonies passées à la di sidence et en causant le plus de tort possible à l'Angleterre. N doute que Ribbentrop (que Laval espérait rencontrer rapidemen lui aurait tenu le même langage. Dans cette affaire, Pétain, outr son crédit personnel – qui engageait celui de la France –, avait pr la grave responsabilité « *librement et dans l'honneur* » d'entre « *dans la voie de la collaboration* ». Engagement moral de vaste po tée susceptible aussi d'applications très concrètes.

La portée intérieure de Montoire fut rapidement tirée à Vichy. L 28 octobre, Paul Baudouin était remplacé par Pierre Laval au mini tère des Affaires étrangères (dont le secrétaire général, Charle Roux, donne sa démission). On sait le peu d'empressement pourta avec lequel Hitler, Ribbentrop et Gœring étaient prêts à saluer cett arrivée ! La politique de Pétain, engageant ouvertement la Franc dans la voie de la collaboration, trouve diverses explications.

Sur le poids écrasant au plan matériel de l'Occupation, il n'y a pa à revenir et l'on peut comprendre le souci fondamental de cherche à l'alléger. D'où la recherche poussée, du côté français, dans le semaines qui suivent Montoire d'une collaboration économiqu franco-allemande, fût-ce au prix de l'intégration de pans entiers d l'économie française dans l'économie de guerre allemande. Dar son message du 30 octobre, Pétain avait fortement insisté, pour ju tifier l'entrée en collaboration, sur le maintien de l' « unité fra çaise » (ligne de démarcation, découpage en zones diverses, Alsac Nord et Pas-de-Calais, prisonniers). Il sera, à cet égard, bien m servi : à partir du 3 novembre, et surtout du 11, c'est par dizaines d milliers qu'en convois spéciaux arrivent les populations expulsée d'Alsace et de Lorraine mosellane.

Pétain a donc, face à l'étranglement du pays, fait le choix pol tique d'un engagement formel de la France aux côtés de l'Alle magne, fût-ce sans en payer le prix militaire.

En conclusion, il convient d'écarter deux explications relatives la politique du Maréchal. Celle, d'abord, de l'homme suborné pa

Laval, son âme damnée, quasiment enlevé de Vichy pour se retrouver à Montoire ; Pétain a agi en toute connaissance de cause, se réservant soit d'exploiter l'entreprise à son profit, soit d'en désavouer son initiateur. Quant à la justification sophistiquée qui a pu être donnée (L.D. Girard) d'un Pétain manipulateur et faisant de Hitler son dupe, elle ne repose sur aucune base solide. Selon cette thèse, le chef de l'État français, informé par diverses sources que Hitler cherchait à obtenir de Franco le passage de ses divisions à travers l'Espagne pour gagner Gibraltar, aurait fait connaître ces plans à Franco par l'intermédiaire de José-Félix Lequeriqua, ambassadeur d'Espagne à Vichy. Ainsi prévenu, Franco, rencontrant Hitler à Hendaye le 23 octobre (entre les « deux » Montoire), aurait refusé ; Hitler était condamné à précipiter son attaque contre l'URSS et à abandonner tout projet contre l'Afrique du Nord ; celle-ci était préservée pour le débarquement de novembre 1942. Hitler dispose certes – ce qui n'était pas le cas en juin 1940 – d'un plan de passage des forces allemandes en Afrique du Nord par Gibraltar – le « plan Félix » arrêté en juillet. Mais il se heurte à deux obstacles : le premier est le peu d'enthousiasme de Franco devant une perspective impliquant une collaboration politique et militaire entre l'Espagne et l'Allemagne [8], bien que la décision définitive de Franco de ne rien tenter en Afrique du Nord ne soit intervenue qu'en février 1941 ; prêt peut-être dans l'été 1940 à entrer dans une collaboration militaire avec Hitler en Afrique du Nord, Franco ne l'est plus à l'automne devant la résistance anglaise. Second obstacle, demeuraient les difficultés à concilier les points de vue italien et espagnol sur l'Afrique du Nord, comme Hitler put s'en rendre compte lors de sa rencontre avec Mussolini à Florence le 28 octobre 1940. A l'invitation pressante de Hitler, Mussolini rencontrera Franco le 12 février 1941 sans que leurs points de vue se rapprochent pour autant. L'attaque italienne sur la Grèce (28 octobre 1940) avait rendu, il est vrai, à cette date l'Italie indisponible pour tout projet en Afrique du Nord. Dans ces conditions, Montoire apparaîtrait plutôt comme la conséquence que comme la cause de l'absence de plans allemands sur l'Afrique française du Nord. Pour Hitler, il importait de s'assurer, en rencontrant Pétain, que la France entendait tout faire pour empêcher une mainmise anglo-gaulliste sur l'Afrique du Nord. La crainte d'un basculement de l'Empire français que pouvait conjurer Vichy était plus importante qu'une aide militaire espagnole. Préoccupation qui rejoignait exactement les thèses du gouvernement et du général Weygand pour des considérations de maintien de la souveraineté de la France de Vichy sur ses colonies. Sur le fond, comme le révèlent tant les archives espagnoles (qui ont commencé de s'ouvrir) que les souvenirs publiés, il n'y eut jamais de prétendue entente secrète entre Vichy et Madrid [9]. Il est révélateur à cet égard que le départ de Paul Baudouin du Quai d'Orsay se soit traduit par le remplacement de l'ambassadeur Renom de La Baume par le lavaliste François Piétri. Renom de La Baume n'avait jamais cru, pour sa part, que Franco s'accommoderait du plan allemand de passage par l'Espagne, le « plan Félix ».

Le renvoi de Pierre Laval : un double jeu de Pétain ?

Pour le vice-président du Conseil, Montoire avait représenté simultanément la consécration de la position acquise à la faveur du 10 juillet et la promesse d'un nouvel élan. Moins de deux mois plus tard, démis comme un laquais, il pourra méditer sur l'ingratitude du Maréchal qui, pensait-il, lui devait le pouvoir.

Au soir du 26 octobre, lors du second Conseil de la journée, Pierre Laval avait revendiqué non le ministère des Affaires étrangères – poste qu'il prendra finalement le 28 – mais celui de l'Intérieur. Soupçonnait-il des manœuvres contre lui et par là pouvoir s'en défendre, ou entendait-il mettre au pas tous ceux qui hésitaient à le suivre dans la voie d'une collaboration active ? Il a d'ailleurs proposé à Marcel Peyrouton d'assumer les Affaires étrangères aux lieu et place de l'Intérieur. Inquiétude ou affectation de ne pas tenir aux Affaires étrangères ? Sans doute aussi joue-t-il sur le fait que Pétain n'aime pas les situations nouvelles et redoute le vide que créerait le départ de Pierre Laval.

Les circonstances et le déroulement précis de l'opération dirigée contre Laval et conduisant d'abord à sa démission forcée, ensuite à son arrestation le 13 décembre, sont bien connues désormais [10]. Nous ne ferons ici qu'un récit limité à l'essentiel.

A Paris les 11 et 12 décembre 1940, le vice-président du Conseil apprend par de Brinon, délégué général du gouvernement à Paris, que les Allemands ont décidé de rendre à la France les cendres de l'Aiglon, fils de Napoléon Ier, qui reposent à Vienne dans la crypte des Capucins. De retour à Vichy le 13 au matin, Pierre Laval presse le Maréchal de se rendre à Paris pour la cérémonie qui doit se dérouler dans la soirée du 14. Pétain se montre hésitant mais, poussé à la résistance par un groupe de ministres qui craignent que des pressions soient exercées sur lui à Paris où il sera isolé, se décide à convoquer un Conseil exceptionnel à 20 heures. Au cours de celui-ci, le chef de l'État, après avoir demandé à chacun de signer une lettre de démission, ne retient que celles de Georges Ripert (ministre de l'Instruction publique) et de Pierre Laval. Celui-ci fait une terrible « sortie », à laquelle Pétain répond en invoquant la campagne de presse lancée contre son gouvernement à Paris par une presse aux ordres de l'occupant. L'ex-successeur du Maréchal (l'acte constitutionnel n° 4 a été abrogé) cherche à gagner Paris quand il est consigné dans ses appartements par les Groupes de protection de Groussard, ameutés par Alibert, et arrêté par le contrôleur général de la Sûreté. Il lui est interdit d'aller à Paris et il se retrouve assigné à résidence dans sa propriété de Châteldon près de Vichy. En fait, un formidable dispositif avait été mis en place en matière de logistique et de rassemblement policier, révélateur des craintes qu'inspirait la puissance de l'ancien dauphin.

Dans l'analyse des causes du renvoi de Pierre Laval, celui-ci, dans la relation qu'il fit à chaud à sa fille comme dans ses notes écrites à Fresnes, a mis en cause l'entourage du Maréchal, infesté selon lui de maurrassiens et de cagoulards; il y voyait un complot contre l'idée républicaine qu'il incarnait. Il y voyait aussi la main des Anglais redoutant une entente franco-allemande. Par la suite, il ne cessera jusqu'au bout de clamer que son renvoi avait mis fin à l'ultime chance de voir se concrétiser les espérances de Montoire. Ces mises en cause sont, sous une autre forme, à la base de la thèse des défenseurs de l'action et de la mémoire du Maréchal, selon lesquels en renvoyant Laval, il a voulu donner un coup d'arrêt à un processus de collaboration extrême avec l'Allemagne, sauvant ainsi, pour la seconde fois, les chances d'un rétablissement allié par l'Afrique du Nord. Mais alors, comment comprendre que sous le successeur du maître de Châteldon, l'amiral Darlan, celui-ci soit allé beaucoup plus loin dans les projets de coopération militaire (Protocoles de Paris)?

La Grande-Bretagne a-t-elle joué un rôle dans l'éviction de Pierre Laval? Abetz s'en disait également convaincu, ce qui confirme que Montoire fut bien un « coup » monté par le « couple » Laval-Abetz. Il faut replacer ici les relations entre le gouvernement anglais et la France de Vichy dans un cadre chronologique plus large.

Les archives du Public Record Office (PRO) ont révélé toute la complexité fondamentale et factuelle de la politique du gouvernement de Londres, poursuivant le combat mais placé dans une situation inouïe par la défection de la France en juin 1940 et l'existence d'un gouvernement à Vichy en situation de dépendance totale vis-à-vis de l'Allemagne. Le ralliement du général de Gaulle et la reconnaissance du mouvement des Français libres ne pouvaient que rendre encore plus délicats les rapports avec Vichy, que Londres redoute de voir céder aux pressions allemandes ou faire des offres de service à Berlin, en particulier pour la reprise des colonies dissidentes d'Afrique équatoriale (Tchad, Cameroun, Oubangui, Congo) ou l'utilisation à des fins offensives de l'Afrique du Nord.

La flotte anglaise exerçait en permanence un blocus des côtes françaises, qui n'était atténué que par l'insuffisance des moyens mis en œuvre.

L'état des relations anglo-vichyssoises a été l'occasion, pour les défenseurs du Maréchal lors de son procès, d'affirmer que celui-ci avait joué un « double jeu » en face des Allemands en doublant sa politique officielle de collaboration de l'établissement d'un accord avec Churchill sur la convergence des intérêts français et britanniques. L'illustration de ce double jeu résiderait dans l'action de deux émissaires ou intermédiaires personnels de Pétain, le professeur Louis Rougier et Jacques Chevalier, secrétaire général du ministère de l'Instruction publique et très proche du Maréchal ; le premier, dans le cadre d'une mission d'un mois (octobre-novembre) – au cours de laquelle il a eu un entretien personnel avec Churchill le 25 octobre –, puis à la faveur d'une lettre qu'il a fait parvenir à Churchill (5 décembre 1940) ; le second, à la faveur de contacts avec lord Halifax, secrétaire d'État aux Affaires étrangères, par l'intermédiaire du chargé d'affaires canadien Dupuy. Selon le témoignage de Louis Rougier publié à la fin de la guerre [11], celui-ci, parlant au nom de Pétain, aurait promis la rentrée de l'empire dans la guerre au moment le plus opportun et, dans l'immédiat, de ne rien céder à l'Allemagne dans les colonies ou de s'y engager militairement à ses côtés ; en retour, Churchill lui aurait donné sa promesse de restaurer la France et son empire dans son intégralité. Dans son livre, Rougier publiait en annexe la première page du texte d'un « protocole » établi au Foreign Office le 28 octobre, trois jours après son entretien avec Churchill, sur lequel figuraient des annotations qu'il attribuait à Churchill lui-même. Dans sa lettre du 5 décembre à Churchill, Rougier affirmait avoir reçu trois assurances de Pétain : pas de cession de bases en Afrique du Nord, résistance contre toute tentative des pays de l'Axe ou liés à celui-ci, pas de tentative, enfin, pour reprendre les colonies africaines dissidentes hors toute nouvelle initiative franco-anglaise. Quant au message oral de Churchill mis par écrit et remis par Jacques Chevalier au Maréchal le 4 décembre (fait de ses contacts avec Dupuy et Halifax), il contenait des précisions très voisines, à quoi se serait ajouté l'engagement anglais de desserrer l'étreinte du blocus et de permettre un meilleur ravitaillement de la métropole.

Sur cette lettre brûlée par Pétain, semble-t-il, on ne peut épiloguer. Le « protocole » Churchill-Rougier a été soumis pour sa part à des critiques serrées qui ne vont pas totalement dans le même sens. Mais il y a plus. Le renvoi de Pierre Laval intervient le 13 décembre ; il suit d'une semaine la communication du message oral de Churchill à Pétain et précède de quinze jours la lettre de Churchill au Maréchal, remise par Chevalier mais transmise entre-temps au général Weygand, dans laquelle il se disait prêt à engager des conversions d'état-major ultra-secrètes [12].

« Double jeu » ou « double langage » ? Ni l'un ni l'autre, nous semble-t-il. Pétain, qui cherche à desserrer l'étau allemand, tout simplement n'est pas sur la même « longueur d'onde » que Churchill. Les deux pays, surtout, ne sont pas dans des situations respectives telles que des rapports d'égalité relative puissent s'établir entre eux. Les contacts entre Londres et Vichy n'ont jamais cessé – l'échange de simples chargés d'affaires ayant même un moment été envisagé, d'août 1940 à janvier 1941, empruntant le canal régulier des ambassades à Madrid (Samuel Hoare d'un côté, Renom de La Baume puis Piétri de l'autre). Ils n'ont paru s'accélérer qu'à la faveur des intermèdes Rougier et Chevalier. Ces prises de contact, ces quasi-conversations parfois, sont à la fois bien réelles et en même temps désaccordées. Elles doivent être prises au sérieux en même temps qu'il ne faut pas s'exagérer leur importance.

Le général de Gaulle n'a pas sous-estimé cette *« prise de langue »* entre Vichy et Londres. Il s'en fait largement l'écho dans ses *Mémoires de guerre*, tout en indiquant qu'il en fut tenu informé, fût-ce imprécisément, par Churchill et le gouvernement anglais. Il n'y a pas de hasard dans la création, le 27 octobre 1940, du Conseil de défense de l'empire (deux jours après l'entretien Churchill-Rougier) et, le 16 novembre, la publication d'une Déclaration organique qui situait très explicitement l'action de la France libre dans la continuité de la tradition républicaine. Ces deux actes amorçaient la création d'un authentique prégouvernement français en rupture totale avec Vichy, rappel à l'ordre vis-à-vis de l'Angleterre et manière de prendre date [13]. C'était aussi, pour de Gaulle, une manière de faire savoir à l'Angleterre qu'en aucun cas il ne se prêterait à des manœuvres anglaises ou à celles d'hommes de la « mouvance résistante » de Vichy – tel Groussard – pour des opérations de rapprochement avec Vichy [14].

On sait aussi qu'après la guerre le gouvernement anglais, après avoir nié l'existence du moindre accord avec Vichy, a dû accepter une interpellation aux Communes sur ces contacts. Était-ce ou non l'écriture de Churchill qui figurait sur le fameux – ou pseudo – « Protocole » ou celle d'un haut fonctionnaire du Foreign Office, en l'occurrence lord Strang ? Et quel type de convention « couvrait » ce paraphe ? Et les Anglais de publier leur première version, selon laquelle les échanges de Churchill avec Rougier étaient destinés à alimenter un entretien de celui-ci avec Weygand pour le faire basculer dans une résistance active à l'Allemagne et non à prendre le moindre engagement avec Pétain. Aucune reproduction des documents en question n'ayant été donnée et leur consultation demeurant réservée, Louis Rougier parla de falsification [15]. Enfin communiqué en son entier, le document, selon Robert Frank, confirme le point de vue britannique de l'après-guerre : à savoir document non paraphé par Churchill en personne et adressé moins à Pétain – tenu simplement informé – qu'à Weygand; le blocus ne serait atténué qu'au cas où la France « *passivement ou activement aiderait la victoire britannique* [16] ».

A moins d'imaginer la fabrication d'un faux du côté britannique, il faut bien en rester là; François Delpla n'y croit pas pour sa part mais estime qu'il s'agissait bien du paraphe de Churchill mais confirme que le Protocole en question s'adressait au général Weygand. Accepter l'autre version, celle de Rougier, ne conduirait pourtant à d'autre conclusion que celle-ci : Londres redoutait bien avant Montoire – Rougier rencontre Churchill le 25 octobre –, compte tenu de la faiblesse de la position française, que Vichy ne fasse des concessions et n'accepte des ouvertures du côté de Berlin, au niveau de l'empire et de la flotte. Les craintes anglaises sont bien antérieures; elles remontent en fait à l'époque de l'armistice, même si elles ont été renforcées avec l'affirmation du rôle personnel de Pierre Laval dans la gestion de la politique française.

Compte tenu de l'activité déployée par Laval après Montoire – et en dépit du peu d'enthousiasme concret manifesté du côté allemand – pour engager des opérations de reconquête des colonies dissidentes, les Anglais ont-ils pu laisser entendre qu'un « débarquement » du dauphin serait bien vu ? Après tout, Churchill ne suggéra-t-il pas au roi Georges V d'écrire personnellement à Pétain ainsi qu'au président Roosevelt ? N'est-ce pas à cette époque précise – début décembre 1940 – que l'amiral Leahy, très proche collaborateur du président des États-Unis, est annoncé comme leur représentant à Vichy ? A partir du début de l'année 1941, Churchill met fin à cet apparent double jeu entre Vichy et de Gaulle : le 6 janvier 1941 le gouvernement anglais, dans un communiqué, annonce qu'il traitera désormais avec de Gaulle et le Conseil de Défense de l'empire et avec toutes les autorités françaises outre-mer se plaçant sous son autorité. C'est un renoncement implicite, il est vrai, à reprendre les autres.

On ne dispose d'aucune source ni témoignage sûr et précis permettant de voir une main anglo-saxonne dans la démission forcée du vice-président du Conseil. Peut-on se reposer sérieusement sur le fait que Marcel Peyrouton – l'homme clef de l'arrestation de Laval – avait une épouse écossaise et que Jacques Chevalier – aux antipodes des options philosophiques de Laval – avait été condisciple d'études de lord Halifax à Oxford ? On sait également, par les archives anglaises, que le gouvernement britannique était bien informé des divergences au sein du Cabinet (« *The Vichy govern-*

ment is far from a happy team ») et que Pétain et Weygand étaient considérés comme « résistants » face à Laval et à Darlan. Pour autant le Cabinet britannique n'entendait pas interférer dans les affaires intérieures françaises et n'entendait prendre d'engagement envers quelque reponsable français que ce fût. On a, enfin, souvent ignoré ou perdu de vue que le Cabinet britannique était lui-même divisé ; le « jusqu'au-boutisme » churchillien n'était pas partagé par tous les hommes du Cabinet, notamment par lord Halifax.

Comment donc expliquer cet épisode capital de l'histoire de Vichy ?

Les adversaires comme les partisans de Pétain sont souvent passés à côté du vrai débat dans l'interprétation de l'affaire Rougier-Chevalier et du renvoi de Pierre Laval ; à force de ne chercher qu'à réfuter – ou à confirmer – les affirmations de Rougier et de se focaliser sur des points précis, perspectives et enjeux d'ensemble ont été parfois perdus de vue. Il n'y a eu, chez Pétain, ni tentative de renversement d'alliance ni même double jeu. Et le renvoi de Pierre Laval n'accompagne pas un jeu de basculement.

Il y a bien eu un double lien dans l'espace et le temps entre l' « affaire Rougier » et le renvoi de Pierre Laval, en ce sens que l'on retrouve les mêmes hommes pour pousser à ce renvoi et pour encourager Pétain à trouver un aménagement des relations franco-britanniques. A leur tête Yves Bouthillier, Marcel Peyrouton, du Moulin de Labarthète et Paul Baudouin, ce dernier nécessairement sensible aux sentiments anglophiles du personnel du Quai, chez Charles-Roux en particulier ; il est de surcroît très hostile à Pierre Laval, qui l'a totalement marginalisé. Ce serait toutefois une erreur que de faire de Pétain et des conjurés les partisans d'une forme de résistance à l'Allemagne – qui conserve à leurs yeux les plus grandes chances de gagner la guerre et garde de terribles moyens de rétorsion : c'est à la fin de l'année 1940 que Hitler met au point le plan prévoyant une occupation totale de la France en cas d'initiative anglaise en Afrique du Nord. Éliminer Laval, c'est freiner toute tendance jusqu'au-boutiste, même si Pétain et le Conseil des ministres ont été saisis des projets de Laval ; tenter de trouver un modus vivendi avec la Grande-Bretagne, c'est priver Laval de toute marge de manœuvre. L'affaire ne peut aller avec l'Angleterre au-delà du maintien de ce même statu quo ; envisager une rentrée de l'Afrique du Nord dans la guerre serait rompre avec la ligne de respect de l'armistice, qui paralysera Vichy jusqu'au bout et que facilitera à la longue la faiblesse anglaise. Les contacts anglo-vichystes n'avaient donc aucune chance d'aller plus loin.

Dans une certaine mesure, il n'est pas faux de dire que le 13 décembre annule Montoire ; sur ce point, Laval n'a pas tort. Là où il se trompe, c'est d'en faire la cause de la « détérioration » des rapports franco-allemands. A cette date, Hitler a décidé de l'opération *Barbarossa*, et l'équipée désastreuse de l'Italie en Grèce va encore le retarder. Si Montoire n'a connu aucun début de concrétisation dans les faits, c'est que Hitler n'éprouve aucunement le besoin de solliciter d'autre aide concrète de la France que celle de ses ressources. A cet égard, le renvoi de Laval traduit l'échec de celui-ci, aux yeux de Pétain, de n'avoir rien tiré de concret de Montoire. Bien pis, Montoire pouvait s'écrire selon la formule : exécution stricte de l'armistice + libre interprétation par l'Allemagne de ses clauses + accomplissement par Vichy de gestes politiques lui permettant d'espérer la compréhension de son vainqueur et par là l'assouplissement éventuel des conditions d'armistice. Son renvoi est en fait la reconnaissance de l'absence de portée de Montoire, non la cause d'une supposée dégradation ultérieure des rapports franco-allemands. Or, en facilitant la rencontre entre Pétain et Hitler à Montoire, Laval a permis au premier de reprendre la main, de s'affirmer comme le responsable suprême et, du même coup, de se passer d'un homme encombrant, impopulaire, et qu'il n'aime pas. « *Cette politique est la mienne*, déclare-t-il dans son message du 30 octobre. *Les ministres ne sont responsables que devant moi. C'est moi seul que l'histoire jugera.* »

Le Maréchal et les conjurés ont enfin tenu compte de l'effet désastreux produit dans l'opinion par la rencontre de Montoire et ont su l'exploiter.

Car Montoire avait été mal reçu par une majorité de Français. Il a engendré au départ une certaine crainte, celle d'une collaboration militaire entraînant une reprise de la guerre ; il a réveillé une germanophobie latente et recréé des réflexes patriotiques. L'ignorance dans laquelle étaient tenus les Français les a incités à se mettre à l'écoute de la BBC et des éditoriaux de la France libre, qui ont évoqué le partage annoncé de la France et sa rentrée en guerre aux côtés de l'Allemagne. L'arrivée à la même époque des premiers trains de réfugiés lorrains apparaissait comme la traduction vivante de ces craintes. L'impopularité, déjà forte, de Pierre Laval risquait de retentir sur le Maréchal et l'ensemble de son gouvernement. En le renvoyant, Pétain rejetait sur lui la responsabilité de Montoire. Ce renvoi, bien accueilli par l'opinion, fut également bien reçu par les Anglo-Saxons, et les contacts franco-britanniques se poursuivirent jusqu'en février 1941. Le régime était-il relancé à l'intérieur ? Allait-il retrouver une marge de capacité au-dehors ?

Un nouveau départ avorté : l'« intermède Flandin » (décembre 1940 - février 1941)

En donnant son congé à Pierre Laval, Pétain n'entendait pas mettre fin à la politique officielle de collaboration, mais la conduire personnellement, autrement et avec d'autres hommes et d'autres méthodes. Car les hommes de Vichy demeuraient convaincus que la Marine et l'Empire leur donnaient d'authentiques atouts ; après tout, ni les Allemands ni les Anglais n'étaient en mesure de prendre pied solidement sur le sol d'Afrique du Nord. L'Angleterre était encore bien faible et l'Allemagne sans rival. C'était un trésor à faire fructifier et à n'aliéner en faveur de quiconque, en même temps qu'il demeurait l'un des meilleurs fondements d'une légitimité du régime.

Pour un nouveau départ, plusieurs conditions devaient être remplies : désamorcer le courroux allemand, neutraliser Laval et trouver un homme ou une équipe disposant d'un projet et en mesure de faire accepter celui-ci par l'occupant sans heurter de front la Grande-Bretagne ; cette dernière est relayée de plus en plus par les États-Unis à partir de la fin de l'année 1940 (c'est en décembre que l'amiral Leahy, intime du président Roosevelt, est annoncé à Vichy).

Quelle allait être la réaction allemande au coup du 13 décembre ? En dépit des précautions prises, Abetz a été informé des événements dans la nuit par un correspondant. Dans la matinée du 14, il faisait téléphoner par le général de La Laurencie, totalement dépassé par les événements, un véritable ultimatum dont le point le plus important mettait en doute le droit par le gouvernement français « *de révoquer l'acte constitutionnel n° 4* [qui faisait de Laval le successeur de Pétain] *sans l'agrément des autorités allemandes* ». D'un coup, l'autorité du gouvernement sur la zone sud, reconnue par la convention d'armistice, se trouvait balayée. Pétain cède sur les points concrets de l'ultimatum en faisant libérer Déat, arrêté à Paris, et en s'engageant « *à ne procéder à aucune arrestation d'homme politique ou de journaliste sans l'approbation des autorités d'occupation* ». Mais dans un message diffusé dans la journée et informant les Français de sa décision, il annonce le remplacement de Pierre Laval par Pierre-Étienne Flandin, qui reçoit le portefeuille des Affaires étrangères. « [Cette détermination], ajoute-t-il, *ne retentit en rien sur nos relations avec l'Allemagne. Je demeure à la barre. La Révolution nationale continue.* » Pétain a écrit à Hitler une lettre dans laquelle il précise que le renvoi de Pierre Laval est lié à des raisons purement intérieures et que, en tout état de cause, ses fréquentations en faisaient un ennemi de la Révolution nationale et desservaient auprès de l'opinion une politique de collaboration qu'il entend bien poursuivre.

Mais Abetz n'entendait pas en rester là : il n'a pas été convaincu par les explications que Darlan – venu à Paris pour accueillir les cendres du roi de Rome le 14 décembre au soir – lui a données. Pour lui, la collaboration est une affaire personnelle ; plus précisément, elle passe entre Abetz et Laval. Si celui-ci s'en va, la voie est libre pour les anglophiles dont il a cru voir la main dans les événements du 13 décembre.

Ainsi s'explique la « descente » d'Abetz à Vichy dans un équipage où la volonté d'intimidation le dispute au ridicule, dont il semble avoir pris conscience à lire le récit qu'il en donne dans ses *Mémoires*, puisqu'il s'est fait accompagner de SS armés de mitraillettes. A Vichy, ce sera presque un soulagement par rapport à la crainte d'une occupation totale de la France envisagée peut-être initialement par Hitler.

La précipitation d'Abetz s'explique aisément ; ayant « arraché » par téléphone à Ribbentrop l'autorisation de se rendre à Vichy, il s'agit par une action rapide et brutale, soigneusement mise en scène, d'imposer le retour de Laval au Maréchal... et de sauver ainsi auprès de ses supérieurs sa position officielle bien compromise, voire ridiculisée par l'arrestation de son interlocuteur français privilégié.

Arrivé à Vichy dans l'après-midi du 16 décembre, Abetz est reçu par Pétain dans la matinée du 17. Les conditions posées en termes d'ultimatum sont draconiennes : nomination de Flandin aux Affaires étrangères (ce que Pétain a déjà fait) et de Laval à l'Intérieur (ce qui tendrait à confirmer l'hypothèse que, en revendiquant déjà ce poste le 26 octobre, Laval entendait procéder à une épuration majeure de personnel) ; remplacement de la vice-présidence du Conseil par un triumvirat formé de l'amiral Darlan, du général Huntziger et de Pierre Laval ; substitution à Paris de Fernand de Brinon au général de La Laurencie. L'entretien se poursuit en présence de Pierre Laval que, à la demande pressante d'Abetz, du Moulin de Labarthète est allé chercher à Châteldon dans sa voiture. Le premier contact entre Pétain et son ancien dauphin depuis le 13 décembre se déroule dans un climat que restitue bien le témoignage de Paul Baudouin, informé plus tard par Pétain lui-même :

> Le Maréchal m'indique combien désagréable, violent et vulgaire fut son entretien avec Pierre Laval, en présence de l'amiral Darlan et de M. Abetz. Pierre Laval n'a pas hésité à dire que, puisque des Français l'avaient trahi, il se réjouissait d'avoir des amis allemands qui le délivraient. Il a traité le Maréchal de propre à rien [17].

Abetz lui-même fut gêné par cette empoignade entre Français et désagréablement surpris par la violence de son meilleur interprète :

> *L'entretien entre Pétain et Laval*, conclut-il sobrement, *me fit distinctement constater le rôle que jouaient, dans le présent conflit, les différences de tempérament entre le vieux militaire et le civil homme d'État*[18].

Abetz se heurte toutefois à une ligne de retranchement organisée par l'homme de la résistance à outrance qu'est le vieux Maréchal qui, appuyé par ses ministres et son entourage, refuse de reprendre Pierre Laval, laissant entendre qu'il ne pourrait plus être l'homme de la poursuite de la collaboration. Il est approuvé par l'amiral Darlan qui, pour avoir pris langue avec les officiels allemands au lendemain immédiat du 13 décembre, se sent en mesure d'être accepté par l'occupant. N'a-t-il pas été étroitement associé à l'élaboration des plans de reconquête des colonies dissidentes ? Son anglophobie plaide pour lui. Pour avoir perdu la partie face à Pétain, Laval n'offre plus la même surface ; son départ présente moins de conséquence qu'un retrait volontaire du Maréchal, qui a reconquis ce qu'il avait perdu dans l'opinion en annonçant aux Français qu'il s'était séparé de son vice-président du Conseil.

Dans l'après-midi du 17 décembre, Abetz rend visite à Laval à Châteldon qui, écrit-il dans ses *Mémoires*, « *me remercia de ma venue qui lui avait permis de recouvrer la liberté et de lui avoir sauvé la vie* ».

Quelques jours plus tard, le 20 décembre, établi à Paris, Laval, selon Abetz qui en a publié le texte dans son *Mémorandum*, aurait adressé à Hitler une lettre qui se présente à la fois comme l'expression de sa reconnaissance et une offre de service :

> *Monsieur le Chancelier du Reich,*
> *Par la présente, je voudrais vous exprimer ma reconnaissance... Par son action, le gouvernement français a commis une faute grave, mais j'espère de tout mon cœur que mon pays n'aura pas à en souffrir... La politique de collaboration avec l'Allemagne doit être loyale, sans ambiguïté, sans arrière-pensée... J'aime mon pays et je sais qu'il peut trouver une place digne de son passé dans la nouvelle Europe que vous construisez*[19]...

Lettre folle dont Hitler n'avait que faire, qui entrait chez Laval dans la logique avouée de convaincre Hitler de la bonne volonté française.

Au soir du 17 décembre, Abetz quittait Vichy pour Paris, porteur d'un message de Pétain pour Hitler ; la voiture de Laval s'était jointe à la sienne. Celui-ci avait pris l'engagement de s'abstenir à

Paris de tout engagement politique. Après une brève installation à l'hôtel Matignon, il s'établit à son domicile *Villa Saïd* et dans ses bureaux des Champs-Élysées. Pierre Laval ne quittera pratiquement plus Paris jusqu'à son retour au pouvoir en avril 1942. A Paris, il a retrouvé Marcel Déat qui a regagné Paris quatre mois plus tôt, après l'échec du lancement de son parti unique. Pour l'un comme pour l'autre, mal à l'aise dans l'atmosphère provinciale et confinée de la capitale provisoire, la « vraie » France se trouve en zone occupée. De Paris, Laval suit les événements dans l'attente d'un geste du sort.

A Vichy, la crainte existait qu'à Paris Laval tentât de former son propre gouvernement avec la bénédiction de l'Allemagne, et cela au moment où se mettait péniblement en place le triumvirat Darlan-Flandin-Huntziger. L'Allemagne tarde en effet à lui accorder son permis de gouverner. Si son président (Darlan) et son ministre de la Défense nationale (Huntziger) ne lui sont pas suspects, il en va autrement de Pierre-Étienne Flandin, ministre des Affaires étrangères dans le groupe des trois. Flandin portait l'espoir de Pétain de réussir tout à la fois à rassurer les Français, à apaiser les craintes anglaises et à ne pas déplaire aux Allemands.

L'homme est un des produits les plus accomplis du régime parlementaire de la IIIe République. Sa présence peut surprendre, et Robert Aron, dans son *Histoire de Vichy*, n'a pas hésité à y voir une quasi-tentative de retour à une certaine voie libéralo-parlementaire ; Michèle Cointet, de son côté, a longuement souligné son rôle dans la création du Conseil national, ersatz de Parlement [20]. L'éclectisme de son parti, l'Alliance démocratique, où cohabitaient des hommes aussi différents que Gaston Doumergue, Albert Lebrun, Paul Reynaud ou André Tardieu, ne plaide pas en faveur de l'attachement à une ligne ou d'une grande fermeté de caractère. Il plaisait à Pétain car il lui faisait des rapports, à la différence de Laval qui le mettait devant le fait accompli. Pacifiste, il a été munichois, adressant un télégramme de félicitations à l'ensemble des participants. Au cours des journées de juillet 1940, après avoir paru dans un premier temps canaliser les oppositions au projet de révision, il s'y rallie, emportant, dans un discours habile, la plupart des dernières réserves. Il s'est posé en même temps en successeur possible de Pierre Laval. Certains témoignages l'accusent d'avoir établi des contacts du côté allemand ; c'est le cas de Marcel Déat dans son Journal inédit. Son *Procès* en Haute Cour a vu l'accusation faire état de deux articles en faveur d'une collaboration franco-allemande : « Perspectives » (dans *L'Œuvre* du 25 septembre 1940) et « Collaboration » (dans *La Vie industrielle* du 21 novembre 1940). Ses positions ne sont pas d'une netteté absolue, paraissant tantôt estimer que, en l'absence de respect des règles du libéralisme économique, aucune collaboration franco-allemande n'est concevable, tantôt paraissant se rallier aux principes d'une autarcie européenne. En novembre 1940, il est à Paris où il dîne avec Marcel Déat. Flandin cherche donc, à cette date, à réussir son examen de passage à Paris, auprès des autorités allemandes comme auprès des hommes de la collaboration parisienne.

A l'intérieur, Pierre-Étienne Flandin a laissé son nom attaché à la création du Conseil national. Comment interpréter sa création ?
Comme presque toutes les innovations de Vichy, celle du Conseil national se situe au croisement d'exigences concrètes et de considérations empreintes du sceau de l'idéologie.
Déjà cloisonnée par une convention d'armistice d'emblée violée par son vainqueur, la France est devenue un pays où la circulation des hommes, des marchandises et de l'information dépend de divers régimes, interprétés à leur guise par l'occupant. Peu à peu, l'autorité de l'État français se dissout ; les populations, mal informées, risquent de s'en détacher. La Légion Française des Combattants avait reçu notamment cette tâche mais, interdite en zone occupée par l'Allemagne, elle ne pouvait remplir sa mission nationale. Du Moulin de Labarthète, déjà, avait eu l'idée d'un Comité de Rassemblement pour la Révolution nationale, étendu à tout le pays et mieux adapté, selon lui, que la Légion à faire prévaloir un état d'esprit non partisan ; on y retrouvait des parlementaires de diverses tendances, syndicalistes et socio-professionnels. Il s'agit encore, dans un régime qui poursuit l'idée constante de la recréation d'élites, d'en tirer d'un autre vivier que de celui de la Légion. Mais alors que Pétain et les traditionalistes les voient émergeant des familles, des régions et des groupements socio-professionnels, en bon parlementaire Flandin pense qu'une assemblée de parlementaires soigneusement choisis pourrait donner au régime une allure digne tout en lui assurant de précieux relais dans l'ensemble du pays et pas seulement dans la petite France de Vichy. C'est cette préoccupation de légalité et de représentativité qui rend compte en dernier ressort de l'idée du Conseil national.

Elle est en relation étroite avec la campagne déclenchée par les équipes parisiennes à l'initiative de Pierre Laval et de Marcel Déat. Ce monde de la collaboration parisienne forme un milieu composite où cohabitent déçus du maurrassisme (et en rupture avec lui depuis l'avant-guerre), exaltés de groupuscules d'extrême droite, et, plus encore, anciens cagoulards, mouvements d'inspiration pacifiste et marginaux de gauche. Ce sont particulièrement ces derniers qui confèrent à cette collaboration parisienne sa tonalité si particulière, faite d'anti-impérialisme, de pacifisme, d'anticapitalisme et de références socialisantes. Toute une moisson de mouvements, de journaux et d'hebdomadaires a levé soudainement, engraissée des subsides allemands et protégée par des anges gardiens aussi doués dans le maniement de la langue verte qu'habiles à évoluer dans les méandres du monde parisien [21]. Parmi les mouvements, le MSR (Mouvement Social Révolutionnaire), créé à la fin de l'année 1940 et dirigé par Eugène Deloncle, ancien animateur du CSAR (Comité Secret d'Action Révolutionnaire); la Ligue Française, créée au début de 1941, dont le chef est Pierre Constantini.

Fondé dès juin 1936 par Jacques Doriot, le premier congrès du Parti Populaire Français (PPF) depuis la guerre a lieu en mars 1941 à Paris, en juin 1941 à Lyon; quant au Rassemblement National Populaire (RNP) de Marcel Déat, il est créé en février 1941. Dans la presse – où presque tous les titres se sont sabordés ou se sont repliés en zone sud, à l'exception du *Matin* de Bunau-Varilla et d'un *Paris-Soir* zone nord contrôlé par l'ambassade d'Allemagne – se dégagent un certain nombre de titres : *La France au travail, Aujourd'hui* (où Robert Desnos, contraint de gagner simplement sa vie, écrira des centaines de chroniques culturelles ou de société [22]), *Les Nouveaux Temps* de Jean Luchaire, *La Vie industrielle*. Parmi les hebdomadaires, *La Gerbe* d'Alphonse de Chateaubriant, *Au pilori*, *L'Illustration*, *Je suis partout*...

Il ne faut pas imaginer qu'entre ces mouvements, ces quotidiens, ces hebdomadaires règne une union sacrée de la collaboration ou une entente étroite sur tous les plans. Il y a ceux qui « comptent »... et les autres, les jusqu'au-boutistes du jusqu'au-boutisme. Un point commun toutefois entre ces organes de presse : leur diffusion était assurée par une « coopérative des journaux français », dirigée par le lieutenant Weber, ancien correspondant à Paris de l'agence officielle allemande DNB, qui connaissait le français comme sa langue maternelle et Paris comme sa poche. Mouvements et journaux étaient, à la manière stalinienne (après 1945 dans les « démocraties populaires »), diversifiés de façon, à la fois, à donner l'apparence d'un choix et à viser des clientèles « ciblées » qu'elles étaient censées imprégner des valeurs du national-socialisme [23]. Pour le reste, rivalités de chefs et lutte pour les subsides font le quotidien de ces groupuscules, peu représentatifs mais forts d'une confiance finement distribuée par leurs protecteurs.

C'est dans ces milieux qu'après le 13 décembre la légalité-légitimité du gouvernement de Vichy est mise en cause dans une partition orchestrée par Marcel Déat; celui-ci n'a pas pardonné son échec sur le parti unique à Vichy dans l'été de 1940 et il attache sa fortune à un Pierre Laval qui ne lui a toujours accordé qu'un intérêt limité et défiant. Son argumentation : l'acte du 10 juillet lie indissolublement Pétain à Laval à travers l'engagement de rédiger une Constitution ; Laval renvoyé, Pétain n'apparaît plus que comme un dictateur faisant fi de la délégation de pouvoir accordée, à travers lui, à Pierre Laval. Jusqu'au bout – nous retrouverons cette argumentation en 1944 – l'ex vice-président du Conseil ne cessera de répéter qu'il tenait son autorité de deux commettants distincts : Philippe Pétain et l'Assemblée nationale.

Irréalisme juridique mais qui, dans un rapport de forces jugé en faveur de l'Allemagne, conduit Déat à exiger la réunion de l'Assemblée nationale au nom de la rupture de contrat intervenue. Le lancement du RNP en février 1941, mis en préparation depuis plusieurs semaines, intervient dans ce débat en légalité qui, irréaliste en d'autres temps, peut prendre une tout autre dimension si les occupants prennent fait et cause pour Pierre Laval.

Surgie dans ce contexte, l'idée du Conseil national, dont la paternité revient à Pierre-Étienne Flandin, renvoie donc à diverses finalités : réaffirmer l'autorité du Maréchal, seul bénéficiaire du « Contrat du 10 juillet », désamorcer l'offensive des équipes parisiennes, promettre le renouvellement de la vie politique, affirmer solennellement l'unité française par-delà les césures et les séparations, engager une réforme profonde de l'État en associant aux « bons parlementaires » des représentants des forces vives de la société.

Il ne faut pas faire de cette création du Conseil national – dont nous avons parlé plus haut – ce qu'elle n'est pas et qui n'a jamais été dit par aucun historien sérieux. Elle n'annonce pas une volonté de ressourcement du régime sur des bases parlementaires et libérales. Le contexte extérieur l'interdit ; cela n'est dans les intentions d'aucun des grands acteurs de l'époque ; les données intérieures ne le permettraient pas. On demeure dans un environnement de collaboration d'État (fût-il fortement dévalué) ; on reste dans le cadre d'un régime d'exception qu'on se soucie de ne pas couper de l'opinion ; on attend de cet « habillage » parlementaire qu'il fasse oublier du monde anglo-saxon les circonstances un peu particulières du surgissement du régime les 9 et 10 juillet 1940.

Ce serait pourtant une erreur que de minimiser à l'excès cette amorce de relance parlementaire et, d'une manière générale, l' « intermède Flandin », appelé en tout état de cause à le demeurer par la brièveté de l'épisode. Il est très révélateur à la fois de la conviction du régime de garder une marge de manœuvre et d'initiative au-dehors comme au-dedans, de la persistance d'une forme de vie politique, enfin de la relative diversité des appuis que rencontre encore Vichy, y compris – nous l'avons analysé plus haut – en milieu parlementaire. On assiste même à des luttes d'influence, à des conflits d'intérêts entre mouvements ou organisations : Légion des Combattants, Conseil national, Comité de Rassemblement pour la Révolution nationale (où figurent Charles Vallin, Frédéric-Dupont, Jean-Louis Tixier-Vignancour, Charles Trochu, vice-président du Conseil municipal de Paris, Sableau, vice-président de la Jeunesse radicale, Antoine de Saint-Exupéry, Thierry Maulnier...).

Quand sonne l'heure de Darlan

Cette période des « Cent fleurs » de la Révolution nationale allait durer moins de deux mois. C'est qu'aux Affaires étrangères Flandin est tôt ramené aux réalités par l'intransigeance d'Abetz et des autorités allemandes. L'épuration du personnel politique et administratif « mouillé » dans l'affaire du 13 décembre conduit à des départs : doivent se retirer Raphaël Alibert, le préfet de police Langeron ; les Groupes de protection du colonel Groussard sont dissous. L'Allemagne fait toujours officiellement du retour de Pierre Laval la condition pour que soient atténuées les mesures de rétorsion prises : fermeture de la ligne de démarcation aux fonctionnaires français ; la mission Scapini s'est vu retirer les facilités qu'elle avait obtenues en Allemagne auprès des prisonniers.

Rien n'y fait : le 25 décembre, près de Beauvais, l'amiral Darlan rencontre Hitler en personne – en présence d'Abetz – à qui il a remis une lettre de Pétain dans laquelle celui-ci redisait sa volonté de ne pas reprendre Laval, nuisible au bout du compte à une collaboration qu'il se déclarait bien décidé à poursuivre. Il n'a essuyé qu'une explosion de violence d'un homme à qui il demandait « *très respectueusement que l'Allemagne voulût bien continuer de collaborer avec la France* [24] ». Hitler n'a pas exigé le retour de Laval, a indiqué qu'il accorderait à la collaboration « *sa dernière chance* », mais est demeuré très évasif sur le contenu de celle-ci. Gelée au plan des projets communs envisagés pour la défense des colonies (dont l'Angleterre a abandonné le projet de reconquête), la collaboration a pris en revanche un nouveau départ au plan économique à la Commission de Wiesbaden.

La pression d'Abetz – alors même que celui-ci est devenu en réalité une pièce marginale – demeurait toutefois assez forte sur Vichy pour qu'on ait pu y envisager un retour à certaines conditions de Pierre Laval contre l'acceptation du triumvirat Darlan, Flandin, Huntziger. Telle est la mission confiée à Jacques Benoist-Méchin, libéré par Abetz de son camp de prisonniers en août 1940 et qui dirige à Berlin, sous Scapini, la délégation diplomatique des prisonniers de guerre. Le 18 janvier 1941, à la Ferté-Hauterive, près de Vichy, le Maréchal rencontre Pierre Laval qui a fait tenir à celui-ci une lettre d'excuses; il ne sort rien de cette diplomatie franco-française, Laval refusant le poste purement honorifique de ministre d'État pour celui de l'Intérieur ou des Affaires étrangères. Les deux hommes resteront quinze mois sans se rencontrer, sans déplaisir pour l'un comme pour l'autre.

Le départ de Pierre-Étienne Flandin n'est plus qu'une question de jours. Le dernier coup va lui être porté par l'amiral Darlan. Ce dernier a commencé ses travaux d'approche dès le 15 décembre à Paris, au lendemain de la réception des cendres du duc de Reichstadt aux Invalides, à l'occasion d'un entretien avec Abetz, Achenbach et Schleier, en présence du général Laure, secrétaire général de la présidence du Conseil; il a eu un second entretien avec Abetz, en tête à tête cette fois, le 16. Il est significatif qu'au cours de ce second entretien il ait tenté de dissuader Abetz de se rendre à Vichy le lendemain, dans le but d'exercer une pression sur le Maréchal pour qu'il reprenne Pierre Laval dans son gouvernement. Darlan croit son heure venue. Son entrevue avec Hitler le 25 décembre lui a valu certes une volée de bois vert mais il a appris de la bouche du Führer en personne – ce qui a une valeur inestimable – que celui-ci ne faisait pas du retour d'un Laval démonétisé la condition d'une reprise sous réserve des échanges franco-allemands. Dans une note à l'intention de Pétain en date du 30 janvier 1941, Darlan écrivait :

> *Si nous ne collaborons pas, l'Allemagne peut :*
> *a) Occuper tout le territoire. Nous ne sommes plus une nation, nous n'aurons plus de représentation diplomatique, l'Allemagne nous gouvernera, nous ferons de la collaboration forcée, notre Empire se disloquera.*
> *b) Séparer les deux zones. La zone occupée collaborera par ordre, la zone libre connaîtra des troubles provoqués par les Allemands : désordre – misère. Ayant une épée de Damoclès sur la tête, nous devons d'abord songer au présent et continuant la politique qui nous a conduits à demander l'armistice, nous devons collaborer pratiquement en état d'hostilités avec l'Allemagne et dans des conditions matérielles et morales plus mauvaises qu'en juin. S'il y a collaboration, deux solutions sont possibles :*
> *1/ Le Maréchal convoque M. Laval et constitue un gouvernement après l'avoir vu.*
> *2/ L'Amiral va à Paris et, d'après les directives du Maréchal, discute avec MM. Laval et Abetz.*
> *S'il n'y a plus de collaboration, une seule solution : ne plus bouger* [25].

Le 4 février, l'amiral Darlan se rend à Paris pour offrir à Pierre Laval, selon les notes prises par Josée Laval, « *un ministère d'État plus la présidence du directoire* [26] ». C'est le début d'une semaine de négociations serrées évoquant presque les crises ministérielles de la

IIIe République et qu'arbitre Otto Abetz, suivant les instructions qu'il a reçues à Berlin à la fin du mois de janvier. Comme l'avait écrit l'ambassadeur du Reich dans une note écrite au lendemain du renvoi de Laval : « ... *on peut dire de la crise du 13 décembre qu'elle nous permet une ingérence directe dans la politique intérieure française* [27]. »

Trois scénarios étaient en présence : chez Pétain, Laval se retrouvait vice-président du Conseil « pouvant avoir l'Intérieur », les ministres étant présentés à l'agrément du Maréchal par l'amiral ; chez Laval, lui-même se retrouvait à la tête du gouvernement avec droit de désignation des ministres, Darlan devenant successeur désigné par acte ; chez Darlan enfin, l'amiral était vice-président du Conseil, Laval devenant membre du Directoire en compagnie de l'amiral et du général Huntziger. La tactique allemande semble bien avoir été la suivante : maintenir d'abord officiellement la « candidature » de Laval, davantage comme moyen de pression auprès de Darlan, et faire monter ainsi les enchères ; paraître céder ensuite sur le retour de celui-ci au gouvernement ; accepter enfin son absence dans le Cabinet, quitte à le garder en réserve comme le suggère Abetz dans une note destinée à Ribbentrop :

> ... *Nous devons insister pour un rappel de Laval. Il serait bon toutefois qu'il n'en fasse pas usage tout de suite et qu'il s'assure d'abord un groupe de partisans en zone occupée et non occupée* [28].

Ce que ne souhaitaient au fond ni Pétain ni Darlan, qui ne l'avaient fait figurer dans leurs « combinaisons » que dans la crainte de déplaire à Abetz. Le 7 février, officiellement, l'Allemagne ne s'accroche plus à la solution du retour de Laval au gouvernement et se rallie à la solution Darlan seul.

Tout se passe ensuite très vite. Le 8 février, Flandin donne sa démission à compter du 10. Le 9, le maréchal Pétain nomme l'amiral Darlan vice-président du Conseil, secrétaire d'État aux Affaires étrangères, tout en conservant son autorité sur la Marine. Le 10 février, il est reconnu par le Maréchal comme son successeur. Le 17 février, Darlan reçoit en outre le ministère de l'Intérieur. Sont exclus du Cabinet Paul Baudouin (devenu ministre de l'Information lors de son exclusion des Affaires étrangères par Laval le 28 octobre) et Marcel Peyrouton, considéré comme l'homme clef du 13 décembre.

Cette date du 9 février 1941, comme celle du 13 décembre 1940, est une des dates les plus importantes de l'histoire de Vichy. Elle témoigne à la fois des espoirs (ou des illusions) entretenus par la politique officielle de collaboration et les limites de celle-ci. Flandin part, comme Laval, quand l'un et l'autre ont épuisé les espoirs mis en eux, à la fois pour tenter de desserrer l'étau d'un occupant machiavélique et brutal, et tenter de trouver une voie d'entente avec lui quand il semble avoir encore les meilleures chances de l'emporter. A côté de la *Realpolitik*, le « finassieren », quand Vichy, qui conserve les atouts « amiraux » de la flotte et de l'Empire, croit pouvoir jouer encore au plus fin entre l'Empire maritime et l'État continental. Mais chaque crise offre à l'Allemagne une occasion supplémentaire d'interférer dans les affaires intérieures françaises. Le gouvernement de Vichy n'est pas pour autant un bloc, ni dans le temps ni dans l'espace, sous prétexte que ses dirigeants se plient aux règles de la collaboration d'État; et si l'armistice avait une fois pour toutes décidé de la suite de l'histoire, on peut se demander pourquoi autant de travaux, en France comme à l'étranger, ont été consacrés à ce régime et à cette période. Entre l'attitude « compréhensive » et le point de vue radical d'après lequel tout est joué dès lors que l'armistice a été signé, il y a encore place pour une approche d'analyse intérieure et des facteurs extérieurs. Mais ses fractures internes, Vichy s'accoutume peu à peu à les voir réglées sur le fond par un occupant érigé en arbitre suprême et permanent. Après Laval, après Flandin, l'amiral Darlan incarne, pour la troisième fois en sept mois, l'espoir d'une relance au-dehors et d'une recomposition au-dedans.

6

L'épisode Darlan :
technocratie, autoritarisme
et collaboration du « donnant donnant »
février 1941-avril 1942

Vice-président du Conseil des ministres (Abetz avait souhaité pour lui un titre de président du Conseil), l'amiral Darlan cumule un nombre impressionnant de titulatures : ministre de l'Intérieur (fonction qu'il cédera à Pierre Pucheu dans l'été), ministre des Affaires étrangères ; gardant le contrôle de la flotte, il s'est en outre rattaché l'Information, de même que le secrétariat général de la présidence du Conseil. Plus que Laval, il apparaît, sans le titre, comme un authentique chef de gouvernement que ne menace pas un nouveau 13 décembre.

Ce gouvernement marque un certain nombre de ruptures dans l'histoire de la France de Vichy. C'est la fin, d'abord, d'une certaine Révolution nationale, sinon totalement dominée, tout au moins imprégnée fortement par les familles traditionalistes laïques ou catholiques. A leur place s'imposent des « professionnels », cadres, inspecteurs des finances, chefs d'entreprises, qui ont une vision toute différente de l'économie et de la société française. L'État cherche à se renforcer dans ses structures et ses moyens d'action : fonctionnaires, préfets, cadres policiers.

Ce raffermissement n'est pas séparable de la ligne suivie par Darlan à l'extérieur. Convaincu jusqu'au début de l'année 1942 que l'Allemagne a les chances les plus grandes de gagner la guerre – ou, au pire, de ne pas la perdre – l'amiral, durant toute l'année 1941, loin de pratiquer un double jeu, engage à fond une politique de collaboration économique et militaire dont la sincérité, pour l'Allemagne, doit se mesurer au sérieux de la politique intérieure française.

L'attaque allemande contre l'URSS en juin 1942 est à l'origine de grandes ruptures au sein de l'opinion française. Rupture double : d'une part, elle divise cette opinion dont une partie voit se renforcer ses choix anticommunistes, tandis que l'autre en tire des arguments nouveaux d'opposition au régime ; de l'autre, elle affaiblit globalement le gouvernement Darlan, sommé par l'Allemagne de donner toujours plus de gages de loyalisme. La conséquence : le renforcement progressif des orientations autoritaires et répressives du régime, au rythme de la montée des mouvements de résistance, et la recherche de formules de parti unique, à travers, notamment, la transformation interne de la Légion française des Combattants. La police voit ses pouvoirs singulièrement renforcés et en mesure d'utiliser un arsenal de textes remontant à l'époque républicaine ou créés pour la circonstance.

Que veut François Darlan ?

Comme Laval, Darlan a ses détracteurs et ses thuriféraires ; il y a ceux qui le jugent comme un homme aux vues larges et à long terme et ceux qui ne voient que le cynique mû par une ambition dévorante, aux vues courtes et successives n'épousant que les étapes de sa fortune [1]. Pour les uns, Darlan a poussé la collaboration plus loin que Laval ne l'avait fait ; les autres rappellent que les accords entre Murphy (chargé d'affaires américain) et Weygand ont été signés en Afrique française le 26 février 1941, deux semaines après que Darlan eut pris ses fonctions de secrétaire d'État aux Affaires étrangères. Ces accords devaient permettre le ravitaillement de l'Afrique du Nord en produits de première nécessité, à la condition qu'ils ne soient pas reversés aux Allemands ou ne tombent entre leurs mains ; des observateurs en les personnes de vice-consuls américains devaient veiller sur place au respect des accords.

L'homme doit son prestige et son autorité à ce qu'on le reconnaît comme le principal artisan de la constitution d'une flotte magnifique dans les années trente. Né à Nérac en 1881, fils d'un sénateur radical-socialiste du Lot-et-Garonne qui fut ministre de la Justice sous Méline, ses options et son tempérament n'en font pas un dévot de la Révolution nationale. Lors de la conférence de contact tenue avec ses préfets, sa première phrase sera : « *Je suis un homme de gauche.* »

Voici en quels termes André Blumel, ancien directeur de Cabinet de Léon Blum, évoquait la personnalité de l'amiral Darlan dans une correspondance adressée à Jean-Raymond Tournoux à propos de son livre, *Pétain et de Gaulle* :

> ... *Ce fut le gouvernement de Front populaire qui le nomma chef d'état-major général de la Marine... L'amiral Darlan affichait des sentiments de gauche, tout au moins à cette époque ... Il venait souvent me voir le dimanche matin à l'hôtel Matignon. Il m'expliquait comment, dans un milieu très hostile au Front populaire, il*

essayait de faire prévaloir l'esprit républicain. Il était visiblement sans préjugé d'aucune sorte...

On lui reconnaît de grandes qualités de méthode, d'organisation, un sens poussé du calcul, l'art consommé de pousser ses pions. Il n'est pas habité par des songes visionnaires, s'attachant au jour le jour à la solution ponctuelle de problèmes concrets. Il a l'habitude des rapports, des notes de synthèse, des synopsis de situation qui constituent la quasi-totalité des documents conservés de lui.

Parlant peu, beaucoup moins expansif que Laval, il ne laisse transparaître sentiments personnels, émotions, ressentiments ou rancunes. Il y a seulement chez Darlan une faille considérable, son immense vanité doublée d'une ambition considérable, son goût démesuré des charges, des honneurs et du faste. Dans quelle mesure ont-ils pu altérer les analyses froidement réalistes sur lesquelles il prétendait toujours se fonder? On a pu reprocher à Darlan une absence de vues d'ensemble, une vision stratégique à court terme. L'amiral, en fait remarquablement informé, était un homme qui, placé à la tête d'un pays terriblement amoindri aux plans intérieur et extérieur, raisonnait plutôt par plans rapprochés, attentif avant tout au temps court de la carte de guerre. Ce qui n'a pas toujours été compris de la part de nombreux commentateurs est que pour Darlan, en tout état de cause, quel que fût le sort final de la guerre, la victoire allemande sur la France était définitivement acquise. Il ne prévoyait pas, en revanche (erreur de marin), de guerre entre l'Allemagne et l'URSS, et estimait encore au début de 1941 que les États-Unis trouveraient un accord avec l'Axe. Ce réalisme au quotidien fonde – à sa prise de pouvoir en février 1941 – sa certitude que l'Allemagne a encore en main les meilleures cartes pour gagner la guerre. Le succès allemand lui paraît assuré en Méditerranée orientale, même si l'Angleterre a la maîtrise de la guerre et demeure en mesure d'y préparer un débarquement dans l'été; les États-Unis sont très en retard et un conflit lui paraît improbable entre l'Allemagne et l'URSS. En conséquence, la France doit maintenir une politique de collaboration avec l'Allemagne, lui seul, Darlan, étant en mesure d'en renouer les fils brisés. La France possédant les atouts de sa marine et de son empire a tout à gagner, dans cette phase de statu quo favorable à l'Allemagne, à se montrer comme un partenaire, non seulement loyal mais actif.

Si l'anglophobie de Darlan n'est plus à démontrer, sa position (proche en l'occurrence de celle de Pétain) vis-à-vis des États-Unis trouve son explication dans sa conviction que ceux-ci, force théorique de réserve – la seule à ses yeux –, ont pris trop de retard pour ne pas laisser à l'Allemagne le temps suffisant pour gagner définitivement la guerre si elle manœuvre habilement. C'est dans cette « fenêtre d'opportunité » que la France, en confirmant et en accentuant sa politique de collaboration, peut espérer trouver une place en Europe, où elle succéderait à la Grande-Bretagne qui est appelée, selon Darlan, à perdre son Empire colonial à la fin de la guerre. Darlan et les hommes de Vichy ont cru également déceler chez leurs interlocuteurs américains moins d'intransigeance et de dureté vis-à-vis de la France que du côté anglais, une plus grande compréhension de la position française, prise entre un occupant exploiteur et un ex-allié trop inquiet pour lui-même pour se montrer accommodant envers la France, et voyant peut-être dans ses malheurs l'occasion d'éliminer sur le continent un second rival.

Ce plan de politique étrangère se double chez Darlan d'un projet bien arrêté en politique intérieure. Ils doivent se correspondre comme les deux pentes d'un même toit : « *La paix*, comme il l'écrira dans une note du 19 avril 1941, *sera un jugement sur la France prononcé par le vainqueur.* » C'est dans des notes de la fin de l'année 1940 que se révèlent de la manière la plus nette les vues de Darlan, révélant par là les ambitions de longue date de l'homme. Il écrit ainsi en décembre 1940 :

> *Le gouvernement doit* [sans hésiter affirmer] *la rupture totale avec* [le passé et la République] *administrative défunte... Le gouvernement doit également, sans trop tarder,* [jeter] *les bases de la nouvelle Constitution et modifier la législation dans un sens moins individualiste et personnel*[2].

A l'intérieur, il n'y a, estime-t-il, rien à gagner à attendre. L'opinion avait en majorité mal accueilli Montoire mais bien réagi au renvoi de Pierre Laval. L'expulsion des Lorrains avait eu auprès des populations de zone sud un effet déplorable mais avait été mise au compte, avant tout, de la brutalité d'un occupant dont la victoire finale apparaissait encore comme l'hypothèse la plus plausible. L'hiver 1940-1941 très rude, comme les deux précédents, a encore aggravé, plus en zone nord qu'en zone sud, plus en milieu urbain qu'en zone rurale, les conditions d'existence devenues plus précaires avec le rationnement ou l'évanouissement de denrées usuelles. Les oppositions entre zones, entre catégories professionnelles et sociales, mais aussi les premières formes d'opposition frondeuse à l'occupant (par exemple place de l'Étoile le 11 novembre 1940), auxquelles l'occupant réagit par des amendes ou des arrestations, l'écoute de Londres ou de Sottens cristallisent de sourdes oppositions. Mais si ses ministres sont peu connus et peu aimés, Pétain conserve une large popularité personnelle.

C'est bien sur celle-ci que l'amiral Darlan entend faire fond au maximum, tant qu'il en est encore temps. Encore maréchaliste et attentiste, l'opinion pourrait bien basculer définitivement, si rien de concret ne sortait de la politique de collaboration. C'est par là que s'explique ce qui apparaît comme une extraordinaire précipitation de Darlan, qui a pu faire dire à Pierre Laval à son procès qu'il était allé moins loin que son successeur dans la collaboration.

Le ressaisissement de l'opinion a pour préalable, aux yeux de Darlan, une reprise en main générale du pays. En avril 1941, il communique à Abetz pour transmission à Ribbentrop un « Plan de l'Ordre nouveau en France [3] », dont le but est de convaincre l'occupant que le meilleur gage de la politique de collaboration réside dans une politique intérieure de fermeté et d'union nationale.

Il faut évoquer ici la nature des jugements portés dans l'Allemagne nationale-socialiste sur le régime de la Révolution nationale. Nous l'illustrons ici par un article de la *Kölnische Zeitung* (« Le Journal de Cologne ») en date du 22 décembre 1940.

> *Qu'une forme politique extérieure ne soit possible qu'appuyée sur une forme politique intérieure est un fait qu'il n'est pas besoin de prouver. La politique intérieure française manque encore, pour l'instant, dans tous les domaines d'assurance, de sérieux et d'énergie méthodiques... Même si l'on tient compte des inévitables erreurs et tâtonnements, des difficultés techniques et politiques, on en vient toujours à la constatation que l'expérience de Pétain souffre d'une contradiction interne : elle s'est donnée pour une « Révolution » sans en être une. Ou, pour s'exprimer autrement, l'on n'ose pas donner à une politique au fond conservatrice le qualificatif de conservatrice, mais l'on se voit contraint de chercher continuellement des qualifications nouvelles qui ne réussissent pourtant pas à cacher que leur contenu consiste, au point de vue idéologique surtout, en un retour vers le passé antérieur à la Révolution...*

Et, pour finir, cet avertissement en forme de menace :

> *... Le facteur peuple reste, dans l'expérience de l'État français, la grande inconnue : ce peuple, une fois tant soit peu passé le choc de la catastrophe, donnera-t-il son adhésion à un régime qui, malgré le manque de formes solides, s'enracine spirituellement dans les principes d'une époque disparue ?*

Cet article (nous ne citons ici que des extraits) que nous avons trouvé dans les papiers Louis Marin [4] a eu pour inspirateur le correspondant à Paris de la *Kölnische Zeitung*, Schilling-Bardeleden, devenu par la suite chef des services de presse de l'ambassade d'Allemagne à Paris [5]. Il attribuait à la persistance de l'influence maurrassienne (que nous avons été conduit à relativiser fortement dans le temps et dans l'espace) l'état d'esprit vichyssois, peu apte selon lui à saisir toutes les subtilités du réalisme national-socialiste.

L'amiral Darlan sera l'homme qui entend bien convaincre les Allemands qu'avec lui le temps des atermoiements est terminé, au-dedans comme au-dehors.

Résumant son entretien du 19 février 1941 avec l'ambassadeur Abetz (devant lui permettre de s'imposer face à Laval), Darlan pouvait ainsi écrire :

> *Dans l'intérêt de l'ordre nouveau que le chancelier Hitler veut instaurer en Europe, l'Allemagne doit souhaiter que la France soit une associée active et agissante, et non un poids mort. Il faut donc que la France redevienne dans le cadre européen une nation cohérente et disciplinée. Je crois que je peux amener la plus grande partie de la population à la politique de collaboration [...], la seule compatible avec l'intérêt des deux pays* [6]...

Un équipage pour le bateau amiral

Pour Darlan, la condition fondamentale est de disposer d'un Cabinet formé d'hommes proches de lui et de ses vues. C'est chose faite en mars 1941 avec le remaniement de son Cabinet. Autorité concentrée (quatorze membres au total) et fortement hiérarchisée (sept ministres, sept secrétaires d'État). Sur ce Cabinet, Darlan a une autorité réelle. On assiste bien là au premier dessaisissement des pouvoirs réels du Maréchal. Dirigeant et contrôlant l'action des ministres et secrétaires d'État, il préside le Conseil des ministres qui les réunit.

La mission confiée à ce gouvernement est a priori de rétablir le contact avec le pays et de renforcer son autorité en zone libre comme en zone occupée. Dans une note, Darlan précise les secteurs où la reprise en main s'impose : Affaires étrangères, police, administration préfectorale, Propagande et Information, Production agricole, Ravitaillement.

Les jeunes loups de l'amiral

Composé en plusieurs temps et non sans difficultés, ce qui traduit visiblement des arbitrages allemands, le gouvernement Darlan forme un curieux attelage où coexistent quelques caciques rescapés des équipes antérieures, des proches du Maréchal et de nouveaux venus, les « jeunes cyclistes » évoqués par Henri Moysset et qui ont donné consistance à la légende noire de la Synarchie. Joseph Barthélemy (à la Justice), Pierre Caziot (à l'Agriculture), Jacques Chevalier (à la Famille), Yves Bouthillier (à l'Économie) sont des notables familiers de Pétain ; hommes d'âge mûr, anciens hauts fonctionnaires, universitaires ou experts fonciers, conservateurs ou traditionalistes, ils sont germanophobes par atavisme et formation, peu tournés vers les conceptions et méthodes totalitaires qu'ils ne connaissaient avant guerre que par les ouvrages académiques ou les communications des sociétés savantes ; quelles affinités peuvent-ils avoir avec les jeunes loups quadragénaires, activistes et ambitieux intellectuels d'action venus parfois du Parti Populaire Français (ils ont rompu avec Jacques Doriot en 1938) ou du Parti communiste que sont les Pucheu, Barnaud, Lehideux, Marion ou Benoist-Méchin, ou encore Jacques Le Roy Ladurie ? Plus que par l'Université, la rue d'Ulm (même quand ils en sortent, tel Pierre Pucheu) ou la fonction publique, ils ont été formés sur le terrain de l'entreprise, de la vie politique ou du journalisme.

Cette absence totale d'unité a été bien relevée par Angelo Tasca, issu des milieux communistes et socialistes et devenu dans les premiers mois de 1941 l'un des tout proches collaborateurs d'Henri Moysset, secrétaire général à la vice-présidence du Conseil. Tasca, ancien professeur de Darlan à l'École navale, écrit dans ses Souvenirs – à ce jour non traduits :

> Vichy était un kaléidoscope où se mélangeaient toutes les couleurs. Le ministère formé en mai n'était en rien homogène et les événements devaient en accentuer les divergences internes. Le Cabinet du Maréchal... qui disposait de fonds propres s'efforçait de maintenir, fût-ce avec des espoirs médiocres, une partie autonome, une politique propre[7].

L'homme clef est Jacques Benoist-Méchin ; à la charnière du dispositif, il est placé à la croisée du *decus* et du *decumanus* de la collaboration : la voie Paris-Vichy et la liaison Vichy-Berlin.

Né en 1901, cet arrière-petit-fils de baron d'empire fut le confident d'écrivains à la réputation sulfureuse comme Proust et d'Annunzio, dont il recueillit des propos. Son imagination romanesque, sa sensibilité vive comme son goût pour les mises en scène théâtrales le voient tôt fasciné par le baroque des grandes scénies nazies dans un pays où il cultive de nombreuses amitiés. Il devient l'historien reconnu de l'armée allemande, ayant exploité les riches fonds du château de Vincennes, au grand étonnement du général Gamelin à qui il le révéla à l'occasion d'un déjeuner à la veille de la guerre (le général en ignorait-il l'existence ?). Ses admirations le conduisirent au PPF et au Comité France-Allemagne.

Fait prisonnier au lendemain de l'armistice, libéré le 15 août 1940 sur la demande d'Otto Abetz, il tire de son expérience un ouvrage, *La Moisson de 1940*, qui veut démontrer la vanité de la guerre et plus particulièrement de l'interminable conflit franco-allemand. Nommé à l'automne, sous l'autorité de Scapini, chef de la délégation des prisonniers de guerre à Berlin, il commence sa carrière politique en février 1941 avec la formation première manière du Cabinet Darlan; il est nommé secrétaire général à la vice-présidence du Conseil chargé des rapports franco-allemands; il sera ultérieurement promu secrétaire d'État. Dès janvier 1941, il avait joué les messieurs bons offices entre Pétain et Laval quand une réconciliation entre les deux hommes paraissait encore possible. Il sera, dans la « grande politique » de Darlan, l'homme en mesure de maintenir une coordination entre les équipes collaborationnistes à Paris, le gouvernement à Vichy et les autorités allemandes. Il sera pour Darlan l'agent dont Laval n'avait jamais disposé, en grande partie par refus de rien déléguer à qui que ce soit. Sous l'autorité de Darlan, il assumera la coordination stratégique du dispositif[8].

Le volet économique revient directement à Jacques Barnaud. Cet inspecteur des Finances, ancien directeur de Cabinet de René Belin, ministre du Travail, a été parfois présenté comme l'une des têtes de la « Synarchie » en sa qualité d'ancien associé-gérant de la banque Worms. Il est nommé à la tête d'une Délégation Générale aux Relations Économiques franco-allemandes (DGRE), placée sous l'autorité nominale du ministre de l'Économie et des Finances. Ayant pour but de centraliser l'ensemble des opérations économiques et financières liées aux relations avec l'Allemagne, elle devenait le partenaire reconnu de la Section économique du gouvernement militaire allemand en France dirigée par le Dr Michel. Jacques Barnaud passait, aux yeux de certains observateurs, comme le membre le plus influent de l'équipe Darlan; telle était l'opinion exprimée par le premier secrétaire de l'ambassade américaine, Freeman-Mathews, dans un télégramme adressé le 1er août 1941 au secrétaire d'État Cordell Hull, où il présentait Barnaud comme un partisan sincère de la collaboration franco-allemande dans le cadre d'une union économique européenne sous égide allemande[9].

Autre volet non moins important et tout aussi difficile à mettre en œuvre, celui de l'Information et de la Propagande, tourné celui-ci vers l'opinion française. Il est confié à un « enfant terrible » de la politique, Paul Marion, nommé secrétaire général à l'Information auprès du vice-président du Conseil Darlan.

Sa présence dans les sphères politiques de Vichy est a priori inattendue et a choqué plus d'un maréchaliste bon teint. Né en 1899, il a connu une jeunesse difficile. Son volontariat en 1918 est suivi d'un engagement pacifiste qui le fait entrer à la Section française de l'Internationale communiste (future Parti communiste) en 1921. Il y fait une ascension rapide, facilitée par la carence en cadres; directeur de l'école des cadres du parti en 1924, il entre en 1925 au comité central en même temps qu'il est porté à la direction de la propagande. Rentré désabusé d'un séjour d'un an à Moscou (fin 1927-début 1929), il est exclu du parti à l'automne 1929. Il collabore pendant quelque temps à *Notre temps* de Luchaire et à *La Vie socialiste*, organe des socialistes indépendants. Son vagabondage politique se poursuit : les Croix-de-Feu qui le déçoivent rapidement, les néo-socialistes de Déat, le PPF de Doriot entre 1936 et 1939 ; chargé des questions de propagande, il est en même temps rédacteur en chef du journal du parti, *L'Émancipation nationale*. Il quitte le Parti Populaire Français au début de l'année 1939, en désaccord avec Doriot devant « *la faiblesse de* [ses] *réactions en présence de la poussée pangermanique après Munich et des récentes provocations italiennes* », selon les termes d'une lettre qu'il lui adresse alors [10].

Mobilisé en 1939, fait prisonnier le 21 juin 1940, il est libéré le 8 janvier 1941 à la suite de plusieurs interventions, celles de Jean Luchaire mais aussi de Benoist-Méchin, Pucheu et Barnaud, appelés à entrer sous peu dans le Cabinet Darlan. Comme dans le cas de Benoist-Méchin, l'intervention décisive a été celle d'Otto Abetz qui connaissait Marion depuis 1931 et semble avoir eu des « vues » sur lui depuis l'été 1940, si l'on en juge par sa note du 25 août 1940 à Ribbentrop :

> *J'attire l'attention sur le collaborateur de Doriot, Paul Marion, dont les idées se rapprochent beaucoup du national-socialisme. Peut-être y aurait-il intérêt à réclamer Marion en vue de l'action politique* [11].

Il reste à évoquer le dernier volet, celui de la politique intérieure ; l'amiral Darlan se décharge en juin 1941 de cette fonction qu'il assumait sur Pierre Pucheu, jusqu'alors secrétaire d'État à la Production industrielle. Ce normalien (promotion de Marcel Déat), agrégé de lettres, d'origine modeste, âgé de quarante ans en 1941, a préféré à la carrière académique une entrée dans les affaires qui l'a conduit au début des années trente au Comptoir sidérurgique, qui coordonne l'exportation des aciers français, et en 1938 à la présidence de Japy Frères, renfloué par la banque Worms. Entré aux Volontaires nationaux, il a rompu avec le colonel de La Rocque qu'il juge inefficace. Il est membre de « Travail et Nation » qu'une fraction accompagne dans son ralliement au PPF de Jacques Doriot, le trésorier du PPF qu'il alimente de subsides bancaires. L'attitude de Doriot devant Munich consomme sa rupture – comme chez Paul Marion – avec lui. Après l'armistice et le vote du 10 juillet, Pucheu, qui a regagné le Jura (où est installé Japy), est nommé président du Comité d'organisation des industries mécaniques. En février 1941, il devient secrétaire d'État à la Production industrielle. Ce « fonceur » agira en politique comme en affaires dans la certitude présomptueuse qu'un gouvernement emporte la conviction des gouvernés par des mesures rapides et, au besoin, brutales.

Ces « jeunes loups » ne sont pas forcément sur les mêmes longueurs d'ondes : pour Benoist-Méchin comme pour Marion, leur certitude de la victoire allemande est fondée sur leur volonté de croire en une Europe se faisant sous organisation allemande ; Puchcu, Barnaud (auxquels on pourrait joindre François Lehideux, secrétaire d'État à la Production industrielle) agissent beaucoup plus par opportunisme, besoin d'action et goût de l'autorité. L'évolution ultérieure de Pierre Puchcu semble bien en témoigner : ainsi ses conversations avec Henri Frenay, l'un des fondateurs du mouvement Combat entre janvier et avril 1942, telles qu'il les a rapportées dans ses *Souvenirs,* destinées à « sonder » la Résistance [12].

Une collaboration tous azimuts

Entre février 1941 et avril 1942, le gouvernement Darlan déploie une activité intense, presque fébrile, au plan extérieur avec un objectif ambitieux : faire reconnaître la France par le Reich comme un partenaire à la fois loyal et actif, dans le cadre de l'Europe à direction allemande. Cette collaboration adopte une triple forme, politique, économique et militaire ; elle se développe à la faveur de rencontres ou de conventions qui s'avèrent finalement décevantes.

Jusqu'en mai 1941, non seulement le gouvernement ne parvient pas à trouver l'ouverture mais doit subir le poids renforcé de la pression économique de l'occupant qu'il s'efforce de faire évoluer en « partenariat ». C'est le rôle dévolu à la DGRE (Délégation Générale aux Relations Économiques franco-allemandes). Sa vocation est double. S'efforcer d'abord, dans un souci de coordination, de disposer d'une information regroupée sur l'ensemble des commandes passées de manière isolée par les « clients » allemands ; ces opérations avaient été considérablement facilitées par le transfert, fin mars 1941, de la délégation économique de Wiesbaden à Paris (dirigée par le Dr Hemmen) ; les services allemands étaient ainsi en mesure de traiter beaucoup plus facilement avec les industriels français, ce qui évitait une grande anarchie dans les livraisons françaises à l'Allemagne, comme le relèvent les listes dressées par la Délégation Française auprès de la Commission Allemande d'Armistice (DFCAA). Seconde préoccupation de la DGRE, rationaliser ce processus pour relancer les industries françaises et maintenir un niveau d'emploi satisfaisant. Des sociétés mixtes franco-allemandes sont créées à cette époque (tel Francolor). La France s'engage à livrer enfin du matériel roulant (Berliet, Citroën) et des moteurs (Gnome et Rhône) à l'Allemagne (les directeurs d'usines s'efforçant souvent, à ce niveau, de freiner les cadences).

Cette collaboration économique a permis, à l'occasion, à Darlan et à Laval de se revoir. Ainsi Fernand de Brinon relate-t-il qu'en avril 1941 l'amiral et son prédécesseur se sont retrouvés à déjeuner chez l'avionneur Outhenin-Chalandre, boulevard Maurice-Barrès à Neuilly [13] (le même Pierre Laval dira à son procès n'avoir plus eu le moindre contact avec Darlan après février 1941...).

Les entrevues de Berchtesgaden (11-12 mai 1941)

En dépit de tant d'efforts et de gestes de « bonne volonté », aucun signal ne venait de Berlin. L'une de ces marques de bonne volonté a été la création, le 29 mars 1941, du Commissariat Général aux Questions Juives (CGQJ), confié à Xavier Vallat. Dans les sphères vichyssoises, le doute commençait à s'installer sur la capacité de l'amiral à faire mieux que l'ancien dauphin au lendemain de Montoire.

L'ouverture s'offre soudainement avec la révolte d'Ali Rachid contre l'Angleterre en Irak, le 2 mai 1941. Dès la fin avril, l'Allemagne avait demandé à Vichy d'autoriser l'atterrissage d'avions allemands sur les aérodromes syriens et de fournir des armes à l'Irak. Le 5 mai, Darlan rencontre Abetz et apporte l'accord de principe de Pétain, moyennant un certain nombre de compensations ; c'est le « donnant donnant ». Le 7, deux délégations, l'une française l'autre allemande, se rencontrent rue de Lille, à l'ambassade. Inspirateur et agent de liaison tout à la fois, on retrouve Jacques Benoist-Méchin qui, durant le mois d'avril, a multiplié les missions entre Paris, Vichy et Berlin avec une large délégation de pouvoir. Il est aussi l'homme de la synchronisation entre l'approfondissement de la politique de collaboration et de durcissement du régime à l'intérieur, destinée à prouver à l'Allemagne que le gouvernement français cherche à entraîner l'adhésion de la population et, plus particulièrement, de la jeunesse.

Il a évoqué dans ses *Mémoires*, en termes grandioses et messianiques, la chance unique qui s'offrait à la France, en s'engageant à fond, de devenir l'alliée privilégiée de l'Allemagne face à une Angleterre promise à la défaite ; après avoir perdu la guerre, la France gagnera la paix ; en ne saisissant pas cette occasion, elle perdra la paix après avoir perdu la guerre. Pour prix de son acceptation franche d'une collaboration active, elle doit retirer, outre des aménagements de détail de l'armistice, le réarmement de certaines de ses unités.

Le 11 mai 1941, Darlan, accompagné du seul Benoist-Méchin, rencontre Hitler au *Berghof*, résidence d'été de Hitler près de Berchtesgaden, en présence de Ribbentrop et d'Abetz ; le lendemain, il est reçu en tête à tête par Ribbentrop. Darlan s'est mis, pour la circonstance, en grande tenue mais il tombe mal : Hitler a appris la veille l'envol de l'un de ses plus proches, Rudolf Hess, parti pour l'Angleterre à la veille de l'attaque allemande contre la Russie tenter d'ouvrir une négociation avec le gouvernement britannique.

A lire les comptes rendus qui ont été faits des entrevues [14], on est frappé du décalage entre l'allant et les espérances de Darlan et le réalisme détaché de Hitler. L'amiral – qui a cru habile d'introduire son propos sur « *l'honneur* » qu'il éprouve à être reçu par Hitler le jour de la fête de Jeanne-d'Arc, qui a chassé les Anglais – a présenté la collaboration comme une « *nécessité historique inéluctable* », reconnu que l'organisation d'un ordre nouveau ne pouvait être faite que par le Führer et indiqué que la politique désormais suivie en France était sous-tendue par cet objectif extérieur. En compensation, Darlan a exprimé quelques souhaits : pour prix de la défense de l'empire, le réarmement d'unités françaises et la garantie que l'Allemagne n'a pas de vues sur cet empire. Il a repris également les demandes traditionnelles de la France : assouplissement du régime de la ligne de démarcation, allégement des frais d'occupation, libération en plus grand nombre des prisonniers.

En retour, Hitler s'est lancé dans sa diatribe favorite et obsessionnelle sur les responsabilités de l'Angleterre et de la France dans la guerre et sur sa certitude de la victoire finale de l'Allemagne : il précise que celle-ci ne revendiquait rien du domaine colonial. Il n'a pas demandé à la France d'entrer en guerre contre l'Angleterre. En revanche, Ribbentrop, lors de l'entretien du 12 mai, avait exprimé à Darlan son vœu de voir la France déclarer la guerre à l'Angleterre. Hitler n'en a pas moins refusé de prendre tout engagement concret au terme d'un entretien de près de deux heures : « *Si vous donnez beaucoup, je donnerai beaucoup ; si vous donnez peu, je donnerai peu.* » Pour Benoist-Méchin, qui a assisté de bout en bout à l'entretien, c'est une amère désillusion devant des propos restés aussi généraux :

> C'était tout ? J'étais affreusement déçu. Je croyais que la discussion véritable allait enfin commencer. Mais non. C'était fini. La conférence était terminée [15].

Le voile de l'illusion se déchire, le rêve s'écroule ; Hitler n'est pas un « *fédérateur de l'Europe* », mais un banal « *César germanique* ».

Les « Protocoles de Paris » (27-28 mai 1941)

Les deux semaines qui suivent n'en sont pas moins très remplies et se concluent sur les fameux Protocoles de Paris. Le Conseil des ministres réuni le 14 mai, présidé par Pétain, avait écouté Darlan et approuvé unanimement ses déclarations. La machine se met en route du côté de Vichy. Dès le 9 mai, des éléments précurseurs allemands atterrissent en Syrie; des renforts en hommes sont acheminés avec l'accord de l'Allemagne.

La rencontre de Berchtesgaden et les conversations qui avaient suivi demandaient à être formalisées. C'est l'objet des Protocoles signés à Paris les 27 et 28 mai 1941 dont les responsables sont, au plan politique, outre Darlan, Benoist-Méchin, Brinon et Abetz, et au plan militaire le général Huntziger et le général Warlimont. L'ensemble se compose de trois protocoles et d'un protocole additionnel. Le premier concerne la Syrie et se limite à la mise en forme des accords déjà intervenus; le second, relatif à l'Afrique du Nord, entérine là encore une concession française sur l'utilisation du port de Bizerte et de la voie ferrée Tunis-Gabès (pour le ravitaillement de l'armée Rommel), moyennant un léger renforcement de l'armée française d'Afrique; le troisième permet l'accès des navires de guerre et de commerce de l'Allemagne au port de Dakar, ainsi qu'à ses avions. On relèvera que les protocoles deux et trois s'inscrivaient dans la suite des entretiens tenus les 10 et 21 décembre 1940, pratiquement entre les mêmes participants, à l'exception près de la présence de Laval. Déjà, on y avait débattu de la « protection » des colonies françaises d'Afrique du Nord et d'Afrique occidentale moyennant la révision des clauses de l'armistice. Un protocole additionnel prenant en compte, à la demande de la France, un risque de conflit armé avec la Grande-Bretagne ou les États-Unis, retardait l'application, relative à Dakar, de l'arrivée des renforts dans ce port; il prévoyait encore l'octroi de concessions économiques et politiques par l'Allemagne, concessions qui devaient permettre au gouvernement français de justifier devant son opinion publique l'octroi de celles qui pouvaient conduire à un conflit armé avec les pays anglo-saxons (lignes de démarcation, prisonniers, ravitaillement, frais d'occupation). Ce protocole additionnel est sans doute dû à Benoist-Méchin, car il entre tout à fait dans son approche des relations franco-allemandes; il a été signé, vu sa nature politique, non par Warlimont mais par Abetz. Darlan a tenté de « préparer » les Français en s'adressant à eux dans un message radiodiffusé, le 23 mai 1941, au lendemain de la rencontre de Berchtesgaden.

Ces textes, dans leur analyse littérale, révèlent un balancement constant du militaire au politique, c'est-à-dire la recherche de contreparties politiques à des concessions militaires. Ils sont révélateurs de la pensée de Darlan, légitimés à ses yeux par une donnée fondamentale : l'Allemagne a gagné la guerre sur le continent, et deux arguments connexes : la situation désastreuse de la France et le fait que l'armistice depuis le départ n'a jamais été respecté par l'Allemagne. Il ne reste, selon lui, d'autre possibilité à la France que de dépasser l'armistice à son tour par des avances de nature politique : « *La France*, déclare-t-il dans son message du 23 mai, *a choisi librement la voie dans laquelle elle s'engage.* » L'amiral Darlan – sans même qu'il soit indispensable de suspecter chez lui des sentiments personnels proallemands –, pensant jouer au plus fin, a pris un risque incalculable : celui d'inféoder la France à la politique allemande au-dehors, de la couper du monde anglo-saxon (voire de risquer un conflit), et, à l'intérieur, de l'associer à l'ordre nazi.

A la date pourtant de la signature des Protocoles, Darlan peut avoir quelque doute sur l'aptitude allemande à choisir l'entente politique avec la France, à quelque niveau que ce soit. Sur les points « de détail », Vichy n'a pratiquement rien obtenu, sinon sous forme de promesses, même si quelques milliers de prisonniers ont été libérés (comme le général Juin). Et lorsque Darlan tente de faire monter les enchères, c'est pour se voir rappeler par son partenaire qu'il n'a pas en main les moyens d'une relance suffisante. Ainsi, lorsqu'il adresse en vain, le 29 mai, une note à Abetz dans laquelle il lui demande que la presse et la radio françaises de zone nord soient, au plan politique, contrôlées par un droit de censure exercé par un représentant du gouvernement français auprès de la censure allemande [16].

C'est dire que, lorsque le Conseil des ministres se réunit à Vichy le 3 juin 1941 en présence de Weygand, l'amiral a peu de cartes en main et beaucoup de préventions contre lui. On est ici en présence de deux thèses quant à la non-exécution finale des Protocoles de Paris. Dans la première, le mérite en revient au commandant en chef des forces d'Afrique du Nord, le général Weygand. Ayant pris connaissance, de la bouche de Darlan, des accords franco-allemands, il s'est emporté violemment contre eux, refusant de s'associer à une politique de collaboration militaire avec l'Allemagne, et, finalement, quittant avec fracas la salle des délibérations. Dans l'après-midi, au cours d'une réunion autour du Maréchal et réunissant outre Weygand, le général Huntziger, l'amiral Platon et le général Laure, Weygand proposa, les Protocoles ayant été signés, de trouver une échappatoire : il serait exigé des Allemands, comme condition d'application des textes par la France, que les clauses de compensation indiquées dans le protocole additionnel fassent l'objet par le gouvernement allemand d'une mise au net détaillée. Comme celui-ci s'y refuserait, l'ensemble des Protocoles tomberait de lui-même sans que le gouvernement français puisse passer pour le responsable de l'échec.

Au cours d'un second Conseil des ministres, tenu le 5 juin, une liste aussi impressionnante qu'irréaliste de demandes précises fut arrêtée au titre des compensations, pour être soumise au gouvernement allemand. Elle allait de la suppression de la ligne de démarcation au rétablissement de l'intégrité et de la souveraineté du gouvernement sur la France tout entière et à la libération des prisonniers, en passant par la suppression totale des frais d'occupation. C'est Benoist-Méchin qui, le 6 juin, remet ce placet à Abetz... qui en connaissait déjà le contenu, Darlan l'ayant communiqué dès le 4 à Ribbentrop. Les Protocoles étaient, grâce à Weygand, tombés à la mer. La seconde thèse est tout à fait différente, mettant l'accent sur le non-intérêt montré par Hitler pour les accords en tant que tels.

Il importe ici de rappeler le contexte stratégique à l'époque de la signature des Protocoles et de ses lendemains immédiats.

Les accords Darlan-Abetz du 5 mai 1943 sur la Syrie, anticipant de trois semaines les Protocoles, avaient abouti le 9 à l'atterrissage des premiers avions allemands pour appuyer l'offensive du nationaliste Ali Rachid contre l'Angleterre en Irak. Mais l'attaque anglo-gaulliste, déclenchée le 8, tourne à la confusion des forces de Vichy ; un armistice sera signé à Saint-Jean-d'Acre entre les Britanniques et les « vichystes » le 14 juillet. La Syrie est dès lors un espoir évanoui pour Hitler. Surtout, la campagne de Russie est sur le point de s'engager, et toute l'attention de Hitler est focalisée sur ce point. Il semble acquis que les Protocoles de Paris aient été conçus hors l'impulsion personnelle de Hitler, à l'initiative d'Abetz, de Darlan et du général von Warlimont, chef adjoint de l'état-major opérationnel du haut commandement des forces armées allemandes (OKW), dirigé par le général Keitel. Peu intéressé par les aspects militaires des protocoles, Hitler était encore moins favorable au principe de contreparties politiques annexé à ceux-ci. A ses yeux, les Français avaient à faire leurs preuves avant de pouvoir espérer la moindre contrepartie. Même maintenues dans leurs termes initiaux – militaires dans les applications, politiques dans les principes –, tout laisse supposer que Hitler ne leur aurait reconnu aucune portée. Dès lors que, sous l'impulsion de Weygand, les principes se muaient en demandes concrètes, tout concourait à l'échec.

Le témoignage du général Warlimont, le négociateur militaire allemand, se révèle ici précieux en offrant l'image d'un Hitler peu soucieux, en tout état de cause, de prendre le moindre engagement envers la France :

> *Sa méfiance faisait obstacle à tout accord militaire véritable. Dans son obstination à vouloir jouer le rôle de maître absolu de l'Europe, il se refusait à s'engager si peu que ce soit sur le plan politique, alors que c'était la contrepartie exigée par les Français.*

Que pouvait-il en être dès lors qu'avec Weygand on passait des principes à l'engagement concret ?

> *Il semble bien établi que, sous l'influence de Weygand lui-même et sous la pression de l'ambassadeur des États-Unis à Vichy, l'amiral*

> *Leahy, le maréchal Pétain non plus ne se montra enclin à approuver les stipulations militaires du « Protocole de Paris », ce qui l'incita d'autant à augmenter ses exigences politiques* [17].

Ni l'état-major général (Keitel), ni celui de l'armée de terre (Jodl), pas plus que les Affaires étrangères (Ribbentrop) ne semblent de leur côté, selon Warlimont, avoir attaché le moindre intérêt à un concours militaire français jugé à la fois inutile et inefficace [18].

L'exécution des accords cesse d'être demandé par les Allemands. Ainsi, les deux thèses – non-intérêt de Hitler ou intervention décisive de Weygand – se rejoignent-elles largement. Le rôle de Weygand a été d'autant plus déterminant que, du côté allemand, n'existait aucune volonté politique. Il est toutefois juste d'accorder au général Weygand un rôle essentiel, dans la mesure où un début de collaboration militaire s'était amorcé en Tunisie et au Levant.
Il n'est pas interdit toutefois, pour en terminer avec cette affaire, de se demander dans quelle mesure Darlan lui-même, s'étant aperçu qu'il était dans une impasse du côté allemand – l'absence de tout « geste » politique de ce côté étant visible avant même ma signature des Protocoles –, ne s'est pas arrangé pour faire retomber sur Weygand la responsabilité de l'échec, le désignant par là comme l'homme à éliminer, tout en gardant en main les fils ténus de la négociation. Darlan, qui n'appréciait déjà guère Weygand, guette désormais l'occasion d'obtenir son renvoi. Épisode de ce conflit, la reprise en main par l'amiral des services de renseignements. Sous leur forme clandestine, leur action était dirigée contre l'Axe. Le général Weygand et, avec plus de réticences, le général Huntziger avaient défendu cette orientation. Darlan s'emploie dès le printemps 1941 à limiter leur liberté d'action. En août, il obtient du Maréchal la signature d'un décret plaçant les trois SR Guerre, Marine et Air, sous le contrôle d'un organe de coordination, le Centre d'Information gouvernementale, confié à des hommes sûrs. En novembre 1941, la mort d'Huntziger dans un accident d'avion et le renvoi de Weygand laisseront les mains libres à Darlan : il achèvera, au début de 1942, l'épuration des SR.
C'est que Darlan se sait toujours « marqué » par Pierre Laval qui, conservant des soutiens du côté allemand et disposant d'appuis en zone occupée, est à l'affût du premier échec de l'amiral. Dans quelle mesure, enfin, Darlan croit-il lui-même, en ce qui le concerne, en un avenir de la politique de collaboration ? Selon des propos rapportés lors du procès de Jacques Benoist-Méchin, Darlan, se confiant à de proches collaborateurs, aurait dit : « *J'ai donné, je n'ai rien reçu. On ne m'y reprendra plus.* » Il fait remettre à Abetz, le 6 juin, une note

où il subordonne l'accord militaire à l'accord politique signé le 28 mai.

La campagne de prétendant d'un ancien président

Dans les notes préparées pour son procès, Pierre Laval se montre d'une ironie cinglante pour son successeur-prédécesseur au pouvoir :

> *L'amiral Darlan est resté un an et trois mois au pouvoir et l'Allemagne a obtenu de lui des concours de caractère naval, militaire et économique que je n'aurais jamais ni proposé ni accepté de leur donner* [19].

Ce qui est se montrer trop généreux peut-être pour l'amiral et trop avare pour lui-même...
Jusqu'au printemps 1941, Pierre Laval a fait preuve d'une réserve motivée par sa méfiance envers les groupements de la collaboration parisienne et leurs chefs (en particulier Marcel Déat) et les bons rapports entretenus par les Allemands avec Darlan. Il n'en a pas moins gardé des contacts réguliers avec ceux-ci, n'ignorant pas qu'ils gardent deux fers au feu : l'amiral et Pierre Laval. Il reçoit et dîne en compagnie d'Abetz, Schleier et Achenbach, auxquels se mêlent des invités français, tels Georges Scapini, Georges Bonnet, Jean Luchaire...
Le 25 mai, il sort brusquement de son silence. Dans une interview mise sur pied avec l'aide d'une relation d'avant la guerre, le journaliste américain Ralph Heinzen, représentant de *United Press*, il expose ce qui ressemble à un authentique programme de gouvernement. Celui-ci doit reposer, non sur un simple accord de collaboration entre la France et l'Allemagne aussi vaste soit-il, mais sur un règlement d'ensemble permettant une réconciliation définitive entre les deux peuples ; les Alsaciens-Lorrains devraient pouvoir se prononcer eux-mêmes sur leur destin.
Le « plan Darlan » – que Laval connaît par Abetz – est largement dépassé. Laval évoque encore une « *paix conçue dans la justice et dans l'honneur* » permettant à la France « *de prendre hardiment* [sa] *part dans la politique de large et loyale coopération de l'Europe nouvelle* ». Le texte en fut publié dans la presse « autorisée » par l'ambassade allemande. Remanié et développé, l'appel de Laval transmis à l'ambassade fit l'objet d'une étude par Achenbach et Benoist-Méchin. On peut y voir soit un ultime moyen de pression sur Darlan et le gouvernement à Vichy pour qu'il s'engage à fond dans les Protocoles sur le point d'être signés, soit, plus vraisemblablement, une promesse ultérieure de relance des relations franco-allemandes si celles-ci devaient connaître un nouveau blo-

cage. Laval se disait assuré de son retour à la lumière d'événements décisifs devant survenir dans l'été. Plus qu'à l'opération *Barbarossa* qu'il ne pouvait pas connaître, sans doute faisait-il allusion à un plan d'opération allemand en Méditerranée, prévoyant notamment l'occupation de Gibraltar. L'interview Heinzen s'intégrait en fait dans un plan de vaste envergure visant à créer, à l'intérieur, les conditions politiques d'un retour de Pierre Laval. A Vichy, l'affaire fut peu appréciée ; la diffusion de l'interview fut interdite par la censure.

Darlan comprit très vite la manœuvre ; il vit dans l'interview de Pierre Laval la main de l'ambassade et ne tarda pas à s'en plaindre, non auprès du Maréchal, mais d'Otto Abetz. Le 27 mai 1941 – lors de la signature des Protocoles de Paris –, il a une conversation avec lui à ce sujet :

> *Certains passages me font penser qu'elle* [l'interview] *a été rédigée en accord avec l'ambassade d'Allemagne. J'en conclus que les autorités allemandes n'ont pas confiance dans mes sentiments de collaboration. Je vais donc demander au Maréchal d'accepter ma démission et de désigner Laval pour me remplacer* [20].

Mais le retour immédiat de Pierre Laval n'était pas dans les projets de l'Allemagne et Darlan gardait malgré tout sa confiance. A compter pourtant de l'échec des Protocoles – consommé, même si des conversations techniques se poursuivirent dans l'été –, l'étoile de l'amiral amorce son déclin. Absorbée par l'entreprise russe, l'Allemagne a d'autres soucis. C'est le sens des instructions que Ribbentrop adresse à Abetz à la date du 13 août 1941 :

> *Lors de votre prochaine rencontre avec l'amiral Darlan, je vous prie de lui dire approximativement ce qui suit : les opérations en cours à l'Est accaparent entièrement l'attention des personnalités dirigeantes du gouvernement du Reich. Cela explique que nous ne pouvons donner suite à l'heure actuelle au désir exprimé par l'Amiral d'obtenir un nouveau débat sur les questions pendantes entre l'Allemagne et la France* [21].

Dans le souci de rendre sa politique extérieure crédible auprès de l'occupant, le gouvernement Darlan avait engagé à l'intérieur une série de réformes allant dans le sens d'un renforcement de l'autorité et d'un accroissement de la répression, orientations aggravées par les événements extérieurs et l'évolution de l'opinion.

Deux hommes principalement ont tenté de conduire un changement en profondeur du régime : Pierre Pucheu, appuyé par Jacques Benoist-Méchin, et Paul Marion.

Investi de la confiance de l'amiral, Pierre Pucheu, ministre de l'Intérieur, entend présider à un bouleversement de fond en comble des mentalités et des comportements des Français. En juillet 1941 il a quitté, à la demande de Darlan, le secrétariat d'État à la Production industrielle pour occuper le ministère de l'Intérieur abandonné par l'amiral. Il apparaît d'emblée que le nouveau ministre ne se contentera pas d'ajustements techniques et donnera à sa fonction toute sa plénitude politique. C'est qu'aux incertitudes croissantes tenant à l'opinion s'est ajouté, en juin 1941, avec l'offensive allemande contre l'Union soviétique, un nouveau front, celui de l'opposition communiste.

*L'opinion publique dans l'été-automne 1941.
Les débuts d'une résistance*

De l'été 1940 à l'été 1941, l'opinion des Français a beaucoup évolué. Il est permis de se demander comment en période d'occupation, dans un pays partagé en zones à statuts différents, une censure souveraine et une forte surveillance de l'esprit public, il est possible de reconstituer l'état d'une opinion publique et son évolution. En fait, les sources sont abondantes; c'est plutôt leur exploitation qui pose de délicats problèmes de méthode et d'interprétation [22]. Rapports préfectoraux, notes et synthèses du contrôle postal et téléphonique, enquêtes des centrales de l'Information et de la propagande, enquêtes d'organisations telles que la Légion Française des Combattants ou la Corporation paysanne permettent de réunir une masse d'indications.

La presse elle-même, pour censurée qu'elle est, fournit une somme d'informations directes ou indirectes. La connaissance que l'on a des consignes d'orientation de la propagande [23] aide beaucoup à comprendre les craintes comme les espoirs des appareils politiques. Silences et réticences tiennent dans cette presse une place considérable qu'il faut savoir restituer. La chronique des faits divers, les rubriques sportives, les séquences culturelles fournissaient aux journalistes de relatifs espaces de liberté, fort intéressants pour le lecteur attentif [24]. Les différences géographiques (zone nord, zone sud, zone interdite) et les variations dans le temps des régimes de contrôle et des modes d'orientation doivent être pris en compte soigneusement. Comme l'écrit Pierre Albert :

> *Les journaux restent les meilleurs témoins de la vie de la période et ils offrent, malgré les déformations, les reflets les plus précis des préoccupations des Français, sinon de leurs espoirs informulés* [25].

La zone sud n'est-elle pas privilégiée dans cet ensemble ? Si, au plan de la capacité immédiate de gouverner, l'opinion en zone sud joue un rôle capital, le gouvernement de Vichy attachait une grande importance à la zone nord, dans son souci permanent d'assurer sa souveraineté effective sur celle-ci et de s'imposer face à des mouvements politiques ordonnés ou appuyés par l'occupant et à une presse que Vichy ne contrôlait pas ; toute perte de contact avec cette partie du pays était une chance supplémentaire offerte, peut-être, à ces groupements.

De l'été 40 à l'été 41, beaucoup de changements se sont produits. Ils représentent pour le régime à la fois des éléments de faiblesse mais aussi certaines bases de contre-attaque et d'espoir de reconquête. Jusqu'à l'hiver de 1940-1941, les Français, soulagés par l'arrêt des combats, ont fait massivement confiance au maréchal Pétain, beaucoup plus sans doute qu'à son gouvernement ; le pétainisme a d'abord été l'expression d'une reconnaissance ; on constate toutefois que la dureté des conditions d'armistice – un peu perdue de vue dans le soulagement de l'armistice – a été rapidement entrevue sous deux de ses modalités : la ligne de démarcation et l'absence des prisonniers. Si Montoire a été plutôt mal accueilli, le renvoi de Pierre Laval, le 13 décembre, a été bien reçu, contrebalançant l'effet désastreux produit localement par l'exode des populations lorraines. Mais l'aggravation brutale dans l'hiver des conditions de ravitaillement a été péniblement ressentie [26] : augmentation des prix quand les salaires sont bloqués à leur niveau de 1939 ; entré en vigueur en septembre 1940, le rationnement fut calculé au plus juste (1 800 calories en moyenne par adulte mais il diminuera par la suite jusqu'à 1 500-1 200 calories/jour) ; dès la fin de l'année, tous les produits principaux étaient rationnés : viande, produits laitiers, matières grasses, sucre, produits céréaliers, légumes secs ; fruits, légumes frais, œufs le furent à partir du printemps 1941, selon les décisions préfectorales. Les habitants du Nord souffrent particulièrement. L'apparition du marché noir révèle l'inégalité des Français en fonction de leurs capacités financières, de leur domiciliation, de leur activité professionnelle.

La politique officielle de collaboration est peu populaire dans une opinion qui, pour le gouvernement, a déjà oublié la défaite et se montre inconsciente devant le poids de l'Occupation. Cette politique est vue, de surcroît, comme peu efficace : Montoire n'a pas été couronné des promesses entrevues. La zone libre, moins germanophobe dans un premier temps que la zone occupée, rejoint celle-ci à partir du printemps 1941. Mers El-Kébir et Dakar n'empêchent pas une majorité de se montrer anglophile et de souhaiter la victoire de l'Angleterre. La radio anglaise comme les émissions françaises de la BBC sont très suivies, de même que la radio de Sottens. La guerre germano-soviétique qui éclate en juin 1941 est bien accueillie dans les deux zones ; elle paraît éloigner la France de l'épicentre des hostilités et préluder à un épuisement de l'Allemagne.

Les premières formes d'une opposition organisée se manifestent souvent également à cette époque. Venue des milieux de la gauche intellectuelle antifasciste, elle est à la fois politique et antiallemande, plus précoce et plus active souvent en zone sud qu'en zone nord.

Cet ensemble de données convergentes indéniables aurait pu paraître presque décourageant pour un gouvernement aspirant à la représentativité sur l'ensemble du pays. La réalité est toutefois plus complexe ; Darlan, Pucheu ou Marion croyaient en des possibilités de reconquête, compte tenu de certaines autres particularités de l'opinion. Celle-ci demeure encore antiparlementaire dans sa grande majorité, ce qui facilitera l'application de mesures dirigées contre les partis politiques par Pierre Pucheu. L'antisémitisme reste assez répandu pour que le second Statut des Juifs (2 juin 1941) ne rencontre pas plus d'hostilité que le premier. L'éclatement de la guerre germano-soviétique, s'il satisfait globalement les Français, entraîne deux effets connexes : le sentiment que la guerre sera longue encore, la renaissance de l'anticommunisme et la division de l'esprit public en dépit des efforts du Parti communiste d'élargir sa base et son rayonnement en lançant un « Front national » dès le 15 mai 1941. Le premier attentat commis en France contre un officier allemand intervenu le 21 août 1941 entre directement dans cette stratégie d'unanimisme national contre l'occupant.

Il faut rappeler encore ce fait important : l'essor d'une opposition et la montée d'une résistance se font parfois sans rupture avec l'idéologie de Vichy ou avec l'acceptation d'une partie de celle-ci ; on peut en juger à travers les itinéraires d'hommes et de femmes comme Gilbert Renaud (Rémy), François Mitterrand, Henri Frenay, Maxime Blocq-Mascart, Georges Loustaunau-Lacau, le général de La Laurencie, Marie-Madeleine Fourcade, ou encore le commandant Paillole (2e bureau) ou le colonel Rivet (SR) ; le mouvement *Défense de la France*, fondé par Philippe Vianney, relève des mêmes orientations. Leur rupture avec Vichy s'opérera progressivement, pour des raisons avant tout patriotiques, en relation aussi avec l'amorce d'une fascisation du régime au cours de l'étéautomne 1941. C'est ce qui différencie cette résistance intérieure de la résistance extérieure, comme l'orientation de la première plus tournée que la seconde vers une réflexion sur les causes morales et sociales de la défaite, qui la rapprochaient en revanche des écoles de cadres du régime [27]. Dernier atout du gouvernement : le maintien du Maréchal à un niveau de popularité personnelle élevé, même soumis à certaines vicissitudes ; qu'il apparaisse solidaire des politiques suivies à l'intérieur est la clef de la réussite de celles-ci.

Complexes et mouvantes, c'est sur ces données d'opinion publique que l'équipe Darlan, Benoist-Méchin, Pucheu, Marion prétend s'appuyer – quand il est encore temps à leurs yeux – pour une véritable refondation du régime sur des bases autoritaires.

Où l'on reparle du parti unique

Autorité, union nationale et politique sociale, tels sont les éléments clefs de la politique voulue par Pierre Pucheu. Il s'en est ouvert au journaliste et écrivain Ramon Fernandez :

> *Le rôle essentiel du ministre de l'Intérieur aujourd'hui, c'est de préparer pour la compréhension du nouvel État français un très large courant populaire dans toutes les classes de la nation, qui donne une base solide à la politique du Maréchal. Je pense qu'on pourrait tout de même réunir les Français dans une unanimité suffisante, fût-elle même le fait d'une minorité, mais d'une minorité puisée dans toutes les classes de la nation... Ici intervient en première ligne le délicat problème des rapports entre les partis politiques anciens et le parti unique futur* [28].

Le grand mot, pour la seconde fois depuis l'été 1940, est lâché : « parti unique ».

Dans l'histoire du gouvernement de Vichy, c'est un tournant décisif : le passage de la recherche de l'unanimité nationale – par la persuasion autour d'un chef charismatique – à la volonté d'obéissance – par l'autorité renforcée et la fusion contrainte des forces politiques.

A cette conversion il fallait une caution prestigieuse, une voix autorisée, celle du maréchal Pétain.

Le 12 août 1941, à l'entracte d'une représentation de *Boris Godounov* au Grand Casino, un long message aux Français du maréchal Pétain est diffusé :

> *J'ai des choses graves à vous dire. De plusieurs régions de France, je sens se lever un vent mauvais. L'inquiétude gagne les esprits, le doute s'empare des âmes. L'autorité de mon gouvernement est discutée... Le trouble des esprits n'a pas sa seule origine dans les vicissitudes de notre politique étrangère. Il provient surtout de*

> *notre lenteur à construire un ordre nouveau, ou plus exactement à l'imposer* * [29].

Suivait l'énumération de douze décisions exceptionnelles – les douze travaux d'Hercule ? – exécutables sans délai, sur lesquelles nous reviendrons.

En cuisine politique, la recette d'un parti unique demande au départ, en dehors du tour de main, plusieurs ingrédients : une propagande adaptée, des cadres spécialisés, une jeunesse encadrée.

Il faut y ajouter, dans le cadre de 1941, un liant sous la forme d'une coordination poussée entre les deux zones, entre Vichy et Paris, à l'initiative de Benoist-Méchin. Elle s'établit dans le prolongement des conversations entre organismes et personnalités des deux zones, entamées à l'occasion de l'élaboration des Protocoles de Paris ; elles ont donné naissance, le 18 juillet 1941, à la création de la Légion des Volontaires Français contre le Bolchevisme (LVF) qui avait étendu sa propagande à la zone sud, sans pouvoir obtenir toutefois de Darlan et de Pucheu un engagement formel du gouvernement de Vichy. Marcel Déat rapporte encore qu'en septembre 1941 le comité directeur du Rassemblement National Populaire (RNP) espérait constituer un « Comité interzones », dont le Maréchal occuperait la présidence et où figureraient notamment Eugène Deloncle, Pierre Pucheu et Jacques Benoist-Méchin [30]. Le projet n'aboutit toutefois pas en raison à la fois des réserves de Vichy et de la politique allemande du « diviser pour régner ». Par ce jeu à haut risque, Vichy restait fidèle à sa stratégie d'extension de son autorité réelle en zone nord ; pour les groupements parisiens, c'était l'occasion de faciliter le renforcement de leur influence sur Vichy.

Pour les partisans d'un travail gouvernemental unifié, le constat le plus cruel résidait dans la carence en cadres. Ce qui posait le double problème des partis politiques et de la Légion Française des Combattants.

Le message du « vent mauvais » du 12 août 1941 annonçait douze mesures d'exception. La première concernait les partis : restés jusqu'alors en zone libre parfaitement légaux et libres de se réunir (ils ont été dès le départ interdits par l'Allemagne en zone occupée), il leur est interdit désormais de tenir ses réunions publiques ou privées. Ils sont invités fermement, par un communiqué officiel, à se ranger derrière le chef de l'État sous peine de dissolution immédiate.

Pour l'instant, force était à Pierre Pucheu de se tourner vers les deux plus gros réservoirs en hommes qu'étaient le Parti Social Français (PSF) du colonel de La Rocque (devenu en juillet 1940 le Progrès social français) et la Légion Française des Combattants. La

---

* Souligné par nous.

démarche faite auprès du colonel de La Rocque par Pierre Pucheu était aussi difficile à celui-ci que satisfaisante pour l'amour-propre du colonel, qui voyait venir à lui un homme à la fois solliciteur et menaçant, un ancien transfuge du PSF. La Rocque avait été délibérément tenu à l'écart par le régime depuis sa création. La création de la Légion, proche des idéaux du PSF, lui était apparue comme une sorte de trahison. Depuis lors, La Rocque et son mouvement occupaient une position difficile : pétainiste et hostile de ce fait à la « dissidence gaulliste », opposé à toute politique de concession à l'Allemagne, partisan d'une Révolution nationale mais critique envers ses gouvernements et leurs politiques. Sa force résidait en ceci que le PSF avait conservé la quasi-totalité de ses adhérents d'avant-guerre (autour d'un million de personnes)[31].

L'entrevenue eut lieu le 18 septembre 1941, non au ministère de l'Intérieur par déférence envers La Rocque, mais à *l'hôtel des Lilas* en présence de Charles Vallin. Pucheu présenta adroitement l'affaire : dans le souci du gouvernement, face aux insuffisances de la Légion, de donner au régime le support militaire qui lui faisait encore défaut, il lui fallait constituer une sorte de parti unique. Pour cela, il comptait emprunter deux voies : d'abord modifier la nature et les activités de la Légion ; ensuite dissoudre les partis. La dissolution des partis entraînait automatiquement celle du PSF, reconnu par Pucheu comme le seul existant véritablement en zone sud (« *les autres, c'est de la poussière* »). Si les mesures relatives à la Légion ne pouvaient a priori déplaire au colonel – qui détestait le mouvement et ses dirigeants –, c'était beaucoup exiger de lui que d'accepter la dissolution de son cher PSF. Sans rompre brutalement, il exprima à Pucheu l'impossibilité pour lui d'approuver le projet du secrétaire d'État à l'Intérieur[32]. De cette menace commune visant le PSF et simultanément la Légion, il résultera un bref rapprochement entre Pétain et La Rocque, ce dernier entrant au Cabinet du Maréchal en qualité de chargé de mission à la fin du mois de septembre 1941. Aucune véritable collaboration ne put toutefois jamais se faire entre le PSF et la Légion – qu'avait un moment rapprochés la « menace Pucheu ».

La création du Service d'Ordre Légionnaire (SOL)

Le refus du PSF (même si la menace d'une dissolution planait sur lui) plaçait en première ligne la Légion Française des Combattants, seul autre grand réservoir disponible de cadres, de militants, de troupes.

Elle fait l'objet, tant de la part de Darlan que de Pucheu, de jugements sévères. Dans son *Journal*, le général Laure, secrétaire général de la Légion (et ancien secrétaire général du chef de l'État français), rapporte un entretien avec l'amiral Darlan en date du 19 mars 1941. Celui-ci rentre de Paris où il a rencontré Abetz :

> *Nous avons aussi abordé certains problèmes de politique intérieure touchant au raffermissement de l'autorité. Mon interlocuteur m'a laissé entendre le vœu que la Légion cessât de lui apparaître comme un ramassis informe de réactionnaires – selon l'expression qui lui est chère – et lui apportât désormais son concours le plus entier* [33].

C'est le moment ou précisément, après un départ assez lent et incertain, la Légion Française des Combattants est en pleine affirmation. Fondée par la loi du 29 août 1940, elle opérait le regroupement autoritaire des associations d'anciens combattants, les « jeunes » de 1939-1940 pouvant, à certaines conditions, y adhérer. Organisé en unions départementales, placé sous la présidence du maréchal Pétain en sa qualité de chef de l'État, c'est un mouvement très hiérarchisé et centralisé, aux membres dirigeants nommés. La Légion n'est autorisée toutefois, par l'occupant, à fonctionner qu'en zone sud (soit quarante-huit départements totalement ou partiellement « libres »). Mainteneurs du culte des valeurs nationales, les légionnaires sont mis au service de la diffusion des principes de la Révolution nationale... et de la surveillance de l'opinion.

La légion a dû, au cours de l'hiver 1940-1941, lutter contre le Conseil national (Pierre-Étienne Flandin) et le projet de Comité de Rassemblement pour la Révolution nationale (du Moulin de Labarthète), qui risquaient de la déposséder du monopole de la représentation nationale à laquelle elle aspirait. C'est seulement le 26 février 1941 qu'une instruction gouvernementale apporte la pleine reconnaissance officielle de l'État que la Légion attendait et qui l'associe à l'action de celui-ci en termes mesurés, il est vrai. Le nombre des adhérents passe de cinq cent mille environ en février 1941 à près d'un million deux cent mille à l'automne. En mars 1941, François Valentin est nommé directeur général avec autorité effective. Forte de cette progression et de l'officialisation de son rapport à l'État, de nombreux responsables départementaux et locaux se transforment en surveillants de l'administration, en inquisiteurs et épurateurs, réveillant les vieilles querelles locales, assaillant préfets et sous-préfets de réclamations, dénonciations et récriminations. Invité à prononcer une conférence autorisée à Nice le 21 mai 1941, André Gide reçoit une lettre d'avertissement de la section de propagande de l'union départementale des Alpes-Maritimes ; Maurice Martin du Gard et André Malraux le dissuadent de prononcer le texte arrêté de sa conférence [34].

De ces excès, Darlan, qui, pas plus que Laval, n'a jamais aimé la Légion, tire deux enseignements : la politique partisane de la

Légion gêne sa politique qui suppose unité, rassemblement et discipline ; l'action, au plan local, des légionnaires est une gêne pour les préfets et entraîne le trouble dans l'opinion. En même temps, ces abus lui fournissent le prétexte recherché : garder la Légion et ses gros effectifs, mais la transformer dans le sens de ses desseins. Ainsi écrit-il dans une note adressée à Pétain sur cette « *Légion mal fichue* » :

> *Dans sa forme actuelle, la Légion ne représente pas le pays... Elle n'est en fait qu'une minorité de la Nation... Rien de solide ne peut être fait sans les Anciens Combattants. Il convient donc d'adapter sa forme et son rôle.*

Du printemps 1941 au début de l'année 1942, l'offensive gouvernementale en direction de la Légion, en vue de la transformer en parti unique, a revêtu deux grandes formes : restructuration de la direction politique de la Légion, dégagement d'un noyau légionnaire dur.

Dès le printemps 1941, Paul Marion, secrétaire général à l'Information, avait sollicité son adhésion à la Légion (bien qu'il ne remplît pas les conditions requises) ; il y entre en août et s'introduit rapidement dans les sphères dirigeantes. En août, il pose le problème de la direction politique du mouvement qu'il juge nécessaire de restructurer et de resserrer en prévision d'un élargissement de la Légion en direction des non-combattants ; c'est pour Marion une étape dans la création d'un parti unique, dont la Légion nouvelle serait le noyau catalyseur.

L'homme clef de cette politique d'entrisme gouvernemental est Jean Gattino. Ancien membre de l'Action française, il joue, sans mandat précis, le rôle d'un directeur officieux de la propagande légionnaire. Sa grande idée : la mise sur pied de « petits groupes légionnaires », groupements activistes au sein de la masse légionnaire pour ordonner celle-ci et en dégager une minorité agissante. En mai 1941, sans mandat, il passe trois semaines à Paris où il soumet aux autorités allemandes un plan de réforme de la Légion en vue de son extension à la zone nord. Il propose à François Valentin la constitution d'un « Bureau politique » chargé de l'impulsion : par sa composition, c'est un amalgame d'éléments vichyssois modérés (François Valentin, du Moulin de Labarthète), de membres vichyssois autoritaires et fascistes (Marion, Chasseigne) et de représentants du clan parisien collaborationniste (tel Armand Petitjean, normalien et ancien membre du PPF de Doriot). Le colonel de La Rocque y délègue son lieutenant, Charles Vallin, à la fois pour observer et pour parer à la menace de dissolution du PSF. Tout en parvenant à faire écarter la presque totalité des candidats de Marion, François Valentin ne peut empêcher, en septembre 1941, la mise sur pied d'un « Comité civique », amalgame d'éléments modérés et d'éléments engagés (le plus notable est Joseph Darnand, chef de l'union départementale de la Légion pour les Alpes-Maritimes).

Démarche concomitante : extraire de la gangue légionnaire les filons d'une élite légionnaire. Le 5 mai 1941 (demande renouvelée le 27 août), Pierre Pucheu, qui vient d'hériter de l'Intérieur, adresse à tous les préfets une circulaire les invitant à dresser le fichier de tous les membres de la Légion investis dans les départements de fonctions de responsabilités aux niveaux fonctionnels et territoriaux (plus de vingt mille cadres)[35]. Il s'agit tout à la fois d'épurer et de promouvoir. Étaient demandés, notamment, pour chaque cadre dirigeant : les mandats publics exercés avant et depuis le 1er août 1940 ; les partis, groupements et sociétés secrètes auxquels l'intéressé avait appartenu avant le 1er août 1940 ; l'activité politique de l'intéressé avant – et après – le 1er août 1940.

La loi du 18 novembre 1941 crée la Légion Française des Combattants et des Volontaires de la Révolution Nationale : elle officialise la collaboration de la Légion à l'œuvre des pouvoirs publics et crée, à côté des anciens combattants, une catégorie nouvelle de légionnaires, les Volontaires de la Révolution nationale, ouverte à tous les candidats présentés par deux parrains. Le vice-président du Conseil assure désormais en personne le « contrôle » de la Légion. Au terme de cette réorganisation, on peut découvrir deux structures superposées de « volontaires nationaux », l'architecture d'un parti unique se superposant à la cellule dévitalisée d'une Légion traditionnelle d'anciens combattants vouée au culte du souvenir.

Une ultime pression est exercée sur Vichy fin 1941 par les autorités d'occupation et les groupements soutenus par eux, avec l'assentiment de Pucheu : laisser reprendre en zone nord leurs activités – et débloquer leurs avoirs – aux associations dissoutes avec la création de la Légion en août 1940, mais reconnues en zone occupée par les autorités allemandes ; fort hostiles à la Légion, leurs dirigeants représentaient un moyen de pression supplémentaire sur Vichy. Que les autorités allemandes aient suivi l'entreprise et pesé sur elle est attesté par l'épisode suivant. Un journal allemand, la *Kölnische Illustrierte Zeitung* (qui s'était déjà signalé en dénonçant le caractère réactionnaire du régime) publiait dans son numéro du 23 octobre 1941 un article intitulé : « La Légion française » ; il était accompagné d'une dizaine de photographies représentant, les unes, les légionnaires bras tendu, prêtant le serment légionnaire en présence du Maréchal, les autres, des rassemblements de la LVF. Sous-titre général : « *La Légion française est debout avec l'Allemagne, elle combat l'ennemi de l'Europe.* » Confusion volontaire qui conduisit Pétain à adresser à Darlan une vigoureuse lettre de protestation[36].

La dernière étape dans cette transformation autoritaire de la Légion en mouvement à vocation unique se joue au début de l'année 1942. Elle est annoncée dans la longue lettre que le maréchal Pétain adresse à François Valentin, le 18 décembre 1941 [37]. Y figurent un véritable désaveu et un constat d'échec de l'action légionnaire depuis sa création :

> *Substituer de nouveaux cadres aux anciens dans un pays où l'administration ne se trouvait pas organiquement transformée et où n'existait pas encore une mystique nouvelle ne servait pratiquement qu'à donner l'impression d'un simple changement d'équipe.*

A la suite, l'appel à un nouveau centre d'impulsion et à une mutation du mouvement :

> *C'est au gouvernement qu'il appartient de préparer et de réaliser les modifications nécessaires... Du rassemblement effectif des anciens combattants, il faut passer à la constitution de cellules actives qui... puissent permettre la détection et l'éducation des futures révolutionnaires nationaux.*

Sur la fin, le ton se veut rassurant :

> *La nouvelle Légion ne saurait être l'instrument d'une pensée ou d'une politique totalitaire... Or,* [le] *régime ne sera pas totalitaire.*

A travers cette mutation de la Légion, c'est bien la fin du premier Vichy qui se dessine. L'action d'imprégnation, d'orientation du corps social est relayée par une pratique politique résolument autoritaire et sociale avec le lancement, à la même époque, de la Charte du Travail. Darlan – promu en février 1942 successeur éventuel du Maréchal – est devenu à cette date le vrai chef de la Légion.

Par une instruction, enfin, du 12 janvier 1942 est créé le Service d'Ordre Légionnaire (SOL). Organisé d'abord au plan départemental (Alpes-Maritimes, Haute-Savoie et Haute-Garonne) depuis l'été 1941, on trouve à son origine Joseph Darnand, chef de la Légion des Alpes-Maritimes et chef régional pour le sud-est de la France. « Repéré » par Darlan venu à Nice en septembre 1941, Darnand s'installe à Vichy au début de l'année 1942, appuyé à fond par Pucheu qui a sur lui une forte emprise.

L'investiture officielle du premier SOL de France a lieu à Nice, aux arènes de Cimiez, le 22 février 1942. Leur chef, Joseph Darnand, énumère les vingt et un points du mouvement, qui reste officiellement rattaché à la Légion ; les quatre derniers se prononcent contre « *la dissidence gaulliste, le bolchevisme, la lèpre juive, la franc-maçonnerie païenne* ».

La réorganisation policière

Pucheu procède encore à une profonde réorganisation des services de police, qui subsistera après la Libération. Les polices municipales – dont les carences et les abus, il est vrai, étaient graves – sont intégrées dans la police nationale. La gendarmerie mobile est remplacée par les Groupes Mobiles de Réserve (GMR), appelés à devenir les CRS. Créés en avril 1941, les intendants de police concentrent les pouvoirs de police sous l'autorité d'un secrétaire général pour la police. Si ces réformes s'inscrivent dans un projet de rationalisation et de réforme à long terme, elles ne peuvent être dissociées de la conjoncture qui pousse au renforcement de l'exécutif. Beaucoup plus conjoncturelle apparaît la création d'une police antijuive.

Pierre Pucheu échouera en revanche dans sa tentative pour intégrer la préfecture de police de Paris dans la Sûreté nationale, c'est-à-dire de la placer sous les ordres directs du ministre de l'Intérieur, devant les oppositions rencontrées au Conseil national et chez les élus parisiens.

Vers une propagande unifiée ?

A côté de la tentative de mise sur pied d'un parti unique – qui n'a finalement avorté que par les résistances du PSF et des chefs de la Légion et qui n'a donné naissance qu'au seul Service d'Ordre Légionnaire –, une autre tentative d'organisation unifiée a concerné la propagande.

C'était le domaine de Paul Marion, nommé secrétaire général à l'Information dans le Cabinet Darlan du 26 février 1941. Ses intentions tenaient en deux points : unification et réorganisation de la propagande ; création d'un organisme unique chargé de la propagande et étendu aux deux zones. Cette dernière préoccupation répondait à l'attente de l'occupant en zone nord, comme l'atteste ce télégramme d'Abetz à Ribbentrop, peu avant l'entrée en fonctions de Marion :

> ... Il va être possible d'étendre de plus en plus la propagande que nous désirons à des organisations françaises contrôlées au point de vue politique par l'Ambassade sans qu'elles s'en doutent [38].

Arrivé à Vichy, Marion – placé sous l'autorité de Darlan – découvre une complète anarchie dans le domaine de l'information, anarchie qu'explique la création tardive en France d'un ministère spécialisé (1er avril 1940, en faveur de Ludovic-Oscar Frossard puis de Jean Prouvost) [39]. Pas moins de quatorze organismes s'occupent d'information et de propagande [40].

Dans son travail de réorganisation, Marion est épaulé par François Chasseigne, nommé chargé de mission auprès de lui. Né en 1902 à Issoudun, il est, lui aussi, un transfuge du Parti communiste auquel il a adhéré en 1923. Rédacteur à *L'Humanité*, adjoint de Doriot, il quitte le parti en 1929 et se fait élire en 1932 sous l'étiquette du parti Pour l'Unité Prolétarienne (PUP), qui est la cellule d'accueil des exclus du PCF ou de ceux qui l'ont quitté. Réélu en 1936, il a adhéré en 1937 à la SFIO. Il a voté les pleins pouvoirs au Maréchal le 10 juillet 1940 [41].

Ils devaient se heurter aux mêmes problèmes de cadres que Pucheu dans son entreprise de regroupement politique. Marion a beau lancer, en avril 1941, un « Comité central de propagande sociale du Maréchal » et nommer des délégués départementaux, les ressources humaines n'existent que dans les groupements, mouvements ou associations forts de leur antécédent. En première ligne, ici encore, la Légion qui fit l'objet de diverses tentatives de détection et de débauchage de ses propres délégués à la propagande. La circulaire de Darlan aux préfets – signalée plus haut – poursuivit également ce but. Les résistances rencontrées furent, là encore, celles du PSF et de la Légion. Leur obstruction joua un rôle déterminant dans le plan de dépassement politique par la mise sur pied d'un parti unique.

L'offensive gouvernementale sur la jeunesse

Avec le projet politique et celui d'une propagande centralisée, la jeunesse fut l'objet de la troisième grande opération du groupe Darlan-Pucheu-Marion. L'entreprise devait se faire en deux temps : d'abord un regroupement, puis une fusion des mouvements de jeunesse en un mouvement de jeunesse unique.

Le régime de Vichy a, dès le départ, attaché une grande importance au problème de la jeunesse [42]. Deux soucis essentiels dominaient : reconnaître, au niveau gouvernemental, une place spécifique aux questions de jeunesse ; laisser toutefois un large champ aux initiatives collectives, ce qui laissait une large place aux mouvements de jeunesse chrétiens, reconnus et généreusement subventionnés. Le secrétariat général à la Jeunesse (SNJ) lui-même fut largement animé par des responsables catholiques ayant l'expérience de ces problèmes [43]. C'est un des fondements des rapports idylliques entretenus dans un premier temps entre le gouvernement de Vichy, l'Église et le monde catholique.

Ce paysage initial commence à évoluer au printemps 1941. En bon radical hostile à l'extension de l'influence de l'Église dans la société, Darlan démantèle (loi du 23 avril 1941) le secrétariat général à la Jeunesse ; jusqu'alors pratiquement autonome, il est rattaché directement au secrétariat d'État à l'Éducation nationale dirigé par Jérôme Carcopino. L'offensive laïque est relayée par l'offensive des milieux activistes de Paris, poursuivie à Vichy par Pierre Pucheu, soucieux d'étendre son autorité sur la jeunesse. Marion et Chasseigne, dans le même temps, s'efforçaient d'étendre leur emprise sur le mouvement « Compagnons » dirigé par Henri Dhavernas ; mais l'entreprise tourna court et le SNJ lui-même, sous l'action d'Henri Massis (chargé de mission), fut finalement placé directement sous l'autorité de Pétain.

Il restait toutefois un énorme vivier de jeunes non encadré par les mouvements d'essence catholique : 85 pour cent environ du total ; la Légion s'interdisant d'entrer en conflit ouvert avec l'épiscopat (en dépit de quelques escarmouches) et n'ayant guère les moyens de « mordre » sur l'autre jeunesse, une large brèche s'offrait aux éléments les plus activistes de Paris et de Vichy.

Au sein de la Légion eurent lieu de vifs affrontements entre les dirigeants de celle-ci et les agents gouvernementaux, pressés d'engager la Légion dans une mission d'encadrement autoritaire de la jeunesse. L'année 1941 se termina sans qu'il ait été finalement tranché entre les deux formules : jeunesse unique ou formulation civique respectant l'autonomie des mouvements existants.

L'historique, brièvement retracé, de ce triple durcissement du régime, du printemps à l'automne 1941, aux plans politiques, de la propagande et de la jeunesse, révèle une donnée forte : l'État nouveau est bien parvenu à un tournant : la formule d'un relatif pluralisme et d'une volonté politique ne confinant pas à l'engagement totalitaire semble, aux yeux de beaucoup, avoir vécu.

Quelques grands enseignements peuvent être dégagés de ces épisodes.

D'une certaine manière, Darlan et ses hommes ont cru pouvoir jouer au plus fin avec les Allemands, tout en partageant leur croyance en leur victoire jusqu'à une date avancée. Ils ont recherché dans cette entente un relâchement de la pression de l'occupant, l'espoir de conditions de paix meilleures, l'extension enfin de leur souveraineté réelle sur la totalité du pays. Cette politique a débouché sur des ambiguïtés et des malentendus.

Les autorités d'occupation, échaudées par l'affaire du 13 décembre, n'ont en fait jamais accordé leur confiance sans réserve aux dirigeants français, dont ils n'ont cherché qu'à « piloter » les dangereuses initiatives d'une politique de mouvement. Ambiguïté à l'intérieur du pays aussi ; dans la classe dirigeante d'abord, dont les affrontements et les déchirements confirment bien l'existence encore d'un Vichy pluraliste au plan politique et idéologique comme dans la manière de se situer dans le post-armistice (les échanges, souvent vifs, au Conseil national en témoignent); dans l'opinion aussi, de plus en plus hostile au gouvernement et conservant sans doute plus de respect pour l'homme Pétain que de confiance intacte dans les politiques qu'il couvre finalement. Et cela au moment où l'opération *Barbarossa* amorce l'écriture d'un nouveau scénario de guerre et où l'occupant se fait de plus en plus brutal. Après l'attentat de Fabien, le 21 août 1941, les Allemands inaugurent la politique des otages, appelée à devenir le plus atroce des chantages. Pour Vichy, certains appuis essentiels deviennent plus problématiques. Les premières réserves sont tombées de la bouche de membres d'un épiscopat jusqu'alors fort empressé : tout empiétement de la part de l'État sur les mouvements d'Action catholique se heurterait à un refus de l'Église (janvier 1941); il est recommandé aux prêtres anciens combattants de décliner toute participation aux fonctions actives dans la Légion (octobre 1941).

Le durcissement de l'action gouvernementale au cours de l'année 1941 a, enfin, mis en place des structures et élaboré des textes appelés à demeurer dans un contexte de plus en plus dramatique. Le renforcement de la machine administrative et la multiplication des textes répressifs préparent la coopération d'autorités administratives et policières françaises avec les autorités d'occupation, comme l'ouverture (ainsi à Drancy) de nouveaux camps d'internement dont les Juifs représenteront souvent le plus important de la population et qui seront l'antichambre de la déportation. La création du Service d'Ordre Légionnaire prépare le lancement de la Milice française.

Les mesures d'exception et le renforcement de la politique antisémite

Elles font presque toutes l'objet du message du « vent mauvais » prononcé le 12 août 1941 par Pétain. Parmi les douze décisions annoncées, cinq se rapportaient directement à des mesures d'exception : suspension de l'activité des partis politiques; suppression de l'indemnité parlementaire; sanctions disciplinaires contre les fonctionnaires coupables de fausses déclarations en matière de sociétés secrètes, et interdiction de toute fonction publique aux titulaires des hauts grades maçonniques; création d'un Conseil de justice politique « *pour juger les responsables de notre désastre* »; prestation de serment de tous les ministres et hauts fonctionnaires. Ces prestations de serment auront lieu à partir du mois de janvier 1942 (membres du gouvernement, fonctionnaires civils et militaires), février (préfets). La prestation de serment s'accompagnait d'un acte écrit et signé. Les conseillers d'État avaient été les premiers à devoir prêter le serment, dès le 19 août 1941. Ce serment est un serment *personnel*, prêté au seul maréchal Pétain en sa qualité de chef de l'État. Qu'il y ait eu là le souci d'empêcher – ou de retarder – certaines dérives est probable, mais quelle capacité de les retenir avait un homme qui, à cette date, a révélé les limitations profondes à ses possibilités réelles d'action et de réaction ? Les autres mesures annoncées – doublement des moyens d'action de la police, création d'un cadre de commissaires du pouvoir, accroissement des pouvoirs des préfets régionaux – vont dans le sens d'un renforcement des pouvoirs de l'autorité *gouvernementale*, dont le Maréchal est en passe d'être totalement dessaisi.

L'année 1941 a vu encore le renforcement de la politique antisémite du gouvernement de Vichy. Elle s'inscrit dans la deuxième phase de la politique antisémite de Vichy ; succédant à une première phase ouverte par le premier Statut (2 octobre 1940), elle se prolongera jusqu'à l'été de 1942.

Le 29 mars 1941, la création du Commissariat Général aux Questions Juives (CGQJ), rattaché à la vice-présidence du Conseil, semble avoir répondu directement à une demande allemande venue de Dannecker, conseiller du Service de Sécurité (SD) pour les questions juives, et transmise par Abetz à Darlan en mars 1941. Vichy accepte le projet à condition que le CGQJ ait autorité sur les deux zones et surveille l'application des lois antijuives. Cette permanence de la préoccupation de Vichy d'asseoir son autorité sur les deux zones le conduit à calquer en zone nord son attitude sur celle des autorités d'occupation et à conserver l'autorité sur l'« aryanisation » des biens juifs dans l'ensemble du pays. Xavier Vallat, nommé par Vichy à la tête du Commissariat, n'était pas le candidat des Allemands ; ayant sollicité son départ de la direction du secrétariat général aux Anciens Combattants, ils pouvaient difficilement s'opposer à la nomination d'un antisémite de conviction et de doctrine. Les missions du Commissariat : tenue des fichiers, administration des biens juifs, contrôle de l'application du Statut d'octobre 1940, établissement des bases d'arrestations et d'internements. Le 14 mai a lieu la première rafle de Juifs étrangers et apatrides ; près de quatre mille juifs sont internés dans les camps de Pithiviers et de Beaune-la-Rolande.

Le 2 juin 1941, publication du deuxième Statut des Juifs, destiné à l'ensemble du pays. Remplaçant le premier Statut (2 octobre 1940), il donne du Juif une définition qui ajoute à la notion de race (« *être issu d'au moins trois grands-parents de race juive ou de deux seulement si son conjoint est lui-même issu de deux grands-parents de race juive* ») celle de religion (« *celui ou celle qui appartient à la religion juive ou y appartenait le 25 juin 1940 et qui est issu de deux grands-*

parents de race juive »). Par rapport au texte d'octobre 1940, le second Statut s'étend des fonctions de l'État aux professions libérales, commerciales, industrielles ou artisanales, interdites aux Juifs. Les sanctions pénales prévoyaient emprisonnements et amendes, sans préjudice du droit d'internement dans un camp spécial, « *même si l'intéressé est français* ». Promulguée le même jour, une autre loi prévoit le recensement des personnes et des activités des Juifs de zone sud, sur la base de déclarations remises par les intéressés. Cette mesure est le pendant, pour la zone sud, du recensement ordonné en zone nord par l'ordonnance allemande du 27 septembre 1940. L'aryanisation économique, enfin, est étendue à cette même zone par une loi du 22 juillet : elle prévoit la nomination d'un administrateur pour tout bien juif (entreprise, immeuble, bien meuble). Le service du contrôle des administrateurs provisoires est placé sous l'autorité du Commissariat Général aux Questions Juives [44]. Le produit de la vente d'un bien juif était versé au nom du propriétaire juif à la Caisse des Dépôts et Consignations (moins 10 pour cent réservés au CGQJ).

Le 29 novembre 1941 était instituée l'Union Générale des Israélites de France (UGIF), divisée en deux sections, pour chacune des deux zones. Elle a pour objet « *d'assurer la représentation des Juifs* – ils y sont obligatoirement affiliés – *auprès des pouvoirs publics* ». Cette création a suscité, de sa création à aujourd'hui, de douloureux débats dans la communauté juive. Fallait-il accepter ou rejeter le principe même de cette institution, assimilable à un *Judenrat* (Conseil juif) à la française ? Quelle fut sa portée ? La publication des *Carnets* de son responsable, Raymond-Raoul Lambert (mort en déportation à Auschwitz) a relancé le débat [45]. Si l'UGIF a pu fournir une « couverture » à une résistance juive et jouer un rôle d'assistance, ses registres ont facilité arrestations et déportations.

Le 20 août, les Allemands opèrent une deuxième rafle à Paris. Le même jour, le camp de Drancy est ouvert ; soixante-dix mille personnes y seront internées jusqu'à la fin de la guerre, avant d'être convoyées dans les camps d'extermination, Auschwitz principalement. Il n'y aura qu'une poignée de survivants [46]. Sans avoir jamais inscrit à son programme la déportation et l'anéantissement des populations juives de France, le gouvernement de Vichy assumait par là une responsabilité directe. Certes, la conférence de Wannsee – où sera décidée la « solution finale » – n'a pas encore eu lieu et nul ne peut avoir connaissance encore de l'existence de camps d'extermination. Opérées dans le cadre d'une politique « française », les lois et mesures de Vichy ne se situaient pas moins à la convergence des deux politiques.

Accaparée par sa guerre à l'est, ayant dû renoncer à l'attaque de Gibraltar, l'Allemagne, en dépit de ses succès dans les Balkans et de la progression des blindés de Rommel en Afrique du Nord, a d'autres préoccupations que la relance d'une collaboration concrète avec la France. En août-septembre 1941, à la faveur d'une accalmie momentanée à l'est, la section L de l'OKW dirigée par Warlimont, le signataire militaire des Protocoles de Paris, transmit à la commission d'armistice de Wiesbaden de nouvelles instructions pour la reprise des pourparlers concernant la mise en œuvre des Protocoles.

La collaboration en panne

Aucun progrès réel ne put être enregistré ; l'Allemagne devait tenir compte de l'Italie et Hitler n'était prêt à accorder aucune compensation politique à la France pour prix de sa coopération militaire. Darlan peut multiplier les déplacements à Paris, rien ne bouge. La situation semble se débloquer à la mi-novembre, à la suite de la venue d'une délégation militaire allemande à Vichy pour les obsèques du général Huntziger, ministre de la Guerre, tué dans un accident d'avion. Les exigences allemandes, très élevées – accès à Bizerte, Casablanca et Dakar – et non accompagnées de contreparties précisées, placent Darlan dans une position délicate. Depuis l'été, il se sait de plus en plus critiqué à Vichy, alors qu'à Paris Pierre Laval attend que sonne, de nouveau, son heure.

Darlan fait pourtant un geste en direction de l'Allemagne avec le renvoi du général Weygand de son « proconsulat » d'Afrique du Nord le 18 novembre 1941. Geste pour lui d'autant plus aisé qu'il n'attendait qu'une occasion de l'accomplir depuis la manifestation d'hostilité de Weygand face aux Protocoles de Paris. L'Allemagne exerçait depuis plusieurs semaines une forte pression sur Vichy, comme le révèlent les documents diplomatiques allemands [47]. De son côté, Darlan a multiplié les démarches auprès de Pétain pour le rappel de Weygand, placé depuis le mois de juillet sous les ordres directs de Darlan par délégation de pouvoir du Maréchal ; il est permis de penser que Darlan a insisté auprès d'Abetz pour que ses chefs tranchent rapidement. C'est qu'en cet automne 1941 l'amiral, s'il n'a plus d'illusions quant à des contreparties significatives du côté de l'Allemagne, juge encore inéluctable une victoire allemande. Il s'en est expliqué dans un rapport adressé au maréchal Pétain en date du 8 novembre 1941 qui est le justificatif de son souhait de voir Weygand abandonner ses fonctions [48]. Une intervention militaire américaine lui paraît pour longtemps hors de vue en Afrique du Nord, où toute dénonciation de l'armistice par la France déboucherait sur l'occupation totale de la métropole et le dépeçage de l'empire. Sur le front russe, les forces allemandes ne s'étaient pas épuisées et le matériel capturé ou détruit par la Wehrmacht lui assurait une supériorité considérable sur les armées soviétiques. Dans ces conditions, renoncer pour la France à la politique de collaboration reviendrait à une rupture de l'armistice. Conclusion : le renvoi de Weygand était la condition indispensable de la poursuite de cette politique.

Le 19 novembre, le maréchal Pétain signe le décret de suppression du poste de délégué général du gouvernement en Afrique du Nord, ce qui implique le rappel du général Weygand (geste qui ne dut guère coûter à Pétain, les relations entre les deux hommes étant notoirement mauvaises).

Le renvoi de Weygand suscita un vif émoi dans certains milieux à Vichy, notamment dans les milieux de la Légion. Le 18 novembre, alors que, sans être encore officielle, la nouvelle du renvoi de Weygand apparaît certaine, François Valentin, directeur général (accompagné de Jacques Péricard, premier vice-président, d'Émile Meaux, délégué général de la Légion, de Georges Riond, secrétaire du Comité civique et d'Albert Girardon, secrétaire administratif), a demandé une entrevue au Maréchal qui a alors reçu la délégation assisté de l'amiral Darlan, du général Bergeret et du général Laure. Valentin prend la parole :

> *Monsieur le Maréchal, nous avons le regret, pour la première fois, nous, vos soldats, de vous désobéir. Du plus profond de notre cœur, nous vous adjurons : ne sacrifiez pas le général Weygand... Cela ne servira à rien. Les Allemands ne vous en auront aucune reconnaissance. Prenez garde, Monsieur le Maréchal, prenez garde à vous.*

A cette violente tirade, Pétain ne put répondre que par un plaidoyer d'impuissance :

> *Les Allemands me demandent depuis longtemps de mettre le général Weygand à la porte. J'ai toujours refusé. Je suis obligé de m'y résoudre aujourd'hui* [49].

L'échec de Saint-Florentin

Ce geste de soumission ne pouvait amadouer un ennemi amené à durcir sans cesse sa politique. La zone occupée s'installe dans le cycle infernal attentats-prises d'otages-exécutions. A la suite de l'attentat commis à Nantes le 21 octobre contre le *Feldkommandant*, les Allemands exécutent, le 22, seize otages à Nantes. Pierre Pucheu, pris dans le terrible engrenage où s'est placé Vichy d'affirmer à tout prix le principe de sa souveraineté en zone occupée, et en obtenant de faire réduire de cent à cinquante le nombre total des fusillés de Châteaubriand, a choisi entre deux listes présentées par les Allemands ; il a retenu celle sur laquelle figurait une majorité (vingt-sept) de noms d'internés communistes (dont le jeune Guy Moquet), contribuant à renforcer une stratégie communiste qui, à travers les attentats, visait à la rupture entre l'opinion et le régime. De septembre 1941 à mai 1942, 471 otages seront, au total, fusillés. Le maréchal Pétain, dont le prestige personnel commence à être atteint, a envisagé d'aller se présenter lui-même en otage à la ligne de démarcation mais en a été dissuadé par ses proches. Il ne pourra que prendre les Français à témoin de « *l'exil partiel auquel [il est] astreint, la demi-liberté qui [lui est] laissée* » dans son message du 1er janvier 1942. L'entrée en guerre forcée des États-Unis, le 7 décembre 1941, n'est que la lointaine promesse d'une défaite de l'Allemagne, comme l'enlisement de son armée en Russie.

Le 1er décembre 1941, le Maréchal, accompagné de Darlan, rencontre le Reichsmarschall Gœring en gare de Saint-Florentin. Il y a a priori peu de choses à en attendre.

Signe de la perte d'autorité de Darlan, c'est Pétain qui, du côté français, conduit de bout en bout l'entretien ; Darlan n'est pas accompagné cette fois de Jacques Benoist-Méchin. D'emblée, il remet à Gœring une longue note verbale rédigée par Rochat, secrétaire général du Quai d'Orsay, et du Moulin de Labarthète, son directeur de Cabinet. Au terme d'un historique des relations franco-allemandes depuis Montoire, elle énumérait les cinq conditions pouvant conditionner une adhésion de l'opinion à la politique d'occupation : assouplissement du régime de la ligne de démarcation ; intégration à la zone occupée de la zone interdite ; rapatriement des prisonniers ; diminution significative de l'indemnité d'occupation ; contrôle de la presse parisienne ; en somme la contrepartie politique des engagements militaires des Protocoles. Gœring prit ce geste de très haut (« *Dites-moi, Monsieur le Maréchal, quels sont maintenant les vainqueurs ? Vous ou nous ?* ») ; il fut longtemps écrit qu'il avait refusé de prendre la note, ce qui est aujourd'hui contesté. Malentendu total : ce qui est un préalable pour Vichy ne saurait intervenir du côté allemand qu'au terme, éventuellement, de gestes concrets du côté français. La délégation française avait cru pouvoir miser sur le coup d'arrêt apporté en URSS à l'offensive allemande et sur les difficultés de l'armée Rommel. Ces mêmes difficultés interdisent tout compromis à Hitler.

Dans un bref historique des Protocoles de Paris établi le 17 décembre 1941, Darlan relèvera que, « *rendus caducs par l'affaire de Syrie* », ils n'avaient abouti qu'à la diminution d'un quart des frais d'occupation et à la libération de cinquante mille hommes. Il soulignait l'incompatibilité des points de vue : pour l'Allemagne, la France doit remplir ses engagements militaires sans attendre que soient connues les contreparties politiques ; pour la France, il y a interdépendance du politique et du militaire [50]. Le 18 décembre, le général Juin – l'un des prisonniers libérés à la suite des Protocoles et dont le nom est avancé à Vichy pour la succession de Weygand en Afrique du Nord – a entamé une mission à Berlin ; il a eu une entrevue à Berlin avec Göring en présence du général Warlimont. L'Allemagne demande des engagements précis à la France sur deux points : procéder à des transports camouflés entre la France, l'Afrique du Nord et la Libye ; combattre aux côtés de l'*Afrikakorps* en Tunisie, si celui-ci est conduit à retraiter jusque-là. Le gouvernement français donnera une réponse positive sur les deux points, y mettant des conditions techniques et souhaitant, *sans en faire une condition*, des contreparties politiques [51].

Cette non-exigence – elle avait été présentée par Pétain à Saint-Florentin comme une condition préalable – témoigne bien que le gouvernement français, en cette fin d'année 1941, est parvenu à une impasse totale dans ses relations avec l'Allemagne, tout en suscitant une suspicion croissante auprès des pays anglo-saxons.

La fin de Darlan et le retour de Laval

Tout révèle l'approche d'une fin de règne, celle de l'amiral. Les *Souvenirs* de du Moulin de Labarthète, les carnets tenus par Pierre Nicolle [52], les notations de l'amiral Darlan lui-même traduisent tous la dégradation du climat, la perte d'autorité de Darlan auprès de ses ministres, la confiance perdue aussi auprès du Maréchal.

La perte d'autorité de Darlan

Outre la pression allemande, l'atmosphère est devenue extrêmement tendue à Vichy où circulent les rumeurs les plus diverses : formation d'un gouvernement parallèle à Paris soutenu par l'Allemagne, retour imminent de Pierre Laval ; attentats et représailles en zone occupée révèlent l'étendue de l'impuissance du gouvernement devant des événements qu'il ne contrôle pas. La Résistance a commencé à devenir une réalité. En zone nord, il n'y a pas encore de mouvement vraiment organisé en dehors de l'OCM (Organisation Civile et Militaire), dirigée par d'anciens officiers, tandis que le Front national d'obédience communiste s'efforce de réaliser une entente autour de lui. En zone sud, les mouvements y sont plus précoces, souvent plus politisés ; ainsi « Combat », « Libération » et

« Franc-Tireur ». Toute une presse clandestine s'est développée. C'est le 31 décembre 1941 qu'est parachuté le préfet Jean Moulin, avec la mission reçue de De Gaulle et du Comité national de coordonner l'action des mouvements de zone sud et de rationaliser leur organisation. On parle de l'installation du maréchal Pétain en zone occupée, à Fontainebleau. Son message aux Français du 1er janvier 1942 exprime l'étendue du malaise : « *L'unité des esprits est en péril.* » Un aveu de faiblesse : « *La Révolution nationale n'est pas encore passée du domaine des principes dans celui des faits.* » C'est une critique à peine voilée de l'action du gouvernement dirigé par l'amiral Darlan depuis dix mois. Aucun hommage particulier n'est rendu à son action ; le message ne lui a même pas été soumis (il s'en plaindra) alors qu'il s'agit d'un message de politique générale. L'impopularité de Darlan dans l'opinion – qui atteint Pétain lui-même – lui interdirait. Sur les rapports franco-allemands, Pétain s'est engagé aussi peu que possible ; il s'est contenté de souhaiter une « *atténuation du statut qu'elle nous a imposé* » et souhaite « *un rapprochement sincère des deux nations* [53] ».

L'amiral a perdu toute autorité véritable sur son gouvernement. C'est le fait des intrigues, en partie de l'entourage du Maréchal, d'autant plus agressif que nul n'ignore que Darlan a désormais perdu sa confiance au-dedans comme au-dehors : retour à l'avant-Montoire d'un côté, désordre et mécontentements de l'autre. « *J'en arrive*, comme Darlan se laisse aller à l'écrire dans une note, *à ne plus oser m'éloigner de Vichy, me demandant... quelles torpilles ou quelles mines je vais trouver en rentrant* [54]. » Il a contre lui, également, un adversaire encore puissant, la Légion et son inspecteur général, le général Laure, biographe et proche du Maréchal ; le 6 janvier, Laure a même élaboré, à l'intention de Pétain, un projet de lettre à ses ministres – qui ne sera finalement pas envoyée. Entre eux, c'est la querelle de la « *vieille armée* » contre la « *jeune armée* » (selon la formule de Darlan).

Darlan doit enfin tenir compte des intrigues des plus ambitieux de ses ministres ; parmi ceux-ci, le plus entreprenant est Pierre Pucheu, qui ne dissimule pas son ambition de lui succéder (son chef de Cabinet Yves Paringaux est retrouvé assassiné le 5 janvier près de Troyes). On peut se demander comment Darlan, « grillé » auprès des Allemands, ayant perdu la confiance de Pétain – dont il met quasi ouvertement en doute le maintien de l'autorité –, trahi par ses ministres (dont certains, tel Joseph Barthélemy, sont lassés de son inintelligence politique) et détesté de l'opinion, ne « tombera » finalement qu'en avril 1942 au profit de Pierre Laval. Le procès de Riom illustre bien cette carence d'autorité. Il s'est ouvert le 19 février 1942 devant la Cour de justice instituée en juillet 1940 pour juger les hauts responsables de la IIIe République : Daladier,

Blum, Reynaud, Gamelin. Le procès tourne très vite à la faveur des accusés ; Hitler, qui n'entend pas que soit lancé le débat sur la mauvaise préparation de la guerre mais sur les responsabilités de celle-ci, fait pression pour la suspension des débats. Ceux-ci sont suspendus provisoirement le 17 mars et définitivement le 14 avril.

Outre le goût bien établi de l'amiral pour le pouvoir et le fait que le Maréchal ne peut pas, vis-à-vis de l'Allemagne, « refaire le coup » du 13 décembre, il faut faire intervenir deux autres considérations. La première, relative à Pierre Laval, est que les Allemands n'exercent aucune pression à cette date pour le retour de Laval, qu'ils ne souhaitent pas alors voir revenir au pouvoir – aspect que nous étudierons plus loin. Seconde considération – que nous allons examiner –, Darlan tient à garder l'autorité – ou certaines formes d'autorité – en relation avec le renversement d'analyse stratégique qui est intervenue chez lui.

La nouvelle vision stratégique de Darlan

Depuis le début de l'année 1942, la pensée stratégique de Darlan a beaucoup évolué. Son rapport au Maréchal du 8 novembre 1941 traduisait encore une forte certitude dans une victoire allemande. Quelques mois plus tard, son analyse a considérablement évolué. C'est que, dans les dernières semaines de l'année 1941, sont survenus trois événements porteurs de retournement de situation. Tout d'abord, le 7 décembre 1941, le Japon attaque inopinément la flotte américaine du Pacifique en rade de Pearl Harbor, provoquant l'entrée en guerre des États-Unis ; sur le front russe, la victoire éclair puis la pause consolidatrice escomptées par les Allemands se transforment en guerre d'enlisement à échéance indéterminée après la bataille de Moscou et la relève du commandement de Guderian, qui n'a pu rééditer son exploit de la campagne de France ; enfin, conséquence de la donnée précédente, le 19 décembre 1941, Hitler assume la direction suprême de l'armée de terre allemande, relevant de son commandement le général von Brauchitsch : « *Morcellement des responsabilités, le chaos* », écrit sobrement Warlimont dans son Journal [55].

Ces événements sont l'objet principal du rapport que le colonel Baril a rédigé le 4 janvier 1942 [56] ; à cette date, celui-ci est à la veille d'être relevé de ses fonctions de chef du 2e bureau de l'état-major de l'armée par Darlan... qui le réintégrera dans ses fonctions dans l'été 1942, après son départ du gouvernement en sa qualité de chef des armées [57]. Le rapport de Baril évaluait la portée de ces événements : dans l'immédiat, l'entrée en guerre du Japon compte moins que le retournement de situation sur le front russe. La reconquête du Pacifique sera une œuvre de longue haleine, si bien que la guerre contre l'Allemagne restera longtemps prioritaire. Seule l'Afrique du Nord offre la possibilité d'une reconquête, mais l'état présent des forces anglo-saxonnes ne permet pas d'envisager une telle possibilité avant le début de l'année 1943. La défaite allemande n'est pas pour autant scellée. Parvenant à reprendre l'initiative en Russie en 1942, elle peut encore gagner la guerre en Europe. Darlan demeure persuadé, au début de l'année 1942, que l'Afrique du Nord demeure la clef du problème, mais si l'Allemagne reprend le dessus en Russie avant que les États-Unis soient en mesure d'intervenir en Afrique du Nord, elle réglera à ce moment-là les rapports franco-allemands. Il serait donc inexact, à proprement parler, d'évoquer un « retournement » stratégique décisif de Darlan à partir du début de l'année 1942. Il demeurera d'ailleurs prudent en 1942, soucieux de ne pas fournir de prétexte à l'Allemagne pour une occupation de la zone sud. Tout Darlan est là, dans cette analyse quasi au jour le jour de la situation stratégique ; elle aide à comprendre la volonté chez lui de garder le contrôle des forces armées – ce sera le cas après le retour de Laval – et du théâtre nord-africain, ce qui explique les « purges » (y compris celle de Weygand) auxquelles il procède dans les derniers mois de sa vice-présidence. Ainsi s'explique aussi le jeu de Darlan, consistant à ne pas chercher à aller plus loin désormais avec les Allemands – sans rien remettre en cause par ailleurs – et à « rassurer » les Américains sans s'engager trop avant. A ce jeu, Darlan va s'user, tant auprès de Pétain que des Allemands, sans pour autant faire figure d'allié fiable aux yeux des Américains auprès desquels, comme nous le verrons, il avait pourtant établi un certain nombre de contacts à partir du mois de décembre 1941.

Le retour à rebondissements de Pierre Laval

A peine Pierre Laval éloigné du pouvoir, le 13 décembre 1940, les rumeurs avaient commencé de courir sur l'inéluctabilité de son retour ; elles n'ont guère reculé en 1941, pour ne plus cesser à partir de l'automne. Darlan, pour retarder l'échéance, pratique le chantage à la démission auprès du Maréchal. L'amiral ne souhaitait pas en effet se voir éliminé de ses fonctions de vice-président du Conseil. Le retournement éventuel qu'il prépare désormais du côté des États-Unis (pour peu que ceux-ci soient en mesure de débarquer en force en Afrique du Nord) n'en serait, escomptait-il, que plus spectaculaire et productif s'il posait le pied lui-même en Algérie avec la qualité d'un chef de gouvernement.

Pierre Laval, de son côté, s'il croit en son retour comme il a toujours cru en son étoile, est sans illusions sur les difficultés de la tâche. Il lui faudra surmonter l'hostilité du Maréchal et de son entourage, obtenir aussi un appui de l'Allemagne. Si Abetz s'active en ce sens, à Berlin, on a d'autres projets pour lui. Hitler, qui pense moins que jamais à une France engagée à fond à ses côtés, préfère garder Laval en réserve à Paris comme élément de pression vis-à-vis de Vichy, voire, si nécessaire, comme chef d'un gouvernement français établi en zone nord. Grièvement blessé le 27 août 1941 par Paul Collette à Versailles alors qu'il était venu, en compagnie de Déat (lui aussi blessé), passer en revue le premier contingent de la LVF, il a poursuivi sa convalescence dans sa propriété de Châteldon.

C'est en mars 1942 que commence à se dérouler le scénario du retour au pouvoir de Pierre Laval. Au point de départ, selon toute vraisemblance, une campagne d'« intoxication » conçue par Abetz et Laval : faire monter la pression auprès du vieux Maréchal en laissant entendre que les Allemands s'apprêtent à prendre des mesures draconiennes contre la France : fermeture de la ligne de démarcation, nomination d'un *Gauleiter*. A la même époque, les relations franco-américaines connaissent une extrême tension : les États-Unis ont eu vent, depuis le mois de février, des transports effectués en faveur de l'armée Rommel, et ils n'ont cessé, de Washington ou par leur ambassadeur à Vichy, d'exercer de vives représentations à un gouvernement français pris comme dans une tenaille.

Le 24 mars, selon les termes d'une lettre adressée par l'ambassadeur Leahy à son gouvernement le 4 avril, René de Chambrun, gendre de Pierre Laval et associé de très près aux activités de ce dernier, arrivait à Vichy venant de Paris, s'entretenait avec son beau-père à Châteldon puis avec le Maréchal à Vichy[58]. A cette même date du 24 mars, Darlan indique dans une chronologie des événements : « *Intrigues ministérielles à Vichy pour un remaniement*[59]. » Le vice-président du Conseil est informé le lendemain 25 par le Maréchal que Pierre Laval désire rencontrer celui-ci. « Black Peter » est de retour[60] ! C'est bien Pierre Laval qui avait envoyé son gendre en mission auprès du Maréchal, porteur de nouvelles terrifiantes pour la France.

Dans l'acte d'accusation dressé à la Libération contre Pierre Laval, il sera indiqué que son retour avait été imposé par l'Allemagne. Cette thèse a été souvent reprise et n'est pas entièrement abandonnée aujourd'hui. C'est sans doute vrai pour Abetz, proche à cette date de la disgrâce et rappelé à Berlin à l'automne. C'est inexact s'agissant des Allemands de Berlin, comme le prouve l'entretien qu'a eu, courant mars 1942, Pierre Laval avec Gœring au Quai d'Orsay, et que rapporte dans son *Journal* encore inédit Maurice Gabolde, futur garde des Sceaux de Pierre Laval. Gœring demanda que seul Pétain fût informé de l'entretien, non Abetz. Il s'était montré sans illusions sur les chances à venir d'une authentique politique de collaboration, ajoutant :

> *Si l'on vous offre d'entrer dans le gouvernement, n'acceptez pas. C'est pour vous trop tôt ou trop tard ; quand la guerre sera achevée et que nos règlements de comptes seront conclus, vous pourrez revenir au pouvoir. Vous êtes le seul ennemi honnête que nous ayons eu et vous êtes celui avec qui le Führer, l'Allemagne et moi accepterons de collaborer un jour*[61].

Laval dira à son procès que, devant les menaces épouvantables qui se dissimulaient derrière les propos retenus de Gœring, il avait estimé que lui seul, parce qu'il les connaissait bien, pouvait encore obtenir des concessions des Allemands et sauver la France d'un sort effroyable. Il ne voulait pas pour autant revenir à n'importe quelles conditions, s'appuyant au sein du gouvernement Darlan sur certains hommes, tel Benoist-Méchin, partisan d'une collaboration renforcée avec l'Allemagne. Il lui fallait l'Intérieur, les Affaires étrangères, le libre choix de ses collaborateurs. Il n'est pas interdit de penser aussi que Laval a, en fait, avec Abetz, hostile – comme Ribbentrop – à Gœring, monté un « coup de bluff » auprès du Maréchal, sachant quelle impression ferait sur lui la menace de représailles allemandes.

Le 26 mars 1942, Pétain et Laval se rencontrent en forêt de Randan, au sud de Vichy ; les deux hommes ne se sont pas vus depuis leur vain entretien de La Ferté-Hauterive, le 18 janvier 1941. Leur entrevue a été préparée dans la matinée par une conversation de René de Chambrun avec le Maréchal : Pierre Laval ne prendra aucun engagement antianglais et préviendra tout risque de rupture avec les États-Unis, dont on peut redouter la réaction violente. Pendant deux heures, en la seule présence de René de Chambrun et de Bernard Ménétrel (médecin personnel et confident de Pétain), les deux hommes ont un entretien imparfaitement connu. Ce que l'on sait de manière sûre, c'est que Pierre Laval exigeait plénitude des pouvoirs et totale liberté d'action.

S'ouvre alors une période de trois semaines où se joue une pièce qui emprunte à Shakespeare (la tragédie du pouvoir), à Feydeau (les rebondissements) et à Ponson du Terrail (le rocambolesque). Partie serrée entre Darlan qui ne veut pas partir, sinon à des conditions très précises, et Laval qui veut revenir mais à ses conditions, les Allemands intervenant finalement sur la fin pour imposer Laval contre Darlan. L'indécision de Pétain explique pour partie la durée de la crise. Il redoutait avant tout la réaction américaine. Le président Roosevelt lui avait même adressé personnellement un message en ce sens le 27 mars 1942 :

> *La nomination de M. Laval à un poste important dans le gouvernement de Vichy mettrait l'Amérique dans l'impossibilité de per-*

sister dans son attitude actuelle de bienveillance à l'égard de la France [62].

Darlan s'arrangera pour mettre cette lettre sous le nez de Krug von Nidda, consul général d'Allemagne à Vichy, poussant Hitler à imposer la solution Laval, désigné désormais comme le candidat de l'Allemagne.

Cette correspondance peut expliquer que, jusque vers le 16 avril, Pétain se soit montré opposé au retour de Pierre Laval, allant jusqu'à envisager une combinaison politique autour de Joseph Barthélemy, garde des Sceaux du gouvernement Darlan. Le 14 avril, le procès de Riom a été définitivement suspendu. La déroute de Riom acheva de servir Laval, parce qu'elle révélait des tâtonnements du pouvoir. L'entente finale intervient le 17 avril en Conseil des ministres; Darlan s'efface devant Laval mais a fait passer la création d'un poste de commandant en chef des armées en sa faveur.

Le 18 avril, Pierre Laval prend ses fonctions de chef de gouvernement, fonction nouvelle qui consacre un nouveau recul de la position du maréchal Pétain.

7

Le retour de Pierre Laval
Vers la fin d'une fiction
avril-novembre 1942

Le retour de Pierre Laval au pouvoir traduit la fin de la politique de collaboration ; non par la volonté du gouvernement de Vichy mais par l'évanouissement de toute réaction positive du côté allemand. La disgrâce d'Otto Abetz à l'automne 1942 est à cet égard plus qu'un symbole.

Dès le départ, Pierre Laval joue à fond la carte de l'engagement aux côtés de l'Allemagne que couronne son discours du 22 juin 1942. Doté de tous les pouvoirs, parvenu enfin, selon ses vœux, à reléguer le Maréchal à un rôle de composition, il doit faire face aux exigences de l'Allemagne en matière de main-d'œuvre et à la relance de sa politique antijuive. Il va précisément fonder sur elles, en relation avec les mutations du système nazi, la logique d'une collaboration poussée jusqu'à l'entente étroite et dotée d'une cohérence jamais atteinte jusqu'alors.

Mais il est un domaine sur lequel il n'a aucune prise : l'évolution de la carte de guerre. Mal informé ou sous-estimant – comme Darlan avant lui – la capacité de l'Amérique à trouver dans l'effort militaire un exutoire à la crise économique et sociale intérieure, à se transcender aussi dans une cause juste, Laval est surpris par le débarquement américain en Afrique du Nord, sur lequel son rival, l'amiral Darlan, a su beaucoup mieux anticiper.

LA DEUXIÈME MORT DE LA RÉVOLUTION NATIONALE

Le 18 avril 1942, Pierre Laval prenait officiellement ses fonctions de chef de gouvernement ; c'est un titre créé pour la circonstance, qui confirme l'autonomie d'un pouvoir et qu'Abetz, déjà, avait espéré en février 1941 voir confié à Darlan. Dans un bref message, le lendemain 19, le Maréchal l'annonce aux Français. Les termes en ont été soigneusement calculés :

> *Un nouveau gouvernement est constitué. L'amiral Darlan, qui reste mon successeur désigné, assumera la défense de notre territoire et de notre Empire. M. Pierre Laval exercera, sous mon autorité, la direction de la politique intérieure et extérieure du pays... Aujourd'hui, dans un moment aussi décisif que celui de juin 1940, je me retrouve avec lui pour reprendre l'œuvre nationale et d'organisation européenne, dont nous avons ensemble jeté les bases*[1]...

Le nom de Laval n'a pas été prononcé en tête de message, mais celui de Darlan, qui demeure successeur désigné. Le nouveau chef du gouvernement a reçu pour mission principale, comme en 1940, de renouer le contact deux fois rompu avec l'Allemagne. Ce souci quasi exclusif se reflète dans la Note établie le 15 avril 1942 par le Cabinet de Pétain « sur les questions posées par le retour de Pierre Laval » ; on peut y lire :

> *Définir le rapprochement avec l'Allemagne (jusqu'à la cobelligérance contre l'URSS?); rupture avec les États-Unis et guerre avec la Grande-Bretagne? Qu'apporte l'Allemagne à Laval? A-t-il des certitudes ou des promesses? De qui?... Par quels moyens Pierre Laval compte-t-il améliorer les relations franco-allemandes?*

Et cette interrogation inquiète et révélatrice : « *Risques de l'opération pour le prestige du Maréchal*[2] *?* » Si l'analyse est sans équivoque chez Pétain, avec un point de vue purement opportuniste et instrumental, le retour de Pierre Laval pose quelques grandes questions : pourquoi ce retour ? Avec quels moyens et quels arguments ? Pour faire quoi ? Quel accueil, enfin, reçut-il initialement ?

Pourquoi ce retour ?

Laval n'ignorait pas, comme nous l'avons vu, qu'il n'avait rien à attendre de l'Allemagne ; Goering l'avait prévenu personnellement ; Brinon avait eu, de son côté, une conversation avec Hans Speidel, adjoint d'Achenbach, conseiller politique de l'ambassade d'Allemagne.

> *Pour le moment*, avait-il dit, *nous ne pouvons faire de la politique avec votre pays. Tous nos efforts sont tendus vers la guerre contre la Russie... M. Laval aurait tort de vouloir revenir; nous ne pouvons rien lui donner; il s'usera au pouvoir... Attendez... Faites-le comprendre à M. Laval; vous pouvez lui rendre service.*

Je fais part, ajoute Brinon, *de cette conversation à Pierre Laval. Il n'en est nullement satisfait* [3].

Jusqu'à son procès, Laval ne cessera de mettre en avant l'amour de son pays, renforcé encore par la certitude où il était de grands malheurs, qu'il était le seul à pouvoir détourner ou atténuer en réparant les mauvaises politiques faites après son départ. Il s'exprimera ainsi lors de l'instruction de son procès :

> *Responsable devant le pays et devant moi-même d'avoir fait donner au Maréchal des pouvoirs aussi étendus dont il avait fait un aussi déplorable abus dans le domaine intérieur, je ne croyais pas avoir le droit de me désister. Une autre raison me poussait à accepter. J'espérais pouvoir empêcher les mauvais traitements que ma conversation avec le maréchal Goering m'avait fait présager* [4].

On ne saurait douter d'une sincérité fondée sur une semblable identification, sans sous-estimer pour autant l'importance de sentiments beaucoup plus humains et de convictions solidement ancrées.

Le goût du pouvoir, l'affirmation exacerbée de ses capacités comme la volonté de revanche sont indéniables : Brinon comme Pucheu l'ont ressenti ainsi :

> Brinon : *L'ambition et le goût du pouvoir seront, chez cet homme politique averti, plus forts que l'instinct... Par contre, sa femme et sa fille Josée souhaitent vivement qu'il demeure à l'écart* [5]. »
> Pucheu : « *Orgueil monstrueux dans une totale confiance en soi, qu'il laissait percer avec une inconsciente simplicité. Il se croyait au fond capable de régler n'importe où, n'importe quand, n'importe quel problème, pourvu qu'il pût toucher à temps l'interlocuteur idoine, avec lequel il fallait causer* [6]. »

Ce portrait au vitriol est peut-être à tempérer quand on sait qu'il fut dessiné au lendemain de la visite qu'avait rendue Pucheu à Laval, peu avant le 18 avril, date de son retour au pouvoir, pour tenter de négocier auprès de lui son maintien au gouvernement.

Sur le fond, il y a chez lui la conviction ancrée de la victoire finale de l'Allemagne, fût-ce au terme d'une épreuve dont la longueur seule aurait justifié à ses yeux la reprise de la politique de collaboration. La nature du régime allemand n'est pas pour cet adversaire des idéologies un obstacle rédhibitoire depuis sa rupture ancienne avec la SFIO en 1919. Dans une note originale de Pierre Laval saisie dans ses valises lors de son retour en France en août 1945 et préparée pour sa défense, il écrivait :

Le paradoxe est étrange. Me voilà conduit devant des juges pour me justifier d'une politique et d'actes qui devraient me valoir la reconnaissance du pays... On peut me reprocher que toute collaboration est impossible avec l'Allemagne quand elle est nationale-socialiste; il n'avait pas dépendu de moi qu'elle eût ce régime ou qu'elle en eût un autre... Si les circonstances l'eussent exigé, j'aurais fait de même avec l'Allemagne monarchiste, socialiste ou communiste. On me reprochera sans doute les excès [sic] qui ont été commis par l'occupant, les violations qu'il a faites de la convention d'armistice, les abus et parfois les crimes dont les Français ont été parfois les victimes. Qu'aurais-je à répondre sinon que j'ai été impuissant à les empêcher.

(Propos qui ne confirment guère sa confiance officielle affichée au printemps 1942 [7].) Il ajoutait encore dans cette préparation à sa défense :

Qu'aurais-je à dire, sinon que tous ces abus et tous ces crimes auraient été plus nombreux si la France n'avait pas eu de gouvernement [8].

(Autojustification, ici, de sa thèse selon laquelle les Allemands s'apprêtaient à nommer un *Gauleiter* à Paris après avoir occupé tout le pays.)

A-t-il cru à cette victoire allemande jusqu'au bout ? A cette question directe de l'un de ses défenseurs, il répondra, laissant entrevoir une éventuelle interrogation à partir de 1942 :

Pour ma part, jusqu'au dernier moment, j'ai gardé un doute dans l'esprit. Je n'étais pas dans le secret des recherches et des fabrications allemandes. Mais je ne pouvais douter qu'on travaillait en Allemagne à des armes nouvelles [9].

Quiconque cherche à percer les motivations d'un acteur aussi complexe, ductile et expérimenté que Laval (l'expérience n'étant pas forcément bonne conseillère dans certaines périodes de rupture) doit enfin prendre en compte l'attente, chez cet homme, d'un retournement de l'opinion anglo-saxonne, aux États-Unis principalement, vis-à-vis d'un danger d'expansion soviétique en Europe :

D'ailleurs, est-ce que je ne pouvais pas supposer qu'il y aurait des faits nouveaux du côté des alliés ? Est-ce qu'il était interdit de penser que les Anglo-Saxons prendraient conscience, avant que la guerre ne soit finie, du terrible danger que constituerait pour l'Europe et pour le monde une brutale poussée des Soviets sur le vieux continent [10] *?*

Dans l'optique de Laval, sa formule fameuse du 22 juin 1942 : « *Je souhaite la victoire de l'Allemagne parce que sans elle le bolchevisme, demain, s'installerait partout en Europe* » trouve, à défaut de justification dans le contexte d'alors, un élément supplémentaire d'explication ; Laval ne doutant de rien – et surtout pas de lui – lançait comme un avertissement aux États-Unis, pour les retenir sur la pente fatale.

Le drame de Laval est de s'être mis, à son retour au pouvoir, dans la position d'un homme qui, affichant sa croyance dans la victoire allemande, ne pouvait plus attendre que de celle-ci la vérification de ses propos, alors même qu'il n'était ni un germanophile ni adepte du national-socialisme et qu'il n'avait même pas, au départ, été ramené au pouvoir par les Allemands, contrairement à ce que prononcera l'acte d'accusation de 1945.

Moyens et finalités

Mais Pierre Laval entendait mettre à profit ce retour si disputé au pouvoir. Il abritait – mélange de conviction et de revanche – la volonté d'une refonte des institutions et de la pratique politique, rendue possible par la nouvelle carte européenne. C'est chez lui un projet contemporain des lendemains de sa contrainte à la démission en janvier 1936 et de ses réflexions sur la défaite de 1940. A Ralph Heinzen, son « complice » américain de l'*United Press*, sur qui il comptait pour tenter d'influencer l'opinion américaine, il avait déclaré dès mai 1941 dans une interview :

> *Cette guerre n'est pas une guerre comme les autres ; c'est une révolution d'où doit sortir une Europe rajeunie, réoganisée et prospère. Les libertés ? Elles ne sauraient être menacées dans un pays qui en fut le berceau. la démocratie ? Si c'est celle que nous avons connue, qui nous a fait tant de mal et à laquelle nous devons partiellement notre déchéance, nous n'en voulons plus et nous ne voulons pas qu'on nous demande de nous battre pour elle. Mais une République neuve, plus forte, plus musclée, plus réellement humaine, cette République nous la voulons et nous la construirons* [11].

De la politique du moindre mal à la revanche personnelle, de la vision géopolitique à la refonte des institutions, les motivations sont diverses, justifiant – ou post-justifiant – aux yeux de Pierre Laval son nécessaire retour au pouvoir. De quelles garanties s'était-il entouré pour asseoir son pouvoir ? De quels moyens dispose-t-il ? Il demeurait hanté par le souvenir du 13 décembre 1940 et de son renvoi ignominieux. Dans une conversation tenue peu avant avril 1942 avec un officieux allemand, il pouvait dire à propos d'un retour qui se précisait :

> *Si cette éventualité se présentait, j'exigerais le ministère de l'Intérieur... J'ai déjà été arrêté une fois. Je ne veux pas l'être une nouvelle fois et je veux avoir le droit de faire arrêter les autres, le cas échéant. J'ai peut-être eu tort, lorsque je l'ai* [Pétain] *fait proclamer par l'Assemblée nationale, de ne pas inscrire mon nom aux côtés du sien dans les actes constitutionnels. Il est vrai que si je l'avais fait, je ne serais peut-être plus en vie à l'heure qu'il est. Car si mon nom avait été inscrit dans les textes, on n'aurait pas pu m'écarter du pouvoir comme on l'a fait et rien ne dit que mes adversaires auraient hésité à me faire disparaître ou à me supprimer* [12].

Un tel programme impliquait l'élimination de tous ceux qui s'étaient manifestés comme ses adversaires – il n'en manquait pas – et la formation d'une équipe qui lui soit tout acquise.

Laval a obtenu d'abord des pouvoirs exceptionnels. L'acte constitutionnel n° 11 du 18 avril 1942, signé par le seul Maréchal, en fait un chef du gouvernement réunissant simultanément l'Intérieur, les Affaires étrangères et l'Information. Il choisit les ministres qu'il présente (pour la forme) au chef de l'État. Cela signifie que les nominations des ministres devaient porter, désormais, deux signatures. « *La direction effective de la politique intérieure et extérieure du pays* » – selon l'acte constitutionnel n°11 – « *est assurée par le chef du gouvernement.* » C'est un vrai dépouillement du Maréchal, qui perd la plénitude du pouvoir gouvernemental que lui avait attribué l'acte constitutionnel n° 2 du 11 juillet 1940 ; Paul Marion, dans une conférence de presse, a souligné lourdement cette *diminutio capitis* de Pétain. Rétrospectivement, Laval s'attribue le bénéfice du vote du 10 juillet. En mars 1943, Pierre Laval nommera deux commissaires au pouvoir, placés sous son autorité directe, chargés de superviser l'activité des agents d'exécution. Il restait toutefois à Pétain – outre le pouvoir constituant – deux prérogatives : le droit – tout théorique – de révoquer le chef du gouvernement ; le fait que rien ne pouvait être entériné sans sa signature. C'était une cohabitation sans coaffection.

L'équipe gouvernementale est presque entièrement renouvelée. « *Qu'est-ce qu'il va nous amener ?* » se serait interrogée, peu rassurée, la Maréchale. Tous ceux qui, de près ou de loin, ont été associés à son arrestation, le 13 décembre 1940, sont éliminés, à commencer par Yves Bouthillier, ministre des Finances, l'une des « têtes » du complot. De l'équipage Darlan subsistaient Lucien Romier, ministre d'État, et Joseph Barthélemy, garde des Sceaux, ainsi que deux secrétaires d'État : Jacques Benoist-Méchin et l'amiral Platon. Accédaient au Conseil des ministres les anciens secrétaires généraux promus secrétaires d'État : Paul Marion (Information) et Jean Bichelonne (Production industrielle, à partir du 17 août), tandis que l' « ambassadeur de France à Paris », Fernand de Brinon, était promu lui aussi secrétaire d'État. Dauphin maintenu et commandant en chef des trois armes, l'amiral Darlan n'est convoqué aux Conseils que pour les questions concernant son commandement. Il demeure, certes, dauphin, mais que pèserait ce testament en cas de disparition du Maréchal ? D'ailleurs, si l'amiral en qualité de commandant en chef ne relève que du Maréchal, les ministres des trois armes relèvent de l'autorité du chef du gouvernement. Et le général Bridoux, ministre de la Guerre, qui est libéré par les Allemands est un pro-allemand convaincu.

Autour d'eux beaucoup de non-parlementaires : Abel Bonnard (Éducation nationale), écrivain raffiné qui témoignait d'un certain goût pour la force ; Hubert Lagardelle (Travail), ancêtre du syndicalisme révolutionnaire qui a fréquenté Lénine et Mussolini ; des technocrates comme Jacques Le Roy-Ladurie (Agriculture), Gibrat (Communications) et le Dr Grasset (Santé) qui représente l'élément auvergnat que Laval a toujours aimé associer à ses ministères. L'Intérieur, sous le contrôle direct de Laval, est partagé entre Pierre Cathala – unique parlementaire de l'équipe ministérielle –, un vieil ami venu des milieux radicaux, l'un des jeunes espoirs du Parti radical, René Bousquet, secrétaire général à la Police, et Georges Hilaire, secrétaire général pour l'administration, radical lui encore ; les deux derniers ont été rédacteurs à la *Dépêche de Toulouse*.

Le nouveau Cabinet forme un amalgame peu homogène d'équipes lavaliennes et pétainistes, voire darlanistes. A côté d'un clan nettement germanophile et en faveur d'une collaboration poussée (Benoist-Méchin, l'amiral Platon, Abel Bonnard, le général Bridoux, Brinon et Bichelonne), y figurent des éléments plus attentistes ou modérés, encore que tous jugent inéluctable, à des degrés divers, le maintien d'une politique de collaboration officielle. Le secrétariat général du gouvernement est assuré par Jacques Guérard, un « homme » de Baudouin. Jean Jardin, directeur influent de son cabinet, vient de chez Dautry [13]. Dispensateur des fonds secrets, Jardin est un homme indispensable. Cette première équipe gouvernementale connaît de rapides évolutions avant même les remaniements de novembre 1942 et mars 1943. Dès l'été 1942, ce sera le départ de Jacques Le Roy Ladurie, et, à l'automne, celui de Jacques Benoist-Méchin sur lequel nous reviendrons. C'est aussi les débuts d'une politique d'isolement du Maréchal, voulue solidairement par les occupants et par Laval. Au sein du cabinet, seuls Lucien Romier très malade –, Joseph Barthélemy et l'amiral Auphan restent proches de lui. A la demande allemande, du Moulin de Labarthète, son directeur de Cabinet, a dû s'éloigner.

Pierre Laval ne compte pas que sur un renouvellement d'équipe. A la faveur de son retour, il entend insuffler un nouveau dynamisme à sa politique, en la situant dans le rétablissement d'une authentique continuité républicaine. Laval et ses alliés ont beaucoup joué sur la fin d'un mode de gouvernement réactionnaire et clérical (ce qui était une manière indirecte de faire passer aux oubliettes le « style » Darlan) et le retour à une saine « pratique républicaine ». C'est la seconde mise à mort d'une « Révolution nationale » qui ne devra avant tout de survivre, sous ce nom, dans l'Histoire, qu'à la permanence au sommet de l'État français d'un homme, le maréchal Pétain, couvrant toutes les politiques à l'ombre d'un képi glorieux.

Avec Laval, c'est la fin de la « réaction ». Au total, près de la moitié du corps préfectoral est renouvelé. On relèvera la « réintégration » dans le corps préfectoral de Jean Moulin, préfet d'Eure-et-Loir, de Roger Génébrier, ancien chef de Cabinet d'Édouard Daladier, et d'Émile Bollaert, ancien chef de Cabinet d'Édouard Herriot. On assiste à la réhabilitation de préfets chassés par le premier Vichy et à l'élimination d'un grand nombre d'autres nommés sous Darlan. Réunissant les préfets de zone sud à Vichy le 25 septembre 1942, Laval leur tient ce langage :

> « *Révolution nationale »*, *c'est deux mots. Ces deux mots sont très beaux mais, pour moi, ils n'ont pas de sens.*

La chasse aux francs-maçons est pratiquement arrêtée [14]. Dès le 27 mai 1942, le commandant Labat, responsable de la cellule antimaçonnique, est limogé. Une loi du 19 août 1942 place sous l'autorité du chef du gouvernement l'ensemble des questions relatives aux sociétés secrètes. Dans ses Notes de Fresnes, Laval écrit :

> *Il était de notoriété publique que je n'approuvais pas les mesures prises contre les membres des sociétés secrètes... J'ai toujours considéré l'action antimaçonnique comme une manifestation de l'esprit réactionnaire et clérical et mes différends avec le Maréchal ou avec son cabinet sont souvent venus de nos dissentiments à ce sujet* [15].

En janvier 1943, le chef du gouvernement créera une « Commission de libération des internés administratifs », dont il confiera la présidence à Émile Bernon, franc-maçon lui-même [16] ; en mars 1943, il en fera le vice-président de la Commission spéciale des sociétés secrètes, présidée par Maurice Reclus à qui il demandera d'accorder *« toutes les dérogations possibles en essayant de faire rentrer en masse tous les maçons éliminés dans l'administration, dans l'armée, dans la magistrature, dans l'Université »*. En ce début de 1943, il supprime la police antimaçonnique (que dirigeait avec zèle l'amiral Platon) sans aller toutefois jusqu'à supprimer les lois contre les maçons, manière de garder en main de solides moyens de pression. En août 1943, Laval autorisera secrètement la réouverture des loges en zone sud. Il entend encore mettre fin au règne des militaires. Significatif est, à cet égard, le remplacement à la préfecture de police de Paris de l'amiral Bard par Amédée Bussière, qui avait occupé d'importantes fonctions au ministère de l'Intérieur jusqu'en mai 1940.

La Légion Française des Combattants, bête noire de Laval, fait l'objet d'une mise au pas qui s'inscrit dans son plan de « reconquête républicaine ». La Légion était, aux yeux de Laval, un organisme inopportun et gênant, dont il aurait, déclarera-t-il, déconseillé la création en 1940 si on l'avait consulté. Enfant chérie du Maréchal, elle n'aime guère en lui le libertaire antimilitariste et socialisant des origines. Il dira à son procès :

> *Elle était un organisme politique à tendance réactionnaire... Toute mesure qui affaiblissait l'autorité de la Légion m'était agréable, parce que je trouvais que ses interventions et ses empiétements dans les services officiels ne pouvaient avoir que de mauvais résultats en ce qui concernait la bonne administration du pays* [17].

Le 4 juin 1942, Raymond Lachal succède à François Valentin à la tête de la Légion, refusant le poste de ministre plénipotentiaire que lui offrait Laval. Raymond Lachal, originaire de Marsac (à quelques dizaines de kilomètres de Châteldon), maire d'Ambert, conseiller général puis député du Puy-de-Dôme, est un proche de Pierre Laval, patron du département depuis 1932.

Le 11 juin 1942, à l'occasion d'une grande réunion à l'hôtel thermal, Pierre Laval accueille les présidents départementaux de la Légion. La réconciliation entre le Maréchal et son chef de gouvernement est officiellement célébrée :

> *Il n'y a plus de nuages entre nous*, avait déclaré Pétain. *M. Laval m'a donné sa confiance en arrivant. Nous nous sommes serré la main et maintenant nous marchons main dans la main. Quand M. Laval parle, il est d'accord avec moi comme je le suis avec lui quand je m'adresse à vous.*

Il sait apparemment séduire les légionnaires en leur promettant que la Légion sera, dans l'avenir, étroitement associée à l'action du on gouvernement. Publiée le 3 juillet 1942, une instruction fixe les cadres d'une collaboration entre la Légion et les pouvoirs publics qui, sous couvert de liaisons directes avec les responsables politiques, établit en fait un contrôle complet de ceux-ci sur la Légion. Il entre une autre préoccupation dans ce contrôle total de la Légion de la part de Pierre Laval. Il lui confère en même temps celui du Service d'Ordre Légionnaire (SOL), dirigé par Joseph Darnand. Il s'agit pour Laval de jouer Darnand contre Doriot, dont le PPF a étendu son recrutement en zone libre. La même logique conduit Laval à encourager en zone nord la Légion Tricolore (que la *Wehrmacht* fera avorter), création d'Etat, contre la LVF, d'initiative privée, et à s'assurer pour un temps le soutien de Déat. Jeu dangereux qui consiste à donner des gages à des groupes extrémistes dans l'espoir de limiter l'influence d'autres groupes extrémistes.

La création des conseils départementaux, le 7 août 1942 (pour nominations avant la fin de l'année), représente une dernière tentative pour Pierre Laval, en tournant le dos à une politique réactionnaire, de se donner une caution républicaine et de rallier en partie un personnel rejeté depuis l'été 1940. Ces instances retrouvaient en partie les attributions des anciens conseils généraux et comptaient le même nombre de membres.

La seule fausse note dans cette opération séduction auprès de l'« opinion républicaine » fut la loi du 25 août 1942, aux termes de laquelle le bureau de chacune des deux Chambres devait cesser ses fonctions à compter du 31 août. Bien que conforme à la loi constitutionnelle du 16 juillet 1875, limitant le mandat des bureaux des Assemblées à la durée de la session des Chambres (or, les bureaux encore en exercice avaient été élus en janvier 1940), leur suppression entraîna une protestation très vive d'Édouard Herriot et de Jules Jeanneney. Les bureaux furent toutefois remplacés dans leurs fonctions par les secrétaires généraux des deux Assemblées, avec mission pour ceux-ci d'être en mesure de convoquer d'urgence à tout moment députés et sénateurs. Pierre Laval avait-il en tête, dès cette date, la réunion de l'Assemblée nationale qu'il tentera de mettre en œuvre dans l'été de 1944 ? C'était plus sûrement, en cet été 1942, l'ultime pelletée de terre jetée sur ce qui restait de présence parlementaire. Il se débarrassera un peu plus tard, comme pour libérer la route, du « parlement » du Maréchal, le Conseil national, supprimé par une loi du 19 février 1943. Ce Conseil, peuplé de « pétainistes », était, il est vrai, associé à son renvoi du 13 décembre 1940. On est en droit de suspecter fortement la sincérité profonde de cette politique d'annonce républicaine. Les observateurs relèvent, dans l'été 1942, le comportement autoritaire, voire dictatorial, de Pierre Laval. En tout état de cause, tout demeurait subordonné chez lui à la politique extérieure ; les « ralliements républicains » étaient avant tout destinés à servir de caution auprès de l'occupant et de l'opinion.

Quelles finalités poursuivait Pierre Laval ?

Il a déclaré son ambition profonde dans un entretien avec un officieux allemand peu avant son retour au pouvoir. C'est le rejet du donnant-donnant à la Darlan :

> Je crois que la France doit aujourd'hui choisir. Au moment où les événements se précipitent, il lui reste peu de temps pour se décider... Lorsque je parle de collaboration, je donne à ce moment le sens le plus profond. Je désire avec l'Allemagne plus qu'une collaboration, une entente.

Au nom de cette « entente », Laval est prêt à donner tous les gages à l'Allemagne pour la convaincre de la bonne foi française et faire revenir ses interlocuteurs « *de la mauvaise impression* » causée par le 13 décembre, qu'il qualifiait de « *crime contre la nation* ». Dans l'entretien avec Pucheu cité plus haut, il parlait de « *restituer aux Allemands, à force d'attente et de services rendus, la confiance que* [lui-même] *avait su leur inspirer* ». Il misait tout sur une rencontre avec Hitler. Une fois encore, il entreprenait de renouer des liens rompus, aimant à rappeler que, au moment de son départ, Darlan ne pouvait même pas franchir la ligne de démarcation. Placé devant le renforcement des exigences allemandes en matière de main-d'œuvre, Laval jouera une double partition : d'un côté limiter et retarder celles-ci, de l'autre faire entrer ces envois de main-d'œuvre dans un processus d'entente économique entre la France et l'Allemagne. La « guerre totale » rendait, à ses yeux, indispensable à Hitler la contribution française en hommes (« logique Sauckel ») et en production de biens industriels sur place (« logique Speer »). Jean Bichelonne sera sur ce plan son plus fidèle exécutant.

Les défenseurs de Pierre Laval ont toujours mis en avant l'argument, à leurs yeux décisif : il fallait faire vivre la France au mieux ou au moins mal. Ils y joignent parfois un autre argument : sur le plan extérieur, une paix de compromis était toujours possible et, dans cette hypothèse, le gouvernement français de Londres était mal placé pour défendre la position française. Dernier argument justifiant à leurs yeux le retour de Pierre Laval en avril 1942 : empêcher les ultras de prendre le pouvoir [18]. Nous verrons à l'épreuve la valeur de ces arguments.

Quel accueil ?

Son image est plus complexe à cette date qu'on pourrait le penser, pour peu de temps il est vrai. Son retour a d'abord inquiété mais Pétain appuyait ouvertement son chef de gouvernement et donnait l'impression de continuer à tenir la barre. Si le fond du discours de Laval, le 22 avril, sur le nécessaire renforcement de la collaboration a heurté une opinion de plus en plus antiallemande, le rappel habile des principes républicains et le ton à la fois familier et pathétique a frappé certains. Peu aimé, Laval passait pour habile et retors, en mesure, mieux que le vieux Maréchal, de « rouler » l'occupant.

Sa campagne auprès des milieux « républicains » n'est pas sans porter quelques fruits savoureux. Ainsi Mme Albert Thomas adresse-t-elle, le 19 avril 1942, une lettre de félicitations et d'encouragements à Mme Laval pour le rappel de son mari :

> ... J'ai vu ces temps-ci le frère de ma mère... mourir de chagrin d'avoir vu la République chassée de chez nous. Comme lui, je pense que c'est la seule forme de gouvernement qui convienne à notre pays. Elle a été gâchée, nous devons la voir revivre, rénovée, épurée [19].

Témoignage intéressant quand on sait qu'Albert Thomas avait été ministre (socialiste) de l'Armement de 1916 à 1917 et président du Bureau International du Travail de 1930 à sa mort (1932).

Le discours de Pierre Laval le 22 avril est suivi, le 25, d'une lettre de Mme Gaston Doumergue, veuve de l'ancien président de la République et président du Conseil, cette fois au chef du gouvernement :

> J'ai écouté avec une grande émotion votre magistral message, admirant sa logique irréfutable et sentant bien, sous la simplicité des termes et du ton, tout ce qu'il a de pathétique et de profondément français... J'ai voulu, avant de vous écrire, connaître et vous le dire l'impression que votre appel a produit dans les milieux divers où j'ai pu aller le recueillir. Et j'ai eu la joie de constater chez ceux-là même que je savais braqués contre votre retour et votre parole une sincère et grave surprise [20].

Les milieux parisiens avaient initialement assez bien accueilli Darlan, en dépit du 13 décembre ; ils s'en étaient de plus détachés, au point de lui être ouvertement hostiles au début de l'année 1942. Le retour de Pierre Laval fut salué avec enthousiasme, comme en témoignent les éditoriaux de Jean Luchaire et de ses rédacteurs dans *Les Nouveaux Temps*. Il en ira ainsi jusqu'à l'automne 1943. La politique que s'est fixée Laval, reposant sur le moteur de l'anticommunisme et de l'antisoviétisme, aura toutes les faveurs de la presse de Paris [21]. Le journal s'engagera dans une campagne pour un soutien massif à la politique de Laval. Le thème de la relève sera l'un des plus exploités auprès des lecteurs de la presse « collaborationniste »; c'était, on le sait, un des thèmes favoris de Laval.

Un mauvais départ

Les Allemands ne vont pas permettre à Pierre Laval d'exploiter les minces atouts et le bref « état de grâce » dont il pouvait se prévaloir à son retour au pouvoir. Ils étaient décidés à ne lui faire aucun cadeau particulier pouvant l'aider à asseoir une position fragile auprès de l'opinion française. On peut lire dans le *Journal* de Goebbels :

> 26 avril 1942 :
> *En ce qui concerne la France, le Führer estime que nous ne pourrons jamais nous entendre à l'amiable avec elle... Ce que veut le Führer, c'est voir des actes et non pas entendre des mots.*

> 30 avril 1942
> *Si les Français savaient ce que le Führer a l'intention d'exiger d'eux, il est probable que les yeux leur sortiraient de la tête. Aussi est-il bon, pour le moment, de garder ces choses secrètes et d'essayer de tirer parti le plus possible de l'attentisme des Français* [22].

Le 14 avril 1942, sur injonction de Hitler, le procès de Riom, suspendu depuis le 14 mars, est définitivement arrêté [23]. L'Allemagne a d'autres soucis. Immobilisée, l'armée allemande est en Russie condamnée au mouvement. Le peut-elle ? Début avril, Hitler, commandant en chef suprême de l'armée de terre depuis décembre 1941, prépare un plan prévoyant une double offensive en Russie sur la Volga et sur le Caucase (pour la conquête des puits de pétrole). Sa réussite, compte tenu du rapport des forces sur le terrain, est rien moins qu'aléatoire. Les chances de réussite de ce plan ambitieux exigent, dans d'énormes proportions, la mobilisation d'effectifs supplémentaires dans la *Wehrmacht*. Une note de Fritz Sauckel, « haut-commissaire du Reich à la mobilisation de la main-d'œuvre » depuis le 21 mars 1942, expose le problème et ses solutions.

En Allemagne, l'effort militaire demandé implique le prélèvement de travailleurs dans les établissements industriels, compatible avec l'accomplissement d'un programme d'armement amélioré et la production en quantité suffisante de biens de consommation pour la population. En retour s'affirme indispensable la réquisition d'une main-d'œuvre étrangère ; celle-ci demande la réquisition des prisonniers de guerre se trouvant en Allemagne comme travailleurs et la déportation à l'intérieur du Reich d'une main-d'œuvre étrangère considérable. Les territoires occupés de l'Est étaient appelés à fournir la plus grande partie de cet effort; l'Europe occidentale occupée par l'Allemagne devait toutefois fournir un quart de la totalité des besoins de main-d'œuvre étrangère [24].

Le 5 mai, Oberg est installé à Paris en qualité de commandant en chef des SS. Le lendemain, Heydrich, chef du Service de Sécurité du Reich (SD), vient à Paris pour la mise au point de la politique allemande de maintien de l'ordre en France.

Laval a été, enfin, desservi aux yeux des Allemands par l'évasion, le 17 avril 1942 – la veille même de son retour aux affaires –, du général Giraud de la forteresse de Königstein. Bel exploit physique de la part d'un homme de soixante-trois ans qui, après avoir traversé toute l'Allemagne (peu aidé par son mètre quatre-vingt-dix) et franchi la frontière suisse, arrive à Vichy le 28 avril. Hitler prend immédiatement une série de mesures relatives aux prisonniers de guerre, en matière d'élargissement, de congés de captivité ou d'allègement de la captivité. D'une rencontre à Moulins le 3 mai entre Laval, Darlan, Giraud et Abetz, rien ne sort : Giraud, appuyé par Darlan, refuse de regagner sa forteresse comme l'en presse Laval. Celui-ci en voudra beaucoup à Giraud, l'accusant d'avoir compromis le sort de ses camarades prisonniers de guerre.

Il n'ignorait pourtant pas que son retour au pouvoir n'avait été marqué d'aucun geste significatif du côté allemand vis-à-vis de la France, où le climat demeurait très lourd : exécutions d'otages, réquisitions, ingérences croissantes des autorités d'occupation dans la gestion des affaires courantes françaises. L'épisode Giraud, qui a agrandi la lézarde entre Darlan et Laval, aura encore pour conséquence de rapprocher le moment de la disgrâce d'Otto Abetz, à qui il sera reproché par des généraux allemands de n'avoir pas fait procéder à l'arrestation du général Giraud à Moulins.

Du côté des Anglo-Saxons, Pierre Laval n'aura bénéficié d'aucune période d'observation. Conformément aux avertissements donnés, le président Roosevelt a rappelé, début mai 1942, son ambassadeur à Vichy, l'amiral Leahy, pour en faire son chef d'état-major personnel et le président du Comité des Chefs d'état-major. La décision avait été annoncée dès le 17 avril et seule l'hospitalisation de Mme Leahy – qui décédera peu après – avait retardé le départ de l'ambassadeur américain. Ce délai permettra d'ultimes entretiens de Leahy avec le maréchal Pétain et Pierre Laval. Ce dernier lui déclarera qu'il n'était ni proallemand ni pronazi mais que les États-Unis avaient commis une grave erreur en entrant en guerre contre l'Allemagne aux côtés de l'Union soviétique, favorisant en cela les progrès du bolchevisme en Europe. Un simple chargé d'affaires par intérim, S. Pinkney Tuck, lui succède à la *Villa Ica* sur le quai d'Allier.

Le 5 mai, les troupes britanniques débarquent à Madagascar où des combats les opposent aux forces de Vichy. Les branches de la tenaille commencent à se refermer. A cette date, le gouvernement de Vichy n'a su ni rassurer les Anglo-Saxons ni donner les gages jugés suffisants à l'Allemagne – qui entend se servir désormais elle-même. En inquiétant les premiers sans s'être engagé à fond aux côtés des seconds, Vichy s'est placé dans une situation impossible. Il est menacé dans l'immédiat de recevoir des coups des deux côtés, à moyen terme de devoir endurer les conséquences d'un conflit appelé à durer, à long terme à ne plus rien peser le jour du règlement final.

« JE SOUHAITE LA VICTOIRE DE L'ALLEMAGNE... »

Les exigences de Sauckel en matière de réquisition de main-d'œuvre industrielle se précisent dès le 25 avril 1942 : l'ambassade allemande de Paris est avertie que deux cent cinquante mille travailleurs doivent être recrutés avant le 1er juin 1942 (c'est-à-dire dans le mois qui suit). Laval était revenu une semaine plus tôt au gouvernement. Sauckel consent à ajourner l'exécution de la mesure pour la fin mai ou le début juin. Faute de résultat, il sera instauré un service obligatoire.

A cette date, les seuls travailleurs français se trouvant en Allemagne étaient des volontaires, hommes et femmes, au nombre de moins de cent mille, arrivés depuis 1941, et qu'avait attirés la promesse de salaires élevés ; ces départs reflétaient aussi un chômage important en zone occupée (huit cent mille personnes fin 1940). Un an plus tard, ce chômage était tombé à moins de cent mille. C'est que, entre-temps, le nombre d'ouvriers français travaillant pour les commandes allemandes avait considérablement augmenté. Au début de 1942, plus de huit cent mille Français travaillaient directement pour les besoins des services allemands (locomotives, machines-outils, chantiers navals). A la même époque demeuraient un million deux cent mille prisonniers de guerre en Allemagne, dont une majorité travaillait dans l'agriculture ou les industries d'armement. Devant l'absence de réserves pour le volontariat, il ne restait donc plus place que pour le travail forcé en Allemagne ou l'octroi de compensations [25].

Incitations et pressions allemandes sont certes antérieures au printemps 1942 [26]. A l'automne 1941, le commandement militaire allemand en France avait déjà préparé des instructions relatives au transfert en Allemagne des ouvriers travaillant en France pour le compte direct de l'Allemagne. En décembre 1941, une rencontre à Berlin avait réuni notamment Abetz, le général Heinrich von Stulpnagel, Scapani et Benoist-Méchin ; objet de l'entretien : l'installation en Allemagne de délégués des travailleurs français chargés de défendre les intérêts de ceux-ci et disposant à cet effet de pouvoirs consulaires. Il faut intégrer dans cette politique à long terme certains projets allemands, à la même époque, de concentration de l'appareil industriel français par l'augmentation de la durée du travail en France de quarante à quarante-huit heures, conduisant à la suppression des entreprises à l'activité limitée ; allant dans le même sens, la volonté d'une pression sur les Comités d'organisation pour que ceux-ci adoptent une attitude positive face au départ de travailleurs français pour l'Allemagne.

A la fin de l'année 1941, aucune réalisation concrète n'était intervenue. Il avait été simplement créé un responsable du travail, Gaston Bruneton, placé sous les ordres de l'amiral Darlan. Au début de 1942, pour des raisons de politique générale, Goering s'en tenait encore au principe du volontariat, la menace ne devant être brandie qu'en cas d'échec du volontariat. Cette relative « mansuétude » n'est pas séparable d'un projet idéologique qui se met en place dans les pays occupés : faire des travailleurs volontaires français des propagandistes de l'Europe à l'allemande comme patrie de l'ouvrier français et de l'ouvrier allemand ; se faire aussi un allié du syndicalisme français en l'entraînant dans la croisade antimarxiste et antijuive pour l'avènement d'une véritable solidarité ouvrière et d'un authentique socialisme. Dans ses Notes, Angelo Tasca fera état de la visite faite le 10 mai 1942 à Ludovic-Oscar Frossard par un représentant des SS, venu l'entretenir de la « révolution socialiste » en France [27]. Le choix de Gaston Bruneton s'éclaire par là : responsable d'une petite entreprise familiale de la région parisienne avant la guerre, chrétien mystique et social, il entrera totalement dans le rôle choisi pour lui par d'habiles recruteurs.

Le retour de Pierre Laval au pouvoir coïncide pratiquement avec la rupture de la ligne du volontariat, jusque-là pratiquée par l'Allemagne ; c'est le moment où Goering dissuadait Laval de chercher à revenir au pouvoir. Celui-ci va se trouver face à une pression que son prédécesseur, l'amiral Darlan, n'avait jamais connue, et concernant, cette fois, non plus des projets de politique extérieure mais une politique d'ensemble pouvant conduire à l'intégration totale des structures économico-sociales de la France dans l'ordre européen nazi. De plus, il a affaire désormais à des interlocuteurs allemands d'un type radicalement nouveau et agissant dans le cadre d'une restructuration des services allemands.

Sauckel, *Gauleiter* de Thuringe, un des plus anciens membres du parti nazi, est un proche de Hitler chez qui il a ses entrées. Oberg, subordonné direct de Himmler, chef supérieur de la police et des SS auprès du commandement militaire en France depuis mai 1942 et membre du parti depuis 1931, avait reçu une triple mission : coordonner l'activité des services de l'administration militaire allemande; synchroniser l'organisation administrative française avec la nouvelle organisation policière allemande; représenter les intérêts de la police allemande vis-à-vis des services du commandement militaire en France, de l'ambassade d'Allemagne et vis-à-vis du gouvernement français, principalement en matière de collaboration militaire. Speer, ministre de l'Armement à la mort de Todt au début de l'année 1942, a reçu d'importants pouvoirs en matière de coordination pour tout ce qui concerne l'industrie de guerre allemande dans le cadre de l'Europe occupée. En cherchant à s'appuyer sur Speer – partisan du travail sur place des travailleurs français – contre Sauckel, Laval ne fera qu'apporter une contribution à un projet d'intégration économique « européenne ». Knochen, major des SS en 1940, membre du NSDAP depuis 1932, promu en 1942, avec l'arrivée d'Oberg, colonel des SS, avait pour fonction d'assurer la liaison entre les services de Himmler à Berlin, ceux d'Oberg à Paris et les services régionaux du SD installés en France. C'est une mutation du régime nazi à laquelle on assiste depuis le début de l'année 1942.

A partir du 25 avril 1942, date de la première attaque en force de Sauckel, les réunions vont se multiplier face aux exigences de celui-ci. Une série d'entretiens se déroulent le 16 juin 1942, le 13 août, le 2 septembre (pour nous limiter ici à la période précédant les événements d'Afrique du Nord), qui correspondent à la première « action Sauckel ». C'est dans ce cadre de « négociations » que Pierre Laval prononce le 22 juin 1942 un discours appelé à peser très lourd.

A cette date, il a proposé aux Allemands la suggestion de la « relève », formule succédant à un volontariat jugé très insuffisant par l'occupant. Déjà proposée par Scapini à l'automne 1940, elle avait alors été rejetée par l'Allemagne. La formule de la relève a été mise au point le 16 juin 1942 lors d'une réunion à Paris entre Pierre Laval – entouré de Fernand de Brinon, Benoist-Méchin, Lagardelle, Barnaud, Bichelonne et Terray (secrétaire général à la main-d'œuvre) – Speer, Sauckel et le feld-maréchal Milch, homme de confiance de Goering et membre du Comité central. Deux questions distinctes ont été étudiées ce jour-là : la première concernant un projet d'union entre les industries française et allemande; la seconde relative à la « relève » proprement dite : en échange d'un prisonnier – rentrant chez lui en congé de captivité –, trois ouvriers français spécialisés partiraient travailler dans les usines du Reich. Ce sera l'œuvre des bureaux de recrutement déjà ouverts à Lyon, Marseille et Toulouse, et qui ont entrepris une campagne d'affichage. En réponse à une sollicitation de Sauckel, Laval est convenu de s'adresser à la population dans un message radiodiffusé. Il a exprimé au cours de la même réunion le vœu d'avoir un entretien de nature politique avec Ribbentrop, estimant que dans le cadre d'une politique d'entente avec l'Allemagne la technique ne pouvait être dissociée de la politique.

Que dit Laval ce jour-là – 22 juin 1942 – à la radio, dans un discours qui s'adresse plus particulièrement aux ouvriers français dans le contexte de la politique de « relève » ?

> *Ouvrier de France! C'est pour la libération des prisonniers que vous allez travailler en Allemagne... C'est pour permettre à la France de trouver sa place en Europe que vous répondrez à mon appel.*

Et cette profession de foi européenne :

> *De cette guerre surgira inévitablement une nouvelle Europe... Pour construire cette Europe, l'Allemagne est en train de livrer des combats gigantesques... Je souhaite la victoire allemande parce que, sans elle, le bolchevisme demain s'installerait partout.*

Dans l'analyse, il faut distinguer entre le discours et la phrase fameuse. L'idée d'un discours que pourrait prononcer un haut responsable politique français est bien antérieure au retour de Pierre Laval; depuis le début de l'année 1942, les Allemands en ont exprimé le souhait devant les limites du volontariat et en laissant planer la menace permanente d'un recours à un service obligatoire du travail. L'espoir de Pierre Laval, en prononçant son discours, est d'en conjurer le spectre. La phrase, elle – cerise sur le gâteau de l'entente franco-allemande –, est de son cru. Et elle n'a rien d'improvisé; elle n'est pas le fruit d'une brusque inspiration; elle n'est pas la réaction immédiate à l'événement, telle la prise de Tobrouk, le 21 juin, par Rommel et la capture de trente mille prisonniers britanniques.

Depuis deux ou trois semaines, Laval tenait sa phrase en réserve, guettant l'occasion de la placer. Le 11 juin, à l'occasion de sa prise de contact avec les responsables légionnaires, il avait prononcé un discours placé sous le signe de la politique extérieure. Jamais publiée, à la demande expresse de Laval, cette allocution indiquait qu'il attendait d'une reprise de la politique de collaboration moins des allégements rapides au régime de l'Occupation qu'une contribution, fût-elle modeste, à la victoire allemande :

> *Je souhaite*, avait-il dit alors, *la victoire de l'Allemagne, sinon c'est le communisme* [28].

Phrase mûrement réfléchie, donc. Selon le témoignage de Jacques Guérard, un proche de Pierre Laval, alors secrétaire général du gouvernement, Pierre Laval l'avait « testée » sur de nombreux visiteurs. Ayant d'abord écrit dans le premier jet : « *Je crois* », il avait soumis sa formule au Maréchal qui, nullement formalisé, se serait contenté de lui faire remarquer que, dépourvu de toute compétence stratégique, il ne pouvait écrire qu'il « croyait » à la victoire allemande. Ayant peut-être feint de ne pas saisir l'éventuel sous-entendu de Pétain – « ne dites pas cela » –, il se serait contenté de remplacer « *Je crois* » par « *Je souhaite* ».

On peut remonter encore beaucoup plus loin dans le temps. S'entretenant le 27 avril 1942 avec l'amiral Leahy, à la veille de quitter son poste à Vichy, Pierre Laval lui avait dit que, compte tenu d'un engagement qu'il regrettait des États-Unis aux côtés de l'URSS, il préférait dans ces conditions une victoire de l'Allemagne [29].

De l'instruction de son procès, comme de ses Notes de Fresnes ou de ce qu'ont rapporté des témoins immédiats comme Georges Hilaire [30] ou Jacques Guérard [31], on peut dégager les sources de justification fournies par Pierre Laval. La terrible phrase lui aurait permis de mieux résister aux exigences de Sauckel, en lui révélant à la fois les bonnes dipositions du gouvernement français et les limites de ses possibilités vis-à-vis de sa propre opinion publique. Elle s'inscrivait ensuite dans l'hypothèse d'une victoire allemande dans laquelle il conviendrait, un jour peut-être, de défendre la position de la France ; elle rendait dans l'immédiat le gouvernement insoupçonnable aux yeux de l'Allemagne, donc mieux à même de défendre les intérêts français tout en évitant le risque d'un engagement militaire aux côtés de l'Allemagne (le 8 novembre 1942, en plein débarquement américain en Afrique du Nord, Hitler proposera à la France d'entrer en guerre aux côtés de l'Allemagne). Pierre Laval ajoutait comme argument en défense la nécessité de se prémunir contre les éléments de l'ultra-collaboration parisienne, principalement Doriot. Demeure l'argument que nous avons déjà eu l'occasion d'évoquer : sa hantise de l'expansion du communisme et comme l'ultime « avertissement » adressé aux États-Unis. Au total, chez Laval, un « geste » mêlant attitude de « haute politique », goût de la provocation et volonté de surprendre les Allemands eux-mêmes. Son retour au pouvoir ne faisait pas partie de leurs plans initiaux ; il lui fallait donc, estimait-il, leur fournir une preuve de la sincérité de son engagement ; Ciano qui avait rencontré Ribbentrop à Salzbourg, les 29 et 30 avril 1942, ne rapporte-t-il pas :

> *Le gouvernement Laval a été constitué à l'insu de Berlin* [ce qui est très excessif], *... qui aurait préféré tenir en réserve la carte Laval pour quelque temps encore* [32].

Dans les divers camps en présence, les réactions ont été vives, comme si Laval avait voulu soumettre les opinions à un véritable électrochoc, encore que le souvenir l'ait par la suite, à l'en croire, obsédé.

Les plus surpris, paradoxalement, ont peut-être été les Allemands, moins par l'importance à leurs yeux de la phrase de Laval que parce qu'ils n'en demandaient pas tant. Ernst Achenbach, ministre plénipotentiaire à l'ambassade d'Allemagne, a eu ce mot : « *Le gouvernement allemand n'en espérait certainement pas autant* [33]. »

Pour les Américains, ce ne fut pas une révélation; depuis l'ultime entretien qu'avait eu avec Pierre Laval l'amiral Leahy avant son départ de Vichy, ils savaient à quoi s'en tenir. Le maintien à Vichy d'un chargé d'affaires – Tuck – est le dernier lien qui relie encore Washington à Vichy.

Quant à l'opinion française, c'est peu de dire qu'elle fut surprise. Ce fut le choc et la stupeur. Les rapports préfectoraux [34] en sont un bon révélateur :

– Hautes-Alpes (4 août 1942) : « [La phrase] *heurte le sentiment général.* »

– Var (1ᵉʳ août 1942) : « *Le discours de Laval a heurté les sentiments anglophiles de 70 % de la population.* »

– Lot-et-Garonne (1ᵉʳ août 1942) : « *Nous jouons un jeu de dupes.* »

– Somme (1ᵉʳ juillet 1942) : « *On déteste carrément l'occupant. La collaboration suscite de plus en plus de remous.* »

– Indre-et-Loire (3 juillet 1942) : « *Population foncièrement hostile aux Allemands.* »

– Savoie (1ᵉʳ septembre 1942) : « *On dit qu'on a été roulé dans la Relève. On craint la mobilisation des affectés spéciaux.* »

– Seine (31 juillet 1942) : « *relève : scepticisme devant la libération des prisonniers de guerre.* »

Si Pierre Laval avait pu bénéficier d'un bref état de grâce à son retour au pouvoir, l'appel à la main-d'œuvre française que la phrase du 22 juin paraît couronner n'est pas vue comme une alternative française à une décision allemande à venir – un service obligatoire du travail dans les pays occupés – mais comme une contribution française à la politique de l'Allemagne et, pourquoi pas, une anticipation de celle-ci. Ceux qui partaient avaient le sentiment de le faire en fonction, non d'un diktat de l'occupant, mais d'une proposition de leur gouvernement. La mesure a dressé les ouvriers contre les paysans, déçus de leur côté du nombre jugé trop faible de prisonniers paysans rapatriés. Le 11 août, le chef du gouvernement en personne est pourtant allé accueillir l'arrivée à Compiègne du premier train de la relève. Ce qui ne l'empêche pas de plonger dans une impopularité d'où il ne sortira plus.

Le premier STO

Le 22 juin 1942, lors du discours de Pierre Laval, il ne s'agissait encore que de « relève ». L'ampleur des pertes allemandes sur le front de l'Est conduit à une mobilisation accrue en Allemagne, renforçant toujours plus les besoins en travailleurs européens dans les usines allemandes. Or, à la fin du mois d'août 1942, la relève en France – après deux mois d'application – a « procuré » environ soixante mille travailleurs – souvent moins « volontaires » que poussés ou contraints – quand Sauckel en avait réclamé deux cent cinquante mille pour la fin juillet (auxquels il convenait d'ajouter les cent cinquante mille spécialistes prévus dans le cadre des accords Laval-Saucke [35]).

En ce même mois d'août 1942, le gouvernement français est informé de la proche publication d'une ordonnance relative à la réquisition des travailleurs étrangers résidant dans les territoires occupés pour aller travailler en Allemagne. Elle sera publiée dans la presse parisienne le 22 août, sans qu'on puisse affirmer ni son caractère officiel, ni sa date d'entrée en vigueur.

Le 2 septembre 1942 a lieu à l'hôtel *Majestic* une réunion des ministres et secrétaires généraux techniciens du gouvernement (Bichelonne, Lagardelle, Barnaud), en présence de l'adjoint de Sauckel, Ritter. C'est à l'occasion de cette réunion qu'est élaboré l'ébauche d'un projet de loi « *portant règlement du travail national* » et permettant au Reich de disposer du nombre d'ouvriers français nécessaires pour travailler, soit en Allemagne, soit en France à un « mur » sur l'Atlantique. C'est l'amorce de la deuxième « action Sauckel ».

Le 4 septembre, le Conseil des ministres réuni à Vichy voit un certain nombre de ministres de Laval manifester une opposition franche à sa politique. Conduite par l'amiral Auphan, cette résistance à une politique jugée à sens unique réunissait Jacques Le Roy Ladurie (ministre de l'Agriculture) – qui va d'ailleurs donner sa démission –, Gibrat (ministre des Transports) et Max Bonnafous (ministre du Ravitaillement). Pierre Laval ne réussira à faire passer son texte que dans la soirée, à la faveur d'un Conseil interministériel et à la suite d'un compromis. Il n'en reste pas moins qu'en ce 4 septembre 1942, le gouvernement de Vichy élabore une loi instaurant un « Service du Travail Obligatoire » pour tous les

Français âgés de dix-huit à soixante ans (ceux de plus de cinquante ans ne pourraient travailler hors de leur lieu de résidence) et les femmes célibataires de vingt et un a trente-cinq ans (sur leurs lieux de résidence). C'est la première loi sur le STO, encore qu'elle n'ait pas été publiée sur le moment. Les prisonniers rapatriés, les Alsaciens-Lorrains réfugiés et les pères de trois enfants sont exclus de son application. Les partants auront un contrat de travail d'un an. La relève reste appliquée. En désaccord avec son ministre Hubert Lagardelle, le secrétaire général au Travail, Terray, démissionnera le 22 septembre.

A la veille du débarquement en Afrique du Nord, Pierre Laval est apparemment parvenu à contenir dans certaines limites les exigences ou les menaces allemandes : dans le cadre de la relève, soixante mille travailleurs environ sont partis entre la fin juin et la fin août. Pour cela, Laval a usé de divers procédés : il a joué des attributions de compétence entre les services allemands (ceux du Dr Michel à Paris, ceux de Sauckel, ceux de Speer), encore que ces antagonismes se soient spontanément manifestés ; il a, non sans une certaine liberté d'interprétation, rappelé que les textes allemands relatifs à un travail obligatoire dont la France était menacée ne pouvaient s'appliquer ni à la zone libre, parce que souveraine, ni à la zone occupée, cette dernière étant administrée par les autorités françaises sous le contrôle et avec la collaboration des autorités allemandes ; il a, enfin, utilisé les ressources qu'offraient les lenteurs administratives bien connues comme la mentalité juridique de l'occupant.

Il n'en faut pas moins relever trois choses. D'abord, si le chiffre de soixante mille travailleurs partis fin août 1942 peut paraître faible, commence à se mettre en place à partir d'octobre 1942 le départ des travailleurs requis dans le cadre de la première « opération Sauckel » et de l'accord Laval-Sauckel sur les spécialistes. Au début de 1943, il y aura environ deux cent cinquante mille nouveaux travailleurs français en Allemagne (sans compter les « volontaires »), tous ouvriers d'usine (relève, première « action Sauckel », accord Laval-Sauckel). Et leur nombre ne fera qu'augmenter au fur et à mesure du déroulement des « actions Sauckel ». En retour, Laval a obtenu la promesse de la libération de cinquante mille prisonniers cultivateurs contre le départ de cent cinquante mille spécialistes.

En second lieu, il est difficile de ne pas être frappé par la politique d'anticipation de Laval. Il propose la relève à ses interlocuteurs allemands avant même que soient connus les textes allemands. La loi du 4 septembre 1942 ira plus loin, même au prix d'un compromis douteux : le travail pour l'occupant n'a pas lieu forcément en Allemagne, ceux qui partent signent un « contrat » de volontaire et leur « engagement » est limité à un an. La relève n'ayant pas donné les résultats escomptés, il sera d'autant plus difficile à Laval de manœuvrer par la suite, même en poursuivant sa politique de retardement. On aboutit à ce paradoxe de voir le gouvernement français fixer le cadre juridique et administratif concernant l'envoi de travailleurs français en Allemagne, en comptant sur la compréhension de travailleurs qui sont en fait désignés par rotation et partent avec un contrat d'un an. Jacques Barnaud en arriva à solliciter de l'Allemagne, au début de l'automne 1942, qu'elle voulût bien faire connaître ses intentions précises aux autorités françaises.

Il y avait certes la crainte du pire : celle de législations distinctes pour les deux zones et la volonté d'affirmer l'intégrité de tout le pays (le Nord et le Pas-de-Calais étaient concernés par la loi). Dans l'immédiat, c'était mettre les ouvriers français devant la question : travaillaient-ils pour la France ou pour l'Allemagne, ces volontaires contraints ou ces requis ? Enfin, le recours à une loi française censée prévenir de plus grands excès allemands a eu pour conséquence d'accroître la division entre les catégories françaises : pour les familles paysannes, l'égoïsme des ouvriers retardait le retour des prisonniers paysans, mais en milieu urbain on ne comprenait pas pourquoi les ouvriers seuls se trouvaient concernés, jusqu'après l'occupation totale du territoire ; enfin, la zone nord a fourni les gros bataillons du volontariat et de la relève. Les mouvements de résistance trouveront là un terreau favorable.

D'autres menaces s'exerçaient à la même époque, concernant cette fois la population juive de France. Elles n'étaient pas nouvelles mais revêtaient une forme encore plus terrible.

L'Allemagne relance la « question juive »

L'antisémitisme allemand est lié depuis la création du parti nazi et celle du nouvel État à la personne même de Hitler.

Il demeure aujourd'hui encore difficile d'établir la genèse de la politique de « solution finale », expression « pudique » destinée à masquer la déportation et l'extermination massives des populations juives d'Europe. La date classiquement retenue est celle de la conférence de Wannsee (20 janvier 1942), réunissant sous la direction de Heydrich, chef de la sécurité d'État, quelques-uns des dignitaires SS et de hauts fonctionnaires ; c'est au cours de celle-ci que fut annoncée la mise en œuvre de la « *solution définitive du problème juif en Europe* ». Venue de diverses initiatives, cette mise en œuvre avait, semble-t-il, connu un début de réalisation dès l'été de 1941 en URSS et en Pologne [36]. Wannsee aurait eu un but de coordination et de « rationalisation » confié par Hitler à Goering et par celui-ci à Heydrich. Il y a à coup sûr un lien très étroit entre la décision massive d'élimination des Juifs et la campagne à l'Est [37]. Le plan allemand initial prévoyait les déportations massives de populations civiles, qui devaient s'avérer rapidement irréalisables. La volonté d'élimination des seules populations juives aurait pu – sans perdre de vue les fondements de l'idéologie nazie – se dégager progressivement de cette première opération avortée. La première manifestation en France de cette politique a lieu le 29 mai 1942 avec le port imposé de l'étoile jaune aux populations juives de zone occupée. Mesure de discrimination, elle est un prélude à leur arrestation et à leur déportation.

A cette date, Pierre Laval n'est pas encore associé directement aux politiques antisémites. Il y a eu certes, avant le 13 décembre 1940, le premier Statut (3 octobre 1940) et l'établissement de camps de détention pour étrangers – souvent juifs. Il est connu qu'il avait exprimé des doutes sur la nécessité de ce texte, dont il dira à son procès qu'il constituait « *un moindre mal* ». Écarté du pouvoir jusqu'en avril 1942, son retour coïncide avec le renforcement de la pression allemande.

Parmi les premières mesures prises par Pierre Laval à son retour figurent le rattachement à ses services du Commissariat Général aux Questions Juives et la suppression de la police antijuive. De Vallat à Darquier, on assiste au passage de l'antijudaïsme discriminatoire d'État à l'antisémitisme nazi d'extermination. A Xavier Vallat, premier commissaire, succède Louis Darquier (dit de Pellepoix), candidat d'Abetz ; alors que le premier, parti sur la pression allemande, avait gardé une certaine mesure (refusant, notamment, l'interdiction des mariages mixtes), son successeur s'aligne sur les thèses allemandes de l'extermination des populations juives de France. Darquier n'est pas un agent de l'antijudaïsme d'État ; c'est un forcené de l'antisémitisme, partisan des solutions les plus radicales. Son influence fut toutefois assez faible à Vichy ; Laval l'éliminera dans l'été 1943.

C'est peu avant le retour de Laval qu'a eu lieu, fin mars 1942, la première déportation de Juifs de la zone nord vers Auschwitz. Son retour coïncide donc exactement avec les premières mesures allemandes portant alors sur la déportation des Juifs étrangers détenus en zone nord depuis les premières rafles de l'été et de l'automne 1941, dans les camps de Pithiviers, Beaune-la-Rolande et Drancy. Le Sauckel de la « question juive » a nom Dannecker, dépêché par le Service de Sécurité du Reich depuis le printemps 1941 et responsable du service antijuif de la Gestapo à Paris (il sera remplacé en octobre 1942 par Röthke). Les noms d'autres responsables sont à évoquer ; à Paris, ceux de Knochen, commandant des services de sécurité, de Zeitschel, spécialiste à l'ambassade des affaires juives, de Kurt Lischka, suppléant de Knochen ; à Berlin, Eichmann est le responsable du service IV-B de la Gestapo chargé pour cette organisation des affaires juives [38].

LA RAFLE DU VÉL' D'HIV'

Les grandes rafles de l'été 1942 demeurent comme les dates symboles du martyrologue juif [39]. Celle du Vel' d'Hiv' (16-17 juillet 1942) a presque fait oublier celle qui a eu lieu les 27 et 28 août, en zone sud. La première atteint, il est vrai, l'horreur absolue. Hormis à Paris, toutefois, où la rafle eut des témoins, l'épisode rencontra assez peu d'échos dans l'opinion profonde en France.

Les faits d'abord. C'est la première opération de déportation sur une vaste échelle voulue par les responsables de la police et de l'administration allemandes à Paris, depuis la relance de leur politique antijuive : l'arrestation de vingt-deux mille Juifs à Paris et en Seine-et-Oise à partir du fichier de la préfecture de police de Paris élaboré dès le 27 octobre 1940 et avec l'aide des services de celle-ci [40].

L'opération de Paris s'est traduite par l'arrestation de 12 884 juifs apatrides, en majorité des femmes (5 802) et des enfants (4 051). 8 833 seront finalement mis en situation de déportables (hommes et femmes), les Allemands ayant demandé la déportation à partir de l'âge de seize ans. Alors que commencent les déportations depuis Drancy pour les Juifs sans enfants, les autres parents (le plus souvent la femme seule) et enfants sont envoyés aux camps de Pithiviers et de Beaune-la-Rolande après être demeurés entassés cinq jours durant dans le vélodrome, où n'existait aucune condition d'accueil. Le chiffre de vingt mille exigé par les Allemands n'a pas été atteint : des fuites du côté de la police, des mises en garde diffusées par les organisations juives, les réactions d'indignation spontanées d'un certain nombre de Parisiens l'ont interdit. Les policiers nazis de Paris ont attendu de Berlin la décision d'Eichmann relativement aux enfants. Le 20 juillet, l'ordre de déportation arrive ; confondus dans le flot des adultes, les enfants seront déportés à la fin du mois d'août vers Auschwitz.

Les 27 et 28 août, c'est en zone sud, cette fois, que se déroulent des rafles de Juifs. Environ sept mille d'entre eux sont arrêtés, prélude à la déportation.

Comment apprécier la responsabilité collective du gouvernement de Vichy, comme la responsabilité personnelle de Pierre Laval ?

A l'origine de la participation directe des policiers français à la rafle des 16 et 17 juillet, on trouve deux préoccupations du gouvernement de Vichy : assurer l'autorité de la police française en zone nord face aux initiatives des services policiers allemands ; trouver un accord avec les autorités d'occupation sur la question des exécutions d'otages, celles-ci s'étant multipliées depuis le printemps avec la recrudescence des attentats, moyennant là encore une participation de la police française. La préoccupation n'est pas nouvelle ; on retrouve l'obsession permanente de Vichy de faire reconnaître son autorité sur la zone nord. Elle s'inscrit ici dans la suite de la politique de Pierre Pucheu, ministre de l'Intérieur en juillet 1941, qui avait amorcé une vaste réforme des services de police.

Reprise dans l'été 1942, elle s'inscrit dans un contexte dramatique : la décision allemande de transferts massifs et éminents des populations juives de France. Dès le 29 mars 1942, un convoi de 1 148 juifs avait quitté la France pour Auschwitz sans qu'il y eut protestation française. Mais c'est pendant l'été que sont prises les décisions de déportations massives. On peut lire dans un rapport Dannecker-Eichmann adressé à Hitler le 1er juillet 1942 :

> *En vertu de l'ordre du Reichsführer SS du 23 juin 1942, tous les juifs domiciliés en France doivent être déportés aussitôt que possible. Aussi faudrait-il, afin de poursuivre notre effort, exercer une pression appropriée sur le gouvernement français. La réalisation en zone occupée ne comporte pas de difficulté ; les travaux préparatoires d'ordre politique en vue de la réalisation pratique en zone non occupée ne sont pas encore complètement terminés, puisque le gouvernement français fait des difficultés de plus en plus considérables* [41].

Aucune distinction n'était faite entre Juifs français et Juifs étrangers, les Juifs déportés devant être considérés, sitôt la frontière franchie, comme apatrides. La rafle du Vel' d'Hiv' se trouve ainsi à l'intersection de la pression allemande, du souci permanent de Vichy d'établir son autorité sur la zone nord et de sa préoccupation de prendre en compte en priorité le cas des Juifs français.

Dès le mois de juin, le gouvernement français entre dans un cycle de conversations avec les autorités policières allemandes à Paris (la *Wehrmacht* et l'ambassade ont cessé d'être des interlocuteurs de poids et Abetz quitte son poste en septembre 1942). René Bousquet, secrétaire général à la Police, devient l'interlocuteur « privilégié » d'Oberg et de Knochen. Jeune (trente-trois ans) et brillant préfet de la Marne, préfet régional de Champagne, ce protégé des Sarraut, aux amitiés radicales et maçonniques, avait la réputation d'un fonctionnaire efficace, courageux, très ambitieux aussi ; c'est un homme adroit introduit tant auprès de Darlan que de Laval, qui apprécient ce partisan d'une République « musclée » que les rêveries de la Révolution nationale laissent froid. Bousquet va entrer dans le cycle infernal où l'entraîneront ses interlocuteurs allemands : contre la reconnaissance de l'autonomie de la police française, par ailleurs réorganisée et renforcée, en mesure d'agir pleinement en zone nord, l'occupant attend d'elle un engagement actif contre le « terrorisme », prix à payer pour mettre fin aux exécutions d'otages [42]. On craignait à Vichy, il est vrai, que la police allemande ne lève des forces supplétives en armant les groupements ultras. L'accord sera finalement mis au point et signé le 8 août 1942, au lendemain de la grande rafle qui aura joué le rôle de banc d'essai de la collaboration entre les deux polices.

C'est le 25 juin 1942 que les Allemands ont mis le marché en main à Laval et Bousquet, qui ont été régulièrement en contact l'un avec l'autre : l'arrestation de vingt-deux mille Juifs dont 40 pour cent seraient français. Au départ des conversations franco-allemandes, l'arrestation des Juifs en tant que tels n'avait pas été prise en compte. La « proposition » allemande est donc venue interférer avec la question de la police et celle de la lutte contre les « terroristes ». Laval juge l'affaire suffisamment grave pour en saisir le Conseil des ministres le lendemain, 26 juin. Pétain et Laval – tout en ne voyant aucun inconvénient à ce que les Allemands procèdent aux arrestations – expriment d'abord le souhait que la police française reste à l'écart par crainte de réactions dans la population parisienne. Leur crainte de voir compromis l'accord avec Oberg – qui reste à finaliser – les conduit finalement à proposer un moyen terme : participation de la police française, refus de voir arrêtés des Juifs français et compensation par la rafle de Juifs étrangers en zone sud au moment opportun [43]. C'est ce compromis qui est proposé à Oberg et Knochen le 2 juillet :

> *Bousquet se déclare prêt à faire arrêter sur l'ensemble du territoire français et au cours d'une action unifiée le nombre de ressortissants juifs étrangers que nous voudrons* [44].

On a vu que les enfants, comme les adultes, ont été arrêtés. Comment l'expliquer, puisque les Allemands demandaient les arrestations à partir de l'âge de seize ans ? C'est Laval qui a demandé que les enfants ne soient pas séparés des parents, « *dans une intention d'humanité* », dira-t-il. Ils seront déportés avec les parents le 20 août 1942. On peut aussi bien penser qu'il s'est demandé quoi en faire, qu'il a redouté peut-être aussi que ces orphelins ne soient des objets d'apitoiement pour l'opinion. Pour les adultes, Laval s'est certes activé ; il a demandé aux gouvernements hongrois, turc, roumain et espagnol de récupérer leurs nationaux (ce que firent les Espagnols). Quant aux enfants, Laval avait demandé au gouvernement américain qu'il envoyât un ou deux bateaux à Marseille pour en récupérer le plus grand nombre possible; il essuya un refus, les autorités américaines redoutant un afflux de réfugiés provenant des dernières zones balkaniques d'Europe non encore contrôlées par l'Allemagne. L'UGIF en accueillit un certain nombre, de même que des associations chrétiennes. Au total, un millier d'enfants (sur quatre mille) seront sauvés de la déportation, le 20 juillet.

Arrestations et déportations ne s'arrêtèrent pas là en cet été 1942, en zone nord comme en zone sud. Au total, de juillet à septembre 1942, on aboutit à un chiffre supérieur à trente-trois mille personnes déportées à Auschwitz [45]. Il y a là une incontestable contribution directe à la politique allemande de déportation de la part du gouvernement de Vichy. Une question fondamentale se pose : que savait Vichy du sort des déportés ? Cette contribution de Vichy à la « solution finale » s'est-elle faite en connaissance de cause ? Cette politique n'entrait pas dans les objectifs de l'État français. Quel était le degré d'information de ses dirigeants ?

On connaît les réponses apportées par Pierre Laval. Dans les notes préparées à la hâte pour sa défense, l'ancien chef de gouvernement écrit :

J'ai essayé de savoir, en les interrogeant, où les Allemands dirigeaient les convois de Juifs, et leur réponse était invariable : « En Pologne où nous voulons créer un État juif [46]. *»*

A Vichy, où la nouvelle de la grande rafle a causé un vif émoi, notamment dans le corps diplomatique, Laval était convenu avec les nazis de la réponse à fournir; il répondra donc qu'ils étaient déportés « *pour être employés au travail dans le Gouvernement général* [47] ».

Mais *quid* des femmes et des enfants ? Pouvait-on les déporter, eux aussi, pour le travail ? On ne saurait certes suspecter les hommes de Vichy d'avoir connu alors l'existence des chambres à gaz (elles commencent seulement à fonctionner à Auschwitz) ni pu concevoir l'existence d'un plan d'ensemble visant à la destruction de toutes les populations juives d'Europe. Ce n'est guère avant 1943 que les rumeurs, qui avaient commencé de circuler, se feront plus insistantes et plus précises. Ni la presse clandestine, ni les rapports des ambassadeurs de Vichy à l'étranger, ni même les organismes d'aide internationaux ne disposaient encore d'informations précises et concordantes [48]. Les responsables de ces opérations, des concepteurs aux exécutants, ne se départissaient jamais, fût-ce entre eux, d'un véritable langage codé.

Il n'était pas indispensable de savoir l'existence d'un plan à l'échelle de l'Europe conquise pour deviner quel sort pouvait attendre les déportés. Dans ses Notes, Pierre Laval écrit :

> *Je savais bien que les juifs étaient emmenés en Pologne, mais j'ai appris que c'était pour y travailler dans des conditions abominables, le plus souvent pour y souffrir et y mourir* [49].

La phrase demeure, il est vrai, énigmatique et ne permet pas de savoir s'il l'avait appris dès l'époque des déportations de France en 1942 ou postérieurement.

Une fois opérées les grandes rafles de l'été 1942 en zone nord comme en zone sud, l'attitude de Pierre Laval évolue sensiblement, sans nul doute en relation avec les vives réactions – nous le verrons – qui ont suivi les rafles de l'été 1942 dans l'opinion informée. Une fois de plus, il n'a guère été payé de retour par ses interlocuteurs allemands. Les exécutions d'otages, qui devaient être limitées – sinon interrompues – ont repris, en dépit d'un certain ralentissement : le 20 septembre, cent seize otages ont encore été exécutés. Le départ de Jacques Benoist-Méchin du gouvernement, fin septembre 1942, est symbolique : lui-même n'a plus la moindre illusion sur la collaboration ; Laval veut se débarrasser d'un homme qu'il soupçonne de comploter contre lui, et les Allemands – placés devant le fait accompli de sa démission forcée – n'exercent aucune pression en sa faveur. Plus qu'une impasse, c'est une fin de route.

Il refuse désormais de collaborer à des opérations collectives, s'abritant derrière le Maréchal, alerté par les protestations de la hiérarchie catholique. La stratégie allemande – dont la ténacité est quelque peu émoussée par les échecs militaires – jouera une autre carte : obtenir de Vichy la dénaturalisation des Juifs devenus français par la loi du 10 août 1927 (accordant la nationalité française sur demande au terme de trois ans de résidence) ; leur intention, une fois la loi de dénaturalisation promulguée, était de procéder à une nouvelle grande rafle avec l'aide, une fois encore, de la police française. Le 20 juin 1943, Laval signe la loi de dénaturalisation préparée par Darquier de Pellepoix mais ne l'adresse pas à l'administration allemande. Il mettra par la suite en avant la prérogative de Pétain qui, comme chef de l'État, avait seul le droit de retirer la nationalité française et donc de signer le décret. Or Pétain, en conscience, ne le voulait pas. A cette date, sur vingt-cinq mille cas environ, deux mille cinq cents avaient été répertoriés. Pétain avait incité verbalement la Commission de dénaturalisation à traîner les pieds ; parmi les personnes dénaturalisées, un certain nombre d'entre elles étaient perdues de vue. Laval joua enfin auprès des occupants, non sans succès, des divergences en matière de politique antijuive entre la loi allemande et la loi italienne, cette dernière étant beaucoup moins dure.

Les documents allemands confirment cette évolution chez Laval. Dans un rapport adressé par Röthke, successeur de Dannecker, à Oberg le 14 août 1943, il écrit :

> *Pétain a eu connaissance des projets de loi. Il a été absolument indigné... Laval n'a pu mettre à notre disposition en zone occupée la police française pour ces arrestations... Pour nous résumer, il faut constater que le gouvernement français ne veut plus nous suivre dans la question juive... Il lui* [Laval] *est maintenant très commode de se retrancher derrière Pétain*[30].

Des arrestations n'en auront pas moins lieu en province courant 1943, des responsables de préfecture n'ayant pas toujours suivi la politique du « coup de frein » désormais décidée au niveau gouvernemental. En novembre 1943, les autorités allemandes déclareront qu'elles ne sont plus liées par les refus français.

Le bilan de la « solution finale », tel qu'il a été établi pour la France par Serge Klarsfeld, est le suivant. Environ 330 000 Juifs vivaient en France en 1939, dont un peu moins de 200 000 avaient la nationalité française. Le nombre total des victimes s'établit à environ 80 000 (soit 24 pour cent) ; sur ce total, le nombre des Juifs français serait de 24 500 (un peu moins d'un tiers), celui des Juifs étrangers de 56 500 (plus des deux tiers). En termes de survie par rapport aux communautés juives en 1939, on obtient : 57 pour cent pour les Juifs étrangers, 95 pour cent environ pour les Juifs de nationalité française.

Un gouvernement de plus en plus isolé

Pierre Laval n'ignorait rien de son impopularité et de celle de son gouvernement dans l'opinion française. Convaincu qu'aucune autre politique que la sienne n'était possible, il se disait prêt à sauver les Français malgré eux ; qu'ils se dressent contre lui ne faisait que légitimer son attitude. Tout point de vue opposé au sien – ou simplement distinct – n'a aucune chance d'être reçu. Tout contact direct avec la population lui est interdit. Ses interlocuteurs naturels sont donc les préfets, les journalistes, les délégations de maires, les chefs de la Légion, les responsables de la Corporation paysanne, les représentants des prisonniers rapatriés, qui tous attendent quelque chose du pouvoir. Ses entretiens sont avant tout des monologues où se mêlent ses regrets qu'on ne l'ait pas écouté avant la guerre, qu'on l'ait scandaleusement chassé le 13 décembre et l'expression de la mission de sacrifice à laquelle il s'est voué :

> *J'ai sur les épaules,* déclare-t-il devant une assemblée d'instituteurs le 3 septembre 1942, *une responsabilité redoutable, la plus lourde qu'il soit possible à un homme d'assumer, la responsabilité de la France. C'est un temps de malheur, de très grand malheur et les Français ne le savent peut-être pas assez. N'ayant pour but qu'un but, un objectif, un seul : la France... Je n'ai pas d'autre objectif que ce but vers lequel je me dirige comme un somnambule* [51].

Pour ses compatriotes, dans leur majorité, Pierre Laval se trouvait identifié depuis l'envoi de travailleurs en Allemagne, sur injonction d'un gouvernement français, comme un complice de l'Allemagne. Les grandes rafles de l'été 1942 ont eu pour conséquence de menacer le régime dans son ensemble auprès de certains de ses soutiens les plus assurés.

Les arrestations des Juifs à Paris n'ont pas été discrètes. Elles ont provoqué des rassemblements ; passants et voisins ont posé des questions ou se sont interrogé, en un temps où la vie de voisinage était encore une réalité. Les milliers de policiers requis ont rarement apporté de véritable zèle. Des « fuites » se sont produites, permettant à un certain nombre de Juifs pourchassés de n'être pas à leur domicile ce jour-là. Pouvaient-ils imaginer que femmes et enfants n'en seraient pas moins arrêtés ?

A Vichy, les représentants étrangers ont posé la question : quel devait être le sort de toutes ces personnes arrêtées puis enfermées dans des camps de détention ? Il se produit dans l'opinion française certaines évolutions. Plus actif dans certains milieux ou certaines régions, l'antisémitisme en France reflétait aussi des sentiments xénophobes qui se sont parfaitement accomodés des Statuts d'octobre 1940 et juin 1941. Les Juifs étaient impopulaires – les rapports préfectoraux en font état – dans les régions touristiques, les stations thermales et les départements d'accueil où ils étaient nombreux à s'être réfugiés ; ils étaient accusés d'aggraver les problèmes de ravitaillement et de participer au marché noir. Mais les événements de l'été 1942, finalement connus, ont souvent choqué par la participation, notamment, de la police française. On y a vu aussi une marque de dépendance vis-à-vis de l'Allemagne.

Surtout, la hiérarchie catholique s'est émue. Le premier Statut (3 octobre 1940) puis le second (2 juin 1941) n'avaient suscité aucune protestation. A son procès, Xavier Vallat a rapporté qu'une consultation avait été demandée aux plus hautes autorités spirituelles, au pape lui-même, lors de la promulgation du second Statut. Le 2 septembre 1941, Léon Bérard, ambassadeur auprès du Saint-

Siège, avait adressé à Pétain une lettre qui était une réponse à la demande de consultation du Saint-Siège sur le statut des Juifs. C'était un texte rassurant qui ne contenait guère qu'une mise en garde sur la nécessité de ne pas interdire les mariages mixtes [52]. Une grande publicité fut donnée au rapport qui permettait d'établir la filiation française et chrétienne de la législation antisémite de Vichy, en l'opposant à l'antisémitisme allemand perverti par le paganisme athée. Le père Henri de Lubac a émis des réserves sur le sérieux de ce rapport et met en avant le fait qu'à la même époque le nonce apostolique à Vichy, Valeria Valeri, faisait des remarques sévères au Maréchal au sujet de cette législation [53]. Le Vatican s'est, selon toute vraisemblance, moins prononcé en faveur de cette législation qu'il n'a pris note de sa simple existence.

S'il y a eu des réserves de la part de l'épiscopat, elles sont en tout cas demeurées non publiques jusqu'à l'été de 1942 sur la « question juive ». Les seules réserves, voire les refus, n'ont été inspirées en 1941 que par la politique du gouvernement sur la jeunesse, faisant craindre un contrôle – ou un tarissement – des mouvements d'action catholique. Il faut voir dans ce silence officiel à la fois la crainte de jeter le trouble dans l'opinion et la difficulté à opérer ce qui ne pouvait manquer d'apparaître comme une rupture par rapport à l'attitude adoptée jusque-là. Au printemps 1942 encore, on ne relève aucune protestation publique de la hiérarchie sur le fait que les Allemands ont obligé les Juifs de zone nord à porter l'étoile jaune ; l'autorité de Vichy y est, il est vrai, limitée, et le gouvernement ne s'était pas aligné en zone sud sur la politique allemande.

Le grand tournant a bien lieu à l'été 1942, même si la grande rafle n'est pas suivie d'une protestation ouverte de la hiérarchie : réunie le 22 juillet, l'assemblée des cardinaux et archevêques de zone nord se refuse à exprimer publiquement sa réprobation, par crainte de représailles contre les mouvements d'action catholique. Une simple lettre personnelle est adressée au maréchal Pétain par Mgr Suhard, archevêque de Paris ; elle est remise en main propre à Pétain par Mgr Chappoulie, délégué de l'assemblée des cardinaux et archevêques. Dans son Journal, André Lavagne, membre du secrétariat général du maréchal Pétain, note :

24 juillet 1942.
Impression qu'on arrive à l'extrême limite de ce qu'on peut céder aux Allemands, avant de s'abîmer dans le plus abject déshonneur.
6 août 1942.
Si nous devenons maintenant en zone libre complices des persécutions allemandes, c'est à l'intérieur le clergé catholique qui abandonnera son loyalisme, son silence (déjà excessif).

Un certain nombre de cardinaux, archevêques et évêques (vraisemblablement en accord avec l'ensemble de la hiérarchie) prennent l'initiative de déclarations épiscopales lues en chaire et distribuées dans les paroisses : Mgr Saliège (à Toulouse), Mgr Moussaron (à Albi), Mgr Gerlier (à Lyon), Mgr Théas (à Montauban), Mgr Delay (à Marseille). Les sources allemandes en portent témoignage :

> *Les mesures anti-juives en France ont donné lieu à une vive effervescence parmi les catholiques et les cercles religieux. Les mesures prises par le gouvernement Pétain au lendemain de l'armistice avaient été en général acclamées* [ce qui est excessif] *car s'appliquant à des réfugiés étrangers. Désormais, les expulsions concernaient des Français juifs de zone occupée comme de zone non occupée ; les mesures étaient désapprouvées par les autorités religieuses, notamment en raison des méthodes employées* [54].

Les sondages effectués par la propagande allemande sur les réactions de l'opinion vis-à-vis de la politique antijuive révélaient que « *les Français éprouvaient de la compassion pour les Juifs* ».

Pétain fut le permier à souhaiter un coup d'arrêt à une politique mise en œuvre selon de tels procédés ; Mgr Chappoulie est venu lui exprimer l'émotion du pape en des termes bien propres à ébranler un homme de quatre-vingt-six ans :

> *Le Pape est personnellement en souci pour le salut de l'âme du Maréchal.*

Laval en revanche prit très mal ces interventions de la hiérarchie, dans laquelle il voyait avant tout une entreprise destinée à saper son autorité : selon lui, l'Église n'avait pas à interférer dans des domaines concernant l'État ; il demanda au nonce d'intervenir auprès du pape et du secrétaire d'État Maglione. Les services de l'Information – sur lesquels Pierre Laval avait la haute main – avaient si bien compris le danger que, non seulement la censure interdit toute référence à un manifeste plus retentissant, celui de Mgr Saliège, mais tenta d'allumer un contre-feu. Le gouvernement décida d'y répondre par la plume d'un abbé théologien, qui exposa la doctrine traditionnelle de l'Église devant le « problème juif » en s'appuyant sur l'autorité de Saint-Thomas d'Aquin. *La Croix* refusa de reprendre l'article et *La Dépêche de Toulouse* s'abrita derrière son peu de compétence sur les questions religieuses. Il fut repris par *Le Grand Écho du Midi*, sous la signature de « Saint-Julien » le 3 septembre 1942. La Censure centrale demanda aux journaux, dans une « consigne d'orientation », de reprendre, en le citant, l'article du journal toulousain [55].

C'est bien une cassure qui s'est opérée en cet été 1942 entre le régime de Vichy et la hiérarchie catholique. Au-delà d'un antisémitisme « à la française » plane désormais l'ombre d'un antisémitisme païen que le pape avait dénoncé dès avant la guerre dans son encyclique « *Mit brennender Sorge* ». Des associations chrétiennes vont de plus en plus prendre en charge les Juifs pourchassés, de nombreux enfants notamment ; ainsi les « Amitiés chrétiennes » du père Chaillet, qui est peut-être à l'origine des déclarations de Saliège et de Gerlier.

Les responsables protestants n'ont pas été en reste. Comme la hiérarchie catholique, ils s'en étaient tenus à des propos individuels et privés. Ainsi, le président du Conseil national de l'Église réformée de France avait-il écrit, le 26 mars 1941, au grand rabbin pour lui exprimer sa douleur de voir une législation raciste introduite en France. Après le second Statut, le pasteur Boegner écrivit, le 20 août 1942, au maréchal Pétain pour lui dire son émotion (on rappelle ici que le cardinal Gerlier écrivit à Pétain le 19 et que la lettre de Mgr Saliège est du 23). Le nonce avait lui-même rencontré Pierre Laval le 22 août.

Sous d'autres formes et sur un autre registre se révèle, en cet été-automne 1942, la montée du désarroi et du scepticisme. Un malaise grandissant affecte les milieux légionnaires, au rythme de la désaffection de l'opinion à l'égard de la Légion Française des Combattants, l'une des institutions clefs du régime de la Révolution nationale. Cette crise est le reflet d'un sentiment d'impuissance devant les événements, renforcé par un état de subordination vis-à-vis d'un gouvernement à l'impopularité croissante. Les rapports préfectoraux soulignent cette crise qui s'accompagne de nombreuses démissions au niveau des responsables locaux. La politique extérieure du gouvernement inquiète, comme en témoigne ce rapport du commissaire divisionnaire au préfet régional du Rhône :

> *Les milieux légionnaires de Lyon ne cachent pas que la politique de collaboration qu'entend suivre le chef du gouvernement est loin de recueillir l'unanimité de leurs membres. Les anciens combattants ne peuvent comprendre la collaboration à sens unique imposée par l'Allemagne* [56].

L'indifférence ou l'opposition prennent localement la forme d'une résistance. Le chef de la Légion des Hautes-Alpes note dans son Journal :

> *A Laragne, le 30 août* [1942] *au matin, les affiches invitant la population à se joindre à la Légion pour son deuxième anniversaire étaient barbouillées de grandes croix gammées, faites à la peinture noire et verte. Les branches de certaines croix gammées*

étaient constituées par les noms de Laval, Doriot, Lachal [directeur général de la Légion], *Marion* [57].

La Résistance s'est, à cette date, sensiblement renforcée tandis que la guerre des ondes est en passe d'être perdue par le gouvernement. Les mouvements s'organisent et s'étendent, prenant peu à peu une dimension nationale, au rythme même de la généralisation de la pression de l'occupant. Peu à peu, en zone sud, s'opère le rapprochement entre ceux qui, très tôt, avaient condamné Vichy et ceux qui, au nom de leur foi en Pétain, avaient cru en une possibilité de résistance de son régime.

Parallèlement s'opère un rapprochement entre résistance intérieure et résistance extérieure que traduit la nouvelle appellation du mouvement des Français libres qui, en juillet 1942, prend le nom de « France combattante », traduisant l'incorporation de ceux qui, vivant en territoire occupé, participaient au combat commun. Bir-Hakeim (juin 1942), simple bataille d'arrêt, devient le symbole de la renaissance d'une France au combat. Les maquis n'ont certes, à cette date, qu'un avenir ; le second STO se chargera de les alimenter. Pour la France métropolitaine, le plus dur reste à venir.

8

Vichy État fantoche
novembre 1942-novembre 1943

Le débarquement en Afrique du Nord prend le gouvernement de Vichy totalement par surprise. Trois semaines plus tard, il ne lui reste plus rien des attributs classiques d'un État : territoire libre, force armée souveraine, représentation diplomatique. L'empire est un rêve évanoui; la flotte gît au fond de la rade de Toulon. Un des tournants de la guerre, le débarquement américain en Afrique du Nord, sonne aussi une heure décisive pour le gouvernement de Vichy. Et pourtant, il subsiste une affirmation gouvernementale, de plus en plus autoritaire. On voit s'amorcer une orientation policière et totalitaire avec la création de la milice française en janvier 1943. L'alourdissement de l'emprise de l'Allemagne, lancée désormais dans la « guerre totale » (Stalingrad tombe le 2 février 1943), diminue un peu plus encore la latitude d'action d'un gouvernement isolé dans l'opinion, confronté à l'action des maquis, qui conserve encore une certaine maîtrise de l'appareil d'État en dépit de la multiplication des défections. Aux attentats répondent les assassinats politiques.

La figure de Pétain s'efface avec les pleins pouvoirs que Laval se fait octroyer en novembre 1942. C'est à une ultime tentative de rétablissement que se livre le maréchal Pétain en novembre 1943 en tentant de se défaire de Pierre Laval et de reprendre la main. Son échec amorcera l'agonie d'un régime devenu simple satellite de l'Allemagne.

LE DÉBARQUEMENT D'AFRIQUE DU NORD COMME RÉVÉLATEUR ?

C'est à 7 heures du matin, le 8 novembre 1942, que Pétain a pris connaissance du message, tombé dans la nuit, du président Roosevelt :

> ... *J'ai décidé d'envoyer en Afrique du Nord de puissantes forces armées américaines... munies d'un armement massif... qui sera mis à la disposition de vos compatriotes en Afrique du Nord dans notre combat commun...*

Pétain ne s'en déclare pas surpris ; il avait rêvé, dit-il, dans la nuit, d'un débarquement américain...

A la même heure, cent mille hommes débarquaient de trois cents bâtiments. On avait bien eu connaissance à Vichy, les jours précédents, du passage d'importants convois doublant Gibraltar ; la destination la plus généralement avancée était celle de l'île de Malte, pour aider à un renforcement des moyens de l'armée de Montgomery en Libye. Tous les grands acteurs vont se trouver réunis à Vichy : Pétain à l'*Hôtel du Parc*, Laval accouru de Châteldon, Weygand arrivé le 8 au matin de sa résidence du cap Ferrat où il réside depuis son renvoi d'Afrique du Nord en novembre 1941. Tous, sauf un, l'amiral Darlan, opportunément à Alger au chevet de son fils Alain, hospitalisé pour poliomyélite.

Il apparut rapidement qu'il s'agissait d'une opération de grande envergure et non d'un simple test comme à Dieppe trois mois plus tôt. Chacun va jouer sa partition en fonction des positions déjà prises de plus ou moins longue date [1].

Darlan : anticipation ou hasard ?

Darlan, qui avait terminé le 30 octobre une tournée d'inspection en Afrique du Nord, était reparti le 5 novembre pour se rendre au chevet de son fils hospitalisé, dont le risque de décès imminent lui avait été annoncé. Sa présence ne s'inscrit donc pas du tout dans l'attente d'un événement auquel il ne croyait pas avant le printemps 1943. L'arrivée du corps expéditionnaire américain à Alger dans la nuit du 7 au 8 novembre a été pour lui une surprise totale. La présence de Darlan n'entrait nullement dans les plans américains. Ce dernier avait certes beaucoup évolué dans ses analyses géostratégiques à partir du début de l'année 1942, mais demeurait prudent en raison de ce qui restait de puissance aux forces allemandes, des menaces subsistant sur l'Afrique du Nord française et la zone libre, et de l'impossibilité, selon lui, pour les Américains de tenter un débarquement avant le printemps 1943 [2]. Le rencontrant en octobre 1942, Pierre Pucheu constate :

> *Je trouve un homme qui ne croit plus en la victoire allemande. Ils ne sont allés ni à Astrakan, ni à Suez ; ils ne pourront plus gagner la guerre* [3].

L'amiral n'est pourtant désireux ni d'aller trop vite, ni d'aller trop loin.

De leur côté, les agents américains avaient établi des contacts en fonction de leur analyse de la situation en Afrique du Nord. La présence, d'abord, d'une armée aux effectifs plus importants que ceux de l'armée d'armistice en métropole et d'officiers patriotes, maréchalistes, loyaux envers le gouvernement de Vichy, très antigaullistes et anglophobes (souvenir de Mers El-Kébir et présence au Maroc des troupes rapatriées de Tunisie). Ces caractéristiques feront écarter toute idée de participation de forces anglo-gaullistes et conduiront à la mise en œuvre d'effectifs et de moyens suffisamment importants pour permettre le basculement souhaité. Il fallait encore tenir compte de l'existence de bases activistes aux effectifs nombreux et armés, tels le Service d'Ordre Légionnaire (SOL) et le PPF doriotiste. La présence, enfin, de commissions allemandes (en Algérie et au Maroc) et italiennes (en Algérie et en Tunisie) ajoutait encore aux exigences de discrétion.

Les contacts (qui remontaient à 1941) noués par les Américains étaient établis à deux niveaux principaux dans l'automne 1942. Le « groupe des cinq » d'abord – l'industriel Jacques Lemaigre-Dubreuil, l'ancien secrétaire général du journal *Le Jour* Jean Rigault, le lieutenant de vaisseau Henri d'Astier de la Vigerie, le colonel Van Hecke, chef des Chantiers de Jeunesse d'Algérie, enfin le diplomate Tarbé de Saint-Hardouin. Ces hommes n'étaient pas gaullistes (Van Hecke le deviendra), sans être privés de contacts avec des éléments beaucoup plus gaullisants, tels le commissaire Achiary, le Dr Raphaël Aboulker, conseiller général, et son fils José, René Capitant, professeur à la faculté de droit d'Alger, et Louis Joxe, professeur au lycée Fromentin. Le rôle de leader militaire fut dévolu au général Giraud. Après son évasion de Königstein et son refus de retourner en Allemagne, il avait été contacté à Lyon par Lemaigre-Dubreuil. Les Américains en firent à leur tour leur interlocuteur de base, tant dans la préparation et le bon déroulement sur place du débarquement que dans le commandement suprême par la suite. En octobre 1942 furent paraphés les accords Weygand-Murphy, ce dernier ayant la qualité de « représentant personnel » de Roosevelt.

Jusqu'au bout, incertitudes et soupçons le disputèrent à l'improvisation et à la divergence de buts des uns et des autres, joints à une certaine désinvolture des Américains qui n'accordaient qu'une confiance limitée à l'efficacité, le jour venu, des « comploteurs »... bien à tort [4]. Giraud avait proposé un double débarquement, en Afrique du Nord et sur les côtes sud de la France, entre Toulon et Port-Vendres, prévoyant une participation de l'armée d'armistice (tout particulièrement du général de Lattre de Tassigny, commandant la région de Montpellier) et une protection par l'escadre de Toulon, rejoignant ensuite les ports d'Afrique du Nord.

La date du débarquement ne sera connue par le « groupe des cinq » que le 31 octobre, qui la jugera trop précoce pour que ne se produise pas une résistance des officiels (le gouverneur Yves Chatel en tête) et des « fidèles » au débarquement. Giraud ne sera informé qu'au tout début novembre d'avoir à s'embarquer le 4 sur un sous-marin puis sur un hydravion. Le général Juin, commandant l'ensemble des forces terrestres et aériennes en Afrique du Nord, a été tenu à l'écart dans les dernières semaines, bien qu'ayant établi le contact avec Murphy depuis le mois de septembre par le biais de son chef de cabinet, le commandant Dorange. Il redoute comme Darlan un débarquement manqué qui ne fasse qu'attirer les troupes italiennes et allemandes. C'est à la mi-octobre qu'il a appris la possibilité d'un débarquement imminent et le 2 novembre seulement qu'il a reçu – à la demande de celui-ci – le consul Murphy qui l'a informé de la mise en œuvre du débarquement [5].

Et Darlan dans tout cela ?

Sa personne et son rôle demeurent aujourd'hui encore l'objet d'analyses qui n'ont pas atteint à la sérénité. Son assassinat (intéressé ?) n'a fait que rehausser la figure d'un homme qui aurait préparé depuis 1940 l'événement de 1942. La réalité historique est assez différente.

La présence de Darlan à Alger à l'heure du débarquement n'a, selon les sources connues, rien à voir avec celui-ci dont l'amiral ignorait tout, et de sa réalisation et de sa date. Rentré d'une visite d'inspection en Afrique du Nord le 30 octobre, il était reparti pour Alger le 5 novembre à la suite d'une brusque attaque de poliomyélite de son fils Alain, laissant pressentir une issue fatale à très court terme. C'est seulement en apprenant, le 7, l'imminence du débarquement qu'il aurait pu décider de prolonger son séjour, son fils ayant opéré un rétablissement spectaculaire.

Darlan avait certes toujours gardé un œil sur l'Afrique du Nord et l'Afrique de l'Ouest. Depuis le printemps 1942, deux hommes sont ses informateurs permanents : son fils Alain, à qui ses fonctions de fondé de pouvoir d'une compagnie d'assurances assurent une grande aisance de déplacements, et l'amiral Fenard demeuré, après le départ de Weygand, secrétaire général de la délégation du gouvernement à Alger. Les Fenard ont souvent reçu Alain Darlan, mais aussi Murphy qui ne saurait négliger la position de l'amiral Darlan [6] ; l'étoile politique de celui-ci a peut-être pâli avec le retour de Pierre Laval en avril 1942 mais les Américains n'ignorent pas que, chef de l'ensemble des forces armées, il conserve la confiance du maréchal Pétain.

La position de Darlan s'est révélée très voisine de celle de Weygand et de Juin, redoutant que des opérations-tests, comparables à celles de Saint-Nazaire et de Dieppe, n'aient pour effet de provoquer une riposte allemande foudroyante avec l'occupation de la zone sud. Dans l'immédiat, l'un et l'autre s'assuraient plutôt de la capacité de défendre l'Afrique du Nord d'une intrusion américaine jugée peu crédible. Darlan comme Juin ignorent encore début novembre que Giraud en France et le général Mast, commandant la division d'Alger et représentant de Giraud à Alger, sont dans la confidence quant à la date et aux lieux du débarquement et à l'importance des moyens mis en œuvre. Aucun contact n'aura lieu entre Murphy et Darlan pendant les dix-neuf mois précédant le débarquement[7]. Cette ignorance – liée aux incertitudes de la politique alliée vis-à-vis de Darlan – sera responsable de la mort de cinq cents hommes dans les heures qui suivirent le débarquement ; rien ne pouvait empêcher une résistance au débarquement, conformément aux ordres donnés de longue date aux responsables militaires dans le strict maintien par Vichy du cadre de l'armistice.

On ne saurait passer sous silence l'hypothèse d'une rivalité entre Darlan et Giraud, comme tendraient à le laisser accroire les sources américaines : Murphy aurait recommandé une coopération entre Giraud et Darlan[8]. Non prises en considération, cela expliquerait la position de Darlan à l'heure du débarquement, soupçonnant quelque chose sans avoir d'informations précises et, par là, sans prise sur les événements se déroulant sous ses yeux. De son côté, Giraud, quelques heures avant le début du débarquement, avait été reconnu par Eisenhower comme commandant en chef de toutes les troupes de la région et comme gouverneur des provinces de l'Afrique du Nord française. Mais si, lui, est informé, sa demande fondamentale n'a pas été prise en compte, à savoir un débarquement connexe sur les côtes du midi de la France, permettant d'amorcer parallèlement la libération du territoire métropolitain. Non seulement les Alliés ne disposent pas de la couverture aérienne suffisante, mais l'expédition américaine a un tout autre but : accompagner l'avance britannique qui a commencé à El Alamein.

Cette suite de malentendus est à l'origine de la brève fortune de l'amiral Darlan.

Le débarquement s'était produit en trois points : Alger, Oran et Casablanca. Batteries côtières et unités de la flotte ouvrirent partout le feu ; faible à Alger et surtout Oran, la résistance fut d'une tout autre ampleur sur la côte marocaine, où le cuirassé *Jean-Bart*, inachevé, fut finalement détruit et où périrent près de six cents marins français. Cette résistance, jointe à la lenteur de la progression américaine sur Alger, allait être la chance momentanée de Darlan. Le général Giraud n'était pas encore arrivé à Alger le

8 novembre (il est arrivé à Gibraltar dans la nuit du 7 au 8 où il a trouvé avec Eisenhower un accord ambigu); il ne parviendra à Alger que dans la matinée du 9 novembre.

Les Américains se trouvaient placés devant la nécessité d'obtenir la coopération des Français pour arrêter le feu. En l'absence de Giraud ce 8 novembre, Darlan apparut comme l'homme du moment, alors même que sa présence n'avait pas été souhaitée en ce lieu et à cette heure et qu'aucun accord secret n'avait été passé avec lui.

Entre le 8 et le 12 novembre, l'étoile de Darlan se lève, en relation avec le mauvais accueil reçu par Giraud de la part des officiers français et son absence totale d'autorité. En revanche, ils étaient prêts à suivre Darlan, ce dernier mû par le pur opportunisme. La force américaine, insuffisante pour assurer un second débarquement sur les côtes du Midi, était trop forte pour être rejetée à la mer. Il reprochait aux Américains d'avoir conduit une opération, à ses yeux prématurée et mal préparée du côté français. Le 10 novembre, il lance un ordre général de cessez-le-feu et annonce qu'il exerce son autorité complète sur l'Afrique du Nord, « *au nom du Maréchal* ». Le 11, il donne l'ordre à la flotte de Toulon de gagner l'Afrique du Nord. Le 13, un accord général est établi entre Darlan, Giraud et Juin qui se répartissent les rôles, respectivement comme chef politique suprême, commandant en chef de toutes les forces et chef des forces terrestres. Le général Noguès (résident général au Maroc), que Pétain venait d'introniser comme son « seul représentant » en Afrique du Nord, s'est effacé devant la fiction d'un Maréchal ne disposant plus désormais de sa liberté d'action. Ainsi les États-Unis se trouvaient-ils liés en Afrique du Nord avec l'un des hommes les plus compromis dans la politique officielle de collaboration. Les considérations militaires – et elles seules – avaient du côté américain prévalu sur toutes les autres. C'est, pour Roosevelt, « *l'expédient provisoire* » qu'il évoquera dans son discours du 17 novembre 1942.

Retournons-nous maintenant vers Vichy pour examiner l'attitude des autres grands protagonistes du drame.

Pétain et son entourage mènent un jeu qui reste difficile à percer totalement, mais qui semble s'être orienté autour de quelques grands axes : la crainte, surtout, d'une réaction allemande foudroyante se traduisant par l'occupation de la zone libre et une menace sur la flotte à Toulon, survenant avec la perte de l'empire. C'est ce que traduit le premier acte de Pétain, répondant au petit matin du 8 novembre au message de Roosevelt en ces termes :

> *C'est avec stupeur et tristesse que j'ai appris, cette nuit, l'agression de vos troupes contre l'Afrique du Nord. J'ai lu votre message.*

> *Vous y invoquez des prétextes que rien ne justifie. Vous prêtez à vos ennemis des intentions qui ne se sont jamais traduites en actes. J'ai toujours déclaré que nous défendrions notre Empire s'il était attaqué... Dans notre malheur, j'avais, en demandant l'armistice, préservé notre Empire et c'est vous qui, agissant au nom d'un pays auquel tant de souvenirs et de liens nous unissent, venez de prendre une initiative si cruelle... Nous sommes attaqués. Nous nous défendrons. C'est l'ordre que je donne* [9].

Cette réponse traduit la volonté bien arrêtée de Pétain de s'en tenir rigoureusement à la convention d'armistice. Maître de la bataille d'arrêt, il mène combat sur la ligne de l'armistice, qui conditionne la survie d'un régime fondé sur sa personne. Fidèle (ou prisonnier?) au serment prononcé en juin 1940, il restera au milieu des Français à la veille de nouveaux malheurs sur le point de s'abattre sur eux. C'est là que se trouve la clef de son attitude les 10 et 11 novembre 1942.

A Weygand qui, le 10, s'emporte contre l'envoi du télégramme désavouant Darlan et ordonnant la poursuite de la résistance contre le débarquement allié, Pétain réclame le 11 que soit pris acte de la violation de l'armistice par l'Allemagne, dont les troupes viennent de pénétrer en zone sud. Pétain oppose l'exigence de maintenir la France dans une situation d'armistice devenue parfaitement caduque. C'est ce qui guide encore sa conduite dans la matinée du 11 novembre; alors que tout un entourage – Jean Jardel, le général Campet, l'amiral Auphan – le presse de gagner l'Afrique du Nord par l'avion spécial qui se trouvait sur l'aérodrome de Vichy-Rhue, Pétain refuse en alléguant sa qualité d'« otage », appuyé en cela par le général de La Porte du Theil, chef des Chantiers de Jeunesse. D'autres pressions s'exerçaient sur le Maréchal pour qu'à défaut de gagner l'Afrique du Nord, il se retire. En ce même 11 novembre, selon certaines sources, Mgr Chappoulie, délégué des cardinaux et archevêques à Vichy, faisait savoir (certainement à la suite d'un contact avec le nonce) que le Vatican souhaitait un retrait du Maréchal, à raison qu'on aurait besoin de faire appel à lui pour assurer la transition et négocier avec les Américains.

Parallèlement à cette position officielle de maintien de la France dans le cadre de l'armistice, Pétain a-t-il pratiqué un jeu de double langage? L'envoi du télégramme « officiel » à Darlan aurait été suivi d'un second message destiné à demeurer secret et donc détruit par précaution vis-à-vis des Allemands. Le sens général de ce message était le suivant :

> *Ne tenez pas compte de mes messages et ordres officiels envoyés sous la contrainte. Suis pleinement d'accord avec vous* [10].

Selon le Dr Ménétrel, il n'aurait été connu que de l'amiral Auphan, de Jean Jardel (directeur de Cabinet de Pétain) et de lui-même. Établissant une connivence entre Pétain et Darlan, il confirmerait le contenu du télégramme – retrouvé celui-ci – adressé par Pétain à Darlan dès le 8 au matin :

> Suis heureux que vous soyez sur place. Vous avez toute ma confiance.

En l'absence de toute trace écrite de ce télégramme, il est impossible de conclure avec certitude. Demeure, il est vrai, le témoignage de l'amiral Auphan.

Le télégramme de Pétain à Darlan du 8 novembre est antérieur au « retournement » de Darlan et ne saurait, à lui seul, garantir la crédibilité du télégramme « secret » du 10, le « télégramme de la pensée intime ». Il est plus simple de penser que Pétain tenait Darlan comme otage des Américains et que Darlan considérait Pétain comme prisonnier des Allemands. Les deux hommes sont désormais séparés par beaucoup plus que la largeur de la Méditerranée. Le 16 novembre, Pétain démettra officiellement Darlan de tous ses pouvoirs. Nous disposons, il est vrai, des témoignages concordants de l'amiral Auphan et du Dr Ménétrel (Laval n'aurait pas été mis dans la confidence, ce qui n'est pas pour étonner, pas plus que le général Weygand, ce qui peut surprendre davantage, sauf à considérer que la position « extrême » adoptée par Weygand – l'armistice est mort et il faut engager la France aux côtés des alliés anglo-saxons – ait fait redouter des « fuites » jugées dommageables). Seulement, si le message d'Auphan est destiné à demeurer secret, le désaveu de Darlan, vu comme destitué, est rendu public, ce qui a provoqué beaucoup d'incertitude en Afrique du Nord, sans remettre en cause toutefois la cessation des hostilités.

Demeure Laval, maître de la politique gouvernementale. C'est largement à l'aune de son comportement que s'apprécie la position des uns et des autres. Surpris au petit matin à Châteldon par la nouvelle du débarquement, Laval a adopté d'emblée une attitude d'hostilité absolue au débarquement américain. Le 8 novembre, serré de près par le consul allemand à Vichy, Krug von Nidda, le chef du gouvernement se trouve en face d'une proposition de déclaration de guerre aux États-Unis et à la Grande-Bretagne qui émane de Hitler ; ce dernier propose à la France une alliance *durch dick und dünn* (traduisible par « pour le meilleur et pour le pire », ou encore « dans la bonne comme dans la mauvaise fortune »).

Là où l'amiral Auphan et le général Weygand, devant le panorama bouleversé qui se présente, ont réagi en soldats, là où Pétain adoptait une fois encore une position défensive d'attente,

Pierre Laval réagit en politique de longue date attaché à son dessein : nouer entre la France et l'Allemagne, entre le vainqueur et le vaincu, les liens d'un rapprochement fondé dans une nouvelle épreuve ; saisir l'offre allemande pour renouer avec la politique de Montoire ; saisir l'occasion de renouer avec cette politique en effaçant les erreurs commises par son exclusion du 13 décembre. Il est à peu près certain que Laval n'envisageait pas d'aller jusqu'à une déclaration de guerre aux Alliés.

A la sortie du Conseil des ministres extraordinaire réuni en fin d'après-midi, Laval informe Krug von Nidda que, s'il était prêt pour sa part à aller jusqu'à une déclaration de guerre, Pétain n'y était pas prêt (utile paratonnerre que le Maréchal...). Dans l'immédiat, la France allait notifier au chargé d'affaires américain la rupture des relations diplomatiques entre les deux pays (ce qui était en pratique réalisé du fait de l'initiative américaine). Laval demandait en même temps à être reçu par Hitler, mettant en avant l'importance de la décision à prendre. Dans la soirée, il apprend de la bouche de Krug von Nidda qu'il sera reçu par Hitler le lendemain soir 9 novembre, en même temps qu'une délégation italienne conduite par Ciano.

Le voyage de Laval en voiture allemande jusqu'à Munich, où, parti le matin du 9 il n'arriva qu'au matin du 10 avec un retard de onze heures sur l'horaire prévu, conserve quelque chose de pathétique. Laval croit avoir encore en main un atout : l'espoir que Darlan « tienne » face aux Américains, ou à tout le moins ne rende pas la place, ce qui laissait un espoir de non-occupation de la zone sud. Était-ce réaliste ? Ainsi, en ce 10 novembre, deux entretiens parallèles se déroulaient-ils : l'un franco-américain, à Alger, entre Darlan et Clarck, le second franco-allemand, à Munich, entre Hitler et Laval, révélateurs l'un comme l'autre du dénuement de la position française.

Seulement, le retard pris dans le rendez-vous entre Hitler et Laval fait que, au début de l'après-midi de ce 10 novembre, Hitler est au courant du « retournement » de Darlan. D'où la nécessité, depuis Vichy, d'informer Pierre Laval et de lui demander des instructions. Fureur de Laval ; joint par téléphone, se sachant écouté par les Allemands, il s'emporta, menaçant de démissionner ; il arracha finalement à Pétain deux phrases capitales qui, à ses yeux, pouvaient encore sauver sa mission et que le Maréchal télégraphia à Darlan :

J'avais donné l'ordre de se défendre contre l'agresseur. Je maintiens mon ordre.

Télégramme « ouvert », qui aurait été suivi, selon Auphan et Ménétrel, du fameux télégramme secret de Pétain à Darlan, approuvant en fait son attitude.

Viatique pour Laval face à Hitler, ce télégramme de Pétain à Darlan lui faisait espérer que Hitler pourrait se retenir d'entreprendre l'occupation totale du territoire français. Hitler, sans informer Laval de l'ordre donné en ce sens à la *Wehrmacht*, lui demanda au cours de l'entretien de laisser débarquer des troupes allemandes à Bizerte et Tunis. Traité par Hitler avec une politesse glaciale, n'ayant disposé que d'un temps d'entretien très bref, ses paroles sont tombées dans le vide. Bref, il rentrait à Vichy les mains vides.

Au petit matin du 11 novembre – jour anniversaire de l'armistice de 1918 –, c'est le coup de grâce : réveillé par Abetz, Laval apprend que l'armée allemande franchira à 11 heures la ligne de démarcation. A la suite des troupes allemandes, les Italiens occupent les territoires situés à l'est du Rhône. Il protestera plus tard par une note écrite. A Vichy, la radio diffuse toutes les deux heures le message de protestation du Maréchal contre cette violation de l'armistice. Rentré à Vichy au début de l'après-midi du 11 novembre, Laval demeure plus décidé que jamais à renforcer encore son autorité.

Le dernier coup de massue sera asséné à la France de Vichy le 27 novembre 1942. La flotte étant menacée d'être saisie, son chef, l'amiral de Laborde – peu favorable par ailleurs aux Anglo-Saxons – mettra à exécution l'ordre de sabordage donné en 1940, dans une telle hypothèse, par l'amiral Darlan. Trois sous-marins parviendront à s'échapper.

Vichy a-t-il voulu déclarer la guerre aux États-Unis ?

Lors du Conseil des ministres du 17 novembre 1942, Laval lit une note du consul Krug von Nidda, venu lui faire savoir que Ribbentrop est sur le point de rencontrer Hitler pour discuter du sort de la France ; cette note est une « communication verbale » remise au nom d'Abetz ; celui-ci demande la « *constatation de l'état de guerre avec les États-Unis et l'octroi de pleins pouvoirs au chef du gouvernement annoncée par proclamation aux Français* [11] ».

Dans une relation inédite [12], le Dr Raymond Grasset, ministre de la Santé, un proche de Laval, précise que le Conseil se sépara sans déclaration formelle, ce qui n'empêcha pas que, dès la sortie, les Allemands furent avertis (par qui ?) que le Conseil unanime venait de décider de déclarer la guerre aux États-Unis. De là s'ensuivirent un télégramme de Krug von Nidda à Abetz et un second télégramme d'Abetz à Ribbentrop, précisant :

> *J'ajoute que je viens d'avoir personnellement une conversation téléphonique avec le président Laval, qui est enchanté de la décision et m'a manifesté sa haute satisfaction.*

Si ces télégrammes sont authentiques et figurent dans les archives de la Wilhelmstrasse, ils sont difficiles d'interprétation. On a un certain mal à croire que Laval et les ministres les plus engagés aient pu envisager sérieusement de déclarer – fût-ce verbalement – la guerre aux États-Unis. N'y aurait-il pas eu là quelque chose d'ubuesque – pour ne pas dire de ridicule – de la part d'un pays totalement occupé et bloqué ? Dans sa relation, le Dr Grasset ajoute que, ayant demandé à rencontrer Laval au début de l'après-midi de ce 17 novembre, il était revenu devant lui sur l'impossibilité d'une déclaration de guerre aux États-Unis ; appelé en cours d'entretien de Paris par Fernand de Brinon, lui disant que « *Les Allemands s'impatientaient* », Laval aurait répondu : « *Dites aux Allemands que ce stade est déjà dépassé.* »

On doit s'interroger sur l'identité de ces « Allemands ». Ce ne sont certes ni Ribbentrop, ni Hitler qui n'avaient, l'un pas plus que l'autre, exigé cela de Laval le 10 novembre à Munich. Ce qui intéressait l'Allemagne était non pas une alliance avec la France, mais une résistance en Afrique du Nord, désormais hors de vue. Vichy n'avait en fait rien à attendre d'une alliance qui n'intéressait pas l'Allemagne. La France courait le risque supplémentaire de se retrouver en conflit simultanément avec l'Italie, l'Allemagne, l'Angleterre et les États-Unis, alors même qu'elle ne disposait plus d'aucun moyen de défense. Quelques jours plus tard, Ribbentrop faisait savoir à Abetz, dans un télégramme très sec, qu'il devrait se borner, à l'avenir, à transmettre sans commentaire les communications du gouvernement français et à ne pas converser ou négocier avec lui. L'offre de Hitler de marcher avec la France « *durch dick und dünn* » n'a pas tenu au-delà du 8 novembre.

Il paraît donc bien établi que l'initiative de la demande insistante de reconnaissance d'un état de guerre entre la France et les États-Unis n'est pas venue des officiels allemands de Berlin, mais d'Abetz et de son entourage manœuvrant, sans doute, avec Brinon et Benoist-Méchin. Quelques jours plus tard, Abetz sera rappelé de son poste à Paris. Il est permis toutefois de penser que Laval a utilisé cette manœuvre des « ultras » pour renforcer un peu plus ses pouvoirs au sein d'un gouvernement de plus en plus dépourvu et isolé.

Que reste-t-il du royaume de Vichy ?

En cette fin d'année 1942, l'entreprise née de l'armistice de 1940 ressemble de plus en plus à un château de sable emporté par la marée montante. Jusqu'au 8 novembre 1942, la France avait paru conserver un statut d'ancienne grande puissance. Elle conservait une souveraineté sur la zone libre et théorique sur la zone non occupée, une flotte puissante, une armée de cent mille hommes, l[a] plus grande partie de son Empire colonial qui paraissait faire corp[s] avec la métropole – Afrique du Nord et Afrique de l'Ouest ; ce[t] État maintenu bénéficiait enfin d'une large ouverture sur l'extérieu[r] par ses représentations diplomatiques à l'étranger comme par l[a] présence de nombreuses missions étrangères à Vichy.

Au 27 novembre 1942, il ne reste rien de tout cela. Les 10 et 11 d[e] ce mois, Pierre Laval a été le propre témoin à Munich de l'éche[c] définitif de sa grande politique : pour l'Allemagne, la France ne ser[a] jamais un partenaire à part entière, au mieux elle sera moins mal traitée que la Pologne ou la Russie. L'entrée de la *Wehrmacht* e[n] zone sud le 11 novembre au matin, entraînant l'occupation totale d[u] pays, fait disparaître toute souveraineté pratique au gouvernemen[t] sur son propre territoire. Passé à la dissidence, l'empire coup[e] Vichy de l'espace de liberté relative de mouvement qu'il lui pro[-] curait. Gisant dans la rade, la flotte n'est plus l'atout potentie[l] qu'elle représentait. Vichy, enfin, se trouve désormais largemen[t] isolé dans l'environnement international. L'occupation de la zon[e] libre avait eu pour conséquence la fermeture hermétique de toute[s] les frontières avec l'étranger, isolant les délégations étrangères éta[-] blies à Vichy. Les diplomates se trouvaient au secret. Arrivés dan[s] la capitale provisoire dans la matinée du 11, les premiers détache[-] ments allemands créaient de graves incidents en perquisitionnant à la légation du Mexique, à l'ambassade du Brésil et à l'ambassad[e] des États-Unis ; aucune protection n'avait été établie autour de[s] représentations étrangères. Le chargé d'affaires américain Tuc[k] quittait peu après Vichy pour regagner les États-Unis via Lourdes en attendant son échange avec l'ambassade de France à Washing[-] ton. Dans l'été 1940, Vichy accueillait les représentants d'une qua[-] rantaine de pays, soit la quasi-totalité des États de quelques poid[s] alors existants. Après le 11 novembre 1942, il en restera moins d[e] vingt. Dans l'autre sens, on assiste à un effondrement de l'apparei[l] diplomatique de Vichy, soit par rupture des relations, soit pa[r] démission de membres de ce personnel dont beaucoup se rallien[t] soit à de Gaulle, soit à Giraud. A Madrid, par exemple, l'ambassa[-] deur François Piétri verra partir pas moins de huit de ses collabora[-] teurs, se retrouvant presque seul. Au total, Vichy ne garde plus d[e] relations qu'avec les neutres ou les pays inféodés à l'Allemagne [13]. Deux diplomates assureront en fait à Vichy les meilleures possibili[-] tés d'ouverture et de contacts sur l'extérieur, l'ambassadeur d[e] Suisse Walter Stücki et le nonce apostolique Valerio Valeri.

Y avait-il encore place pour un gouvernement français à Vichy [?] Selon le Dr Ménétrel, on en débattit le 12 novembre en Conseil de[s] ministres en deux questions soudées : faut-il maintenir un gouver[-] nement? Si oui, quelle attitude adopter? C'est Laval qui fit pencher la balance, obtenant le ralliement du maréchal Pétain, qui ne demandait qu'à être convaincu. Laval mit en avant sa crainte d'un gouvernement de *Gauleiter* ou d'ultras de la collaboration à Paris, sans qu'il soit possible de trancher radicalement entre trois hypothèses : une crainte réelle (mais rien du côté allemand ne permet de la confirmer), une « intoxication » orientée par Brinon en accord avec Abetz, un choix délibéré de Pierre Laval convaincu de la nécessité de poursuivre une politique liée à celle de l'Allemagne et entraînant le renforcement de ses pouvoirs. C'est au cours de ce Conseil des ministres du 12 novembre que le chef du gouvernement demanda que soit reconnue une situation de cobelligérance avec l'Allemagne et constaté un état de guerre avec les États-Unis (formule qui devait être abandonnée).

A la faveur de ces débats, une rupture totale s'est produite entre Laval et Weygand, monté du Midi à la demande de Pétain. L'affrontement décisif a lieu ce 12 novembre. Nous extrayons de leur échange ce passage :

> Weygand – « *Je veux vous dire ce que je pense. Je vous déclare solennellement que la politique suivie par le gouvernement détache le pays du Maréchal.* »
> Laval – « *Nous sommes sous la botte. Que faire? J'ai la certitude que, si les Anglo-Saxons sont vainqueurs dans cette guerre, ce sera le bolchevisme. Ce que nous courons actuellement, c'est le rique de la chape de plomb que les Allemands font peser sur le territoire français.* »
> Weygand – « *Je vous répète, moi, que le gouvernement, par sa politique, se fait le fourrier du communisme. A la vérité, la France ne s'unira que contre l'Allemagne, et il faut que la France s'unisse* [14]. »

Aux yeux de Laval, la position de Weygand était irréelle; aux yeux de Weygand, celle de Laval, sous couleur de réalisme, compromettait gravement l'avenir.

A la sortie de Vichy, sur la route de Guéret – où il est prévu que le Général se retirera –, sa voiture est interceptée par deux véhicules de la police allemande. Arrêté, Weygand finira la guerre en Allemagne en résidence forcée. Ainsi, le gouvernement français de Vichy, à quelques kilomètres de chez lui, n'était même pas en mesure d'assurer la sécurité de ses ressortissants...

La dictature de Pierre Laval

Le chef du gouvernement a mis à profit la crise de novembre 1942 pour renforcer des pouvoirs déjà considérables; l'occupation de toute la France rendait nécessaire à ses yeux un tel renforcement, lui permettant d'imposer son autorité en totalité. L'opération fut facilitée par le refus de Pétain de considérer que l'entrée des troupes allemandes en zone libre équivalait en fait à une rupture de l'armistice, ce que le général Weygand le pressait de reconnaître et de proclamer. Le Maréchal en parut proche pourtant quand, en réponse à la lettre de Hitler reçue au petit matin du 11 novembre, il répondait par un message diffusé à plusieurs reprises par la radio officielle et précisant notamment :

Je proteste solennellement contre des décisions incompatibles avec les conventions d'armistice [15].

Ce n'était, il est vrai, qu'une protestation.

Pour Laval, Pétain devenait désormais un allié ; il le fera basculer définitivement en recourant, le 16 novembre, à un argument auquel Pétain ne pouvait être que très sensible : accepter toutes les responsabilités pour mieux en dégager le Maréchal. Les notes du Dr Ménétrel permettent de suivre, au long des journées des 16 et 17 novembre, le travail de sape de Pierre Laval. Le Maréchal voulait bien consentir à cette sorte d'abdication, mais à la condition que l'opinion ne le sache pas, alors que c'était précisément, pour Pierre Laval, la clef de la réussite en donnant sur ce point satisfaction aux Allemands qui réclamaient, affirmait-il, depuis longtemps ce renforcement d'autorité. Le principe en est acquis le 16 et mis noir sur blanc le 17 ; le procès-verbal de la séance du Conseil des ministres tenu le 17 porte les deux signatures du chef de l'État et du chef du gouvernement. Il comporte notamment le texte suivant :

Tenant compte des circonstances exceptionnelles, le Maréchal, qui continue comme chef de l'État à incarner la souveraineté française et la permanence de la patrie, a décidé de donner au président Laval les pouvoirs qui sont nécessaires à un chef de gouvernement pour lui permettre de faire face rapidement, à toute heure et en tous lieux, aux difficultés que traverse la France.

Comment, toutefois, justifier encore une volonté à gouverner quand ne restait, en pratique, rien de cette « *souveraineté française* » et de cette « *permanence de la patrie* » ? Elle le fut par le recours à une fiction : les troupes allemandes, qui avaient franchi la ligne de démarcation, n'étaient pas des troupes « d'occupation » mais « en opération » pour fait de débarquement allié en Afrique du Nord. Dans sa lettre au Maréchal du 11 novembre, Hitler n'avait-il pas affirmé que l'action allemande n'était dirigée ni contre le chef de l'État, ni contre le gouvernement, ni contre l'administration française ? Se fondant sur ces propos, Pierre Laval adressait, dès le

16 novembre, aux préfets de zone libre une instruction relative aux rapports avec les autorités militaires allemandes. Le télégramme précisait que « *la présence des troupes de l'Axe en zone libre ne présente pas de caractère d'occupation* » et que « *la souveraineté des autorités françaises est maintenue* » en matière administrative, policière, économique et financière [16]. Son acharnement à maintenir à tout prix un gouvernement aux pouvoirs renforcés s'explique justement aussi par la portée de la transgression de la ligne de démarcation. C'est que celle-ci, en pratique, disparaît et que l'ensemble du territoire français se trouve du coup réunifié, offrant de nouvelles possibilités d'action (du moins le croit-il) au gouvernement.

Le 19 novembre, le *Journal officiel* publiait l'acte constitutionnel n° 12, habillage juridique du texte du 17. Il ne contenait qu'un court article :

> Article unique – « *Hors les lois constitutionnelles, le chef du gouvernement pourra, sous sa seule signature, promulguer les lois et les décrets.* »

Pierre Laval allait donc pouvoir gouverner avec, désormais, pratiquement tous les pouvoirs, hors le pouvoir constituant. Maître de la composition de son gouvernement, il peut promulguer lois et décrets sous sa seule signature, ayant en conseil la plénitude du pouvoir législatif. En cas de vacance du pouvoir, par indisponibilité du chef de l'État, il cumulerait, pendant un mois, la double fonction de chef de l'État et de chef du gouvernement. Au terme d'un mois, le Conseil des ministres désignerait le successeur du Maréchal, « *en fixant les pouvoirs et les attributions respectifs du chef de l'État et du chef du gouvernement, dont les fonctions seront distinctes* [17] ».

Dans une contre-lettre adressée à Pierre Laval le 17 novembre – de manière concomitante à l'octroi des pleins pouvoirs –, le Maréchal posait toutefois trois restrictions :

– Ne pas laisser engager la France dans une guerre (ce qui était reprendre l'article 9 de l'acte constitutionnel n° 2 du 11 juillet 1940 prescrivant « *l'assentiment préalable des assemblées législatives* »).

– Veiller à la sécurité personnelle et matérielle des Alsaciens-Lorrains et détenus politiques.

– Respecter les traditions spirituelles de la France.

Ces recommandations ont été introduites à la demande de membres de l'entourage de Pétain, notamment pour la dernière, d'André Lavagne, en relations suivies par Mgr Chappoulie, délégué de l'assemblée des cardinaux et archevêques.

Le 18 novembre, Laval remanie son gouvernement; légèrement resserré – seize ministres au lieu de dix-neuf. Sont éliminés – ou se sont retirés – Jacques Benoist-Méchin (exclu depuis le 26 septembre), Jacques Le Roy Ladurie (remplacé à l'Agriculture par

Max Bonnafous) et Robert Gibrat (les Communications étant rattachées à la Production industrielle que conserve Bichelonne).

Stratégiquement, en cette fin d'année 1942, Laval est le maître théorique de tous les pouvoirs. Le Maréchal rentre dans l'ombre. Le jour de l'an 1943, pour la première fois, il ne s'adressera pas aux Français. En a-t-il été empêché ? A-t-il estimé que la présentation de vœux aurait eu quelque chose de déplacé ? La position de Pierre Laval n'en est pas moins des plus fragiles.

C'est l'époque où se prennent les positions qui donneront le droit de s'asseoir, le jour venu, à une table de conférences. Si de Gaulle, qui rencontre le veto anglo-saxon, ne pourra prendre pied à Alger que le 30 mai 1943, l'assassinat de Darlan le 24 décembre 1942 libère une place que Giraud, pourtant assez mal accueilli initialement, entend bien occuper ; il voit d'ailleurs affluer vers lui diplomates et hauts fonctionnaires, accourus de Vichy (Paul Leroy-Beaulieu, Maurice Couve de Murville, René Massigli) entre l'hiver 1942 et le printemps 1943. Le 26 décembre, il prend tous les pouvoirs civils et militaires. De Gaulle pourra seulement avoir une rencontre sous haute surveillance avec Giraud à Anfa, le 23 janvier 1943, en marge de la conférence entre Roosevelt et Churchill. A Vichy, Alger et Londres, comme dans une pièce bien ordonnée, en trois lieux se joue la tragédie du pouvoir jusqu'au retour à l'unité de lieu et d'action. A Stalingrad, la tenaille soviétique a commencé de se refermer sur la VIe Armée allemande. En Tunisie, la position des troupes allemandes est devenue difficile. Les seuls espoirs de Pierre Laval reposent sur deux hypothèses : que Roosevelt prenne à ses yeux conscience d'un péril bolchevique sur l'Europe ou qu'Allemands et Soviétiques recherchent un accord de compromis devant la perspective d'un conflit qui peut encore durer. Ne dira-t-on pas, après la guerre, que Ribbentrop et Molotov s'étaient rencontrés, courant 1943, dans la région de Krivoï-Rog en Ukraine pour des pourparlers en vue d'un armistice ? Il lui fallait dans l'immédiat apprendre de la bouche de Hitler les intentions de celui-ci vis-à-vis de la France, au lendemain des opérations d'Afrique du Nord. Il reçoit le 15 décembre une réponse positive à sa demande d'audience, introduite le 3 : il est attendu le 19 décembre au quartier général de Hitler, à Görlitz, en Prusse orientale.

Les derniers espoirs évanouis

Le 17 décembre, pour la seconde fois en un mois et demi et pour la troisième fois en deux ans, Laval s'en va voir Hitler, accompagné de Jean Bichelonne, son ministre de la Production. On connaît avec précision le déroulement du voyage et de la rencontre par la relation qu'en a donnée Charles Rochat, secrétaire général du Quai d'Orsay [18].

Au terme d'un voyage de près de quarante heures en train, Laval est arrivé au repaire de Hitler, à Rastenburg, en pleine forêt. A sa surprise, il y retrouve Otto Abetz, en disgrâce depuis le débarquement d'Afrique du Nord et qui, après l'entrevue Hitler-Laval, ne regagnera pas son poste à Paris. Il a emporté avec lui des dossiers relatifs aux principales demandes qu'il compte soumettre au Chancelier, en mettant en avant son attitude pendant la grande crise de novembre et ses nouveaux pleins pouvoirs qui doivent représenter pour Hitler la garantie que, désormais, les choses ne seront plus comme auparavant. La réaction de Hitler s'avère décevante. Depuis les événements de novembre, la « trahison » de Darlan, des généraux et des amiraux et le départ de nombre de fonctionnaires pour l'Afrique du Nord, il est admis définitivement en Allemagne que la France n'a pas « compris » son rôle européen et que sa faiblesse politique et militaire lui interdirait en tout état de cause de pouvoir le jouer. Il est couramment admis que les Français ne font plus qu'attendre les jours de la libération par les Anglo-Saxons, fût-ce au prix de la perte de leur empire et de leur flotte. Pour l'Allemagne, le temps de la mesure et de la patience est révolu. Une lettre privée, celle du chef d'escadron, baron von Falkenhausen, en date du 18 décembre 1942, illustre remarquablement l'état d'esprit des milieux militaires et policiers, qui l'emporte désormais sur celui des diplomates et des politiques :

> *Le sentiment profond du peuple est hostile aux Allemands. Personne ne croit à la collaboration en France. La mentalité générale est caractérisée par une résignation et une indifférence qui lui ôtent toute possibilité de passer à une résistance active. Je suis d'avis que, non seulement, il est superflu présentement, qu'il est même tout à fait déplacé de continuer les négociations au sujet de la collaboration. On ne peut en tirer qu'une conclusion, celle de nous limiter aux problèmes administratifs et économiques. Maintenant que les Français n'ont plus rien à nous offrir, ni leur flotte, ni l'Afrique, il s'agit de maintenir l'ordre et de faire fonctionner l'industrie et l'économie à notre profit, d'assurer le ravitaillement et de contrôler l'administration courante... Si l'on limite l'emploi de la force au strict minimum et si on la maintient à l'arrière-plan comme une force latente, on pourra encore constater pendant un long moment ce fait étonnant que l'appareil administratif et économique français travaillera pour nous et fera tout ce que nous voudrons.*

Laval n'avait rien à espérer de concret de Hitler, qui avait regroupé d'ailleurs plusieurs visites, dont celles de Ciano et de divers chefs de gouvernements d'États satellites. Pourquoi aurait-il fait des avances au chef du gouvernement français ou répondu favorablement à ses avances ? Laval était pourtant venu avec des demandes précises dont il attendait fortement satisfaction pour justifier, à son retour à Vichy, du bien-fondé de sa position. Dans son Journal, Ciano écrit de manière venimeuse : « *Laval a fait un voyage qu'il aurait aussi bien pu s'épargner.* »

Il dut subir la longue litanie des reproches de Hitler, qui voulait bien croire à sa bonne foi mais ne croyait ni dans son gouvernement ni dans la France. A Laval qui souhaitait la reconstitution d'une petite armée française, la suppression de la ligne de démarcation rendue inutile par la présence uniforme de l'armée allemande et le rattachement des départements du Nord et du Pas-de-Calais, Hitler opposait l'augmentation des frais d'occupation et l'accroissement du nombre des travailleurs français en Allemagne. A la recréation d'une petite armée en France, Hitler préférait de loin un renforcement de la police et de la garde mobile, détachée de l'armée, pour réagir contre les attentats. On est là à l'une des origines de la Milice française. Les interlocuteurs de Laval, Hitler mais aussi Ribbentrop et Goering, exigèrent enfin que l'indemnité de guerre payée par la France à l'Allemagne soit portée – en raison de l'accroissement des missions de l'armée allemande en France – de trois cents millions de francs à cinq cents (cette indemnité servait largement au marché noir allemand).

Sur la ligne de démarcation et les deux départements du Nord, Laval n'obtiendra que des aménagements mineurs : si la correspondance est rétablie avec ces derniers, ils demeurent administrativement rattachés à la Belgique ; à partir du 1er mars 1943, si le principe de libre circulation est reconnu entre les deux zones, le passage reste soumis à la surveillance discrétionnaire des autorités allemandes et ne s'applique pas aux Juifs. La ligne de démarcation demeure, même si son passage fait l'objet d'un allégement.

Le lancement de la Milice française

Le 30 janvier 1943, une loi portait création de la milice française. Par ses excès et ses débordements, elle demeure le symbole d'une collaboration policière au service de l'occupant dans les années 1943-1944.

Ses origines sont complexes et diverses. Elles procèdent à la fois de la dérive du régime et de causes plus occasionnelles.

Lors de son entrevue avec Hitler, le 19 décembre 1942, Laval s'était vu réclamer la restructuration et le renforcement des formations policières pour lutter contre le « terrorisme », dans le cadre d'une collaboration avec la police allemande. Or, la police souffrait de problèmes d'effectifs et d'adaptation à cette nouvelle mission, en même temps qu'elle avait gardé des grandes rafles de 1942 un souvenir assez amer. En dehors d'elle, le gouvernement pouvait en théorie compter sur la gendarmerie et les Groupes Mobiles de Réserve (GMR), dont le zèle – chez la première surtout – demeurait fort limité. Le cerveau inventif de Laval conçut l'idée de créer une formation nouvelle, en marge des structures étatiques traditionnelles. La loi du 30 janvier 1943 est très particulière à cet égard. En effet, elle reconnaît la Milice d'utilité publique et approuve ses statuts. C'est présenter la Milice en termes de simple association reconnue par l'État pour ses mérites propres. Officiellement, la Milice n'est pas une créature d'État mais une organisation simplement patronnée par lui, proche en cela de la LVF dont elle reproduit le combat, au plan interne cette fois. Elle est le symbole de l'intériorisation du combat extérieur de l'Allemagne, militaire et idéologique, nazie au niveau domestique.

Il s'agit de désengager l'administration officielle dans ses tâches extrêmes et dont les responsabilités, sur ce plan, sont transférées à des organismes parapublics auxquels l'État accorde sa reconnaissance. Pierre Laval « protège » par là ses fonctionnaires en tenant compte de leurs réticences croissantes à s'engager dans une politique de collaboration active. Au plan du « maintien de l'ordre » sur le terrain, la Milice est appelée à jouer le rôle des Sections spéciales en matière de justice. Le noyau initial de cette nouvelle force sera trouvé dans le Service d'Ordre Légionnaire (SOL) créé en janvier 1942.

Au début de l'année 1943, celui-ci comptait un effectif d'environ quinze mille hommes. Aux dires de Joseph Darnand, son responsable, il était le mieux organisé dans quelques départements : Haute-Savoie, Haute-Garonne, Hautes-Pyrénées, Rhône, Alpes-Maritimes et Bouches-du-Rhône, ainsi qu'en Afrique du Nord. A la tête des sections départementales du SOL et dans l'encadrement, de nombreux changements sont intervenus entre janvier et décembre 1942, voyant le départ d'éléments modérés venus de la Légion au profit d'un personnel beaucoup plus déterminé, venu des partis collaborationnistes. Cette radicalisation progressive se traduira par l'engagement d'éléments du SOL contre les troupes américaines en Algérie lors du débarquement de novembre 1942. Incidents et provocations – à Nice, Annecy et Toulon notamment – dus aux membres du SOL confirmaient Laval dans une certitude de pouvoir compter sur les éléments activistes qui lui faisaient défaut.

Cette force – outre l'occasion de satisfaire aux exigences allemandes – offre encore à Pierre Laval une manière de parer à la pression des chefs ultras de Paris. Ses rapports avec les Déat et

Doriot, bons entre avril et novembre 1942, se sont fortement dégradés depuis cette date. Critiqué par eux pour son manque d'énergie, Laval souffre de n'avoir à sa disposition ni troupe, ni organisation qui dépende de lui. Jacques Doriot était, à ses yeux, le plus redoutable. Il parviendra à le contenir jusqu'à la fin de l'hiver 1942-1943, avec l'aide intéressée de Marcel Déat, de Marcel Bucard et d'Eugène Deloncle. Cette « bonne entente » par adversaires communs – dont Jacques Benoist-Méchin fit les frais – ne dépassera pas les premiers mois de l'année 1943. Parti dépité pour le front de l'Est en mars 1943, Doriot laissera place libre à Marcel Déat.

Chef du SOL, Darnand pouvait-il devenir son féal ? Déjà, Laval avait fait du secrétaire général du SOL un délégué général de la Légion auprès du chef du gouvernement. Toute l'habileté de Laval sera de « récupérer » un homme isolé depuis le départ de son premier patron, Pierre Pucheu, en l'arrachant à la séduction, un moment entrevue, de Jacques Doriot. Cette « prise de possession » de Darnand par Laval sera très mal vue par Déat, qui va désormais s'afficher comme l'adversaire privilégié de Laval.

Enfin, la création de la Milice s'inscrivait chez Laval dans une double ambition : celle d'étendre son autorité à l'ensemble d'un territoire que n'a pas unifié son occupation totale (mais l'opposition des Allemands à une extension de la Milice en zone nord devait le lui interdire) ; celle d'affaiblir la Légion en la coupant de son aile activiste, de manière à limiter son influence auprès des pouvoirs publics.

Le 5 janvier 1943, la réunion des chefs régionaux et départementaux de la Légion est l'occasion de trois décisions : le commandement effectif de la Légion passe entre les mains du Maréchal, le SOL est dissous, la création de la Milice est annoncée [19]. Le 31 janvier, le jour même où le *Journal officiel* publie la loi portant création de la Milice, se déroule sa cérémonie d'intronisation à l'hôtel Thermal. Laval, accueilli par l'hymne de la Milice – repris du SOL –, *Le Chant des Cohortes*, écoute les propos de Darnand :

> *« Monsieur le Président, une force s'est levée... Donnez-nous les moyens et vous ne serez pas déçu. »*

Il y répond prudemment :

> *« La route que nous avons à accomplir ensemble sera longue et dure. »*

Laval n'en a pas moins libéré une force dont il ne sera plus le maître.

Il apparaîtra rapidement que la Milice recrute peu et mal : quinze à vingt mille hommes environ, dont quelques milliers seulement d'éléments réellement actifs, embrigadés dans la Franc-garde. La déperdition SOL-Milice semble avoir été considérable, le SOL n'ayant sans doute pas fourni plus du dixième des effectifs de la Milice. Quant aux légionnaires de première origine, leur place est infinitésimale.

La main-d'œuvre française au service du Reich

Avec la détérioration rapide de la situation militaire pour l'Allemagne, ce n'est plus seulement d'argent et de marchandises dont elle a besoin, mais aussi d'hommes supplémentaires pour le travail. Le 13 janvier 1943, Hitler proclame la guerre totale.

En décembre 1942, Sauckel relance Laval sur la question de la main-d'œuvre : le gouvernement n'a pas tenu ses engagements et refuse de collaborer. Le 14 janvier 1943, à l'ambassade de la rue de Lille, le Dr Michel exige deux cent cinquante mille ouvriers dont cent cinquante mille spécialistes pour la fin du mois de mars (à cette date, cent cinquante mille ouvriers sont partis pour l'Allemagne en 1942, neuf cent mille au total travaillent pour elle, en Allemagne ou en France). A ces nouvelles exigences, Laval a tenté en vain d'opposer divers arguments : l'hostilité de l'opinion publique qui ne facilite pas la tâche du gouvernement, la maladresse de demandes qui ne font qu'alimenter les actes d'opposition ; les premiers maquis font leur apparition au mois de mai 1943.

La loi française du 16 février 1943, en écho à la loi prise en Allemagne le 27 janvier 1943, institue le Service Obligatoire du Travail (SOT) – qui deviendra le STO pour mettre fin à de faciles railleries. Le recrutement, qui était jusqu'alors établi sur une base professionnelle, est désormais indistinctement démographique : les classes 40, 41, 42 sont mobilisées pour le travail ; les milieux ruraux sont, à leur tour, concernés. A la fin du mois de mars, le chiffre exigé de deux cent cinquante mille travailleurs avait été atteint et même légèrement dépassé. En août, Sauckel revient à la charge exigeant cinq cent mille hommes d'un coup. Laval a jusqu'alors tenté de louvoyer ; cette fois, il refuse net tout envoi supplémentaire, ayant avec le commissaire allemand à la main-d'œuvre un affrontement d'une rare violence. Ce refus bien tardif de Laval se retrouve dans la politique juive. En ce même mois d'août 1943, en accord avec Pétain, il s'oppose à la dénaturalisation des Juifs étrangers devenus français après 1926.

Il y aura à partir de l'automne 1943 une diminution considérable des départs, de l'ordre de quatre mille départs en moyenne par mois contre trente mille d'avril à août 1943. En août 1944, plus de six cent mille travailleurs français (compte tenu des permissionnaires et hors prisonniers) n'en seront pas moins présents en Allemagne.

Laval et ses ministres Bichelonne et Cathala avaient cherché avant tout à opposer au départ forcé des travailleurs français pour l'Allemagne leur mobilisation dans une industrie française travaillant pour les besoins de la machine de guerre allemande. La conservation de l'outil de production français – quand la production était effondrée à la moitié de son volume de 1938 – passait par sa mise à la disposition en faveur de l'occupant. Selon l'historien anglais Milward, en 1943 l'Allemagne utilisait pour ses propres besoins 40 pour cent au moins des ressources françaises [20]. Les accords Speer-Bichelonne avaient permis de limiter le flux des départs de travailleurs mais renforcé l'exploitation économique de la France.

Il est difficile de savoir ce qui revient précisément à Laval ou à Bichelonne dans la conception et la mise en œuvre de cette politique de substitution qui permit d'opposer Speer à Sauckel. Dans sa défense rédigée à Fresnes, Laval s'en est attribué le mérite, faisant de son ministre le metteur en œuvre de cette politique. Bichelonne et Speer avaient de leur côté établi entre eux d'excellents rapports dans l'exercice d'une politique devenue bien rodée. A la fin de l'année 1943 fonctionnaient en France environ 3 300 « S. Betriebe » employant 720 000 ouvriers. La part des importations françaises dans l'ensemble des importations allemandes était passée de 11,1 pour cent en 1941 et 16,6 pour cent en 1942 à 17,1 pour cent en 1943. Elle sera de 18,3 pour cent en juillet 1944 [21]. Cette collaboration économique donnera lieu, après la Libération, à procès et à mesures autoritaires d'épuration, prélude à certaines nationalisations telle celle de Renault [22].

A quelles considérations a obéi cette collaboration économique ?

Les facteurs proprement idéologiques ont dans l'ensemble pesé fort peu. L'ont emporté : la préoccupation d'assurer la permanence de l'entreprise (obsession de Louis Renault) par une charge de travail suffisante, l'attachement fréquent à éviter l'exode de la main-d'œuvre (ce fut le cas des Usines S. – du nom de Speer – qui, livrant une part importante de leur production à l'Allemagne, étaient soustraites à la réquisition de leur main-d'œuvre) ; dans les secteurs les plus modernes et par là souvent les plus fragiles, le rapprochement avec des firmes allemandes a été l'occasion par des accords techniques de demeurer « à niveau » ; les industries liées aux produits de consommation, devant l'effondrement de celle-ci, ont dû trouver des fabrications de substitution (cas de l'industrie automobile qui, comme en 1914-1918, se tourne vers les armements). Certains secteurs industriels – aéronautique, constructions navales, fonderie, caoutchouc, automobile – en arrivent en 1943-1944 à travailler quasi exclusivement pour satisfaire les commandes allemandes. A la faveur de conférences économiques régulières et de rencontres entre hommes d'affaires français et allemands, cette collaboration acquit peu à peu un aspect « ordinaire » dans sa dimension technique et fonctionnelle. L'économie française ne s'en trouvait pas moins, dans un contexte dramatique, progressivement intégrée à celle du grand Reich.

Pierre Laval allait-il toucher, auprès de l'Allemagne, le bénéfice de ses efforts ? La proposition d'une nouvelle rencontre avec Hitler – quatre mois après celle de décembre 1942 – est venue cette fois simultanément de Laval et du côté allemand. On y commençait en effet à s'inquiéter de l'effondrement de la position de Pierre Laval dans l'opinion française. L'impopularité de son gouvernement est révélée par la lecture des rapports préfectoraux et des relations allemandes pendant le printemps et l'été 1943. Tous s'accordent à considérer que deux facteurs ont été décisifs : la capitulation des cent mille hommes de la VIe Armée de Paulus à Stalingrad le 2 février 1943, et la campagne du STO en France. Il s'y ajoute en mai 1943 la perte des derniers points d'appui allemands en Tunisie, qui dessine la perspective d'un nouveau débarquement quelque part sur les rivages nord de la Méditerranée.

Depuis la Conférence de Casablanca (janvier 1943), l'Allemagne sait qu'elle n'a plus le choix qu'entre la victoire ou une capitulation sans condition. Cet affaiblissement de la position de Pierre Laval ne va pas sans inquiéter les responsables allemands. Ainsi à l'ambassade d'Allemagne où le chef du service de presse, Diehl, relève à la date du 17 juin 1943 :

> *Un nouveau fossé s'est creusé entre le gouvernement français et l'ensemble du peuple français... Il y a donc lieu, du point de vue allemand, de craindre que, à brève échéance, on se trouve en présence d'une situation telle que la bonne volonté du gouvernement ne jouera plus aucun rôle sur les événements réels parce qu'il sera ignoré des autorités aussi bien que de l'ensemble de la population*[23].

Dans un rapport daté du 27 juillet, Schleier – qui remplace, sans le titre, l'ambassadeur Abetz en disgrâce – écrit de son côté :

> *Aujourd'hui, la majorité des Français ne croient plus à notre victoire et beaucoup de partisans convaincus de la politique de collaboration sont même devenus hésitants... Les oppositions qui existent contre le chef du gouvernement sont devenues plus aiguës au cours de ces derniers mois.*

S'interrogeant sur les questions fondamentales que pose cette évolution à la politique allemande vis-à-vis de la France et de Pierre Laval, Schleier en vient à regretter que cette politique « *ait consisté à empêcher la vie politique d'acquérir un dynamisme dans le sens d'une Révolution nationale socialiste* [24] ».

La certitude de la victoire finale des Alliés demeure toutefois tempérée par la forte résistance allemande et la lenteur dans les opérations des troupes anglo-saxonnes, comme la campagne d'Italie, inaugurée le 10 juillet par le début du débarquement en Sicile. Elles font redouter une poursuite encore longue de la guerre. La multiplication des actes de terrorisme en métropole, les débuts d'un essor des maquis, le rôle croissant des communistes font en même temps redouter à une partie de l'opinion modérée le déclenchement d'une guerre civile, dont le Parti communiste tirerait le bénéfice. Ces données renforcent Pierre Laval tant dans ses espoirs de pourparlers de trêve entre adversaires que dans cet attentisme d'une grande partie de l'opinion.

L'inquiétude allemande devant la perte d'influence de Laval et de son gouvernement aide à comprendre les raisons d'une nouvelle rencontre Hitler-Laval en avril 1943. On se prend, en outre, à redouter de nouvelles manœuvres du côté du maréchal Pétain pour se défaire d'un chef de gouvernement dont l'impopularité rejaillit désormais sur le chef de l'État lui-même. Le 30 avril, pour la quatrième et dernière fois, Laval rencontre Hitler, à Berchtesgaden cette fois. Un mois plus tôt, il a opéré un nouvel aménagement de son gouvernement. Deux modifications principales y figurent, dont la première réside dans le départ de Joseph Barthélemy de la Justice ; il avait fait montre de trop de réserves lors de l'octroi des pleins pouvoirs au chef du gouvernement en novembre 1942 et se voit préférer Maurice Gabolde, esprit complaisant, procureur général de la Seine. Le second départ est celui de l'amiral Platon, encombrant dans son rôle de collaborationniste maladroit.

Parti du Bourget en compagnie de Guérard, Rochat et Brinon, Laval est reçu le 29 avril, d'abord par Ribbentrop près de Salzbourg, puis pendant trois heures par Hitler à Berchtesgaden le 30 avril. Après avoir dû subir l'habituel et interminable monologue du Führer ressassant tous ses griefs contre la France et les alliés de l'Allemagne, Laval tenta de poser le débat sur le fond : le rétablissement de la paix et la place de la France le jour venu. Sans cet engagement d'un règlement d'ensemble franco-allemand, lui, Laval, n'avait aucune contrepartie à offrir aux Français. A cette demande de déclaration sur l'avenir français, Hitler et Ribbentrop ont réagi avec humeur : la France recevrait des avantages proportionnés à la part prise par elle dans l'effort de guerre commun. Le communiqué remis à la presse reprenait cet « engagement ». C'était peu et c'était tout. Pourquoi Laval et Hitler avaient-ils souhaité une rencontre aussi peu productive ? Elle n'était en fait destinée, pour le second, qu'à compromettre jusqu'au bout le premier dans une politique affichée de collaboration et, pour le premier, à lui permettre de sauvegarder une position doublement menacée par Pétain et par les ultras de Paris.

Laval entre Pétain, les ultras et Alger

A partir du printemps et de l'été 1943, l'accélération des événements conduit hommes et équipes à intégrer dans leurs calculs l'hypothèse d'un débarquement allié en métropole. Le 10 juillet commence la campagne de Sicile, qui précède de peu la chute de Mussolini et la formation du Cabinet Badoglio ; celui-ci amorce des contacts discrets avec les Alliés, jusqu'à la capitulation de l'Italie le 8 septembre. Dans les départements français situés à l'est du Rhône, les Allemands relaient les Italiens, parachevant l'occupation germanique de la France entière. L'indemnité d'occupation, payée jusqu'alors à l'Italie, est versée désormais à l'Allemagne.

Le début septembre voit s'amorcer la libération de la Corse. Sur le front franco-français, le 3 juin 1943 a vu la création du Comité Français de Libération Nationale (CFLN). Consécration de l'entente des deux résistances, intérieure et extérieure, autour du général de Gaulle initiée par la création du Conseil national de la République ; il est reconnu le 26 août par les trois grands alliés. Le 17 septembre 1943 voit la création du Comité consultatif provisoire à Alger ; elle annonce une politique d'épuration que le général de Gaulle a pris à son compte dans un discours prononcé à Rabat le 7 août précédent. Ce même 17 septembre, une tentative d'attentat contre Pierre Laval est déjouée : une importante charge d'explosif est découverte en bordure de la voie ferrée Vichy-Thiers et de la route de Châteldon ; le cheminot qui en fit la découverte permit le désamorçage de la charge.

Les ultras de la collaboration parisienne n'étaient pas en reste dans leur hostilité à Pierre Laval. Sa politique leur semblait attentiste, dépourvue d'une vraie dynamique ; plus encore, il leur apparaissait comme le principal obstacle à un élargissement du gouvernement dans un sens « révolutionnaire ». L'heure venue de la « guerre totale », ils se savaient mieux écoutés désormais de l'ambassade d'Allemagne comme des milieux militaires – qui se placent dans la perspective d'un débarquement sur les côtes françaises. A la fin du mois d'août, le général von Rundstedt, commandant en chef du front ouest, s'en est entretenu avec le maréchal Pétain et Pierre Laval. Pour l'Allemagne, la question stratégique est inséparable de la question politique française. Dans son rapport en date du 27 juillet – que nous citions plus haut –, Schleier exprimait son regret que la politique allemande ait empêché la vie politique française « *d'acquérir un dynamisme dans le sens d'une Révolution nationale-socialiste* ». Il ajoutait :

> ... *La grande majorité des partisans de la politique de collaboration vient de la gauche française... Pour assurer la contribution française la plus large possible, nous avons besoin d'un gouvernement français qui ait une autorité suffisante.* Et de souligner la nécessité *de renforcer et d'élargir le gouvernement de deux manières : 1) Faire entrer dans le gouvernement des personnalités convaincues de la nécessité d'une politique de collaboration par une pression de l'Allemagne sur Pétain et Laval : 2) Pour ce, faire des concessions politiques au gouvernement Laval* [25].

Cette seconde suggestion était bien la dernière des préoccupations de Hitler qui, une nouvelle fois, n'avait rien concédé là-dessus à Laval lors de leur rencontre du 30 avril.

Le 17 septembre 1943, jour maudit pour le chef du gouvernement (c'est aussi celui de l'attentat manqué contre lui et celui de la création de l'Assemblée consultative d'Alger, annonciatrice d'épuration), cinq personnalités très engagées dans la collaboration avec l'Allemagne adressaient à titre confidentiel le long texte d'un « Plan de redressement national français » à un petit nombre de hautes personnalités allemandes et françaises ; six exemplaires avaient été délivrés à l'ambassade d'Allemagne pour communication à Berlin. Le lancement du document avait été précédé d'une campagne coordonnée de la presse de zone nord : *L'Œuvre, Au Pilori, Je suis Partout*, principalement. Les cinq signataires du « Plan » étaient les suivants : Marcel Déat, directeur de *L'Œuvre* et chef du Rassemblement National Populaire (RNP) ; Georges Guilbaud, délégué à la propagande du Parti Populaire Français (PPF) ; Jean Luchaire, directeur des *Nouveaux Temps* ; Noël de Tissot, adjoint de Joseph Darnand ; Darnand lui-même enfin. Le secrétaire général de la Milice ronge son frein depuis sa nomination en janvier 1943 ; en octobre 1943, il entrera dans la *Waffen SS* après avoir prêté le serment d'obéissance absolue au Führer ; soucieux de voir les Allemands autoriser l'armement de la Milice, il leur adressait là le signal de la confiance totale qu'ils pouvaient avoir en lui. Les Allemands autoriseront cet armement en novembre 1943.

Le texte partait d'un constat – une population livrée à toutes les propagandes ennemies –, reposait sur une dénonciation – celle du gouvernement Laval –, pour s'en remettre finalement aux autorités allemandes du soin de supprimer purement et simplement ce gouvernement et de lui substituer une équipe « *groupant dans son sein la totalité ou la quasi-totalité des chefs collaborationnistes* » (Doriot, d'ailleurs sur le front de l'Est, en est exclu), pour conduire une politique « *réellement socialiste et révolutionnaire* ». Pour terminer, le plan proposait la mise en place de trois grands moyens d'action : une administration (une police surtout) épurée, un parti unique, une milice nationale unique. Ainsi pourrait être conclu un authentique pacte franco-allemand. L'inspirateur de ce plan est manifestement Marcel Déat, qui retrouve ses accents de l'été 1940 quand il proposait au Maréchal un projet de « Parti national unique ». Pierre Laval est la cible désignée [26].

Menacé et affaibli de tous côtés, Laval devenait du même coup l'objet d'une autre tentation, du côté du maréchal Pétain et de ses proches : se débarrasser de lui et substituer à son gouvernement une nouvelle combinaison. Le moment choisi – à l'automne – paraît propice. Militairement, l'Allemagne est aux abois ; à l'intérieur, Laval n'a jamais paru aussi faible, à la fois pris en étau entre une opinion qui lui est contraire et des milieux collaborationnistes ouvertement hostiles. L'homme lui-même semble usé physiquement et paraît avoir plus de mal à croire à ses certitudes affichées. Au printemps 1943, une dépêche américaine en provenance de Suisse le décrit comme « *courbé, pâle, ses joues sont creuses, ses mains tremblent, il n'est pas certain de la victoire allemande et se méfie de tout le monde. Il n'a plus confiance que dans sa fille Josée* [27] ». Ce dernier trait est corroboré par Fernand de Brinon qui rapporte ce mot de lui : « *Quand je sors de mon cabinet, je crois me trouver en pays ennemi.* »

A l'automne, Pierre Laval semble pourvoir ses collaborateurs directs de postes de repli ; c'est le cas de Paul Morand, de René Bonnefoy, directeur de la radio ; René Guénier, son fidèle second à la mairie d'Aubervilliers, est nommé conseiller-maître à la Cour des comptes. Jean Jardin est envoyé à Berne en qualité de conseiller d'ambassade et succédera en avril 1944 à l'amiral Bard, décédé, comme chargé d'affaires de France en Suisse. Henri Villar, chargé de mission, est envoyé comme consul de France à Porto.

Vers un nouveau 13 décembre ?

Le samedi 13 novembre 1943, la radio de Vichy annonçait que dans la soirée un message du Maréchal serait diffusé à 20 heures. A 19 h 30, on prévenait les auditeurs que le discours n'aurait pas lieu. Quelques minutes plus tôt, le diktat allemand était tombé, s'opposant à la retransmission du message (la pression allemande s'exerçait en fait depuis le début de l'après-midi). On connaît le contenu de ce message, bref mais dense et d'un ton vigoureux :

> *Le 10 juillet 1940, l'Assemblée nationale m'a donné mission de provoquer par un ou plusieurs actes une nouvelle constitution de l'État français. J'achève la mise au point de cette constitution... Mais, je me préoccupe de ce qui adviendrait si je venais à disparaître avant d'avoir accompli jusqu'au bout la tâche que la nation m'a confiée... J'incarne aujourd'hui la légitimité française. J'entends la conserver comme un dépôt sacré, et qu'elle revienne à mon décès à l'Assemblée nationale de qui je l'ai reçue... Je ne veux pas que ma disparition ouvre une crise de désordre qui mettrait l'unité de la France en péril*[28].

La publication d'un acte constitutionnel le lendemain au *Journal officiel* devait couronner la manœuvre. Ne pouvant, comme au 13 décembre 1940, renvoyer Pierre Laval – qui contrôle le ministère de l'Intérieur –, il lui faut modifier l'acte constitutionnel n° 4 *quintiès* qui, en cas de disparition du Maréchal, confiait au Conseil des ministres le soin de désigner son successeur. Ce sera l'acte n° 4 *sextiès* qui, en opérant le retour du pouvoir constituant à l'Assemblée nationale, confie à celle-ci le soin de veiller aux destinées du pays en désignant le successeur du Maréchal.

Ce message manqué voulait être l'expression publique d'une ultime tentative de la part du maréchal Pétain pour reprendre l'initiative vis-à-vis tant de Pierre Laval et des Allemands que des nouvelles autorités d'Alger. Laval a très vite eu vent de ce qui se tramait. Pétain lui a communiqué le jour même – au dernier moment pour le placer devant l'évidence – le contenu de son message et lui a montré le texte de l'acte constitutionnel à paraître le 13. A Paris comme à Vichy, Brinon et les Allemands ont été rapidement informés, se montrant déterminés à utiliser la force au besoin pour s'opposer à la diffusion du message.

Les origines de l'affaire sont en fait bien antérieures ; elles remontent au printemps 1943 au moins. Depuis que, en pleine crise de novembre 1942, Pétain avait dû abdiquer pratiquement tous ses pouvoirs, il ne pensait qu'à les reprendre à la première occasion. L'accélération du recul de l'Allemagne parut la lui fournir au printemps. Dès cette époque, la rumeur circule à Vichy que le Maréchal cherche à former un nouveau gouvernement, constitué sur les suggestions de l'un de ses principaux conseillers, Lucien Romier, de ministres techniciens et fonctionnaires. Le chef de l'État se rapprocherait ainsi de la figure du roi de Danemark dont l'armée, comme en France en novembre, sera dissoute en août 1943 et qui, tout en demeurant dans son pays, s'était tenu résolument en retrait ; rumeurs suffisamment insistantes pour que Hitler ait jugé utile d'adresser à Pétain une lettre comminatoire : toute modification dans la composition de son gouvernement serait interprétée par l'Allemagne comme un geste d'hostilité. Il n'y en eut pas moins, dès cette époque, divers contacts ou démarches en direction d'hommes éliminés ou s'étant retirés d'eux-mêmes à divers moments : Yves Bouthillier, l'amiral Auphan, Léon Noël, François Charles-Roux ; si les choses n'allèrent guère loin, les contacts furent maintenus jusqu'à l'automne. Tous les moyens, toutes les stratégies furent envisagés pour tenter de déstabiliser le chef du gouvernement et faciliter ainsi la transition : encouragements apportés aux manœuvres des ultras du gouvernement, tel l'amiral Platon, ce qui représentait un jeu dangereux, Fernand de Brinon visant ouvertement la succession de Laval avec l'appui des SS ; devant l'opposition déclarée de Hitler, recherche de la compréhension des éléments jugés « conservateurs » : Ribbentrop, Goering, les chefs de la *Wehrmacht* [29].

L'idée maîtresse des pétainistes est un retour aux sources de la légalité en renouant avec l'Assemblée nationale, ajournée *sine die* depuis le 10 juillet 1940 et dont les bureaux ont été dissous dans l'été 1942. Dans une lettre adressée à Pétain, Anatole de Monzie, député du Lot, le presse de procéder à une convocation de l'Assemblée pour préparer une transmission régulière des pouvoirs. Le Journal de Marcel Déat se fait l'écho de ces manœuvres, appelées à se concrétiser au cours de l'automne 1943. Évoquant « *une grande offensive anti-Laval orchestrée depuis Vichy avec l'aide de l'Église* », il ajoute :

> *Le Maréchal veut provoquer la réunion de l'Assemblée nationale. Les pointages permettent d'affirmer qu'il y aurait une majorité contre Laval, qui a dégoûté beaucoup de parlementaires.*

Ces manœuvres sont étroitement articulées sur les perspectives ouvertes par le débarquement allié en Afrique du Nord. L'observateur d'aujourd'hui a tendance à voir un simple début de fin pour un régime appelé à disparaître quelques années plus tard. La réalité vivante est plus complexe. Pour le maréchal Pétain (comme pour Pierre Laval), la marche des événements depuis novembre 1942 paraissait ouvrir certaines perspectives en relançant le jeu. Le premier débarquement avait débouché sur la reconnaissance par les États-Unis de l'autorité de l'amiral Darlan au nom du principe de réalité. Giraud avait ensuite succédé à Darlan, dans un large respect de la législation et de la philosophie politique de Vichy. A Giraud succède, certes, fin juillet 1943, le seul général de Gaulle à la tête d'un Comité français qui, dès le 3 juin 1943, s'était engagé solennellement à « *rétablir... les lois de la République et le régime républicain* ». En août 1943, Vichy avait appris que le Comité d'Alger déployait ses efforts dans le sens d'un ralliement des parlementaires et des politiques influents (prélude à la création de l'Assemblée consultative). Le *Journal officiel* d'Alger publie le 30 septembre une loi privant de leurs droits les parlementaires ayant voté les pleins pouvoirs le 10 juillet 1940. Le 3 octobre, le CFLN annonçait que, après la guerre, le maréchal Pétain et ses ministres seraient jugés. Mais si de Gaulle se posait en interlocuteur exclusif des Alliés à la fin de la guerre, tel n'était pas le choix de Roosevelt. Celui-ci s'en tient à une politique du réarmement de l'armée d'Afrique commandée par le général Juin.

A l'automne 1943, l'aggravation de la situation générale conduit Pétain et ses proches à précipiter le mouvement. De tous les pays d'Europe occidentale, la France est celui qui dispose des rations alimentaires les plus basses : 120 grammes de viande et 70 grammes de matière grasse par semaine, 500 grammes de sucre par mois. Les conséquences humaines et politiques étaient au diapason. Combinées au STO, ces données accentuent les fractures sociales, à l'origine d'une véritable lutte des classes entre ouvriers et paysans, citadins et ruraux, et entre les différentes catégories sociales.

Les événements d'Italie, l'entrée en guerre de celle-ci contre l'Allemagne, ont pu inspirer à Pétain l'idée de jouer le rôle d'un Badoglio français ; il a pensé aussi que l'annonce d'une évolution de type démocratique serait bien accueillie par Roosevelt. En octobre, l'Espagne est passée de l'état de non-belligérance à celui de neutralité. Il n'est pas à exclure que Pétain et ses proches aient cru à une défaite imminente du Reich. Dans ses Notes inédites, le Dr Ménétrel fait une allusion à des informations – non vérifiées – venues de Bucarest évoquant une débâcle allemande à la suite de l'échec subi devant Odessa. Cette hypothèse fournirait l'explication des contacts répétés recherchés du côté allemand ; son impopularité même le desservant auprès des Allemands, Laval ne pouvait plus être leur interlocuteur naturel.

Ces efforts obstinés de Pétain pour reprendre la main s'expriment au mieux par la désolidarisation d'avec la politique de Laval dans la Légion Française des Combattants, institution maréchaliste par excellence à ses débuts. Sa prise en main par Laval en 1942 s'était accompagnée de sa perte d'influence et de sa compromission avec la politique du chef du gouvernement. En août 1943, à l'occasion du troisième anniversaire de la Légion, François Valentin, son premier directeur général, avait annoncé son passage à la dissidence, appelé à l'union dans la Résistance autour du Comité national d'Alger.

A cette date, pour le nouveau pouvoir en surgissement, la Légion n'avait plus d'existence légale dans l'empire : un décret pris le 13 mars 1943 par le Comité National Français considérait la Légion comme dissoute dans toutes les parties de l'empire ralliées à la France combattante. Le 13 octobre 1943, dans un manifeste solennel, la Légion rompt tous les ponts avec le chef du gouvernement et se désolidarise de la Milice [30].

Du printemps à l'automne 1943, le maréchal Pétain aura patiemment mis sur pied une opération organisée autour de trois grands axes. Opérer d'abord un retour aux sources de son pouvoir par la promulgation du texte constitutionnel, aboutissement et légitimation de son action ; le projet constitutionnel mis au point en octobre-novembre 1943 propose une conception des pouvoirs publics établissant un régime républicain à exécutif fort, aux pouvoirs équilibrés et comportant – clin d'œil aux Américains – une Cour suprême [31]. Second axe : écarter Pierre Laval du pouvoir en restaurant l'autorité du Maréchal dans sa plénitude : c'est l'objet de l'acte constitutionnel n° 4 *sextiès* destiné à lui faire perdre tout crédit. Dernière étape : assurer à la fin de la guerre la transmission du pouvoir du Maréchal à l'Assemblée nationale ; c'est dans cette intention que, le 27 septembre 1943, il a fait rédiger un acte chargeant un collège de sept personnalités (Gilbert Gidel, professeur de droit, Yves Bouthillier, l'ambassadeur Léon Noël, l'amiral Auphan, le procureur général Caous, le vice-président du Conseil d'État Vladimir Porché, le général Weygand) de provoquer, au cas où il serait empêché, une réunion de l'Assemblée nationale qui choisirait son successeur, contribuant là encore à l'élimination de Pierre Laval. Le Maréchal a manœuvré pour communiquer au président Roosevelt le texte de la nouvelle Constitution. Il eut recours notamment aux services du colonel de Gorostarzu ; celui-ci se rendit au Portugal où il établit un contact avec le colonel Solborg, l'un des responsables des services secrets américains en Europe.

La manœuvre – nous l'avons vu – se met en marche le 12 novembre 1943 avec l'annonce du message radiodiffusé du Maréchal. Elle tournera court et se terminera par l'aveu de son impuissance absolue. Le 12 au soir, Pétain a dû s'incliner, tout en déclarant que, désormais, il se trouvait placé devant l'impossibilité d'exercer ses fonctions jusqu'au moment où il serait en mesure de faire publiquement sa déclaration. La diffusion du message assurée par les radios et la presse étrangères – tel le *Journal de Genève* – à qui il a été communiqué vaudra au Maréchal un regain de popularité dans l'opinion par sa tonalité antiallemande. Celui-ci cesse d'exercer ses fonctions ; c'est la « grève sur l'État ». De son côté, Pierre Laval a conduit sa contre-offensive en rédigeant, avec Rochat et Bousquet, une version nouvelle de l'acte n° 4 *sextiès* le vidant de son contenu et en déclarant, le 19 novembre, qu'il se faisait fort d'obtenir des Allemands l'autorisation de diffuser le message s'il s'engageait à ce que « *le président Laval garde le pouvoir après sa mort* ».

Le 29 novembre, par Abetz rentré en grâce, Ribbentrop écrit à Pétain une lettre-ultimatum le sommant de renoncer à sa « grève » et de renoncer à ses projets ; Pierre Laval devrait remanier son gouvernement « *dans un sens acceptable pour le gouvernement allemand et garantissant la collaboration* »; le gouvernement du Reich se considérait comme en droit de demander « *qu'on lui donne, préalablement et à temps, connaissance de tous lois et décrets importants* ».

Le Maréchal a une ultime réaction le 5 décembre, en agitant la menace de se retirer définitivement, ce qui semble avoir sérieusement inquiété à la fois Pierre Laval et les Allemands. Le premier comme les seconds avaient en effet besoin de la présence de Pétain, en matière de légitimation pour Laval, comme garant du maintien de la stabilité intérieure pour les autorités allemandes.

Pétain en restera à la menace. Il se décide finalement, le 5 décembre, à lire une note :

> *Le Maréchal a décidé de reprendre ses fonctions, telles qu'il les exerçait avant le 13 novembre 1943* [32].

La longue crise du mois de novembre 1943 se termine donc par une nouvelle capitulation du vieux Maréchal de quatre-vingt-sept ans. Laval lui-même en sort affaibli. Une fois encore remis en selle par l'Allemagne, il ne peut plus apparaître – quelles que soient ses motivations – que sous les traits d'un gouverneur français. L'intention profonde des maréchalistes avait été de restaurer la figure de Pétain pour mieux en dégager une légitimité opposable, le jour venu, à celle de De Gaulle, au nom du principe de continuité de l'État. L'opération de l'automne 1943 est une répétition de celle de l'été 1944.

9

L'agonie de Vichy
novembre 1943-août 1944

A compter de cette fin d'année 1943, le régime de Vichy semble se survivre à lui-même. Dans un pays ruiné, condamné à l'exil forcé de ses propres travailleurs, parcouru par de profondes failles internes, quelle signification et quelle portée pouvaient bien revêtir les paroles quasi intemporelles prononcées par le maréchal Pétain dans son message du 24 décembre 1943 :

> *Malgré tant de désastres, je garde ma foi dans l'avenir de la France, mais je vous supplie, Français, de renoncer aux stériles discussions, aux vaines rivalités, aux haines mortelles.*

L'ultime démission du Maréchal au début du mois de décembre, l'affaiblissement de la position de Laval lui-même ouvrent la porte du gouvernement de Vichy aux « ultras » de Paris, qui y frappaient impatiemment depuis plusieurs mois. La Milice, armée depuis novembre 1943, émancipée de tout véritable contrôle, multiplie les exactions tandis que se succèdent arrestations et assassinats de personnalités politiques dans un pays d'où a disparu toute justice régulière.

Le débarquement anglo-saxon de Normandie en juin 1944 prélude à la fin du régime. Les deux grands protagonistes du drame, Pétain et Laval, tentent alors, chacun de son côté, une opération politique destinée à opérer sous des formes différentes une manière de survie. L'un et l'autre misent sur de réelles réserves américaines vis-à-vis du général de Gaulle comme sur le désarroi de l'opinion. Leur double échec prélude à l'installation du gouvernement provisoire du général de Gaulle dans un climat de tensions exacerbées.

La crise ouverte le 13 novembre 1943 avec l'interdiction du discours du Maréchal se clôt le 29 décembre par l'intronisation de Joseph Darnand comme secrétaire général au ministère de l'Intérieur, chargé du maintien de l'ordre. Qu'il ne soit promu au gouvernement qu'en juin 1944 en qualité de secrétaire d'État change peu à l'affaire. Quant à Philippe Henriot, il sera nommé officiellement peu après (le 6 janvier 1944) secrétaire d'État à l'Information et à la Propagande, sans toutefois la signature du Maréchal. Pétain n'a refusé de céder que devant un nom, celui de Marcel Déat, qui n'a cessé depuis 1940 de s'en prendre à lui et au régime de la Révolution nationale dans les colonnes de *L'Œuvre*. Ce n'est qu'un baroud d'honneur, Déat étant fait ministre du Travail et de la Solidarité nationale en mars 1944.

Ces nominations sont le reflet de la gestion directe que la puissance occupante entend conduire des affaires françaises depuis la lettre de Ribbentrop, adressée à Pétain et datée du 29 novembre 1943 ; cela au nom des intérêts bien compris de la France :

> *Aujourd'hui, le seul et unique garant du maintien du calme et de l'ordre en France, et par là aussi de la sécurité du peuple français et de son régime contre la révolution et le chaos bolchevique, c'est l'armée allemande.*

L'Allemagne entend nommer qui lui convient en France, mais aussi éliminer. Dès l'été 1943, il avait été décidé l'arrestation, sur ordre de Hitler, de plus de deux milles personnes en prévision d'un débarquement possible. Cette liste, finalement réduite à soixante-sept personnes, fut présentée par Abetz à Laval à la fin du mois de décembre 1943. Y figuraient notamment les noms de : Charles Rochat, secrétaire général du Quai d'Orsay ; Dr Ménétrel, médecin personnel du Maréchal ; Lucien Romier et Henri Moysset, ses conseillers personnels, le premier ministre d'État sans portefeuille ; Joseph Barthélemy, ancien ministre de la Justice ; Jacques Guérard, secrétaire général du gouvernement ; Jean Jardel, secrétaire général du chef de l'État ; général Campet, chef du Cabinet militaire du chef de l'État ; général de La Porte du Theil, commissaire général des Chantiers de Jeunesse ; Darquier de Pellepoix, commissaire général aux Questions juives ; Paul Creyssel, secrétaire général du secrétariat d'État à l'Information ; Georges Dayras, secrétaire général du ministère de la Justice ; René Bousquet, bien revenu de son zèle initial et désormais suspect à l'occupant ; Yves Bouthillier, ancien ministre des Finances, et Georges Caziot, ancien ministre de l'Agriculture. La liste comportait encore les noms d'une dizaine de préfets et d'une vingtaine de généraux : Doyen, Frère, Laure, Fornel de La Laurencie, Revers...

Au terme d'un entretien très dur avec Oberg, général des SS à Paris, Laval parvint à limiter à six le nombre des arrestations, exécutables sans délais. Il parvint à sauver provisoirement René Bousquet, mais pour celui-ci c'était un sursis : à la fin du mois de janvier 1944, il sera arrêté et déporté en Allemagne, à la suite du général de La Porte du Theil, le fondateur et chef des Chantiers de Jeunesse, et à la même époque que le général Laure, le général Delmotte et Yves Bouthillier. La contrepartie de cette « mansuétude » allemande était l'entrée immédiate au gouvernement de Déat, Darnand et Henriot, trois des hommes les plus en flèche de l'ultracollaboration. En pleine entente, cette fois, avec Pétain, il ne parvenait qu'à faire rejeter la « candidature » de Marcel Déat.

Le Maréchal avait définitivement capitulé dans sa lettre à Hitler du 11 décembre 1943 où il se soumettait à toutes les exigences allemandes. Le 18 décembre suivait une nouvelle lettre : « *Conformément au désir que vous avez fait exprimer, je précise que les modifications de lois seront soumises, avant la publication, aux autorités d'occupation.* »

Dix jours plus tard, le Maréchal accueillait à Vichy son « geôlier » : Otto Abetz venait lui présenter Cecil von Renthe-Fink, qui allait s'installer à demeure à Vichy. Diplomate de carrière, convaincu des mérites du national-socialisme, il avait représenté le Reich au Danemark de 1936 à septembre 1942. Il ne pouvait toutefois être question qu'il jouisse de la moindre position diplomatique, le gouvernement de Vichy ne pouvant bénéficier vis-à-vis de l'Allemagne d'un statut normal de représentation. Il fut ainsi entendu qu'il ferait partie du secrétariat personnel de Pétain et, comme tel, établi dans une aile de l'hôtel du Parc en compagnie de quelques membres du SD. Situation ridicule qui faisait quasiment de Renthe-Fink un collaborateur du gouvernement français... Subordonné à Abetz, il ne devait toutefois jouer aucun rôle notable.

On peut se montrer surpris aujourd'hui encore que le maréchal Pétain ne se soit pas retiré après l'échec qu'il avait enregistré dans la crise des mois de novembre-décembre 1943. Déjà en novembre 1942, pressé de quitter la métropole et de gagner l'Afrique du Nord, il avait refusé. Mais en un an, la pression de l'occupant s'est considérablement alourdie, au point de ne plus laisser au gouvernement la moindre marge de manœuvre.

Pétain et ses défenseurs ont mis en avant, une fois encore, un argument à leurs yeux fondamental : le maintien à son poste du Maréchal interdisait l'arrivée au pouvoir d'une équipe d'ultras dirigée par Doriot. Chez les défenseurs de Pierre Laval, on rencontre le même argument, à cette nuance près que, disposant de tous les pouvoirs gouvernementaux, Laval, plus encore que Pétain, représentait l'ultime rempart face à la vague ultra. Il est vrai que, le temps de quelques mois, jusqu'à l'été de 1944, les deux hommes, sans qu'il y ait ni entre eux ni entre leurs équipes de véritables relations, ont paru s'accommoder l'un de l'autre.

Laval n'a en fait plus à redouter de manœuvre hostile de la part de Pétain. Celui-ci est plus que jamais installé dans son rôle d'homme de la défensive et de l'attente, d'homme d'ordre aussi. S'il attend, comme en 1917, les Américains, il redoute par-dessus tout une libération par les armes débouchant sur la violence généralisée au-dedans. De là son obsession du maintien de l'ordre dans le pays jusqu'au moment du débarquement allié ; elle le conduira à couvrir les violences miliciennes tout en les regrettant à l'occasion. Il s'accommode de Laval – contre lui il ne peut plus rien – dans l'exacte mesure où Laval, dans sa position, n'a à redouter que les mêmes adversaires.

La menace d'un gouvernement ultra-collaborationniste était réelle ; en témoigne le rapport rédigé à la demande de Ribbentrop le 6 février 1944 par Richard Hemmen, ancien chef de la délégation économique d'armistice, promu au début de 1944 premier conseiller d'ambassade à Paris. Après avoir évoqué « *l'impardonnable inertie politique de Laval* », Hemmen ajoute :

> *Le gouvernement de Vichy a jusqu'à présent fait montre d'une incroyable faiblesse dans la lutte active contre les mouvements de résistance... Laval n'a pris la mesure sérieuse de charger Darnand de la lutte contre le terrorisme que beaucoup trop tard et encore ne l'a-t-il fait qu'à contrecœur sur l'ultimatum du S.D. Führer Oberg, tout en essayant d'en atténuer considérablement les effets... Il semble urgent et indispensable d'éclaircir la position de Laval. Il est probable qu'il acceptera de négocier avec nous dans le moment où il lui apparaîtra clairement que nous n'hésiterions pas, le cas échéant, à donner notre assentiment à un gouvernement Pétain-Platon... et que nous ne refuserions pas notre concours, si cela nous semblait nécessaire, même à un gouvernement de terreur Doriot-Déat* [1]*...*

Les deux hommes – Pétain et Laval – sont parvenus au début de 1944 au degré extrême de l'isolement et de l'impuissance.

Le Maréchal se trouve privé désormais de tous ses derniers conseillers. Lucien Romier, le général Campet, Jean Jardel ont dû se retirer sous la pression allemande. Les deux hommes qui seront désormais les plus proches de Pétain ont été conseillés par Romier et Moysset : le capitaine de vaisseau Jean Tracou et Louis-Dominique Girard, ce dernier petit-neveu par alliance de Pétain ;

tous deux ont été des collaborateurs de l'amiral Darlan, qui les a placés dans la préfectorale, Tracou à Tours et Girard à Angers [2]. Interdit de parole comme d'écriture, sans prise sur le choix de ses collaborateurs, Pétain ne conserve que l'ombre du pouvoir. Les grandes organisations de masse maréchalistes achèvent de disparaître ou ne sont plus que l'ombre d'elles-mêmes : Compagnons de France, Légion Française des Combattants, Chantiers de Jeunesse... Les rapports préfectoraux de la fin de l'année 1943 sont éclairants sur le déclin absolu de la Légion : « *Indifférence générale* », « *Désintéressement croissant de l'opinion* », « *Désaffection totale pour la Légion* », « *Découragement et apathie légionnaires* ».

Pierre Laval n'est pas en reste. Rapporté par Raymond Aron et cité par *Le Journal de Genève*, ce mot de Laval est révélateur :

> *Les Britanniques me haïssent, les Français me détestent, les Allemands m'abandonnent.*

Il demeure qu'en restant le premier, chef de l'État, le second, chef du gouvernement, le maréchal Pétain et Pierre Laval ont cautionné l'arrivée au sommet de l'État de Joseph Darnand, de Philippe Henriot puis de Marcel Déat. Ils ont couvert la voie à la pénétration milicienne, dans leur hantise partagée de la peur du désordre.

L'ORDRE MILICIEN

Cette arrivée au pouvoir des éléments miliciens est le produit de trois grands facteurs. On a d'abord assisté à l'évanouissement progressif et à la quasi-disparition de tout un personnel qui avait accompagné, à ses débuts, le régime de la Révolution nationale ; ces éléments se sont retirés d'eux-mêmes, rejoignant souvent la Résistance, ou ont dû partir sur la pression de l'occupant à partir de 1943. Ce renouvellement de personnel fait émerger au premier plan les jusqu'au-boutistes et les ultras de l'engagement, alors contenus. Or, la politique des autorités d'occupation a évolué considérablement à partir de l'été 1943 avec la montée en puissance de la Gestapo face à la *Wehrmacht* ; jusqu'alors réservée quant à l'utilisation des éléments les plus durs, l'Allemagne éprouve le besoin de s'assurer leurs services pour protéger les arrières de ses armées lors du débarquement. La résistance armée à l'occupant n'a cessé en effet de gagner en volume, en organisation et en efficacité. Symbolisant une permanence de l'État par leur attachement au maintien de l'ordre, le maréchal Pétain et Pierre Laval établissaient comme une logique de continuité entre le Vichy de 1940 et celui de 1944.

Deux noms symbolisent, au début de 1944, ce début d'emprise

milicienne sur l'État, ceux de Joseph Darnand et de Philippe Henriot.

Nous avons déjà évoqué le premier; quant à Philippe Henriot, il a de longue date une notoriété bien établie de propagandiste et d'orateur. Né en 1889 à Reims, fils d'officier, après des études à Saint-Jean-de-Béthune, à l'Institut catholique de Paris et à la Sorbonne, il devient professeur d'enseignement libre à Sainte-Foy-la-Grande (Gironde). A partir de 1925, ce littéraire qui a tâté de l'écriture devient l'un des orateurs les plus recherchés de la Fédération nationale catholique, fondée par le général de Castelnau pour la défense, notamment, de l'enseignement libre. Élu en 1932 député de la Gironde, il est réélu en 1936 comme membre de la Fédération républicaine de Louis Marin. A partir de 1938, il se range résolument dans le camp pacifiste, favorable à une entente avec l'Allemagne, partisan de l'armistice et de l'appel au maréchal Pétain, il devient l'un des chantres les plus écoutés du discours sur la Révolution nationale dans les services de Paul Creyssel, chargé de la propagande maréchaliste. Ses prises de position proallemandes dès 1941 préparent son détachement vis-à-vis d'un « vichysme » jugé trop peu engagé. En mars 1943, il s'engage dans la Milice. Nommé secrétaire d'État à l'Information sous la pression allemande à la fin de l'année 1943, il sera, jusqu'à son exécution par la Résistance le 28 juin 1944, l'orateur à la fois haï, admiré et redouté d'un régime qui ne doit plus sa survie qu'à la présence militaire allemande. Son talent oratoire reconnu par ses adversaires, sa voix prenante comme sa connaissance des ressorts de la pyschologie des masses dans les phases de tension en firent le héraut final d'un régime qu'il paraissait à lui seul occuper.

Le personnel milicien

Combien d'hommes cette Milice a-t-elle recrutés et qui sont ces hommes [3] ?

Le nombre total des miliciens ne semble pas avoir dépassé une trentaine de milliers d'hommes, dont quelques milliers seulement rapidement mobilisables. Le recrutement s'est opéré très majoritairement en zone sud. L'Allemagne n'a en effet autorisé son extension à la zone nord qu'à la fin du mois de janvier 1944 et les réserves disponibles y étaient faibles, compte tenu de l'emprise de mouvements comme le PPF et le RPF, peu décidés à prêter leurs hommes; on peut ajouter des membres issus de formations paramilitaires, telle la Phalange africaine. Au total, pas plus de quatre à cinq mille hommes y ont été recrutés, des marginaux en majorité. Au sud, le SOL a contribué à la formation du noyau initial. Les origines révèlent deux grandes composantes dans l'encadrement et la base.

Les cadres sont demeurés souvent ceux du SOL dans son dernier recrutement, car la mobilité y avait été grande tout au long de l'année 1942. Ils viennent souvent de la droite extrême, de l'utra-catholicisme, des Camelots du roi ou des ligues. Ils forment le dernier carré de l'armée maréchaliste de 1940, dont les effectifs ont fondu peu à peu au grand soleil des déceptions et désillusions successives ; le maintien du Maréchal à Vichy en fait les héritiers des derniers défenseurs du roi en 1792. On y trouve des châtelains, des propriétaires fonciers, des petits industriels, des médecins, des notaires, quelques anciens officiers d'active. Nombre d'entre eux ont de beaux états de service de la Grande Guerre ou de la campagne de France. Patriotes, légitimistes, attachés à l'ordre, l'Allemagne pour laquelle ils n'ont pas de sympathie innée est le dernier rempart contre la déferlante bolchevique. La troupe est plus hétérogène, souvent recrutée parmi des jeunes sans profession, les marginaux, voire des repris de justice. Cette base donne à la Milice cette allure « peuple » qu'a popularisée le film de Louis Malle, *Lacombe Lucien*, ce milicien ordinaire. Le goût de l'action, la volonté d'en appeler de la défaite en faisant ses preuves, l'appât du gain aussi (la Milice paie souvent bien) ont été des arguments puissants d'engagement, de même que la « considération » craintive qu'inspirent l'uniforme noir et l'insigne du gamma.

Une galerie de portraits pourrait être dessinée, qui serait révélatrice de la diversité des profils miliciens. L'entourage de Joseph Darnand est éclairant. Francis Bout de l'An et Pierre Gallet sont des intellectuels de l'ultra-collaboration ; chef régional de la Milice à Lyon, Joseph Lecussan, ancien officier de marine, vénal et alcoolique ; chef régional à Marseille, Max Knipping, ancien pilote de ligne aux gros besoins d'argent ; Henri Charbonneau, directeur de *Combats*, journal de la Milice, a été Camelot du roi ; Noël de Tissot, qui vient comme Pierre Gallet du SOL, est un licencié de sciences naturelles qui croit en Darnand.

Le procès de Paul Touvier a montré un de ces itinéraires parmi tant d'autres, ni exemplaire, ni hors série. Fils d'un sous-officier de carrière autoritaire, patriote intransigeant et fervent catholique, élève fugueur du petit internat de Chambéry, il a connu une jeunesse difficile. En 1941, il a adhéré à la Légion Française des Combattants à Chambéry, au titre de combattant de 1939-1940. En 1942, le Service d'Ordre Légionnaire l'accueille, puis, en 1943, la Milice. A l'automne 1943, Darnand le mute au Deuxième Service de la Milice à Lyon, organe clef qui échappe à l'autorité des responsables locaux et qui a pour mission de contrôler le recrutement, de surveiller les cadres et de conduire un travail de renseignement sur une dizaine de départements. Paul Touvier a trouvé sa véritable vocation, celle de policier, mais un policier véreux, extorqueur de fonds et adepte du racket. En janvier 1944, son service est compromis dans l'assassinat des époux Basch et le 29 juin, après l'exécution de Philippe Henriot, il fait fusiller sept Juifs à Rillieux-la-Pape ; pour sa défense, il alléguera que les Allemands exigeaient l'exécution de trente otages. Après avoir longuement bénéficié de nombreuses protections, religieuses notamment, gracié en 1971, il sera finalement arrêté en 1989 après la remise en marche de la machine judiciaire [4].

Disposant de faibles effectifs opérationnels, assez faiblement armée, on conçoit que la Milice se soit avant tout rendue tristement célèbre par ses activités parapolicières : traques des résistants, interrogatoires, extorsion de fonds, exécutions sommaires, destruction de réseaux de résistance tel celui de la MOI (Main-d'Œuvre Immigrée). Elle ne pouvait pas, en revanche, monter d'opérations de grande ampleur sur de larges espaces. La seule exception fut l'opération du plateau des Glières, en février-mars 1944, qui vit un millier de miliciens participer aux côtés des troupes allemandes au travail d'environnement : bouclage du périmètre, quadrillage, interceptions et interrogatoires. Il est permis de se demander si, sans le nombre restreint d'agents d'exécution de la Milice, leur faible armement et la brièveté relative de la phase finale de la Libération, la France n'aurait pas été engagée, à partir surtout du printemps de 1944, dans une guerre civile totale, dans laquelle la Milice aurait pris une part essentielle et souvent décisive. La Milice était en fait en porte à faux absolu avec l'état de l'opinion en 1944, non seulement vis-à-vis de ses adversaires privilégiés mais encore de la grande masse des Français. Au sein même du gouvernement, ses excès suscitaient bien des réserves ; ainsi, en avril 1944, y eut-il un gros incident entre Darnand et le ministre de la Défense nationale, le général Bridoux – pourtant peu suspect de tiédeur ; le premier avait fait arrêter, sans en aviser le second, un certain nombre d'officiers. Contraints de suivre en Allemagne les troupes du Reich en retraite, la plupart d'entre eux s'engageront dans la division *Charlemagne*.

Ces constats conduisent à une interrogation majeure. L'« entreprise » milicienne doit-elle être considérée comme une sorte de greffon posé sur le régime de Vichy sur sa fin ou comme l'expression finale de celui-ci ?

VICHY, ÉTAT TOTALITAIRE ?

Si l'on juge un État par sa police et sa justice, il ne fait guère de doute que le régime de Vichy ne soit, en 1944, un État exorbitant du droit commun.

Si Vichy adopte sur sa fin une position très en retrait en matière de collaboration d'État, sa politique répressive accorde aux forces de maintien de l'ordre une place considérable. Une loi du 15 avril 1944 plaça la gendarmerie sous le commandement des intendants au maintien de l'ordre, miliciens le plus souvent. La Garde et les Groupes mobiles de réserve – les uns et les autres placés sous l'autorité du ministère de l'Intérieur – furent souvent entraînés dans des opérations contre les maquis. Indissociable de l'espoir de voir le régime se survivre à lui-même, sa politique repose sur une analyse « fine » du terrorisme. Pétain comme Laval conservaient l'espoir – nous le verrons – de jouer un rôle dans une médiation européenne (Laval) ou de transmission légitime d'un pouvoir (Pétain). Il leur fallait pour cela un pays où l'ordre public régnerait ; pour y parvenir, il convenait d'isoler les « mauvais » terroristes des « bons ». C'est le sens des propos qu'adressait, le 6 novembre 1943, Pierre Laval à une délégation des maires du Sud-Est :

> *Il y a trois sortes de gens qui se battent dans les maquis : il y a les réfractaires. Ils sont allés dans les bois, dans les fermes pour échapper à la loi commune du travail obligatoire. Je viens d'obtenir pour eux une amnistie ; ils peuvent aller travailler dans une usine française... Et puis il y a l'armée secrète, composée de braves Français patriotes, qui se sont mal battus en 1940 et qui veulent se rebattre aujourd'hui... Et puis tout à coup les cadres de cette armée découvrent qu'ils ont couvé des œufs de canard... Ils ne veulent pas qu'on les confonde avec les terroristes : ceux de l'armée rouge en Espagne, des Brigades internationales. Ces derniers sont l'armée du désordre, qui espère trouver dans nos villages, le moment venu, des effectifs pour essayer de démêler ce qui faisait le meilleur des forces de notre pays* [5].

Dissociation habile, elle est un élément d'une stratégie visant à couper les mouvements les plus durs d'opposition armée de leur environnement et à les isoler pour mieux les détruire sélectivement. Le maréchal Pétain partageait un point de vue identique. On connaît les félicitations qu'il adressait à la veille du débarquement à un chef régional de la Milice :

> *Je suis heureux de savoir que, grâce à la Milice, j'ai des troupes fidèles un peu partout en France.*

On a toutefois imprécisément saisi sa pensée quand il apostrophait Joseph Darnand en ces termes :

> *Eh bien, combien avez-vous tué encore de bons Français aujourd'hui ?*

Ces « bons Français » sont le pendant exact des « Français patriotes » qu'évoquait Pierre Laval pour les opposer aux « mauvais » résistants. Pierre Laval a livré le fond de sa pensée dans une allocution aux maires du Cantal le 9 novembre 1943 :

> *Or, il se trouve aujourd'hui que si tout à coup l'Allemagne venait à s'effondrer, le désordre s'installerait peu à peu en Europe. Il s'installerait en Allemagne, dans les Balkans, en Italie. Or, j'aime mon clocher, j'aime mon village, j'aime toutes les pierres de chez moi, mais je ne veux pas que le désordre s'installe chez nous, et je voudrais agir de telle façon que l'Allemagne ne soit pas trop forte pour nous étreindre, mais de telle façon que le bolchevisme ne puisse pas, lui, nous supprimer* [6].

La Milice – que Laval ne contrôlait pas – ne s'embarrassait guère de distinguer entre « bons » et « méchants », soulevant contre elle la quasi-totalité de l'opinion, et le chef du gouvernement ne pouvait ignorer que pour la masse des Français l'occupant était l'Allemand. Invité à pratiquer cette « subtile » distinction, Darnand ne manquera pas de faire savoir, à son arrivée à la tête des forces de maintien de l'ordre, qu'il n'était pas question pour ses services de faire la différence entre ceux qui s'opposaient les armes à la main. Tous les chefs miliciens, certes, ne se comportèrent pas en vulgaires assassins et les pires exactions sont à mettre au compte d'authentiques criminels ou fous sadiques. Mais quelle image pouvait bien revêtir auprès des Français cette Milice se battant souvent aux côtés de l'Allemand et armée par lui ?

C'est dans ce contexte toujours plus dramatique à l'approche du débarquement que s'inscrit l'allocution aux Français prononcée par le maréchal Pétain le 28 avril 1944. Produit d'une pression allemande qui durait depuis deux mois, de la lassitude et de l'inquiétude de Pétain s'il opposait un refus définitif (mais pouvait-il advenir quelque chose de pire s'il se retirait ?), ce message en partie dicté par l'occupant contenait des passages qui apparaissaient comme une justification de l'action de la Milice.

> ... *La dissidence* [en Afrique du Nord] *a préparé là-bas les voies au communisme. L'indiscipline engendre chez nous le terrorisme... Quand la tragédie actuelle aura pris fin et que, grâce à la défense du continent par l'Allemagne, notre continent sera définitivement à l'abri du danger que fait peser sur elle le bolchevisme, l'heure viendra où la France retrouvera et affirmera sa place* [7].

Au niveau judiciaire, on retrouve une stratégie identique : distinction entre une justice régulière et une justice d'exception ; relève des magistrats réguliers par des juges improvisés.

Dans une note à lui demandée par René Bousquet pour la

défense de Pierre Laval en 1945, Georges Dayras (secrétaire général du ministère de la Justice) peut écrire :

> Il faut en arriver à la loi du 20 janvier 1944 instituant des cours martiales pour constater la création d'une juridiction d'exception sous le gouvernement de Pierre Laval [8].

A son retour au pouvoir en avril 1942 existaient bien trois instances exceptionnelles : le Tribunal spécial (loi du 24 avril 1941) « *pour juger les auteurs d'agressions nocturnes* » ; les Sections spéciales des tribunaux militaires et des cours d'appel (loi du 4 août 1941) pour « *réprimer l'activité communiste et anarchiste* » : le Tribunal d'État (loi du 7 septembre 1941).

Le 20 janvier 1944 sont instituées des cours martiales, créées à la demande des procureurs généraux, eux-mêmes soucieux de voir des instances d'exception se substituer aux tribunaux. Comme le dit Pierre Laval devant le Conseil des ministres le 22 janvier 1944 :

> Les magistrats sont des gens courageux, ils ne sont pas téméraires. Alors, c'est un fait, ils ne marchent plus... Reste que cette loi n'a pas de précédent dans nos annales. Fouché lui-même n'est pas allé si loin [9].

Caricature de tribunal, les cours martiales jugeant les « *flagrants délits d'assassinat ou de meurtre* » étaient des instances volantes, composées de trois « juges » non magistrats, aux noms tenus secrets, siégeant dans les prisons et dont les sentences étaient immédiatement exécutoires. Ces « juges » étaient souvent des miliciens, la Milice par sa deuxième section travaillant en étroite collaboration avec les services allemands.

Si l'on ajoute la création de « tribunaux au maintien de l'ordre » (loi du 15 juin 1944) et la publication de cinq lois sur les procédures d'exception entre février et juin 1944, on constate que l'année 1944 voit la mise sur pied d'un arsenal imposant se situant hors des normes juridiques régulières. Par là, certes, Pierre Laval « couvrait » ses magistrats comme ses policiers (au moins partiellement) et ses gendarmes, mais en entrant dans la plus totale illégalité juridique. Au nom de la nécessaire permanence d'un État régulier, les dirigeants du dernier Vichy entérinaient des mesures qui faisaient endosser par l'État, officiellement maintenu, un ordre partisan. La défense de Pierre Laval dans ses *Notes de Fresnes* rend un son à la fois pathétique et dérisoire ; il écrit :

> En acceptant la création de la Milice, j'avais espéré une diminution de son pouvoir intempestif et de son influence sur les pouvoirs publics... J'avais décidé que la Milice ne pourrait exercer

> *aucun pouvoir de police... J'ai dû subir par la suite la création d'un secrétaire général au Maintien de l'Ordre.*

Appareil de répression intérieure et de guerre civile, la Milice, à travers certains de ses théoriciens, tel Francis Bout de l'An, s'était bel et bien donné pour projet de faire de Vichy, État autoritaire, un État totalitaire par la domination puis l'absorption progressive de l'ensemble des fonctions régaliennes : administration, police, justice. L'entreprise a eu contre elle, outre le manque de temps, l'inexistence d'une véritable dimension révolutionnaire et fasciste (elle est, sur ce point, très différente de l'ultra-collaboration parisienne), l'absence de tout soutien populaire et enfin le fait d'incarner un projet antinational et antipatriotique à l'heure de la libération annoncée.

La France des assassinats

Les opérations collectives alternent avec les exécutions individuelles jusqu'au jour du débarquement ; elles connaîtront une exacerbation dans les lendemains de celui-ci.

Le 2 décembre 1943, Maurice Sarraut, directeur de *La Dépêche de Toulouse*, est assassiné alors qu'il regagne sa propriété près de Toulouse. Son meurtrier est un homme de main de la LVF qui a travaillé en liaison avec la Milice et qui a reçu l'appui logistique de la police allemande. Son assassinat a des motifs avant tout politiques. *La Dépêche de Toulouse* se montrait de plus en plus réticente à diffuser les consignes gouvernementales ouvertement proallemandes, alors même qu'un temps elle avait, après avril 1942, approuvé la politique de Pierre Laval ; René Bousquet, « protégé » des Sarraut, avait joué alors un rôle important dans cette amorce de ralliement. L'assassinat de Maurice Sarraut sonnait aussi comme un avertissement donné à Pierre Laval, considéré comme trop « tiède ». Le 12 janvier 1944 tombaient, sous les balles de Joseph Lecussan, chef de la milice de Lyon, et de ses hommes, Victor Basch, ancien président de la Ligue des droits de l'homme, et sa femme, tous deux âgés de quatre-vingts ans. On peut ajouter encore au nombre des victimes de la Milice les sénateurs Serlin et Laffont et le député Fouillant.

L'exécution à Alger de Pierre Pucheu – « *banc d'essai de l'épuration* », selon la formule de Robert Aron – le 20 mars 1944 a été précédée quelques jours plus tôt de l'entrée, tant attendue par l'intéressé, de Marcel Déat comme ministre secrétaire d'État au Travail et à la Solidarité nationale.

A la fin du mois de juin, l'exécution de Philippe Henriot par un groupe de résistants prive l'ultra-collaboration de son orateur le plus éloquent.

A côté des assassinats en métropole pesaient de lourdes menaces sur les internés politiques en Allemagne ou en France. En ce début d'année 1944 se trouvaient internés Georges Mandel et Paul Reynaud, Léon Blum, le général Gamelin et Léon Jouhaux. Parmi ceux qui sont détenus en France, on trouve l'ancien ministre Guy La Chambre et l'intendant général Jacomet, ainsi qu'Édouard Herriot et Édouard Daladier. La Haute Cour de justice de la Libération n'a pas fait figurer dans son acte d'accusation contre Pierre Laval celle d'avoir livré certains de ces détenus aux Allemands. Or, ils se trouvèrent menacés d'exécution en mesure de représailles, après qu'à Tunis, au début du mois de mai 1942, le colonel Christofini, commandant de la Phalange africaine, organisme paramilitaire de la collaboration, eut été passé par les armes. S'il ne semble pas s'être beaucoup préoccupé du sort de Blum, Daladier et Gamelin, pour Herriot toutefois, ainsi que pour Léon Jouhaux, il semble, selon le témoignage de René Bousquet, être intervenu auprès des autorités allemandes pour qu'ils puissent demeurer en France. Était-ce en raison du souvenir de son ancienne amitié pour Léon Jouhaux, quand, avant la Grande Guerre, il était l'avocat de la CGT, et de la reconnaissance qu'il avait gardée envers Édouard Herriot d'avoir soutenu jusqu'au bout son cabinet en 1935–1936?

Vichy devant le débarquement

Les perspectives

Depuis l'automne de 1943, le débarquement allié sur le sol français apparaissait aux dirigeants allemands comme une certitude. A la différence du front oriental où l'immensité des espaces permettait d'envisager d'en perdre de nouveaux sans danger immédiat pour l'espace vital allemand, la décision se jouerait sur le front ouest. Une concertation s'avérait nécessaire avec les dirigeants français; le général von Rundstedt, commandant du front ouest, s'en est entretenu une première fois avec le maréchal Pétain le 14 juillet 1943; une nouvelle rencontre eut lieu le 27 août 1943 au château de Charmeil.

Les analyses stratégiques élaborées à Vichy prenaient en compte diverses hypothèses. Celle qui était le plus souvent retenue situait le débarquement dans une période courant d'avril à juin 1944, envisagée soit en baie de Seine, soit d'Anvers à la baie de Somme. Elle s'accompagnerait de l'entrée en action des forces des maquis avec, pour conséquence, que le territoire français serait de nouveau ravagé par la guerre. C'était, chez Pétain, une hantise que la réouverture d'une bataille menacée de se prolonger; on doutait fort en effet de l'aptitude des jeunes troupes américaines, inexpérimentées et manquant d'un commandement aux qualités éprouvées. Les troupes alliées risquaient ainsi d'être rejetées à la mer mais au prix de la transformation de la France en champ de bataille et, au-delà, de son entrée dans une guerre civile susceptible de déboucher sur une prise de pouvoir révolutionnaire à Paris.

Les exigences allemandes à l'endroit des autorités françaises se résumaient en deux demandes, qui s'ajustaient exactement avec les préoccupations de celles-ci : exhorter les autorités locales françaises au loyalisme envers le gouvernement et, au moment du débarquement, inciter les populations à demeurer calmes et disciplinées. La France était invitée à demeurer neutre et à assister en spectatrice à sa propre libération. Le Maréchal, préalablement au débarquement, enregistrerait un message en ce sens qui serait diffusé au jour J.

Plus que d'un appui sur le terrain pour résister aux Alliés sur le sol français, c'est de travailleurs que l'Allemagne persistait à exprimer le besoin. En janvier 1944, de nouvelles exigences pressantes furent exprimées par Sauckel : pour 1944, un million de travailleurs devraient être envoyés dans le Reich à raison de quatre-vingt-dix mille par mois, et le travail obligatoire institué dans toute la France jusqu'à concurrence d'un second million d'hommes de seize à vingt ans, pour travailler dans les usines « S » et sur les fortifications côtières. Après deux mois de négociations serrées, un compromis établi en février prévoyait le départ de deux cent soixante-dix mille hommes sur l'ensemble de l'année 1944, mais à cette date les responsables militaires allemands jugèrent cette mesure dangereuse pour la sécurité des forces allemandes en cas de débarquement et mettront le projet à l'écart. Trente mille travailleurs français n'en partiront pas moins pour l'Allemagne en 1944.

Jusqu'au bout également devaient se poursuivre les déportations de populations juives à Auschwitz. L'Alsace et la Lorraine connurent, en ce qui les concerne, les ultimes opérations de germanisation consistant en expulsions « compensées » par l'installation de populations allemandes.

Les espoirs de médiation du Maréchal et de Pierre Laval

Pendant l'année 1943, les dirigeants de Vichy avaient entretenu l'espoir d'une paix négociée en Europe occidentale, espoir fondé sur l'aveu du malentendu qui, selon eux, pourrait éclater entre les Anglo-Saxons et les Soviétiques, et à la faveur duquel les Allemands saisiraient leur chance de rechercher un compromis sur le front occidental. A partir de la fin de l'année 1943, ces espoirs ont paru s'amenuiser; le débarquement allié devient une affaire de mois, alors que les forces soviétiques ne cessent de refouler toujours plus à l'ouest les forces allemandes. Et pourtant, le Maréchal comme Pierre Laval s'accrochent encore à l'espoir que la paix peut être gagnée pour la France.

Ils jugent la position de Roosevelt et des démocrates affaiblie et les républicains en position de gagner les élections de juin et celles de novembre; en Angleterre, de plus en plus attaqué à l'intérieur, Churchill peut être contraint de passer la main; en Europe, nombre de petites nations semblent redouter le grand vainqueur des combats du front de l'Est. Si la France maintient son unité en isolant les « mauvais » résistants, elle demeurerait par sa situation en Europe une force au moment du solde final des comptes [10]. Au corps diplomatique assemblé, Pétain peut dire, le 1er janvier 1944 :

> La France souhaite ardemment s'associer à tout effort pour arrêter ou au moins atténuer la catastrophe.

Il n'ignore pas que le Vatican, qui aurait souhaité son retrait après novembre 1942, souhaite une solution de compromis. En janvier 1944, la Suède proposa une action médiatrice entre l'Axe et les Alliés par l'intermédiaire du roi, à laquelle seraient associés le Vatican et le maréchal Pétain. Avec l'accord de Pétain, Laval se rendit à Paris où, en compagnie de Raoul Nordling, consul de Suède, il rencontra Otto Abetz pour lui faire part d'un projet de négociation prenant son point de départ sur l'évacuation par la Wehrmacht de l'Europe occidentale et de la Pologne. Le rapport adressé à Berlin par Abetz ne reçut pas de réponse et la proposition fut rejetée par Londres et Washington.

Pierre Laval avait de son côté tenté l'ouverture du côté soviétique, toujours par Stockholm, sans aucune chance de succès. Que pouvait peser Laval, que pesait la France même alors, tant du côté de Staline que du côté de Roosevelt?

Le débarquement. Les ultimes tentatives de rétablissement du Maréchal et de Pierre Laval

Le débarquement allié le 6 juin 1944 entraîne un paroxysme de violences dans le pays. Le 14 juin, Joseph Darnand, l'ancien sous-officier de la Grande Guerre, accède au rang de secrétaire d'État à l'Intérieur; in extremis, il siège au Conseil des ministres. La France n'est plus que ruines, massacres et assassinats. Les bombardements sur la France, massifs et systématiques, ont commencé dans les semaines précédant le débarquement sur les villes de Normandie et de la région parisienne; dans la nuit du 20 au 21 avril, Paris a connu son bombardement le plus meurtrier. A Tulle (le 8 juin), à Oradour-sur-Glâne (le 10) sont perpétrés par la division SS *Das Reich* d'épouvantables représailles sur les populations civiles en réponse aux actions armées des maquisards. Les assassinats politiques reprennent de plus belle. Le 20 juin, Jean Zay, ancien ministre du Front populaire, détenu à la prison de Riom, est enlevé par un groupe de miliciens; son corps ne sera retrouvé qu'en 1946. Le 28 juin, Philippe Henriot était assassiné à son ministère; son cadavre, ardemment disputé, est arraché à la Milice par le Conseil municipal de Paris qui organise une cérémonie sur la place de l'Hôtel-de-Ville, suivie d'un service à Notre-Dame. Le 7 juillet, Georges Mandel, transféré arbitrairement par la Milice de la prison de la Santé (où il a été enfermé comme otage à la suite des dernières condamnations prononcées par le tribunal militaire d'Alger), est exécuté sommairement près de Fontainebleau pour venger la mort de Philippe Henriot.

Dernier complot des ultras et ultime Conseil à Vichy

Alors même que les chefs militaires allemands ne se faisaient plus d'illusions sur l'issue finale de la guerre (comme la tentative d'assassinat de Hitler le 20 juillet le révélera), les ultras français ne renonçaient pas. Plus que jamais, leur bête noire – pour son attitude à leurs yeux tiède et attentiste –, Pierre Laval, devait former une équipe déterminée à engager la France à fond derrière l'Allemagne. Placé devant un véritable ultimatum, le Maréchal devrait se désolidariser de Laval en le contraignant à « durcir » son équipe.

Le 9 juillet, mandaté par le groupe des comploteurs, l'amiral Platon est arrivé à Vichy porteur d'un Manifeste daté du 5 et destiné au maréchal Pétain, à qui il le remet le lendemain. Portant le titre de « Déclaration commune sur la situation politique », il mettait en avant « *l'impuissance des pouvoirs publics* » et « *la désagrégation de ce qui reste de l'État français* », pour exiger cinq mesures essentielles : une prise de position formelle du gouvernement; le retour du gouvernement à Paris; son élargissement; la réforme du fonctionnement du Conseil des ministres, « *appelé à se prononcer sur la politique générale* »; l'application de « *sanctions sévères à l'égard de tous ceux dont l'action... compromet la position européenne de la France* [11] ». C'est bien Pierre Laval qui est visé, pour s'être opposé notamment à ce que les francs-gardes de la Milice aillent combattre sur le front de Normandie aux côtés des troupes allemandes (ce qui n'était pas dans les intentions allemandes). Les quatre principaux signataires du texte étaient : Abel Bonnard, Jean Bichelonne, Fernand de Brinon, Marcel Déat. Suivaient les noms de vingt-huit autres signataires, représentants du monde politique et journalistique; parmi eux : Jacques Benoist-Méchin, Jean Luchaire, Drieu

La Rochelle, Alphonse de Châteaubriant, Lucien Rebatet, Dominique Sordet, Georges Suarez, Jacques Doriot...

Jean Tracou, directeur du cabinet de Pétain, rapporte ainsi la suite de la scène :

> *C'est lui-même, Platon, qui sera chef du nouveau gouvernement, avec Bichelonne à l'Économie nationale et Benoist-Méchin aux Affaires étrangères. Le Maréchal le laisse parler sans l'interrompre et dit simplement : « Mon ami, vous feriez mieux de rester à la campagne et de vous tenir en dehors de tout cela* [12]. »

Initiateur du texte et son principal rédacteur (avec Dominique Sordet), Marcel Déat n'a pas rencontré davantage d'appuis et de relais qu'à l'époque où, dans l'été 1940, il rédigeait son projet de parti unique à l'intention du maréchal Pétain. Abetz, qui a sans doute appuyé Déat, est resté sans instruction de son gouvernement qui a, il est vrai, d'autres chats à fouetter. A cette date, il a de tout autres préoccupations : Caen vient d'être abandonné par les troupes allemandes et von Rundstedt remplacé par von Klug à la tête du commandement à l'ouest.

La réaction de Pierre Laval est aussi rapide que brutale. Il convoque pour le surlendemain 12 juillet à Vichy un Conseil des ministres, qui sera le dernier Conseil tenu dans le cadre du régime. Son contenu fut rapidement connu par la diffusion qu'en assura à la suite le Dr Grasset, ministre de la Santé et compatriote auvergnat de Pierre Laval. Cette diffusion était destinée à accréditer l'idée que, jusqu'à la dernière minute, Pierre Laval avait dû mener une lutte acharnée contre les partisans nationaux-socialistes d'une collaboration jusqu'au-boutiste avec l'Allemagne. Il n'est pas moins digne d'être relevé que, publiant en 1949 ses Souvenirs, le commandant Tracou, dernier directeur de Cabinet du maréchal Pétain, a tenu à relater avec précision la teneur de ce Conseil des ministres [13].

Ainsi, tout en poursuivant – nous allons le voir – des objectifs séparés, le maréchal Pétain et Pierre Laval n'en partageaient-ils pas moins la même approche, fondée sur le même constat : la France n'est pas partie prenante dans le nouveau combat qui s'est engagé ; l'un et l'autre n'avaient-ils pas recouru à la même formule, le premier le 6 juin (Laval), le second le 14 juin (Pétain) : « *Nous ne sommes pas dans la guerre* » ?

Le Conseil du 12 juillet 1944 se conclut sur l'apparente et totale victoire de Pierre Laval, sur un resserrement complet entre Pétain et Laval. Le communiqué donné à la presse précisait que le Conseil avait approuvé son exposé à l'unanimité et « *constaté qu'il ne pouvait y avoir pour la France d'autre politique que celle qui a été définie par le chef du gouvernement le 6 juin dernier* ».

Le maréchal Pétain et Pierre Laval s'étaient retrouvés en accord autour d'une politique attentiste. Outre qu'une politique d'alignement inconditionnelle sur une Allemagne en perdition ne pouvait guère avoir de sens en juillet 1944, quelle portée pouvait avoir à cette date, pour les deux protagonistes, une politique d'attente ? Elle se révèle inséparable des ultimes attentes de chacun des deux hommes autour d'un fait d'évidence, dont l'issue se rapproche : l'autorité finale sur la France se jouera à Paris. En un moment où le général de Gaulle n'a obtenu de Roosevelt qu'une reconnaissance de fait pour l'administration des territoires libérés, rien n'est joué quant au destin final. Liés jusqu'alors par un intérêt commun, chacun des deux hommes, Pétain et Laval, va tenter désormais de jouer sa partition propre.

La stratégie du maréchal Pétain

Il est fascinant de vérifier que, au fur et à mesure que les Allemands réduisaient la liberté d'action du maréchal Pétain, celui-ci se montrait de plus en plus résolu à maintenir l'affirmation de la légitimité du régime qu'il incarnait depuis juillet 1940. Les événements mêmes de novembre 1942 ne le firent pas dévier de cette ligne. Attestent de cette continuité les efforts de Vichy, avant comme après 1942, pour prendre pied en zone nord et, après cette date, pour retrouver les attributs défunt d'un État souverain. On le vérifie dans la volonté de reconstituer une armée, fût-elle symbolique, mais opposable dans son symbole même à l'armée d'Afrique. Ainsi fut reconstituée une petite unité sous commandement français, le premier régiment de France – maigre substitut à l'armée d'armistice dissoute [14].

Le maréchal Pétain se crut jusqu'au bout en mesure de rassembler les Français autour de sa personne. Sa lutte contre toutes les formes de résistance au printemps 1944 exprime son intention de réaliser autour de lui l'union de tous les Français hostiles au terrorisme. Il s'agit pour lui, à l'heure du débarquement, de reformer le jeu. Il est convaincu de conserver un certain nombre d'atouts.

Les apparences semblent lui laisser fort peu de chances. De ce qui fait la réalité d'un pouvoir, Vichy ne conserve pratiquement rien. État sans base territoriale libre, le régime de Vichy n'a plus d'armée qui lui soit propre, sa légalité a reculé au sein de sa propre administration et il a dû faire appel, devant des réserves croissantes, à des forces parapolicières pour lutter contre les oppositions et les dissidences. Chef de l'État, le Maréchal a abdiqué la quasi-totalité de ses pouvoirs en faveur de Pierre Laval depuis le 11 novembre 1942. Sa tentative de reconquête en novembre 1943 a été un fiasco. Au poids de l'âge – il a célébré son quatre-vingt-huitième anniversaire le 24 avril 1944 – s'ajoute celui de l'isolement; sous la pression allemande, il a dû se séparer de la plupart de ceux qui formaient ses premiers entourages. Et pourtant, ce pouvoir presque anéanti croit déceler quelques bonnes cartes dans son jeu.

Pétain s'est donné l'image de l'homme qui n'a cédé à la pression allemande que sous la force et pour des raisons d'intérêt national après le 13 novembre 1943, quand il a entamé une « grève » de ses fonctions qu'il a dû cesser en janvier 1944. C'est le même homme ayant manifesté sa volonté de s'affranchir de la tutelle étrangère qui, le 20 août 1944, fera l'objet d'un enlèvement par les Allemands adroitement mis en scène par l'entourage. Entre dans la même stratégie de désolidarisation la réprobation de la Milice, exprimée verbalement ou par correspondance.

Le second élément de ce qui peut rester d'autorité et de prestige au sommet de l'État réside dans un reste d'adhésion de l'opinion française. Les bombardements alliés intensifiés à l'approche du débarquement sont l'occasion pour Pétain de s'émanciper de l'atmosphère de Vichy en reprenant le cycle interrompu de ses voyages. Les visites à Paris (le 26 avril), à Rouen (le 14 mai), à Nancy (le 26 mai), à Lyon et Saint-Étienne (les 5 et 6 juin) sont comme une manière de renouer avec les origines du régime et son image pacifiste. Son message du 7 juin tranche étonnamment avec celui de De Gaulle, prononcé le même jour. A celui-ci qui avait évoqué « *la bataille suprême engagée..., bataille de France et bataille de la France* » Pétain opposait la vision statique d'une France devenue un « *champ de bataille* » et de Français devant avant tout veiller à ne pas attirer sur eux « *de tragiques représailles* ». Les éditoriaux de Philippe Henriot ne sont pas demeurés sans écho parmi des populations durement éprouvées et pour qui le débarquement rouvre la parenthèse refermée de la guerre.

Un troisième facteur en faveur du pouvoir en place réside dans une peur de la montée du communisme dans divers secteurs de l'opinion – qui ne sont pas tous de droite. Cette peur, attestée dans de nombreux rapports préfectoraux, fait espérer aussi aux pétainistes comme aux lavalistes que les Américains ne voudront pas du général de Gaulle, présenté par la propagande du régime comme une marionnette entre les mains du Parti communiste et le fourier du bolchevisme en France. Cela ouvre la perspective d'un maintien sur place des autorités locales dans le prolongement de la solution adoptée en Afrique du Nord. A la mi-juillet 1944, de Gaulle, venu à Washington, n'essuiera-t-il pas encore un camouflet de la part de Roosevelt, refusant de reconnaître dans le Gouvernement Provisoire de la République Française (GPRF), annoncé par de Gaulle le 3 juin, le gouvernement légal de la France ? Le maréchal Pétain demeure, enfin, plus que jamais assuré de la légitimité de son pouvoir issu du vote du 10 juillet 1940 et confirmé par le maintien de son pouvoir constituant en novembre 1942.

Cette légitimité qu'il affirmait dans son allocution du 13 novembre 1943 interdite par les Allemands exclut à ses yeux tout départ du territoire national et toute rentrée de la France dans la guerre (« *Nous ne sommes pas dans la guerre* », redit-il dans son allocution au ton intemporel adressée aux légionnaires le 14 juin). Rouvert depuis 1943, le chantier constitutionnel avance au point que, le 30 janvier 1944, est signé le texte définitif de la Constitution promise le 10 juillet 1940 [15]. Pour les pétainistes, c'est un atout qu'ils croient décisif. Reconnaissant la République mais établissant un pouvoir exécutif fort contrebalancé par une Cour suprême, comment ce texte n'apaiserait-il pas les scrupules légalistes de Roosevelt ? C'est une réponse jugée plus convaincante que le simple engagement pris par de Gaulle, le 27 octobre 1940, dans le Manifeste de Brazzaville de rendre compte, à la fin de la guerre, de ses actes au peuple français.

A un processus long, impliquant une rupture politique en pleine guerre de libération de l'Europe, les pétainistes opposent une procédure présentée comme légaliste, inscrite dans la continuité et allant dans le sens de la réconciliation nationale. La manœuvre idéale serait, pour Pétain, de se trouver à Paris après le départ des Allemands et juste avant l'arrivée des Américains (car ce sont eux qu'on s'attend à voir), afin de dégager la solution à une transition politique permettant d'établir une continuité avec le régime en place. Le bon contact que Pétain a établi avec les Parisiens le 26 avril lui offre, pense-t-il, toutes les chances d'une consécration populaire. Ne les a-t-il pas quittés sur ces mots :

> *Soyez sûrs que, dès que je le pourrai, je viendrai et alors ce sera une visite officielle.*

La recherche du contact avec les résistants gaullistes et avec le Général lui-même est un élément d'accompagnement de cette manœuvre, avec l'espoir de sa neutralisation. Il a existé des tentatives de contacts de la part des pétainistes avec les Américains et la Résistance.

On citera ici l'action de Lemaigre-Dubreuil à Madrid en juillet – prétendant parler au nom des Américains – auprès des Allemands pour une neutralisation du front occidental permettant aux Allemands de tenter de bloquer l'avance russe dans l'Est. Des entretiens eurent lieu entre l'amiral Auphan, Michel Debré et Pierre-Henri Teitgen chez Roger Seydoux les 9 décembre 1943 et 17 février 1944 [16]. L'amiral Auphan a beau affirmer dans ses Mémoires qu'une troisième rencontre était prévue entre lui-même, Michel Debré et Pierre-Henri Teitgen et que seule l'arrestation de ce dernier la rendit impossible, il demeure que l'exigence fondamentale mise en avant du côté des résistants était celle du retrait du maréchal Pétain. L'ambition suprême de celui-ci semble bien avoir été de présider à une transmission du pouvoir de ses mains au général de Gaulle, de gouverner peut-être quelque temps avec lui dans le cadre de « sa » Constitution de janvier 1944, légitimant par là son action passée.

Ce beau plan reposait, il est vrai, sur l'accomplissement d'un préalable fondamental : la bonne volonté allemande. Il impliquait aussi la neutralisation de Pierre Laval, pas en reste de projets de son côté.

Les combinaisons de Pierre Laval

Le chef du gouvernement n'était pas resté inactif. Sa situation n'est pas celle du Maréchal. Il n'a toujours eu en main qu'un seul jeu, celui d'une politique officielle d'appui à l'Allemagne. Mal aimé de Pétain et de son entourage, il lui faut, de surcroît, veiller aux ultimes manœuvres maréchalistes et aux pressions des ultras de la collaboration, sans bénéficier d'un préjugé favorable des Américains.

L'idée de base de Pierre Laval est de réunir, sinon l'Assemblée nationale – projet irréaliste dans le contexte d'alors –, à tout le moins le plus grand nombre possible de parlementaires dépositaires de la souveraineté nationale et leur remettre le mandat confié au gouvernement par l'Assemblée le 10 juillet 1940. Il en escomptait son maintien en selle, se fondant sur une argumentation qu'il n'avait cessé de défendre après son renvoi du 13 décembre : sans lui, Laval, fondé de mission du Maréchal, jamais celui-ci n'aurait obtenu, à une telle majorité, les pleins pouvoirs lors du vote.

Il n'est pas non plus sans savoir, par ses nombreux informateurs, que les Américains – auprès de qui il est personnellement brûlé – sont à la recherche d'une combinaison politique qui permettrait d'éliminer l'option de Gaulle lors de la libération du territoire, l'écartant ainsi de l'accès au pouvoir. Un nom revenait, semble-t-il, régulièrement dans les propos tenus par divers officiels américains. Dès 1942, Georges Bonnet, l'ancien ministre radical de la défunte IIIe République, qui s'était rendu à Vichy et avait entendu, dans la bouche du chargé d'affaires américain Tuck, des propos significatifs : selon lui, ce n'étaient pas les Français dissidents qui prendraient le pouvoir en France au lendemain de la Libération :

> *Ils* [les Américains] *pensaient qu'une fois la victoire remportée, c'est M. Herriot et non pas le général de Gaulle qui prendrait le pouvoir en France*[17].

Le propos avait été rapporté à Rochat, qui l'avait sûrement signalé à Laval. Il y a encore ce que rapporte dans ses Souvenirs François Piétri, ambassadeur de Vichy à Madrid. Rapportant dans une note confidentielle à Pierre Laval – avec qui il est en relation régulière –, le 5 janvier 1944, les informations qu'il a tirées du passage à Tanger du secrétaire d'État américain Cordell Hull, il précise notamment que, selon ses sources, Roosevelt, tout en pensant que le gouvernement de Vichy ne saurait survivre à l'éventualité d'un débarquement, « *redoute une prise de pouvoir par le général de Gaulle qu'il estime prisonnier des communistes* »; qu'on serait désireux à Washington, en dehors de la voie diplomatique normale, de pouvoir s'entretenir à ce sujet avec un émissaire du gouvernement français; les noms suggérés étaient ceux de Paul-Boncour, André Siegfried, du général Serrigny ou du colonel Fabry (ami intime de Pierre Laval). Piétri suggérait à Laval de tenir toute prête une convocation du Parlement et une liste ministérielle de personnalités restées jusqu'alors dans l'ombre [18]. Mais l'ambassadeur ne reçut aucune réponse précise du président du Conseil, pas plus qu'à une deuxième lettre en mars. Dans une troisième lettre, en mai 1944, François Piétri précise qu'il pressait Laval de décider Herriot à prendre les choses en main pour qu'il convoque le Parlement.

Qu'il ait lui-même cette idée ou qu'elle lui soit venue de l'ambassade d'Espagne, c'est bien la carte Herriot que Pierre Laval se décidera à jouer en août 1944, bien tardivement. Il n'ignorait pas qu'Herriot avait une bonne image aux États-Unis comme garant de la démocratie parlementaire. Il était surtout le dernier des grands radicaux présent sur le sol français. Queuille est à Alger auprès du chef du GPRF et Daladier en résidence surveillée en Allemagne; Chautemps est bien aux États-Unis, mais à l'écart des affaires. Laval était bien informé enfin des réticences et des réserves qu'entretenait Herriot sur de Gaulle, jugé par lui, également, trop proche des communistes. Seulement, cette formation, sous ses auspices, d'un gouvernement Herriot avec l'approbation tacite des États-Unis exigeait en préalable l'autorisation allemande.

LE DOUBLE ÉCHEC ET LA FIN DE VICHY

L'évolution rapide de la situation militaire après la percée américaine d'Avranches à la fin juillet et les dispositions prises par les Allemands vont interdire à Pétain de se rendre à Paris, comme il le souhaitait. La ligne de repli allemande préparée de la Somme au Jura fait craindre un transfert du gouvernement et du Maréchal à Nancy et un risque d'enlèvement sur le chemin de Paris s'il quitte Vichy. Il va désormais se cantonner à Vichy et se mettre en quête d'un envoyé pour le représenter à Paris à l'arrivée, comme il le pense, des Américains. Après le débarquement de Provence, sur une idée du Dr Ménétrel, Pétain aurait un temps songé à se placer sous la sauvegarde des FFI de la région d'Auvergne ; de là, il aurait lancé une déclaration annonçant qu'il se retirait et demandant aux Français de se rallier à Charles de Gaulle. Un envoyé, le capitaine Oliel, fut même dépêché auprès du commissaire de la République désigné pour la région Auvergne. Après instructions verbales de la délégation du GPRF, il fut proposé que, dans l'hypothèse d'une venue du Maréchal, celui-ci serait interné dans une résidence d'où il pourrait envoyer un texte librement rédigé au général de Gaulle [19]. Pétain préféra ne pas donner suite.

Restait à tenter d'assurer les contacts indispensables à Paris, où le Maréchal n'envisageait plus de se rendre. Deux scénarios furent envisagés à la mi-août, prévoyant, la première, une rencontre avec Eisenhower, la seconde avec de Gaulle lui-même. L'émissaire secret envoyé auprès du commandant suprême aurait pour mission de lui soumettre un plan prévoyant la formation par Pétain d'un gouvernement composé de personnalités ayant l'aval américain, la dénonciation de l'armistice et la remise par le chef de l'État de ses pouvoirs entre les mains de l'Assemblée nationale. Le ministre de Suisse à Paris, Walter Stücki, devait tenter de favoriser le contact [20], les États-Unis opérant à cette date une conversion en faveur de De Gaulle.

Pétain avait son propre représentant sur place, l'amiral Auphan, arrivé à Paris le 11 août au lendemain – nous le verrons – de la venue de Pierre Laval. Le 22 juillet, Pétain lui a remis (en sa qualité de membre du collège de sept membres institué en septembre 1943 pour exercer collectivement les fonctions de chef de l'État en cas d'empêchement du Maréchal) un pouvoir signé de sa main :

> *Je donne pouvoir à l'amiral Auphan pour me représenter auprès du haut commandement anglo-saxon et éventuellement prendre contact de ma part avec le général de Gaulle ou ses représentants qualifiés, à l'effet de trouver au problème politique français, au moment de la libération du territoire, une solution de nature à empêcher la guerre civile et à réconcilier tous les Français de bonne foi [21].*

Lorsque, le 20 août, l'amiral Auphan apprend l'« enlèvement » du Maréchal par les Allemands à Vichy, il se lance dans la mission qui lui avait été confiée dans un tel cas : appliquer l'acte constitutionnel n° 4 *sexties* signé le 27 septembre 1943 : le Conseil des sages se réunirait pour remettre les pouvoirs du maréchal Pétain à l'Assemblée nationale. Auphan se retrouvera finalement le seul des cinq membres subsistant du Conseil (Yves Bouthillier et le général

Weygand ont été transférés en Allemagne). Dernier fidèle du dernier carré des fidèles. Il sera reçu par le général Juin le 27 août 1944 auquel il remettra un message destiné au général de Gaulle. Il n'y aura pas de réponse ; la veille, le 26, de Gaulle a descendu en triomphateur les Champs-Élysées [22].

Pierre Laval, de son côté, n'était pas resté inactif. Il a quitté Châteldon le 9 août au soir en compagnie de sa femme et de sa fille, après avoir complété son testament. A son arrivée le 10 au matin, de Gaulle est toujours éloigné de Paris et les Américains ne sont qu'aux portes du Mans. Quant au Maréchal – que Laval tient à voir éloigné de Paris –, il en est plus à redouter son enlèvement qu'à songer à gagner la capitale. Il va tenter d'abattre sa dernière carte : l'appel à Édouard Herriot, afin que celui-ci, en sa qualité de président de la Chambre, procède à une convocation de l'Assemblée nationale.

Nous ne rapporterons pas ici le déroulement de l'« affaire Laval-Herriot », récemment encore restituée [23]. A travers quelques épisodes, il peut être en revanche utile d'en dégager la signification et la portée.

En « enlevant » Édouard Herriot de la maison de santé de Maréville, faubourg de Nancy, où il se trouvait le 12 août, et en l'installant à l'Hôtel de Ville de Paris, Laval avait l'ambition d'utiliser la caution républicaine qu'il représentait pour réunir le plus grand nombre possible de députés et de sénateurs et assurer une transition parlementaire. Proche de Pierre Laval, Amédée Bussière, préfet de police, précise :

> *Un nouveau gouvernement serait constitué, qui serait qualifié pour recevoir les Américains et, par des mesures prises avec ceux-ci, apte à éviter des troubles et d'autres malheurs* [24].

Laval avait-il quelques contacts indirects avec des personnalités américaines ? Dans le cortège qui, le 12 août, s'ébranlait pour Nancy se trouvait André Enfiéré, de son vrai nom Enfieropoulos, Grec naturalisé, de mouvance radicale, lié avec le Dr Rebatel, beau-frère d'Herriot. Il est permis de penser qu'il avait des contacts du côté américain, comme avec certains responsables de la Résistance, tels Georges Bidault et Pierre-Henri Teitgen. Certains services américains, redoutant une arrivée de De Gaulle dans les fourgons du communisme, se seraient prêtés à l'« opération Herriot » (on a vu là-dessus le témoignage de François Piétri) ; cet appui n'impliquait nullement en revanche Pierre Laval, « grillé » auprès d'eux, qui ne voyait pas moins dans l'opération un espoir de « remise en selle ».

Tels sont les principaux arguments – retour à la légalité républicaine, souci d'une transition pacifique – que Laval développa auprès du petit nombre de parlementaires qu'il put rencontrer, dont Anatole de Monzie, Eugène Frot et Lucien Lamoureux. Selon son biographe, Alfred Mallet, il serait allé jusqu'à envisager de faire revenir Édouard Daladier d'Allemagne!

Cinq jours plus tard, emmené en compagnie du Maréchal à Belfort par les Allemands, Pierre Laval découvrira toute l'étendue de son échec. Que s'est-il passé?

Otto Abetz a bien posé le problème qui était celui de la France à l'heure de la Libération :

> *A côté du problème militaire existait un problème politique. Qui prendrait le pouvoir en France après l'Occupation du pays par les Alliés* * *? Le Comité d'Alger sous la direction de De Gaulle? Le mouvement de la Résistance intérieure où l'influence communiste se faisait de plus en plus sentir? Un gouvernement légal, agréé par les Anglo-Américains et qui eût succédé en droit au gouvernement de Vichy* [25] *?*

A Abetz comme à Pétain et à Laval, il apparaissait bien comme une évidence qu'à Paris, libéré par les Américains, s'ensuivrait une période d'administration directe du pays par ceux-ci, prélude à la mise en place d'autorités françaises provisoires jusqu'à l'organisation d'élections générales. N'est-ce pas le plan AMGOT envisagé par les États-Unis?

Cette analyse était celle de Pierre Laval. Une première cause d'échec allait venir des Allemands. Non d'Abetz qui, sans en référer à Berlin et à Ribbentrop, avait pris sur lui – en accord avec Knochen, chef des SS à Paris – de donner son accord à Laval. Or, dans la soirée du 16 août, Knochen et Abetz se feront intimer l'ordre par Himmler (d'autres sources mentionnent Ribbentrop) de reconduire Herriot à Maréville et d'emmener Pierre Laval à Belfort. L'occupant en retraite ne tenait pas à laisser à Paris les chefs politiques français conduire les affaires à leur gré.

L'échec de Pierre Laval auprès des parlementaires rencontrés n'a pas été moins cinglant. L'accueil a été très tiède, attentiste et réservé à son endroit. On lui fit bien comprendre que la seule chance d'une convocation à Versailles reposait sur un appel du Maréchal lui-même. Et l'on vit Laval, qui avait tout fait pour tenir Pétain à l'écart, n'avoir d'autre choix que de dépêcher des émissaires à Vichy afin de décider celui-ci, plus que réticent, à « monter » à Paris pour marquer l'entreprise du sceau de la légitimité.

Herriot de son côté a, semble-t-il, tenu bon face à l'opération-séduction lancée par Laval. Les doutes, pourtant, à l'époque

---

* Souligné par nous.

semblent avoir été réels. Il y eut un rocambolesque projet d'enlèvement par des résistants du mouvement *Honneur et Police*. Et encore cet envoi de délégation de sénateurs animée par le sénateur Jacques Bardoux, inquiète de cette arrivée et des dispositions apparemment conciliantes du maire de Lyon [26]. Herriot semble avoir surtout cherché à gagner du temps, satisfait qu'il était de l'occasion qui lui était offerte de se retrouver à Paris à la veille d'événements décisifs.

Enfin, l'entreprise conduite par Pétain et Laval n'avait plus la moindre chance de réalisation dès lors que les premières troupes à pénétrer dans Paris étaient françaises et non américaines. Il avait fallu, pour cela, un revirement américain, quasiment de dernière minute. Partagés entre plusieurs visions, les États-Unis de Roosevelt étaient animés avant tout par des préoccupations de maintien de l'ordre dans la capitale, dans le souci d'éviter toute interférence entre problèmes politiques et conduite des opérations militaires. Un choix de transition pouvait avoir leur préférence, sous haute surveillance. La décision finale d'Eisenhower d'autoriser la 2e DB à entrer la première dans Paris – sa protection assurée à l'est de la ville par la 4e division d'infanterie américaine – n'est prise que le 22 août ; le Maréchal a été arraché de Vichy deux jours plus tôt par les Allemands et se trouve depuis la veille à Belfort.

Cette volte-face américaine a plusieurs raisons. La « bonne volonté » américaine a été renforcée par la volonté de De Gaulle et l'impatience de la Résistance parisienne, qui l'a finalement servie. Dans le contexte parisien de l'été 1944, de Gaulle, si longtemps soupçonné de connivence – ou d'impuissance – avec la Résistance communiste, fut finalement jugé comme l'homme de la situation en permettant de concilier les deux objectifs américains : le non-engagement opérationnel autour de Paris (et dans Paris) et la conjuration de troubles politiques dans la ville. Récoltant les fruits du travail rigoureux des deux Résistances, intérieure et extérieure, de Gaulle avait su appliquer à sa manière la stratégie américaine des autorités en place en nommant de manière anticipée des commissaires de la République pour l'accueil en France des troupes américaines.

Épilogue

Les dirigeants de Vichy n'ont pas renoncé jusqu'après le débarquement. A l'occasion d'un colloque, Maurice Schumann eut l'occasion de dire à propos de la victoire finale du général de Gaulle : « *Rien de cela n'allait de soi* [27]. » Si le maréchal Pétain se résigne finalement au succès final du général de Gaulle, c'est au nom, escompte-t-il, de la légitimité d'un principe et de la légitimation d'un pouvoir. C'était demander de la reconnaissance de l'action conduite en France depuis quatre années. Chez Pierre Laval, l'audace est stupéfiante, à considérer son discrédit dans l'opinion comme auprès des Alliés. A l'un et à l'autre, il a manqué une neutralité allemande et un appui allié indispensables.

Le 20 août 1944, le Maréchal était emmené de force de Vichy vers Belfort après une ultime protestation. Pierre Laval a appris la nouvelle de son propre transfert dans la soirée du 16. A 18 h 30, il réunit, pour la première et la dernière fois à Paris depuis le 10 juillet 1940, le Conseil des ministres. Conseil croupion puisque n'y participent, autour de Laval, que cinq ministres : Bichelonne, Bonnard, Gabolde, Grasset et Marion. A l'ordre du jour, là encore, la rédaction d'une ultime lettre de protestation. Le 20 août, le général de Gaulle débarquait à Cherbourg. Dans ses *Mémoires de guerre*, il devait écrire :

> *Laval avait joué, il avait perdu. Il eut le courage d'admettre qu'il devait répondre des conséquences... Sans doute chercha-t-il à servir son pays, que cela lui soit laissé* [28].

Le 7 septembre 1944, le maréchal Pétain et Pierre Laval, que tout avait rapproché et que tout avait séparé, se trouvaient au château de Sigmaringen. Témoins des ultimes et pitoyables convulsions de la « Commission gouvernementale » dirigée par Fernand de Brinon, ils se considèrent désormais comme prisonniers. Comme à l'hôtel du Parc, un étage les sépare dans un château sur lequel – privilège de son exterritorialité – flotte le drapeau tricolore...

Conclusion

De Vichy à Belfort puis Sigmaringen, le régime de la Révolution nationale avait parcouru son cycle : né en France dans un pays en voie d'occupation, il terminait sa vie en captif sur une terre étrangère, hors d'un pays libéré.

Rien ne subsistait des circonstances sur lesquelles s'était fondé en juillet 1940 un régime que ses initiateurs entendaient inscrire dans la durée.

L'ambition de l'État français fut de vouloir réconcilier trois concepts dissociés par une histoire ségrégative et exclusive : la réconciliation de la nation, l'autorité de l'État, la pacification extérieure. Le paradoxe de la défaite était de rendre possible, dans le repliement et la patience, une restauration de l'État et une régénération du corps social.

La conviction, en juillet 1940 – partagée, semble-t-il, par un Roosevelt –, d'une victoire imminente de l'Allemagne et de l'instauration d'un long cycle d'hégémonie allemande sur l'Europe continentale créait la base stratégique d'une reconstruction intérieure. Vichy s'est voulu État fondateur et constituant, et non simple organe de gestion quotidienne et provisoire. Comme si refondée trois quarts de siècle auparavant, la République – abdicante il est vrai le 10 juillet – avait fait, au travers de la défaite, la démonstration de son incapacité quasi juridique à assumer les conséquences de sa propre sanction. Dans son « âge d'or », Vichy a conduit une entreprise, vaste et diverse, non seulement antirépublicaine mais contre-révolutionnaire par sa condamnation des idéaux de 1789. La forte personnalisation de l'autorité suprême, la reconnaissance de groupes sociaux intermédiaires, l'exclusion du tissu national de « corps étrangers », le silence politique, devaient permettre l'apprentissage d'anciennes nouvelles valeurs.

La précarité de l'édifice devait se révéler progressivement, pour apparaître au grand jour sur la fin du conflit mondial. Précarité du pari stratégique avec la poursuite de la guerre et son achèvement par une capacité américaine de mobilisation industrielle qui n'avait pas été appréciée à son juste niveau et une résistance soviétique sous-estimée. Précarité d'une reconstruction intérieure préparant le retour à une unité française qui ira s'effilochant au feu de l'événement et au constat des inégalités devant l'épreuve. Dès la fin de l'année 1942, privé des supports physiques de la souveraineté, l'État repose sur une pétition de légitimité et d'annonce d'une ultime protection de la nation.

Mise en perspective historique, l'unité du régime de Vichy n'est d'ailleurs qu'une façade. Il y a bel et bien, dans le temps et dans l'espace, non pas un mais plusieurs Vichy. L'antagonisme entre le Maréchal et Pierre Laval n'exprime qu'une partie de cette diversité. Plusieurs familles de pensée se sont opposées ; si celles de droite sont dominantes, elles le sont plus à Vichy qu'à Paris et ne sont pas seules à Vichy même. Ces familles, même non issues d'une génération spontanée et bien antérieures à la guerre, n'en doivent pas moins leurs chances de concrétisation au choc inouï d'un accident, la défaite qui opère, pour un temps, la déconsidération et la dissolution du personnel politique antérieur. Loin d'avoir continûment mené le jeu, le maréchal Pétain se voit marginalisé à la fin de l'année 1942. Quant à l'opinion, elle a suivi bien des fluctuations et se révèle diverse, plus attentive sans doute – et cela de manière assez précoce – à la carte de guerre qu'aux aléas de la vie politique. On ne la voit pas moins heurtée, à partir de 1942, par certaines politiques répressives. La politique de Vichy se révèle moins proallemande et idéologique par essence qu'opportuniste par volonté de tourner la page de la guerre. Aux offres de réconciliation, l'Allemagne ne devait jamais répondre que par attentisme ou indifférence. Conflits et tensions entre les dirigeants de Vichy et les éléments les plus engagés dans une politique de collaboration n'en trouvent pas moins là leur source.

En 1944, rien ne pouvait faire que Vichy et ses dirigeants, à la veille du débarquement, n'apparaissent comme liés au sort de l'Allemagne.

Pris au piège d'une évolution stratégique hautement imprévisible en 1940, Vichy, de bénéficiaire de l'Histoire, était devenu son otage. Mais Clio n'est-elle pas demi-sœur de Dyonisos ?

ABRÉVIATIONS

ACJF	Association Catholique de la Jeunesse Française.
AN	Archives Nationales.
ARAC	Association Républicaine des Anciens Combattants.
BDIC	Bibliothèque de Documentation Internationale Contemporaine.
BICRA	Bureau d'Ingénieurs-Conseils en Rationalisation.
CDJC	Centre de Documentation Juif Contemporain.
CEPH	Centre d'Études des Problèmes Humains.
CFLN	Comité Français de Libération Nationale.
CFTC	Confédération Française des Travailleurs Chrétiens.
CGPF	Confédération Générale du Patronat Français.
CGQJ	Commissariat Général aux Questions Juives.
CGT	Confédération Générale du Travail.
CIE	Centre d'Information et d'Études.
CNOST	Centre National d'Organisation Scientifique du Travail.
CNRS	Centre National de la Recherche Scientifique.
CPEE	Centre Polytechnicien d'Études Économiques.
CSAR	Comité Secret d'Action Révolutionnaire.
DFCAA	Délégation Française auprès de la Commission Allemande d'Armistice.
DGRE	Délégation Générale aux Relations Économiques franco-allemandes.
DGRE	Délégation aux Relations Économiques.
DGTO	Délégation Générale du Gouvernement dans les Territoires Occupés.
DRAC	Droits du Religieux Ancien Combattant.
FFI	Forces Françaises de l'Intérieur.
FNSP	Fondation Nationale des Sciences Politiques.
FTPF	Francs-Tireurs Partisans Français.

GP	Groupes de Protection.
JOC	Jeunesse Ouvrière Chrétienne.
LFC	Légion Française des Combattants.
LVF	Légion des Volontaires Français contre le bolchevisme.
MSR	Mouvement Social Révolutionnaire.
MSE	Mouvement Synarchique d'Empire.
OCM	Organisation Civile et Militaire.
OFI	Office Français d'Information.
OKW	Oberkommando der Wehrmacht.
ORSEM	Officiers de Réserve du Service d'État-Major.
PPF	Parti Populaire Français.
PSF	Parti Social Français.
RHGM	Revue d'Histoire de la 2ᵉ Guerre Mondiale.
RHMC	Revue d'Histoire Moderne et Contemporaine.
RNP	Rassemblement National Populaire.
SD	Sicherheitsdienst (Service de Sécurité allemand).
SFIO	Section Française de l'Internationale Ouvrière.
SNI	Syndicat National des Instituteurs.
SOL	Service d'Ordre Légionnaire.
STO	Service du Travail Obligatoire.
UF	Union Fédérale.
UGIF	Union Générale des Israélites de France.
UNC	Union Nationale des Combattants.

NOTES

Chapitre 1

1. *Le Monde*, 18 décembre 1992.
2. Dans son ouvrage *La Chute de la IIIe République*, Paris, Stock, 1970, SHIRER (William) a tenté l'entreprise démesurée et vaine de rendre compte des événements de l'été 1940 à travers l'ensemble de l'histoire de la IIIe République.
3. Analyse de cette « synthèse républicaine », in HOFFMANN (Stanley), KINDLEBERGER (Charles P.), WYLIE (Laurence), PITTS (Jesse R.), DUROSELLE (Jean-Baptiste) et GOGUEL (François), *A la recherche de la France,* Paris, Seuil, 1963.
4. En témoignent, notamment HOFFMANN (Stanley) et allii, *op. cit.*, ou TOUCHARD (Jean) in *Tendances de la vie politique française depuis 1789,* Paris, Hachette, 1960.
5. Mise au point rigoureuse sur la question d'un fascisme de Vichy dans COINTET (Michèle), *Vichy et le fascisme*, Complexe, 1987.
6. RÉMOND (René), *La Droite en France*, Paris, Aubier, 1954. La dernière édition, publiée sous le titre *Les Droites en France*, est de 1982.
7. SOUCY (Robert J.), « The nature of fascism in France », in *Journal of Contemporary History*, n° 1, 1966.
8. NOLTE (Éric), *Les Mouvements fascistes. L'Europe de 1919 à 1945*, Paris, Calmann-Lévy, 1966.
9. STERNHELL (Zeev), *Ni droite ni gauche. L'idéologie fasciste en France*, Paris, Seuil, 1983.
10. Petite synthèse de MACHEFER (Philippe) dans *Ligues et fascismes en France*, Paris, PUF, 1974.
11. DENIEL (Alain), *Bucard et le fascisme*, Paris, Jean Piccolec, 1979.
12. BRUNET (Jean-Pierre), *Jacques Doriot. Du communisme au fascisme*, Paris, Balland, 1986.
13. Sur la place des intellectuels comme sur le fascisme français en général, mise au point d'ensemble dans MILZA (Pierre), *Fascisme français. Passé et présent*, Paris, Flammarion, 1987. A consulter également, ORY (Pascal), *Les Collaborateurs 1940-1945,* Paris, Seuil, 1977.
14. *Le Temps*, 22 août 1933.
15. BERL (Emmanuel), *Frères bourgeois, mourrez-vous?*, Paris, Grasset, 1938, p. 101.
16. TOUCHARD (Jean) a le premier, en précurseur de l'histoire culturelle au XXe siècle, attiré l'attention sur ces mouvements dans son « Esprit des années

trente », in *Tendances de la vie politique française, op. cit.*, LOUBET DEL BAYLE (Jacques) a présenté, à la fin des années soixante, dans une étude suggestive, le panorama de ces groupements, *Les Non-Conformistes des années trente*, Paris, Seuil, 1969, réédition en 1987.

17. COINTET (Jean-Paul), *La Légion Française des Combattants (1940-1944). La tentation du fascisme*, Paris, Albin Michel, 1995.

18. AMOUROUX (Henri), *Pétain avant Vichy*, Paris, Fayard, 1967, pp. 204-205.

19. PICHOT (Henri), *Mémoire*, inédit rédigé le 10 mai 1944 sur l'évolution de l'UF, de juin 1940 au 1er avril 1944.

20. L'ouvrage de base est celui de GICQUEL (Jacques) et SFEZ (Lucien), *Problèmes de la réforme de l'État en France depuis 1931*, Paris, PUF, 1965.

21. TARDIEU (André), Paris, Flammarion, 1934.

22. BARTHÉLEMY (Joseph), *La Crise de la démocratie représentative*, Marcel Giard, Paris, 1928, p. 50.

23. PROST (Antoine), *Les Anciens Combattants dans la société française 1914-1939*, Paris, Presses de la FNSP, 3 volumes, 1977.

24. Auteur de Mémoires, *A gauche de la barricade*, 1950, repris sous le titre *Mémoires d'un instituteur syndicaliste*, Albatros, 1979.

25. C'est le sens, en particulier, des éditoriaux de *La République*, rédigés par ROCHE (Émile) et DOMINIQUE (Pierre).

26. *La République*, 7 octobre 1938.

27. COINTET (Michèle), « Le SNI, le pacifisme et l'Allemagne », in *Les Relations franco-allemandes de 1919 à 1939*, CNRS, 1976.

28. MAYEUR (Jean-Marie) l'a opportunément rappelé dans « La politique religieuse », in *Édouard Daladier, chef de gouvernement*, Paris, Presses de la FNSP, 1977.

29. DROULERS (Paul), *Politique sociale et christianisme : le Père Desbuquois et l'Action Populaire*, Paris, Éditions ouvrières, 1969.

30. *Édouard Daladier, chef de gouvernement, op. cit.*, et DU RÉAU (Élisabeth), *Édouard Daladier*, Paris, Fayard, 1993.

31. MARGAIRAZ (Michel), *L'État, les Finances et l'Économie. Histoire d'une conversion 1932-1952*, Paris, Imprimerie nationale, 1991 ; BRUN (Gérard), *Techniciens et technocratie en France 1914-1945*, Paris, 1985.

32. Sur les formes nouvelles de l'anticommunisme après le pacte, voir AZÉMA (Jean-Pierre), PROST (Antoine), RIOUX (Jean-Pierre) (Dir.), *Le Parti communiste des années sombres*, Paris, Seuil, 1986.

33. Sur l'anticommunisme en général, BERSTEIN (Serge) et BECKER (Jean-Jacques), *Histoire de l'anticommunisme en France*, t. I, *1917-1940*, Paris, Olivier Orban, 1987.

34. Sur l'histoire des Juifs et de l'antisémitisme en France, HYMAN (Paula), *De Dreyfus à Vichy : l'évolution de la communauté juive en France 1906-1939*, Paris, Fayard, 1985 ; MARRUS (Michael R.) et PAXTON (Robert O.), *Vichy et les Juifs*, Paris, Calmann-Lévy, 1981, le chap. 1.

35. On en veut pour preuve des passages éclairants de « Pleins pouvoirs » et de « Sans pouvoir ». Sur l'ensemble de ces problèmes, SCHOR (Ralph), *L'Opinion française et les étrangers entre 1919 et 1939*, Paris, Publications de la Sorbonne, 1985.

Chapitre 2

1. Sur le gouvernement Daladier, RÉMOND (René) et BOURDIN (J.) (Dir.), *Édouard Daladier, chef de gouvernement, op. cit.*

2. BLOCH (Marc), *L'Étrange Défaite*, Paris, Éditions Franc-Tireur, 1946, réédition Albin Michel, 1957.

3. MYSYROWICZ (Ladislas), *Anatomie d'une défaite*, Lausanne, L'Age d'Homme, 1973.

4. Sur la politique française de sécurité collective et de désarmement, VAÏSSE (Maurice), *Sécurité d'abord*, Paris, Pedone, 1981.

5. GAULLE (Charles de), *Mémorandum et trois études*, Paris, Plon, 1971, pp. 99-100.

6. DUROSELLE (Jean-Baptiste), *La Décadence*, 1re édition 1979, Imprimerie nationale, Nouvelle édition, Paris, Seuil, 1983.

7. COINTET (Jean-Paul), « Gouvernement et haut commandement en France entre les deux guerres », *Défense nationale*, avril 1977.

8. MARIN (Louis), « Gouvernement et commandement. Conflits, différends, immixtions qui ont pesé sur l'armistice de juin 1940 », *Revue d'histoire de la Seconde Guerre mondiale*, octobre-décembre 1952, janvier-mars 1953.

9. NOBECOURT (Jacques) et PLANCHAIS (Jean), *Une histoire politique de l'armée*, 2 volumes, Paris, Seuil, 1967.

10. FRANKENSTEIN (Robert), *Le Prix du réarmement français : 1935-1939,* Publications de la Sorbonne, 1982.

11. CHADEAU (Emmanuel), *L'Industrie aéronautique en France 1900-1950*, Paris, Fayard, 1987.

12. PAILLAT (Claude), *Le Désastre de 1940*, t. II, *avril 1939-10 mai 1940*, Paris, Robert Laffont, 1984.

13. ONORIO (Joël-Benoît d') (Dir.), *Le Saint-Siège dans les relations internationales*, Paris, Cerf/Cujas, 1989, notamment le texte portant sur « Le Saint-Siège et le droit international », pp. 11-62.

14. Informations tirées principalement de *Bulletin de la Réunion des Officiers de Réserve du Service d'État-Major*, 80e anniversaire, n° 525, décembre 1979. Rédigé par DIEUVILLE (Gérard) et BONNICHON (Philippe).

15. DUPEUX (Louis), « René Capitant et l'analyse idéologique du nazisme (1934-1939) », *Études gaulliennes*, t. V, n° 17, janvier-mars 1977, pp. 37-44. Plus généralement, sur la connaissance de l'étranger par les Français, DUROSELLE (Jean-Baptiste), *op. cit.*, pp. 195-209.

16. COINTET (Jean-Paul) et LE BÉGUEC (Gilles), « De la résistance morale à la résistance armée », in *Prémices et essor de la Résistance : Edmond Michelet*, Paris, Éditions S.O.S., pp. 115-145.

17. JOUVENEL (Bertrand de), *Après la défaite*, Paris, Plon, 1941, p. 222.

18. CRÉMIEUX-BRILHAC (Jean-Louis), *Les Français de l'an 40*, 2 volumes, Paris, Gallimard, 1990.

19. AGERON (Charles-Robert), « Les colonies devant l'opinion publique française (1919-1939) », *Revue française d'histoire d'outre-mer*, n° 286.

20. ROCOLLE (Pierre), *La Guerre de 1940*, t. I, Paris, Armand Colin, 1990.

Chapitre 3

1. ROSSI-LANDI (Guy), *La Vie politique en France pendant la drôle de guerre*, Paris, Armand Colin, 1971.

2. BOIS (Elis-Jean), *Le Malheur de la France*, Londres, The Continental Publishers Ltd, 1941.

3. *Procès du maréchal Pétain*, Paris, Albin Michel, 1945, pp. 965-966.

4. NOGUÈRES (Louis), *Le Véritable Procès du maréchal Pétain*, Paris, Fayard, 1955, pp. 631-634.

5. Allocution du 9 novembre 1943 à Vichy. Sur Laval avant 1939, COINTET (Jean-Paul), *Pierre Laval*, Paris, Fayard, 1993.

6. *Le Canard enchaîné*, 3 janvier 1940.

7. VILLELUME (Paul de), *Journal d'une défaite*, Paris, Fayard, 1976; le colonel de Villelume était le chef du cabinet militaire de Paul Reynaud.

8. MONTIGNY (Jean), *Le Complot contre la paix*, Paris, La Table Ronde; l'auteur appartient lui-même à ce camp.

9. Témoignage éclairant de BARDOUX (Jacques), *Journal d'un témoin de la Troisième*, Paris, Fayard, 1957, p. 299.

10. Rapporté par DUROSELLE (Jean-Baptiste), *op. cit.*, p. 125.

11. Cet entretien est attesté par Georges Hilaire, alias CLERMONT (Julien), *L'homme qu'il fallait tuer*, Paris, Les Actes des Apôtres, 1949, p. 217. Il est confirmé par le général DOUMENC, *Journal du Grand Quartier Général*, édité par François Delpla, Paris, Olivier Orban, 1991, p. 114.

12. Cité dans BENOIST-MÉCHIN (Jacques), *Soixante jours qui ébranlèrent l'Occident*, t. I, Paris, Albin Michel, 1957, pp. 225-227.

13. BAUDOUIN (Paul), *Neuf mois au gouvernement*, Paris, La Table Ronde, 1948, p. 77.

14. VIDALENC (Jean), *L'Exode de mai-juin 1940*, Paris, PUF, 1957.

15. JÜNGER (Ernst), *Jardins et Routes, Journal I 1939-1940*, Paris, Christian Bourgois, Livre de Poche, 1979, p. 186.

16. *Ibid.*, pp. 214-215.

17. *Ibid.*, p. 226.

18. FABRE-LUCE (Alfred), *Journal de la France*, Paris, 1941, pp. 343-344.

19. KAMMERER (Albert), *La Vérité sur l'armistice*, Paris, Éditions Médicis, 1945; les travaux d'historiens les plus utiles sont ceux de LAUNAY (Michel), *L'Armistice de 1940*, Paris, PUF, 1972; DUROSELLE (Jean-Baptiste), *L'Abîme 1939-1945*, Paris, Seuil, 1990 (réédition).

20. Cité dans WEYGAND (Maxime), *Rappelé au service*, Paris, Flammarion, 1950, p. 216.

21. BARROUX (Jacques), *op. cit.*, p. 310.

22. *Ibid.*, p. 376.

23. SHIRER (William), *Les Années du cauchemar 1934-1945, Mémoires*, Paris, Plon, 1985, p. 361.

24. C'est notamment le point de vue de CHAUTEMPS (Camille), acteur-historien dans ses *Cahiers secrets de l'armistice 1939-1940*, Paris, Plon, 1963.

25. ARON (Raymond), *De l'armistice à l'insurrection nationale*, Paris, Gallimard, 1945, p. 358.

26. AUPHAN (Paul), *Histoire élémentaire de Vichy*, Paris, France-Empire, 1971, p. 45.

27. TRUCHET (André), *L'Armistice de 1940 et l'Afrique du Nord*, Paris, PUF, 1951. A la différence d'André Truchet, qui estime qu'une résistance en Afrique du Nord était envisageable, Christine LEVISSE-TOUZE, dans une étude à paraître, estime qu'aucune résistance militaire n'était sérieusement concevable : *Afrique du Nord : Secours ou recours? 1939-1943*, Paris, Albin Michel, 1996.

28. MARSEILLE (Jacques), « L'Empire en 1940. Un faux recours », in *La France des années noires*, (Dir. J.-P. Azéma et F. Bédarida), pp. 271 et suivantes.

29. ABETZ (Otto), *Mémoires d'un ambassadeur*, Paris, Librairie Stock, 1953, p. 128.

30. Compte rendu de la conversation entre le Führer et le Duce, le 18 juin 1940 à Munich, in *Archives secrètes de la Wilhelmstrasse*, t. IX, Paris, Plon, 1961.

Chapitre 4

1. COINTET (Michèle), *Vichy-Capitale*, Paris, Perrin, 1993.
2. BOUTHILLIER (Yves), *Le Drame de Vichy*, Paris, Plon, 1951, t. I, pp. 11-12.

3. BAUDOUIN (Paul), *op, cit.*, p. 219.
4. Une comptabilité très précise des votes dans SAGNES (Jean), « Le refus républicain : les quatre-vingts parlementaires qui dirent non à Vichy le 10 juillet 1940 », *Revue d'Histoire Moderne et Contemporaine*, octobre-décembre 1991.
5. RAMADIER (Paul), « Vichy, juillet 1940 », in *Cahiers Paul Ramadier*, n° 1.
6. LAROCHE (Ernest), « Assemblée nationale, juillet 1940 », in *La Vie de la France sous l'Occupation*, Hoover Institute, Paris, Plon, 1958, t. I, pp. 380-381.
7. NOGUÈRES (Louis), *Le Véritable Procès du maréchal Pétain*, Paris, Librairie Arthème-Fayard, 1955, pp. 139 et suivantes.
8. Cité dans MALLET (Alfred), *Pierre Laval*, Paris, Amiot-Dumont, 1955, t. I, p. 167.
9. CHAMBRUN (René de), *Ma croisade pour l'Angleterre*, Paris, Perrin, 1992.
10. Procès Abetz, C.D.J.C.
11. Documents Abetz, LXXI-28, C.D.J.C. (traduction C.D.J.C.)
12. DURAND (Yves), *Le Nouvel Ordre européen nazi 1938-1945*, Bruxelles, Éditions Complexe, 1990.
13. COINTET (Michèle), *Vichy et le fascisme*, Bruxelles, Complexe, 1987.
14. COINTET (Jean-Paul), « Marcel Déat et le Parti unique », *Revue d'Histoire de la 2ᵉ Guerre Mondiale*, juillet 1973.
15. DRIEU LA ROCHELLE (Pierre), *Fragments de mémoire 1940-1941*, présenté par Robert O. PAXTON, Paris, Gallimard, 1987.
16. COINTET (Jean-Paul), *La Légion Française des Combattants. La tentation du fascisme, op. cit.*
17. COINTET (Michèle), *Le Conseil national*, Paris, Aux Amateurs de Livres-Klincksieck, 1987.
18. BOUSSARD (Isabel), *La Corporation paysanne*, Paris, Presses de la FNSP, 1980.
19. HERVET (Robert), *Les Chantiers de la Jeunesse*, Paris, France-Empire, 1962.
20. *Id., Les Compagnons de France*, Paris, France-Empire, 1965.
21. COMTE (Bernard), *Une utopie combattante : l'École des cadres d'Uriage 1940-1942*, Paris, Fayard, 1993.
22. Colloque : « Les militaires, le pouvoir et la vie publique en France 1871-1962 », Paris, avril 1996, Actes à paraître.
23. Colloque national de Lyon, Presses Universitaires de Lyon, 1982. Colloques régionaux de Lille, *Revue du Nord*, n° 237-238, 1978 ; de Grenoble, Presses Universitaires de Lyon, 1978.
24. COINTET (Jean-Paul), « L'Église catholique et le gouvernement de Vichy », *Église et Légion*, colloque de Lyon, *op. cit.*, pp. 435-441.
25. COINTET (Michèle), *Vichy et le fascisme, op. cit.*, p. 88 ; HENRY (Pierre), *Histoire des préfets*, Paris, Nouvelles Éditions Latines, 1950, pp. 325-342 ; DOUEIL (Pierre), *L'Administration locale à l'épreuve de la guerre*, Paris, Presses de la FNSP, 1975 ; MAZEY (Sonia) et WRIGHT (Vincent), « Les préfets », in *Vichy et les Français*, (Dir. J.-P. AZÉMA et F. BÉDARIDA), Paris, Fayard, 1992.
26. *Les Facs sous Vichy*, textes présentés par André GUESLIN, université Blaise Pascal-Clermont II, 1994.
27. *Cent ans d'enseignement de l'Histoire*, numéro hors série de la *Revue d'Histoire moderne et contemporaine* (1881-1981), 1981.
28. AMAURY (Philippe), *Les Deux Premières Expériences d'un ministère de l'Information en France*, Paris, LGDJ, 1967.
29. LIMAGNE (Pierre), *Éphémérides de quatre années tragiques*, Villeneuve-de-Berg, Éditions du Candide, 2ᵉ éd., 2 volumes, 1987.
30. MARGAIRAZ (Michel), *L'État, les Finances et l'Économie. Histoire d'une conversion 1932-1952*, Paris, Imprimerie nationale, 2 volumes, 1991. A consulter aussi : KUISEL (Richard F.), *Le Capitalisme et l'État en France. Modernisation et*

dirigisme au XXᵉ siècle, Paris, Gallimard, 1984; MILWARD (Allen S.), *The New Order and the French Economy*, Oxford, 1970; « Stratégies industrielles sous l'Occupation », in *Histoire, Économie, Société*, numéro spécial, 3-1992; ANDRIEU (Claire), *La Banque sous l'Occupation*, Paris, Presses de la FNSP, 1990.

31. Il n'y a pas d'étude d'ensemble sur la Charte du Travail. On peut lire: JULLIARD (Jacques), « La Charte du Travail », in *Le Gouvernement de Vichy*, Paris, FNSP, 1972, pp. 157-194.

32. *La Vie culturelle sous Vichy* (sous la direction de Jean-Pierre RIOUX), Paris, Complexe, 1990; BERTRAND-DORLÉAC (Laurence), *L'Art de la défaite*, Paris, Seuil, 1993; SICLIER (Jacques), *La France de Pétain et son cinéma*, Paris, Veyrier, 1981; ADDED (Serge), *Le Théâtre sous l'Occupation*, Paris, Ramsay, 1992.

33. FAURE (Christian), *Le Projet culturel de Vichy*, Paris, Éditions du CNRS, 1989.

34. COINTET (Michèle), *Vichy-Capitale, op. cit.*, notamment la IIIᵉ partie.

35. Pour le domaine des lettres, on lira avec profit la passionnante étude de LOISEAUX (Gérard), *La Littérature de la défaite et de la guerre*, Paris, Publications de la Sorbonne, 1984, réédité en 1995 chez Fayard.

36. GARCON (François), *De Blum à Pétain. Cinéma et société française 1936-1944*, Paris, Éditions du Cerf.

37. ARON (Robert), *Histoire de Vichy*, Paris, Fayard, 1954, pp. 231-237.

38. BOTREL (Lucien), *Histoire de la Franc-maçonnerie française sous l'Occupation*, Paris, Détrad, 1988; ROSSIGNOL (Dominique), *Vichy et les Francs-Maçons*, Paris, Lattès, 1981.

39. COINTET (Jean-Paul et Michèle), *La France à Londres 1940-1943*, Bruxelles, Complexe, 1990.

40. MARRUS (Michaël R.) et PAXTON (Robert O.), *Vichy et les Juifs*, Paris, Calmann-Lévy, 1981; KASPI (André), *Les Juifs sous l'Occupation*, Paris, Fayard, 1991; MOCH (Maurice) et MICHEL (Alain), *L'Étoile et la francisque. Les institutions juives sous Vichy*, Paris, Cerf, 1990; SINGER (Claude), *Vichy, l'Université et les Juifs*, Paris, Les Belles Lettres, 1992.

41. BAUDOUIN (Paul), *Neuf mois au gouvernement, op. cit.*, p. 341.

42. PEYROUTON (Marcel), *Du service public à la prison commune*, Paris, Plon, 1950, p. 155.

43. CHARLES-ROUX (François), *Neuf mois tragiques aux Affaires étrangères*, Paris, Plon, 1949.

44. DU MOULIN DE LABARTHÈTE (Henri), *Le Temps des illusions*, Genève, Les Éditions du Cheval ailé, 1946, p. 160.

45. BURRIN (Philippe), *La Dérive fasciste: Déat, Doriot, Bergery, 1933-1945*, Paris, Seuil, 1986.

46. WORMSER (Olivier), *Les Origines doctrinales de la Révolution nationale*, rédigé en 1941, réédité en 1971, Plon.

47. ARON (Robert), *Histoire de Vichy, op. cit.*

48. LATREILLE (André), *De Gaulle, la Libération et l'Église catholique*, Paris, Cerf, 1978.

49. COINTET-LABROUSSE (Michèle), « Vichy et la Jeunesse », in *Bulletin de la Société d'Histoire Moderne et Contemporaine*, mars 1976.

50. DUQUESNE (Jacques), *Les Catholiques français sous l'Occupation*, Paris, Grasset, 2ᵉ édit., 1986; *Églises et chrétiens pendant la Seconde Guerre mondiale, op. cit.*

51. DROULERS (Paul), « Catholiques sociaux et Révolution nationale », in *Églises et chrétiens pendant la Seconde Guerre mondiale, op. cit.*, pp. 213-325.

52. Archives nationales, document non coté.

53. *Les Protestants français pendant la Seconde Guerre mondiale*, Actes du colloque de Paris, novembre 1992, supplément au *Bulletin de la Société d'Histoire du*

Protestantisme français, n° 3, 1994, notamment la conclusion de René RÉMOND, pp. 652-657.

54. Il a fallu attendre la publication de la thèse de COINTET (Michèle), *Le Conseil national de Vichy*, Paris, Aux Amateurs de Livres, 1989.

55. L'approche la plus sérieuse sur le sujet demeure celle de KUISEL (Richard), « The legend of Vichy Synarchy », in *French Historical Studies*, volume VI, 1970, pp. 365-398.

56. Selon COINTET (Michèle), *Le Conseil national de Vichy, op. cit.*, d'après les papiers Barthélemy. Une liste très voisine figure dans NICOLLE (Pierre), *Cinquante mois d'armistice, op. cit.*, t. I, p. 52. Et encore : DARD (Olivier), « Voyage à l'intérieur d'X crise », XXe siècle, juillet-septembre 1995.

57. CHALAS (Yves), *Le Projet totalitaire de Vichy*, Aix-en-Provence, Actes Sud, 1986.

58. BURRIN (Philippe), *La Dérive fasciste... op. cit.* ; SADOUN (Marc), *Les Socialistes sous l'Occupation – Résistance et collaboration*, Paris, Presses de la FNSP, 1982 ; HANDOURTZERL (Rémy) et BUFFET (Cyril), *La Collaboration... à gauche aussi*, Paris, Perrin, 1991.

59. LÉVY (Claude), *Les Nouveaux Temps et l'idéologie de la collaboration*, Paris, Presses de la FNSP, 1974.

60. Une partie des Carnets d'Angelo TASCA, conservés à la Fondation Feltrinelli de Milan, a fait l'objet d'une publication sous le titre *Vichy 1940-1944*, Paris, CNRS-Feltrinelli, 1984, avec une présentation et des annotations de Denis PESCHANSKI.

61. LOUSTAUNAU-LACAU (Georges), *Mémoires d'un Français rebelle*, Paris, Robert Laffont, 1948, réédition en 1995. On peut consulter également sa déposition au procès Pétain.

62. GROUSSARD (Georges), *Service secret*, Paris, La Table Ronde, 1964.

63. BOURDREL (Philippe), *La Cagoule*, Paris, Albin Michel, 1972, réédition en 1990.

64. FOURCADE (Marie-Madeleine), *L'Arche de Noé*, Paris, Fayard, 1968, réédition en 1989.

65. PAILLOLE (Paul), *L'Homme des services secrets*, Paris, Julliard, 1995.

66. KEDWARD (Harry R.), *Naissance de la Résistance dans la France de Vichy*, Paris, Champvallon, 1989.

67. GROUSSARD (Georges), *Service secret, op. cit.*

68. Source privée.

69. Publié chez Correa en 1942.

70. Publié chez Plon en 1941.

71. Publié en 1941 chez Plon.

72. Présentation et traduction de ce livre dans *La Littérature de la défaite et de la collaboration*, de Gérard Loiseaux, *op. cit.*

Chapitre 5

1. Sur la position diplomatique de l'Allemagne vis-à-vis de la France et les instruments de sa politique, on consultera : JÄCKEL (Eberhardt), *La France dans l'Europe de Hitler*, Paris, Fayard, 1967 ; UMBREIT (Hans), *Der Militärbefehlshaber in Frankreich 1940-1944*, Boppard am Rhein, Harald Boldt Verlag, 1968 (pas de traduction française).

2. Cité par DUROSELLE (Jean-Baptiste), *L'Abîme, op. cit.*, p. 265.

3. *Pierre Laval parle*, Paris, Librairie Béranger, 1948, p. 123.

4. *Akten zur deutschen auswärtigen Politik*, (ADAP), DXI, pp. 1301-1306. On peut plus commodément consulter HILLGRUBER (Andreas), *Les Entretiens secrets de Hitler, septembre 1939-décembre 1941*, Paris, 1969, pp. 264-272 et 278-285.

5. Du Moulin de Labarthète (Henri), *Le Temps des illusions, op. cit.*
6. Abetz (Otto), *Mémorandum sur les rapports franco-allemands*, Paris, Gaucher, 1948.
7. Cité dans Duroselle (Jean-Baptiste), *L'Abîme, op. cit.*, p. 270.
8. Detxiler (Donald S.) *Hitler, France and Gibraltar*, 1962.
9. Salas Larrazabal (Ramon), « L'ambassade de Lequerica et les relations hispano-françaises », *Guerres mondiales et Conflits contemporains*, avril 1990.
10. Dernière mise au point dans Cointet (Jean-Paul), *Pierre Laval*, Paris, Fayard, 1993, pp. 293-327.
11. Rougier (Louis), *Mission secrète à Londres. Les accords Pétain-Churchill*, Paris, Les Éditions du Cheval ailé, 1945.
12. Schmitt (général J.), *Les Accords secrets franco-britanniques de novembre-décembre 1940. Histoire ou mystification ?*, Paris, PUF, 1957 ; Frank (Robert), « Vichy et les Britanniques 1940-1941. Double jeu ou double langage ? », *in Vichy et les Français, op. cit.*, pp. 144-161 ; Delpla (François), « Du nouveau sur la mission Rougier », In *Guerres mondiales et conflits contemporains*, n° 178, avril 1995, pp. 103-113.
13. Sur les relations souvent difficiles entre Churchill et de Gaulle, on pourra se reporter à : Cointet (Jean-Paul et Michèle), *La France à Londres*, Bruxelles, Complexe, 1990, et Cointet (Jean-Paul), « De Gaulle et Churchill », *Revue historique*, octobre-décembre 1982.
14. Duroselle (Jean-Baptiste), *op. cit.*, pp. 279-281.
15. Rougier (Louis), *Les Accords secrets franco-britanniques. Histoire et imposture*, Paris, Grasset, 1954.
16. Les photocopies du document conservé au PRO figurent à la fin de l'article précité de Robert Frank.
17. Baudouin (Paul), *Neuf mois tragiques au gouvernement, op. cit.*, p 419.
18. Abetz (Otto), *Mémoires d'un ambassadeur, op. cit.*, p. 190.
19. Id., *Mémorandum, op. cit.*, pp. 54-55.
20. Cointet (Michèle), *Le Conseil national de Vichy, op. cit.*, notamment les pages 53-76 (sur sa création).
21. Cotta (Michèle), *La Collaboration*, Paris, Armand Colin, 1963, chap. 7 ; Ory (Pascal), *Les Collaborateurs*, Paris, Seuil, 1977 ; Lévy (Claude), « *Les Nouveaux Temps* » *et l'idéologie de la collaboration, op. cit.*
22. Desnos (Robert), *Mines de rien*, Paris, Le temps qu'il fait, 1983, édité par M. C. Dumas.
23. Heller (Gerhardt), *Un Allemand à Paris*, Paris, Seuil, 1981.
24. *Mémorandum d'Abetz, op. cit.*, pp. 56-62, pour la relation de l'entrevue de Beauvais.
25. Les documents de la main de Darlan ici cités figurent dans le recueil de textes réunis par Couteau-Bégarie (Hervé), et Huan (Claude), *Lettres et Notes de l'amiral Darlan*, Paris, Economica, 1992. La période du 15 décembre 1940 au 9 février 1941 se trouve aux pages 254-306.
26. Source privée.
27. *Mémorandum d'Abetz, op. cit.*, pp. 76-78.
28. *Procès Abetz*, Centre de Documentation Juive Contemporaine.

Chapitre 6

1. Il y a peu de biographies proprement dites de l'amiral Darlan. La plus récente, globalement favorable mais remarquablement documentée et sachant voir certains torts de l'homme, est celle de Couteau-Bégarie (Hervé) et Huan (Claude), *Darlan*, Paris, Fayard, 1989.

2. *Lettres et Notes de l'amiral Darlan, op. cit.*, p. 264.
3. *Mémorandum d'Abetz, op. cit.*, à la date du 4 avril 1941.
4. AN AP 52.
5. Barthélemy (Joseph), *Mémoires politiques*, Paris, Pygmalion, 1989, p. 477.
6. *Lettres et Notes de l'amiral Darlan, op. cit.*, p. 311.
7. Tasca (Angelo), *In Francia nella buffera*, Modena, Guanda, 1953, p. 115.
8. Benoist-Méchin (Jacques), *De la défaite au désastre*, Paris, Albin Michel, 2 volumes, 1985 ; *A l'épreuve du temps*, Paris, Julliard, 2 volumes, 1989 (Éric Roussel, édit.).
9. Gun (Nerin E.), *Pétain, Laval, de Gaulle*, Paris, Albin Michel, 1979, pp. 125-128.
10. *Procès de Paul Marion en Haute Cour*, AN, inédit.
11. Dossiers de la Haute Cour, BDIC, pièce 491 (réservé).
12. Pucheu (Pierre), *Ma vie*, Paris, Amiot-Dumont, 1949.
13. Brinon (Fernand de), *Mémoires*, Paris, LLC, 1949. Sur la collaboration économique relative à la période 1940-1941, Aron (Raymond), *De l'armistice à l'insurrection nationale*, Paris, Gallimard, 1945, pp. 212-223 (chap. 17 dû à Robert Marjolin). Réédité en 1990 chez Gallimard avec d'autres textes, sous le titre *Chroniques de guerre*.
14. Le compte rendu de Darlan et ce qu'il a dit de ses rencontres en Conseil des ministres le 14 mai sont relativement brefs et incomplets, in *Lettres et Notes de l'amiral Darlan, op. cit.*, pp. 322-328. Le procès-verbal de la rencontre avec Hitler, beaucoup plus complet, a été publié par Hillgrüber (Andreas), *Les Entretiens secrets de Hitler, op. cit.*, pp. 545-557. Enfin, le compte rendu des entretiens entre Darlan et Ribbentrop figure dans les ADAP, vol. XII-2, 490 et 499.
15. Benoist-Méchin (Jacques), *De la défaite au désastre, op. cit.*, t. I, pp. 78-79.
16. Texte dans *Lettres et Notes de l'amiral Darlan, op. cit.*, p. 338.
17. Warlimont (général Walter), *Cinq ans au G.Q.G. de Hitler*, Paris-Bruxelles, Elsevier-Sequoïa, 1975, p. 89.
18. *Ibid.*, pp. 89-90.
19. *Pierre Laval parle, op. cit.*, p. 86.
20. *Lettres et Notes de l'amiral Darlan, op. cit.*, pp. 337-338.
21. *Mémorandum d'Abetz, op. cit.*, p. 107.
22. Sur ces problèmes d'opinion publique et de propagande radiophonique, on consultera : Cointet (Michèle), *Le Conseil national de Vichy, op. cit.*, où cette opinion a été reconstituée principalement à partir des rapports préfectoraux ; Laborie (Pierre), *L'Opinion française sous Vichy*, Paris, Seuil, 1990. (Les deux auteurs aboutissent à des conclusions très voisines.) Mise au point de Peschanski (Denis), « Le régime de Vichy a existé (juillet 1940-avril 1942) », in *Vichy (1940-1944). Archives de guerre d'Angelo Tasca, op. cit.*, pp. 41-45 ; Eck (Hélène), *La Guerre des ondes. Histoire des radios de langue française pendant la Seconde Guerre mondiale*, Paris, Armand Colin, 1985.
23. Limagne (Pierre), *Ephémérides de quatre années tragiques, op. cit.*
24. Un exemple fameux est celui de Robert Desnos, arrêté et mort en déportation, qui dut, pour gagner sa vie, écrire de 1940 à 1942 dans le quotidien collaborationniste *Aujourd'hui*, publié à Paris. Desnos (Robert), *Mines de rien*, Le temps qu'il fait, 1985.
25. Bellanger (Claude), Albert (Pierre) et alii (Dir.), *Histoire générale de la presse française*, t. IV, 1940-1958, Paris, PUF, 1975.
26. Cépède (Michel), *Agriculture et alimentation en France durant la IIe Guerre mondiale*, Paris, Gouin, 1961 ; Sauvy (Alfred), *La Vie économique des Français 1939-1945, op. cit.* ; Veillon (Dominique), *Vivre et Survivre en France 1939-1945*, Paris, Payot.
27. Murraciole (F.), *Les Projets de la France libre et de la résistance intérieure en matière d'éducation, de culture et de jeunesse*, thèse, Lille-III, 1995.

28. *Gringoire*, 30 octobre 1941.

29. *Discours aux Français, op. cit.*, pp. 164-172.

30. Déat (Marcel), *Journal*, inédit, à la date du 29 septembre 1941.

31. Sur le PSF pendant la guerre, développements importants dans le doctorat d'État de Cointet (Jean-Paul), *La Légion Française des Combattants*, Paris-Sorbonne, condensé dans *La Légion Française des Combattants, op. cit.* Sur le colonel de La Rocque, Nobecourt (Jacques), *La Rocque*, Paris, Fayard, 1995. Les archives du PSF ont été déposées aux Archives nationales par Gilles de La Rocque.

32. Archives du PSF, AN, Paris.

33. Laure (général Émile), *Notes politiques et militaires*, AN, inédit.

34. Gide (André), *Journal*, Paris, Gallimard, 1954, p. 80; Stéphane (Roger), *Chaque homme est lié au monde*, Paris, Éditions du Sagittaire, 1964, pp. 603-615.

35. AN, Paris. Condensé dans Cointet (Jean-Paul), *La Légion Française des Combattants, op. cit.* Sur l'ensemble des responsables « recensés », la répartition politique est la suivante (en pourcentages arrondis) : sans étiquette (25 %), droite (45 %), centre (10 %), gauche (20 %).

36. Reproduite dans Noguères (Louis), *Le Véritable Procès du maréchal Pétain*, Paris, Fayard, 1955, pp. 352-353.

37. AN, Paris.

38. *Procès Marion*, AN.

39. Pour un historique complet : Amaury (Philippe), *Les Deux Premières Expériences d'un ministère de l'Information en France*, Paris, LGDJ, 1969.

40. *La Propagande sous Vichy*, Paris, BDIC, 1990 (Edit. Laurent Gervereau et Denis Peschanski).

41. Biographie complète de François Chasseigne par Pennetier (Claude), in *Dictionnaire biographique du mouvement ouvrier français*, t. XXII, Paris, Éditions ouvrières, 1984 (Dir. Jean Maitron).

42. Halls (Wielfried-Douglas), *Les Jeunes et la politique de Vichy*, Paris, Syros, 1988; Cointet-Labrousse (Michèle), « Le Gouvernement de Vichy et la jeunesse », *Bulletin de la Société d'Histoire moderne*, n° 2, 1976. Giolitto (Pierre), *Histoire de la jeunesse sous Vichy*, Perrin, 1991.

43. Cholvy (Gérard), Hilaire (Yves-Marie), *Histoire religieuse de la France contemporaine*, t. II et III, Toulouse, Privat, 1986-1988.

44. L'ensemble des textes des deux Statuts et des textes annexes figure dans *Le Statut des Juifs de Vichy. Documentation*, Paris, FFDJF (textes rassemblés et présentés par Serge Klarsfeld), 1990.

45. Lambert (Raymond-Raoul), *Carnets d'un témoin*, Paris, Fayard, 1985.

46. Wellers (Georges), *Drancy 1941-1944*, Le Bourget, 1982.

47. ADAP, vol. XIII.

48. Ce long document figure dans Weygand (Jacques), *Weygand, mon père*, Paris, Flammarion, 1970; Serigny (Alain de), *Echos d'Alger 1940-1945*, Paris, Presses de la Cité, 1972. Il a été récemment repris dans *Lettres et Notes de l'amiral Darlan, op. cit.*, pp. 414-421.

49. Cet échange est rapporté par Tournoux (Jean-Raymond), *Pétain-de Gaulle*, Paris, Plon, 1964, pp. 271-274 (Tournoux a travaillé dans les années quarante dans les services de presse de Vichy). La réalité de cette entrevue nous a été confirmée par Georges Riond et par Mme François Valentin. Bidault (Suzanne) a également décrit la scène dans son livre de souvenirs, *Souvenirs de guerre et d'occupation*, Paris, Flammarion, 1973, sans doute à partir du témoignage de Valentin qu'elle rencontrait fréquemment.

50. *Lettres et Notes de l'amiral Darlan, op. cit.*, p. 439.

51. *Ibid.*, pp. 440-441.

52. Nicolle (Pierre), *Cinquante mois d'armistice*, Paris, André Bonne, 1947,

2 volumes. Membre, avant 1940, du conseil de la nouvelle Confédération Générale du Patronat Français (CGPF), proche de Laval, il possédait à Paris et à Vichy beaucoup d'entrées.

53. *Discours aux Français, op. cit.*, pp. 211-215.
54. *Lettres et Notes de l'amiral Darlan, op. cit.*, p. 467.
55. WARLIMONT (général Walter), *Cinq ans au C.Q.G. de Hitler, op. cit.*, p. 122.
56. Reproduit dans SERIGNY (Alain de), *Echos d'Alger, op. cit.*, pp. 72-92
57. NAVARRE (Henri), *Le Service de renseignements 1871-1944*, Paris, Plon, 1978 ; STEAD (Philipp J.), *Le 2ᵉ Bureau sous l'Occupation*, Paris, Fayard, 1966.
58. GUN (Nerin E.), *Pétain, Laval, de Gaulle, op. cit.*, p. 214 et suiv.
59. *Lettres et Notes de l'amiral Darlan, op. cit.*, p. 446.
60. « Pierre le Noir » était le surnom donné par les Américains à Pierre Laval. C'est une figure de jeu de cartes d'enfant dont le détenteur doit impérativement se défaire.
61. GABOLDE (Maurice), *Journal*, inédit, AN, Paris.
62. Citée dans LANGER (William), *Le Jeu américain à Vichy*, Paris, Plon, 1948, p. 260.

Chapitre 7

1. *Discours aux Français, op. cit.*, p. 245.
2. AN PL, Paris, 3 W 210.
3. BRINON (Fernand de), *Mémoires*, Paris, LLC, 1949, p. 98.
4. AN P.L. 3 W 208.
5. BRINON (Fernand de), *Mémoires, op. cit.*, p. 100.
6. PUCHEU (Pierre), *Ma vie, op. cit.*, pp. 153-155.
7. AN PL 3 W 208.
8. AN PL, Paris, 3 W 208.
9. JAFFRE (Yves-Frédéric), *Les Derniers Propos de Pierre Laval*, Paris, André Bonne, 1953, pp. 178-180.
10. *Ibid.*, pp. 181-182.
11. *Les Nouveaux Temps*, 27 mai 1941.
12. AN PL, Paris, 3 W 210.
13. ASSOULINE (Pierre), *Jean Jardin, l'éminence grise*, Paris, Balland, 1986. Pascal Jardin, son fils, a consacré plusieurs ouvrages de souvenirs romancés sur Jean Jardin.
14. ROSSIGNOL (Dominique), *Vichy et les Francs-Maçons*, Paris, Lattès, 1981.
15. LAVAL (Pierre), *Laval parle, op. cit.*, p. 106.
16. Le témoignage d'Émile BERNON figure dans *La Vie de la France sous l'Occupation, op. cit.*, t. II, pp. 655-658.
17. *Le Procès Laval*, Paris, Albin Michel, 1946, p. 184.
18. Témoignage de JARDIN (Jean), in *La Vie de la France sous l'Occupation, op. cit.*, t. II, pp. 1096-1102.
19. Fondation Josée et René de Chambrun.
20. *Ibid.*
21. LÉVY (Claude), *« Les Nouveaux Temps », et l'idéologie de la collaboration, op. cit.*
22. GOEBBELS (Joseph), *Journal*, Genève, Editions du Cheval ailé, 1949, pp. 173-184.
23. MICHEL (Henri), *Le Procès de Riom*, Paris, Albin Michel, 1979.
24. Documents de Nuremberg, p. 5016, cote d'audience USA-168, *Extrait du programme de Sauckel du 20 avril 1942*.
25. JAECKEL (Eberhard), *La France dans l'Europe de Hitler, op. cit.*, pp. 320-321.

26. AN. AJ 41 ; Gratier de Saint-Louis (Michel), « Les dessous d'une négociation : la main-d'œuvre française en Allemagne (8 septembre 1941-16 février 1943) », *Bulletin du Centre Économique et Social de la région lyonnaise*, 1989, pp. 33-59.
27. Tasca (Angelo), *op. cit.*, pp. 390-391.
28. Témoignage à l'auteur d'Albert Girardon, secrétaire administratif de la Légion, qui avait réussi à prendre quelques notes. Sur cette réunion, voir Cointet (Jean-Paul), *La Légion Française des Combattants*, *op. cit.*, pp. 217-222.
29. Duroselle (Jean-Baptiste), *L'Abîme*, *op. cit.*, p. 341.
30. Clermont (Julien) [alias Georges Hilaire], *L'homme qu'il fallait tuer*, *op. cit.*, pp. 349 et suiv.
31. Guérard (Jacques), *Criminel de paix*, Paris, Nouvelles Éditions Latines, 1953, pp. 95 et suiv.
32. *Les Archives secrètes du comte Ciano 1936-1942*, Paris, Plon, 1948, p. 497.
33. Clermont (Julien), *L'homme qu'il fallait tuer*, *op. cit.*, p. 160.
34. Rapports des préfets, AN F1 CIII, 1135 à 1198.
35. Évrard (Jacques), *La Déportation des travailleurs français dans le IIIe Reich*, Paris, Fayard, 1972.
36. Burrin (Philippe), *Hitler et les Juifs. Genèse d'un génocide*, Paris, Seuil, 1989.
37. Hilberg (Raoul), *La Destruction des Juifs d'Europe*, Paris, Fayard, 1988.
38. Sur les interférences entre services allemands : Broszat (Martin), *L'État hitlérien : l'origine et l'évolution des structures du IIIe Reich*, Paris, Fayard, 1985.
39. Sur ces rafles comme sur l'ensemble de ces questions, le livre fondamental est celui de Klarsfeld (Serge), *Vichy-Auschwitz*, 2 volumes, Paris, Fayard, 1985. C'est un travail d'une grande honnêteté intellectuelle, dépourvu de tout manichéisme et d'une grande solidité documentaire, car Klarsfeld a fondé son travail sur les fonds très riches du Centre de Documentation Juive Contemporaine (CDJC), qui se compose d'archives françaises (Commissariat Général aux Questions Juives, services de l'Armistice, Délégation générale...), allemandes (gouvernement militaire, ambassade, Gestapo) et internationales (Tribunal de Nuremberg).
40. Serge Klarsfeld croyait, en 1991, avoir retrouvé le fichier des Juifs de la préfecture de police élaboré à l'automne 1940. Ce fichier fut en fait détruit en deux temps (novembre 1948 et décembre 1949). Le fichier qui subsiste est un fichier de Juifs français et étrangers arrêtés pendant la guerre, couplé avec ceux de Drancy, Pithiviers et Beaune-la-Rolande ; Azéma (Jean-Pierrre), « La vérité sur le fichier juif », in *L'Histoire*, n° 163, 1993.
41. CDJC, Archives du Reich, IV-34.
42. Froment (Pascale), *René Bousquet*, Paris, Stock, 1994.
43. Klarsfeld (Serge), *Vichy-Auschwitz*, *op. cit.*, p. 231.
44. Hagen, le 4 juillet 1942, in Klarsfeld (Serge), *op. cit.*, p. 231.
45. Klarsfeld (Serge), *op. cit.*, p. 192.
46. *Laval parle*, *op. cit.*, p. 102.
47. Hagen, 4 septembre 1942, in Klarsfeld (Serge), *Vichy-Auschwitz*, *op. cit.*, p. 410.
48. Peschanski (Denis) et Rayski (A.) [Dir.], *Qui savait quoi ? L'extermination des Juifs 1941-1945*, Paris, La Découverte, 1987 ; Kogan (Eugène) et alii, *Les Chambres à gaz, secret d'État*, Paris, Éditions de Minuit, 1983.
49. *Pierre Laval parle*, *op. cit.*, p. 102.
50. Archives de la Wilhelmstrasse, CDJC, IV-B SA 225.
51. Discours inédit comme l'ensemble des propos tenus pendant la guerre dans les périodes de pouvoir – hors les discours et propos gouvernementaux. Leur édition apporterait d'intéressants compléments à la connaissance de l'homme et de sa politique.

52. La lettre de Léon Bérard à Pétain a été publiée intégralement dans Nobecourt (Jacques), *Le Vicaire et l'Histoire*, Paris, Seuil, 1964, pp. 356-362.
53. Lubac (Henri de), *Résistance chrétienne à l'antisémitisme. Souvenirs 1940-1944,* Paris, Fayard, 1988.
54. Archives de Nuremberg, CDJC, CXXVI-12.
55. Arbellot (Simon), *La Presse française sous la francisque*, numéro hors série de *L'Écho de la presse*, Paris, 1952, p. 20.
56. Archives départementales du Rhône.
57. Archives privées.

Chapitre 8

1. La chronologie de la journée du 8 novembre et de celles qui l'ont suivie a été relevée quasiment heure par heure par Bernard Ménétrel, chef du secrétariat particulier de Pétain. Si son Journal demeure inédit dans son intégralité – encore qu'assez bien connu d'un certain nombre d'historiens –, de larges extraits en figurent par Noguères (Louis), in *Le Véritable Procès du maréchal Pétain, op. cit.*, chap. 8. L'amiral Auphan, ministre de la Marine de Vichy, a donné sa propre relation dans son livre, *L'Honneur de servir*, Paris, Éditions France-Empire, 1978. La position de Laval est révélée par Nicolle (Pierre), *Cinquante mois d'armistice, op. cit.*, t. II, pp. 100-124; celle de Darlan par Coutau-Bégarie (Hervé) et Huan (Claude), *op. cit.*, pp. 624-681; celle de Pétain par Noguères (Louis), *op. cit.*, pp. 407-549. Sur la place de l'Afrique du Nord dans les diverses stratégies : Krautkamer (Elmar), *Vichy-Alger 1940-1942*, Paris, Economica, 1992.

2. En janvier 1942, le lieutenant-colonel Baril, chef du 2e Bureau de l'état-major de l'armée, avait rédigé une note dont les hypothèses d'évolution du conflit semblaient bien réalisées à l'été-automne 1942. Texte intégral dans Paillat (Claude), *L'Échiquier d'Alger, op. cit.*, t. I, pp. 301-310.

3. Pucheu (Pierre), *Ma vie, op. cit.*, p. 47.
4. Langer (William), *Le Jeu américain à Vichy*, Paris, Plon, 1948.
5. « Mémoire inédit du général d'armée Juin sur les événements du 8 au 13 novembre 1942 à Alger », présentation et annotations de Ageron (Charles-Robert), *Guerres et Conflits contemporains*, n° 159/1990.
6. Murphy (Robert), *Un diplomate parmi les guerriers,* Paris, Robert Laffont, 1965.
7. *Ibid.*, pp. 127-128.
8. Langer (William), *Le Jeu américain à Vichy, op. cit.*, pp. 348-349.
9. Noguères (Louis), *Le Véritable Procès du maréchal Pétain, op. cit.*, pp. 415-416.
10. *Ibid.*, pp. 448-449.
11. *Ibid.*, pp. 512-513.
12. Fondation Josée et René de Chambrun.
13. Tableau détaillé dans Duroselle (Jean-Baptiste), *L'Abîme, op. cit.*, pp. 447-452. On peut consulter aussi les souvenirs d'un diplomate équatorien, Acevedo (C. de), *A notre corps défendant. Impressions et vicissitudes d'un diplomate en France 1939-1944*, Paris, Éditions Paul Dumont, 1945.
14. L'ensemble de l'échange figure dans Raissac (Guy), *Un soldat dans la tourmente, op. cit.*, pp. 297-301. Il a été établi à partir de la déposition du général en Haute Cour, le 31 juillet 1945.
15. Noguères (Louis), *Le Véritable Procès du maréchal Pétain, op. cit.*, pp. 507-518.
16. AN, 3 W 210.
17. On peut lire sur cette « dictature » de Pierre Laval les commentaires de Barthélemy (Joseph), *op. cit.*, pp. 125-134.

18. MAE, 1940, Rochat, carton n° 10.
19. Sur la Milice, Cointet (Jean-Paul), *La Légion Française des Combattants*, *op. cit.*; Delperrie de Bayac (Jacques), *Histoire de la Milice*, Paris, Fayard, 1969, réédition 1994; Azéma (Jean-Pierre), « La Milice », *xx*^{e} *siècle*, octobre-décembre 1990, pp. 83-107.
20. Milward (S.), *The New Economic Order...*, *op. cit.*, p. 111.
21. *Ibid.*, p. 284.
22. Aron (Robert), *Histoire de l'épuration*, Paris, Fayard, t. III, vol. I, *Le Monde des affaires*, 1974.
23. AN 3 W 210.
24. *Ibid.*
25. *Ibid.*
26. Le texte complet du « Plan de redressement français » se trouve notamment dans Brissaud (André), *La Dernière Année de Vichy*, Paris, Librairie Académique Perrin, 1961, Annexe 1, pp. 541-561.
27. Cité dans Gun (Nerin E.), *Les Secrets des archives américaines*, *op. cit.*, p. 265.
28. Texte complet dans Barbas (Jean-Claude), *Philippe Pétain. Discours aux Français*, *op. cit.*, pp. 365-366.
29. AN Série 3 W 111 pour les contacts établis entre les émissaires pétainistes et les milieux SS.
30. Cointet (Jean-Paul), *La légion Française des Combattants*, *op. cit.*, Annexes V, VI, VII, VIII.
31. Analyse du projet constitutionnel dans Cointet (Michèle), *Le Conseil national de Vichy*, *op. cit.*, pp. 324-327.
32. *Ibid.*, pp. 327-336.

Chapitre 9

1. Archives de Nuremberg, doc. Ps 1764 et procès XV, 143, 193; XVIII, 304. Cité dans Brissaud (André), *La Dernière Année de Vichy*, Paris, Librairie Académique Perrin, 1965.
2. Tracou (Jean), *Le Maréchal aux liens*, Paris, André Bonne, 1949.
3. Delperrie de Bayac (Jacques), *Histoire de la Milice*, *op. cit.*; Azéma (Jean-Pierre), *La Milice*, *xx*^{e} *siècle*, *op. cit.*
4. Rémond (René) [Dir.], *Paul Touvier et l'Église*, Paris, Fayard, 1992; Greilsamer (Laurent) et Schneidermann (Daniel), *Un certain monsieur Paul. L'affaire Touvier*, Paris, Fayard, 1994.
5. Fondation Josée et René de Chambrun.
6. *Ibid.*
7. *Discours aux Français*, *op. cit.*, pp. 324-326.
8. Fondation Josée et René de Chambrun.
9. Cité dans Brissaud (André), *La Dernière Année de Vichy*, *op. cit.*, pp. 272-273.
10. Nicolle (Pierre), *Cinquante mois d'armistice*, *op. cit.*, t. II, pp. 399-401.
11. Texte intégral du « Manifeste » dans Tracou (Jean), *Le Maréchal aux liens*, *op. cit.*, pp. 325-327, et dans Nicolle (Pierre), *Cinquante mois d'armistice*, *op. cit.*, t. II, pp. 520-523.
12. *Ibid.*, p. 328.
13. *Ibid.*, pp. 329-338.
14. Paxton (Robert O.), « Le régime de Vichy en 1944 », in *La Libération de la France*, Paris, CNRS, pp. 323-342.
15. Analyse de cette constitution dans Cointet (Michèle), *Le Conseil national*, *op. cit.*, p. 324-326.

16. DEBRÉ (Michel), *Mémoires*, Paris, Albin Michel, t. I, pp. 221-224.
17. *La Vie de la France sous l'Occupation, op. cit.*, t. III, p. 706.
18. PIÉTRI (François), *Mes années d'Espagne*, Paris, Plon, 1954, pp. 244-245. L'hypothèse d'un cabinet Fabry est évoqué, de source américaine, par GUNN (N.), *Ni Thorez ni de Gaulle, op. cit.*, p. 280.
19. AN AJ 7223 1923.
20. STÜCKI (Walter), *La Fin du régime de Vichy, op. cit.*, pp. 72-73.
21. TRACOU (Jean), *Le Maréchal aux liens, op. cit.*, pp. 348-349.
22. L'amiral Auphan a fait un récit des dernières journées dans un document rédigé le 25 août 1944 : « Mémoire sur la nécessité d'une transmission légitime du pouvoir », in TOURNOUX (Raymond), *Pétain et de Gaulle, op. cit.*, pp. 471-474.
23. COINTET (Jean-Paul), *Pierre Laval, op. cit.*, pp. 479-500.
24. *In La Vie de la France sous l'Occupation, op. cit.*, t. I, p. 593.
25. ABETZ (Otto), *Histoire d'une politique franco-allemande*, Paris, Stock, 1953, p. 328.
26. BARDOUX (Jacques), *La Délivrance de Paris*, Paris, 1958, p. 345.
27. *Paris 1944. Les enjeux de la Libération*, Paris, Albin Michel, 1994.
28. Charles de GAULLE, *Mémoires de guerre*, t. I, pp. 298-299.

ORIENTATION BIBLIOGRAPHIQUE

Une bibliographie qui se voudrait exhaustive sur le régime de Vichy et son histoire demanderait aujourd'hui des dizaines de pages. Aux publications de sources françaises et étrangères, aux comptes rendus de procès, aux mémoires du temps, il conviendrait d'ajouter l'ensemble des ouvrages – individuels et collectifs – français et étrangers, parus au cours du demi-siècle écoulé. Au total, une énorme production à laquelle ont concouru principalement les historiens, politologues, sociologues, philosophes politiques, littéraires, psycho-sociologues, spécialistes des idées politiques, français et étrangers.

Nous ne saurions donc proposer ici au lecteur qu'une sélection d'ouvrages accessibles. Nous n'avons pas repris systématiquement tous les titres de travaux cités dans les nombreuses notes infrapaginales, auxquelles il est aisé de se reporter.

Nous avons été parfois conduit à citer un même ouvrage à diverses reprises, en fonction de la diversité de ses centres d'intérêt.

Pour les sources, le lecteur intéressé pourra se reporter aux notes.

Histoire générale et avant-guerre

Andreu (Pierre), Grover (Frédéric), *Drieu La Rochelle*, Paris, 1979.
Berl (Emmanuel), *La Fin de la IIIe République*, Paris, Gallimard, 1968.
Berstein (Serge), *La France des années trente*, Paris, Colin, 1988 ; *Le 6 février 1934*, Paris, Gallimard, 1975 ; *Histoire du Parti radical*, Paris, Presses de la FNSP, 1980–1982, 2 volumes ; « La France des années trente allergique au fascisme », *xxe Siècle*, 1985.
Berstein (Serge), Becker (Jean-Jacques), *Histoire de l'anticommunisme*, t. I, *1917–1940*, Paris, Olivier Orban, 1987.
Bourdrel (Philippe), *La Cagoule*, Paris, Albin Michel, 1992 (réédition).
Boussard (Isabel), *Les Agriculteurs et la République*, Paris, Presses de la FNSP, 1990.

BRUNET (Jean-Paul), *Jacques Doriot*, Paris, Balland, 1986.
BURRIN (Philippe), *La Dérive fasciste. Doriot, Déat, Bergery*, Paris, Seuil, 1986.
CHOLVY (Gérard), HILAIRE (Jean-Marie), *Histoire religieuse de la France contemporaine*, t. II et t. III, *1880-1988*, Toulouse, Privat, 1986-1989.
COINTET (Jean-Paul), *Pierre Laval*, Paris, Fayard; 1993; « Les marginaux de gauche », in *La France et les Français 1938-1939*, Paris, Presses de la FNSP, 1978, pp. 261-274.
COINTET (Michèle), *Histoire culturelle de la France 1918-1959*, Paris, Sedes, 1988.
DUBY (Georges), *Histoire de la France rurale*, t. IV, Paris, Seuil, 1977.
DUROSELLE (Jean-Baptiste), *La Décadence*, Paris, Imprimerie nationale, 1979.
HOFFMANN (Stanley), « Paradoxes de la communauté politique française », in *A la recherche de la France*, Paris, Seuil, 1963, pp. 13, 130.
LAVAU (Georges), GRUNBERG (Gérard), MAYER (Nora), *L'Univers politique des classes moyennes*, Paris, Presses de la FNSP, 1983.
LOUBET DEL BAYLE (Jean-Louis), *Les Non-Conformistes des années trente*, Paris, Seuil, 1969.
MACHEFER (Philippe), *Les Ligues et le fascisme*, Paris, PUF, 1974.
MAYEUR (Jean-Marie), *La Vie politique sous la IIIe République*, Paris, Seuil, 1984.
MILZA (Pierre), *Le Fascisme français passé et présent*, Paris, Flammarion, 1987.
PLANCHAIS (Jean), NOBECOURT (Jacques), *Une histoire politique de l'armée (1917-1961)*, Paris, Seuil, 1967.
PROST (Antoine), *Les Anciens Combattants et la société française*, Paris, Presses de la FNSP, 1977, 3 volumes.
RÉMOND (René), *Notre siècle 1918-1995*, Paris, Fayard, 1996 (réédition).
RÉMOND (René), [Dir.], *Édouard Daladier, chef de gouvernement*, Paris, Presses de la FNSP, 1977; *Les Français en 1938-1939*, Paris, Presses de la FNSP, 1978.
SADOUN (Marc), « Les facteurs de conversion au socialisme collaborateur », *Revue Française de Sciences Politiques*, juin 1978 (3).
SIRINELLI (Jean-François) [Dir.], *Dictionnaire historique de la vie politique française au XXe siècle*, Paris, PUF, 1995; *Génération intellectuelle khâgneux et normaliens. Histoire politique d'une génération (1919-1945)*, Paris, Fayard, 1988; *Histoire des droites en France* (dir.), Paris, Gallimard, 1992, 3 vol.
WEBER (Eugène), *L'Action française*, Paris, Stock, 1962, réédité chez Fayard, 1985.

LA DRÔLE DE GUERRE – L'ARMISTICE – LA FIN DE LA IIIe RÉPUBLIQUE

1. Mémoires

BADIE (Vincent), *Vive la République* (Entretiens), Toulouse, Privat, 1987.
BARDOUX (Jacques), *Journal d'un témoin de la IIIe république 1er septembre 1939-15 juillet 1940*, Paris, Fayard, 1957.
BEAUFRE (général André), *Mémoires*, Paris, Presses de la Cité, 1969.
BLOCH (Marc), *L'Étrange Défaite*, Paris, 1946, réédité chez Albin Michel, 1957.
CHARLES-ROUX (François), *Cinq mois tragiques aux Affaires étrangères*, Paris, Plon, 1949.
CHAUTEMPS (Camille), *Cahiers secrets de l'armistice*, Paris, Plon, 1963.
DÉAT (Marcel), *Mémoires politiques*, Paris, Denoël, 1989 (Laurent Theis éd.).
HERRIOT (Édouard), *Épisodes*, Paris, Flammarion, 1950.
JEANNENEY (Jules), *Journal politique (septembre 1939-juillet 1942)*, Paris, Armand Colin, 1972.
LEBRUN (Albert), *Témoignage*, Paris, Plon, 1954.
MONTIGNY (Jean), *Toute la vérité sur un mois tragique de notre histoire*, Clermont-Ferrand, Montlouis, 1940.
NAEGELEN (Edmond), *L'Attente sous les armes ou la drôle de guerre*, Paris, Martineau, 1970.
POMARET (Charles), *Le Dernier Témoin, fin d'une guerre, fin d'une République (juin-juillet 1940)*, Paris, Presses de la Cité, 1963.
REYNAUD (Paul), *Au cœur de la mêlée 1930-1945*, Paris, Flammarion, 1951.
WEYGAND (Maxime), *Rappelé au service*, t. III, Paris, Flammarion, 1950.

2. Travaux

BENOIST-MÉCHIN (Jacques), *Soixante jours qui ébranlèrent l'Occident*, Paris, Albin Michel, 1956-1957, 3 vol.
BERL (Emmanuel), *La Fin de la IIIe République*, Paris, Gallimard, 1968.
CRÉMIEUX-BRILHAC (Jean-Louis), *Les Français de l'an 40*, Paris, Gallimard, 1987-1990, 2 vol.
DELPLA (François), *Les Papiers secrets du général Doumenc*, Paris, Olivier Orban, 1991.
LAUNAY (Michel), *L'Armistice de 1940*, Paris, PUF, 1972.
ROSSI-LANDI (Guy), *La Vie politique en France pendant la drôle de guerre*, Paris, Armand Colin, 1971.
VIDALENC (Jean), *L'Exode de mai-juin 1940*, Paris, PUF, 1957.

1. Documents, Journaux et Mémoire

ABELLIO (Raymond), *Ma dernière mémoire*, t. III, *Sol invictus 1939-1947*, Paris, Ramsay, 1974.
ABETZ (Otto), *Histoire d'une politique franco-allemande (1930-1950)*, Paris, Stock, 1953.
ARBELLOT (Simon), *Eau de Vichy, Vin de Malaga*, Paris, Éditions du Conquistador, 1952.
AUPHAN (amiral Gabriel), *L'Honneur de servir*, Paris, France-Empire, 1978.
BARTHÉLEMY (Joseph), *Ministre de la Justice 1941-1943, Mémoires*, Paris, Pygmalion, 1989.
BAUDOUIN (Paul), *Neuf mois au gouvernement*, Paris, La Table Ronde, 1948.
BELIN (René), *Du secrétariat de la CGT au gouvernement de Vichy*, Paris, Albatros, 1978.
BENOIST-MÉCHIN (Jacques), *Journal*, Paris, Albin Michel, 1984–1985, 2 vol.; *Souvenirs*, Paris, Julliard, 1989, 2 vol.
BLUM (Léon), *Mémoires*, Paris, Albin Michel, 1955.
BOUTHILLIER (Yves), *Le Drame de Vichy*, Paris, Plon, 1950-1951.
BRASILLACH (Robert), *Journal d'un homme occupé*, Paris, Les Sept Couleurs, 1955.
BRINON (Fernand de), *Mémoires*, Paris, LLC, 1949.
CARCOPINO (Jérôme), *Souvenirs de sept ans 1937-1944*, Paris, Flammarion, 1953.
COUTAU-BÉGARIE (Hervé), HUAN (Claude), *Lettres et Notes de l'amiral Darlan*, Paris, Economica, 1992.
DALADIER (Édouard), *Journal de captivité*, Paris, Calmann-Lévy, 1990.
DRIEU LA ROCHELLE (Pierre), *Fragments de mémoire 1940-1941*, Paris, Gallimard, 1982.
FABRE-LUCE (Alfred), *Journal de la France 1940-1945*, Paris, Bruxelles, 1946.
FAURE (Paul), *De Munich à la Ve République*, Paris, Éditions de l'Élan, 1948.
GALTIER-BOISSIÈRE (Jean), *Mon Journal pendant l'Occupation*, Paris, La Jeune Parque, 1944.
HOOVER (Standford University), *La Vie de la France pendant l'Occupation*, Paris, Plon, 1957, 3 vol.
LAVAL (Pierre), *Pierre Laval parle*, Paris, La Diffusion du Livre, 1948.
LEAHY (amiral William Daniel), *J'étais là*, Paris, Plon, 1951.
MARTIN DU GARD (Maurice), *La Chronique de Vichy*, Paris, Flammarion, 1948.
MOULIN DE LABARTHÈTE (Henri du), *Le Temps des illusions*, Genève, Le Cheval ailé, 1946.

NICOLLE (Pierre), *Cinquante mois d'armistice*, André Bonne, 1947, 2 tomes.
NOGUÈRES (Louis), *Le Véritable Procès du maréchal Pétain*, Paris, Fayard, 1955.
PÉTAIN (maréchal Philippe), *Discours aux Français*, (édité par J.-C. Barbas), Paris, Albin Michel, 1989.
PUCHEU (Pierre), *Ma vie*, Paris, Amiot-Dumont, 1948.
RIST (Charles), *Une saison gâtée*, Paris, Fayard, 1983
SPEER (Albert), *Au cœur du Troisième Reich*, Paris, Fayard, 1972.
TASCA (Angelo), *Archives de guerre Vichy 1940-1944*, Milan, Feltrinelli, Paris, 1986 (édité par Denis Peschanski).
TRACOU (Jean), *Le Maréchal aux liens*, Paris, André Bonne, 1948.
VALLAT (Xavier), *Le Nez de Cléopâtre. Souvenirs d'un homme de droite*, Paris, Les Quatre Fils Aymon, 1957.

2. Histoires générales – Historiographie

AMOUROUX (Henri), *La Grande Histoire des Français sous l'Occupation*, Paris, Robert Laffont, 1976-1993, 9 vol.
ARON (Robert), *Histoire de Vichy*, Paris, Fayard, 1954.
AZÉMA (Jean-Pierre), *De Munich à la Libération*, Paris, Seuil, 1982.
AZÉMA (Jean-Pierre), BÉDARIDA (François), *Les Années sombres*, Paris, Seuil, 1993, 2 vol.
COINTET-LABROUSSE (Michèle), *Vichy et le fascisme*, Bruxelles, Complexe, 1987.
DREYFUS (François-Georges), *Histoire de Vichy*, Paris, Perrin, 1990.
DURAND (Yves), *Vichy 40-44*, Paris, Bordas, 1973; *La France dans la Deuxième Guerre mondiale 1939-1945*, Paris, Armand Colin, 1989.
GIOLITTO (Pierre), *Histoire de la jeunesse sous Vichy*, Perrin, 1991.
HOFFMANN (Stanley), « Aspects du régime de Vichy », in *Revue Française de Sciences Politiques*, 1966, pp. 44-69; *Sur la France*, Paris, Seuil, 1979.
PAXTON (Robert O.), *Histoire de Vichy*, Paris, Seuil, 1973.
RÉMOND (René) [Dir.], *Le Gouvernement de Vichy (1940-1942)*, Paris, Presses de la FNSP, 1972.
ROUSSO (Henry), *Le Syndrome de Vichy*, Paris, Seuil, 1987.

3. Contexte diplomatique et militaire – Politiques d'occupation

ABETZ (Otto), *D'une prison*, Paris, Amiot-Dumont, 1949; *Pétain et les Allemands. Mémorandum sur les rapports franco-allemands*, Paris, Gaucher, 1948.
DELARUE (Jacques), *La Gestapo*, Paris, Fayard, 1962.
DURAND (Yves), *Le Nouvel Ordre européen nazi 1938-1945*, Bruxelles, Complexe, 1990.
DUROSELLE (Jean-Baptiste), *L'Abîme*, Paris, Imprimerie nationale, 1983.
HELLER (Gerhard), *Un Allemand à Paris*, Paris, Seuil, 1981.
JAECKEL (Eberhard), *La France dans l'Europe de Hitler*, Paris, Fayard, 1968.

KASPI (André) et alii., *La Deuxième Guerre mondiale. Chronologie commentée*, Paris, Perrin, 1990.
LOISEAUX (Claude), *La Littérature de la défaite et de la collaboration*, Paris, Fayard, 1995.
MICHEL (Henri), *La Seconde Guerre mondiale*, Paris, PUF, 1968-1969, 2 vol.
NOBECOURT (Jacques), *Les Secrets de la propagande en France occupée*, Paris, Fayard, 1962.
ORY (Pascal), *La France allemande*, Paris, Gallimard, 1977.
STEINBERG (Lucien), *Les Autorités allemandes en zone occupée*, Paris, CDJC, 1966.
UMBREIT (Hans), *Der Militärbefehlshaber in Frankreich 1940-1944*, Boppard, Harold Beld, 1968.

4. L'idéologie de Vichy – Ses sources

BAUCHARD (Philippe), *Les Technocrates et le pouvoir*, Paris, Arthaud, 1966.
BRUN (Gérard), *Technocrates et Technocratie en France 1914-1945*, Paris, Albatros, 1983.
BURRIN (Philippe), *La Dérive fasciste*, Paris, Seuil, 1986.
COINTET (Michèle), *Histoire culturelle de la France*, Paris, Sedes, 1990; *Le Conseil national de Vichy. Vie politique et réforme de l'État en régime autoritaire*, Paris, Aux Amateurs de Livres, 1989.
HANDOURTZEL (Rémy), BUFFET (Cyril), *La Collaboration... à gauche aussi*, Paris, Perrin, 1989.
LOUBET DEL BAYLE (Jean-Louis), *Les Non-Conformistes des années trente*, Paris, Seuil, 1969.
MILZA (Pierre), *Fascisme français*, Paris, Flammarion, 1987.
STERNHELL (Zev), *Ni droite ni gauche. L'idéologie fasciste en France*, Paris, Seuil, 1983.

5. Institutions – Pratiques administratives et judiciaires – Politiques discriminatoires

AMSON (Anne), *Les Préfets régionaux sous Vichy*, Cahiers de l'IHTP.
BARGETON (René), *Dictionnaire biographique des préfets*, Paris, Archives nationales, 1994.
BARRAL (Pierre), « Idéal et pratique du régionalisme dans le régime de Vichy », in *Revue Française de Sciences Politiques*, 1974, pp. 919-939.
BILLIG (Joseph), *Le Commissariat général aux questions juives 1941-1944*, Paris, CDJC, 1960.
BOUSSARD (Isabel), *La Corporation paysanne*, Paris, Presses de la FNSP, 1980.
COINTET (Jean-Paul), *La Légion Française des Combattants*, Paris, Albin Michel, 1995.
COINTET (Michèle), *Le Conseil national. Vie politique et réforme de l'État*

en régime autoritaire, Paris, Aux Amateurs de Livres, 1989; *Vichy capitale*, Paris, Perrin, 1993.

DOUEIL (Pierre), *L'Administration locale à l'épreuve de la guerre*, Paris, Presses de la FNSP, 1975.

GORGUES (A.), *Les Grandes Réformes administratives du régime de Vichy*, Thèse de droit, Poitiers, 1969.

HENRY (Pierre), *Histoire des préfets*, Paris, Nouvelles Éditions Latines, 1950.

KASPI (André), KLARSFELD (Serge), WELLERS (Georges), *La France et la question juive*, Paris, Messinger, 1981.

KLARSFELD (Serge), *Vichy-Auschwitz*, Paris, Fayard, 1983 et 1985, 2 vol.

MARRUS (Michael), PAXTON (Robert O.), *Vichy et les Juifs*, Paris, Calmann-Lévy, 1981.

MOCH (Maurice), *L'Étoile et la Francisque. Les institutions juives sous Vichy*, Paris, Cerf, 1990.

ROSSIGNOL (Dominique), *Vichy et les Francs-Maçons*, Paris, Lattès, 1981.

6. Vie politique et forces politiques

CHAPSAL (Jacques), LANCELOT (Alain), *La Vie politique en France depuis 1940*, Paris, PUF, 1984.

COINTET (Jean-Paul), « Marcel Déat et le parti unique dans l'été de 1940 », in *Revue d'Histoire de la Seconde Guerre mondiale*, juillet 1973, n° 91.

COURTOIS (Stéphane), *Le Parti communiste dans la guerre*, Paris, Ramsay, 1980.

MACHEFER (Philippe), « Aspects de l'activité du PSF pendant la guerre », in *Revue d'Histoire de la Seconde Guerre mondiale*, avril 1965, n° 58.

RIOUX (Jean-Pierre), PROST (Antoine), AZÉMA (Jean-Pierre), *Les Communistes français de Munich à Châteaubriant*, Paris, Presses de la FNSP, 1987.

SADOUN (Marc), *Les Socialistes français sous l'Occupation*, Paris, Presses de la FNSP, 1982.

TARR (Francis de), *The French Radical Party from Herriot to Mendès France*, Oxford, University Press, 1961.

WEBER (Eugène) *L'Action française*, Paris, Fayard, 1985.

WINOCH (Michel), *Histoire politique de la revue « Esprit »*, Paris, Seuil, 1975.

7. Politique économique et sociale

ANDRIEU (Claire), *La Banque sous l'Occupation 1936-1946*, Paris, Presses de la FNSP, 1990.

BARRAL (Pierre), *Les Agrariens français de Méline à Pisani*, Paris, Armand Colin, 1968.

BELTRAN (Alain), ROUSSO (Henry), FRANK (Robert) [Dir.], *Vie des entreprises sous l'Occupation*, Paris, Belin, 1994.

EHRMANN (Henri), *La Politique du patronat français*, Paris, Armand Colin, 1955.

GERMAIN-THOMAS (Jean-Claude), *Les Idées et l'action du gouvernement de Vichy en matière économique et sociale*, Thèse de sciences économiques, Paris-II, 1969.
KUISEL (Richard), « The legend of the Vichy Synarchy », in *French Historical Studies*, vol. VI, n° 3, 1970.
LEFRANC (Georges), *Les Expériences syndicales en France de 1939 à 1950*, Paris, Aubier-Montaigne, 1950.
MARGAIRAZ (Michel), *L'État, les finances et l'économie. Histoire d'une conversion 1932-1952*, Paris, Imprimerie nationale, 1991, 2 vol.
ROUSSO (Henry), « Les paradoxes de Vichy et de l'Occupation. Contraintes, archaïsme et modernité », in FRIDENSON (P.) et STRAUSS (A.) [Dir.], *Le Capitalisme français XIX-XXe siècle*, Paris, Fayard, 1987, pp. 67-82.

8. Politique culturelle

BERTRAND-DORLÉAC (Laurence), *L'Art de la défaite*, Paris, Seuil, 1993.
FAURE (Christian), *Le Projet culturel de Vichy*, CNRS, 1989.
ADDED (Serge), *Le Théâtre sous l'Occupation*, Paris, Seuil, 1993.
RAGACHE (Guy), RAGACHE (Jean-René), *La Vie quotidienne des écrivains et des artistes sous l'Occupation*, Paris, Hachette, 1985.
RIOUX (Jean-Pierre) [Dir.], *La Vie culturelle sous Vichy*, Bruxelles, Complexe, 1990.
SICLIER (Jacques), *La France de Pétain et son cinéma*, Paris, Veyrier, 1981.

9. Politique de la jeunesse

COINTET (Michèle), *Le Gouvernement de Vichy et la Jeunesse, Bulletin de la Société d'Histoire de la Seconde Guerre mondiale*, 1976, n° 2.
COMTE (Bernard), *Uriage. Une utopie combattante*, Paris, Fayard, 1991.
GIOLITTO (Pierre), *Histoire de la jeunesse sous Vichy*, Perrin, 1991.
HALLS (Wilfred D.), *Les Jeunes et la politique de Vichy*, Paris, Syros, 1988.

10. Société et vie quotidienne

AMOUROUX (Henri), *La Vie des Français sous l'Occupation*, Paris, Fayard, 1993 (nouvelle édition).
DELARUE (Jacques), *Trafics et Crimes sous l'Occupation*, Paris, Fayard, 1994 (nouvelle édition).
DURAND (Yves), *Histoire des prisonniers de guerre français*, Paris, Fédération Nationale des Combattants Prisonniers de Guerre, 1980.
EVRARD (Jacques), *La Déportation des travailleurs français dans le Troisième Reich*, Paris, Fayard, 1972.
MICHEL (Henri), *Paris allemand*, Paris, Albin Michel, 1981.
ORY (Pascal), *La France allemande* (choix de textes commentés), Paris, Gallimard, 1977.

PAXTON (Robert O.), *Parads and politics at Vichy. The French officer corps under marshall Pétain*, Princeton, 1966.
SAUVY (Alfred), *La Vie économique des Français de 1939 à 1945*, Paris, Flammarion, 1978.

11. Presse-Propagande-Opinion

AMAURY (Philippe), *Les Deux Premières Expériences d'un ministère de l'Information en France (1933-1944)*, Paris, LGDJ, 1969.
LABORIE (Pierre), *L'Opinion française sous Vichy*, Paris, Seuil, 1990.
LÉVY (Claude), « La presse autorisée de 1940 à 1944 », in *Histoire générale de la presse française*, Paris, PUF, 1975, t. IV.
LOISEAUX (Claude), *La Littérature de la défaite et de la collaboration*, Paris, Fayard, 1995.
PESCHANSKI (Denis) [Ed.], *La Propagande sous Vichy*, BDIC, 1990.

12. Églises et familles spirituelles

CHOLVY (GÉRARD), HILAIRE (Jean-Marie), *Histoire religieuse de la France contemporaine*, Toulouse, Privat, 1983, t. III.
DUQUESNE (Jacques), *Les Catholiques français sous l'Occupation*, Paris, Grasset, 1986 (2ᵉ édition).
Églises et Chrétiens pendant la Seconde Guerre mondiale, Lyon, PUL, 1982.
ENCREVÉ (André), POUJOL (Jacques) [Ed.], *Les Protestants français pendant la Seconde Guerre mondiale*, supplément au *Bulletin de la Société de l'histoire du protestantisme français*, n° 3, juillet-septembre 1994.
LATREILLE (André), *De Gaulle, la Libération et l'Église catholique*, Paris, Cerf, 1978.
LUBAC (Henri de), *Résistance chrétienne à l'antisémitisme 1940-1944*, Paris, Fayard, 1988.
ROSSIGNOL (Dominique), *Vichy et les Francs-Maçons*, Paris, Lattès, 1981.

13. Collaboration

BARTHÉLEMY (Victor), *Du communisme au fascisme*, Paris, Albin Michel, 1978.
COTTA (Michèle), *La Collaboration*, Paris, Armand Colin, 1964.
DELPERRIE DE BAYAC (Jacques), *Histoire de la Milice*, Paris, Fayard, 1994 (réédition).
HANDOURTZEL (Rémy), BUFFET (Cyril), *La Collaboration... à gauche aussi*, Perrin, 1989.
ORY (Pascal), *Les Collaborateurs*, Paris, Seuil, 1976.
ROUSSO (Henry), *La Collaboration. Les noms, les idées, les lieux*, Paris, 1987.
SAINT-PAULIEN, *Histoire de la collaboration*, Paris, L'Esprit nouveau, 1964.

Sartre (Jean-Paul), *Qu'est-ce qu'un collaborateur? Situation III*, Paris, Gallimard, 1949.
Veillon (Dominique), *La Collaboration*, Paris, Librairie générale française, 1984.

14. Biographies

• Le maréchal Pétain
Ferro (Marc), *Pétain*, Paris, Fayard, 1987.
Griffiths (Richard), *Pétain et les Français*, Paris, Calmann-Lévy, 1974.
Pédroncini (Guy), *Pétain*, t. I, *Le Soldat et la gloire*, Paris, Perrin, 1989, t. II, *La Victoire perdue (1919-1940)*, Perrin, 1995.

• Pierre Laval
Cointet (Jean-Paul), *Pierre Laval*, Paris, Fayard, 1993.
Kupferman (Fred), *Laval*, Paris, Balland, 1987.
Mallet (Alfred), *Pierre Laval*, Paris, Amiot-Dumont, 1955, 2 vol.

• Amiral Darlan
Coutau-Bégarie (Robert), Huan (Claude), *Darlan*, Paris, Fayard, 1989.

• Général Weygand
Destremau (Bernard), *Weygand*, Paris, Perrin, 1989.
Raissac (Guy), *Un soldat dans la tourmente*, Paris, Albin Michel, 1964.

• Marcel Déat
Varenne (Claude), *Le Destin de Marcel Déat*, Paris, Jeanmazy, 1948.

• Jacques Doriot
Brunet (Jean-Paul), *Doriot*, Paris, Balland, 1985.

• Jean Jardin
Assouline (Pierre), *Jean Jardin. Une éminence grise*, Paris, Balland, 1986.

15. La question d'une résistance vichyssoise

Dainville (A. de), *L'O.R.A. (Organisation de résistance de l'armée)*, Paris, Lavauzelle, 1974.
Fourcade (Marie-Madeleine), *L'Arche de Noé*, Paris, Fayard, 1989 (réédition).
Groussard (Georges), *Services secrets,* Paris, La Table Ronde, 1963.
Loustaunau-Lacau (Georges), *Mémoires d'un Français rebelle*, Paris, Robert Laffont, 1948, réédité en 1994.
Paillole (colonel Paul), *Services spéciaux*, Paris, Robert Laffont, 1975.

16. Résistance et France libre – Libération – Épuration

Aron (Robert), *Histoire de l'épuration*, Paris, Fayard, 1967-1975, 4 vol.
Bourdrel (Philippe), *L'Épuration sauvage 1944-1945*, Paris, Perrin, 1988-1990, 2 vol.
Brissaud (André), *La Dernière Année de Vichy*, Paris, Perrin, 1965.
Cointet (Jean-Paul), Cointet (Michèle), *La France à Londres*, Bruxelles, Complexe, 1990.
Frenay (Henri), *La Nuit finira*, Paris, Robert Laffont, 1973.
Gaulle (Charles de), *Mémoires de guerre*, Paris, Plon, 1954-1959, 3 tomes.
Kedward (H.L.), *Naissance de la résistance dans la France de Vichy*, Paris, Champvallon, 1989.
–, *La Libération de la France,* Paris, CNRS, 1976.
–, *Paris 1944. Les enjeux de la Libération*, Paris, Albin Michel, 1994.
Queuille (Henri), *Journal de guerre 1940-1944*, Paris, Plon, 1995.

Bibliographie additionnelle

Baruch (Marc-Olivier), *Servir l'État français*, Paris, Fayard, 1997.
Cantier (Jacques), *L'Algérie sous le régime de Vichy*, Paris, Odile Jacob 2002.
Cointet (Jean-Paul), *Marcel Déat*, Paris, Perrin, 1998.
Cointet (Jean-Paul et Michèle), *Dictionnaire historique de la France sous l'Occupation*, Paris, Tallandier, 2000.
Cointet (Michèle), *Pétain et les Français*, Paris, Perrin, 2001.
Lacroix-Riz (Annie), *Industriels et banquiers sous l'Occupation. La collaboration économique avec le Reich et Vichy*, Paris, Armand Colin, 1999.
Lambauer (Barbara), *Otto Abetz et les Français ou l'envers de la Collaboration*, Paris, Fayard, 2001.
Mission d'Études sur la spoliation des Juifs en France. Rapport général, Documentation française, 2002.
Wieviorka (Olivier), *Les orphelins de la République. Destinées des députés et sénateurs français (1940-1945)*, Paris, Seuil, 2001.

Index

Les noms du maréchal Pétain, de l'amiral Darlan et de Pierre Laval, qui apparaissent tout au long de l'ouvrage, ne figurent pas à l'index.

A

ABETZ (Otto) : 31, 95, 118 à 122, 144, 159 à 164, 167, 173 à 175, 180 à 184, 188 à 192, 194, 196, 201, 208, 212, 216, 218, 225 à 228, 241, 243, 251, 253, 272 à 275, 279, 285, 293, 296, 297, 309, 311, 319.
ABOULKER (Raphaël) : 26.
ABOULKER José : 265.
ACHENBACH (Ernst) : 181, 200, 229, 247.
ACHIARY (commissaire) : 265.
ALAIN (Émile Chartier, dit) : 27.
ALBERTINI (Georges) : 150.
ALIBERT (Raphaël) : 106, 112, 131, 139, 167, 180.
ARON (Raymond) : 93, 138, 299.
ARON (Robert) : 33, 130, 144, 176, 306.
ASTIER DE LA VIGERIE (Henri d') : 265.
AUPHAN (Gabriel, amiral) : 93, 152, 234, 248, 269 à 271, 291, 293, 314, 317.
AURIOL (Vincent) : 109.

B

BADIE (Vincent) : 109, 110.
BADOGLIO (Pietro, maréchal), : 287, 292.
BAINVILLE (Jacques) : 158.
BARBUSSE (Henri) : 40.
BARD (amiral) : 236, 289.
BARDET : 144.
BARDOUX (Jacques) : 89, 143, 320.
BARIL (Paul, colonel) : 153, 155, 223.
BARNAUD (Jacques) : 49, 50, 143 à 146, 190 à 193, 244, 248, 250.
BARRÈS (Maurice) : 28.
BARTHÉLEMY (Joseph) : 38, 143, 145, 147, 189, 222, 227, 234, 235, 286, 296.

BARTHOU (Louis) : 58.
BASCH (madame) : 302.
BASCH (Victor) : 302, 306.
BASTID (Paul) : 109.
BAUDOUIN (Paul) : 83, 86 à 89, 96, 104 à 106, 114, 118, 132 à 134, 145, 146, 160 à 166, 171, 174, 182, 234.
BELIN (René) : 41, 51, 145, 150, 191.
BENJAMIN (René) : 139.
BENOIST-MÉCHIN (Jacques) : 143, 145, 180, 190, 192 à 202, 205, 206, 220, 225, 234, 243, 244, 256, 273, 277, 282, 310.
BENOÎT XV (Giacomo Della Chiesa) : 45, 66.
BERARD (Léon) : 258.
BERGERET (général) : 90, 219.
BERGERY (Gaston) : 40, 44, 89, 138, 147, 148.
BERL (Emmanuel) : 32.
BERNON (Émile) : 235.
BERTHELOT (Philippe) : 50.
BEUVE-MÉRY (Hubert) : 126.
BICHELONNE (Jean) : 50, 143, 145, 146, 234, 238, 244, 248, 278, 284, 310, 321.
BIDAULT (Georges) : 68, 318.
BIONDI (député) : 108.
BISMARCK (Otto von) : 105.
BLOCH (Marc) : 57, 67, 133.
BLOCQ-MASCART (Maxime) : 204.
BOLLAERT (Émile) : 235.
BLUM (Léon) : 37, 38, 41, 51, 52, 55, 56, 64, 67, 75, 108, 109, 111, 148, 185, 222, 307.
BLUMEL (André) : 185.
BOEGNER (Marc, pasteur) : 261.
BOIS (Élie-Jean) : 75.
BOIVIN-CHAMPEAUX (Jean) : 112.
BONNARD (Abel) : 139, 234, 310, 321.

353

BONNAFOUS (Max) : 248, 278.
BONNEFOY (René) : 289.
BONNET (Georges) : 43, 75, 89, 148, 200, 315.
BORDEAUX (Henry) : 158.
BOUSQUET (René) : 234, 253, 254, 293, 296, 297, 304, 306, 307.
BOUT DE L'AN (Francis) : 301, 306.
BOUTHILLIER (Yves) : 50, 86, 105, 106, 143, 145, 146, 171, 189, 233, 291, 293, 296, 297, 317.
BRASILLACH (Robert) : 28, 31, 53.
BRAUCHITSCH (Walther von, maréchal) : 223.
BRECKER (Arno) : 129.
BRIAND (Aristide) : 39, 46, 58.
BRIDOUX (Eugène, général) : 234, 302.
BRINON (Fernand de) : 44, 118, 166, 174, 193, 196, 229, 230, 234, 244, 273, 275, 286, 289, 290, 310, 321.
BROSSOLETTE (Pierre) : 41.
BRUNETON (Gaston) : 243.
BUCARD (Marcel) : 30, 282.
BUDES DE GUÉBRIANT (Hervé) : 140.
BUNAU-VARILLA (Maurice) : 178.
BUSSIÈRE (Amédée) : 236, 318.

C

CAILLAUX (Joseph) : 39, 43, 51, 55.
CAMBON (Jules) : 59.
CAMPET (Jacques, général) : 269, 296, 298.
CAOUS (procureur général) : 293.
CAPITANT (René) : 38, 68, 143, 265.
CARCOPINO (Jérôme) : 67, 214.
CARMILLE (contrôleur général) : 153, 154.
CARRE DE MALBERG : 38.
CARREL (Alexis) : 144.
CASTELNAU (Édouard de Curières de, général) : 29, 300.
CATHALA (Pierre) : 234, 284.
CAZIOT (Georges) : 296.
CAZIOT (Pierre) : 189.
CELINE (Louis-Ferdinand) : 40, 53.
CHAILLET (père) : 261.
CHALLAYE (Félicien) : 42.
CHAMBERLAIN (Arthur Neville) : 80.
CHAMBRUN (marquis de) : 108.
CHAMBRUN (René de) : 114, 225, 226.
CHAPPOULIE (cardinal) : 259, 260, 269, 277.
CHARBONNEAU (Henri) : 301.
CHARDONNE (Jacques) : 27.
CHARLES-ROUX (François) : 134, 157, 160, 164, 171, 291.

CHASSEIGNE (François) : 149, 209, 213, 214.
CHÂTEAUBRIANT (Alphonse de) : 45, 178, 311.
CHATEL (Yves) : 266.
CHAUTEMPS (Camille) : 37, 64, 78, 87, 96, 316.
CHEVALIER (Jacques) : 141, 168 à 171, 189.
CHEVÈNEMENT (Jean-Pierre) : 22.
CHICHERY (Albert) : 148.
CHOLLEY (André) : 67.
CHRISTOFINI (colonel) : 307.
CHURCHILL (Winston) : 79, 83, 86, 168 à 170, 278, 309.
CIANO (Galeazzo, comte) : 246, 271, 279, 280.
CLAMAMUS (Jean-Marie) : 149.
CLARCK (Mark Wayne, général) : 271.
CLAUDE (Georges) : 138, 139.
CLAUDEL (Paul) : 126, 129.
CLEMENCEAU (Georges) : 35, 48, 90.
COCHET (général) : 154.
COCTEAU (Jean) : 40.
COLLETTE (Paul) : 225.
COLSON (général) : 155.
CONSTANTINI (Pierre, lieutenant-colonel) : 178.
CORBON : 150.
COTY (François) : 30.
COUTROT (Jean) : 144, 145.
COUVE DE MURVILLE (Maurice) : 278.
CREYSSEL (Paul) : 148, 296, 300.
CROUZET (Guy) : 150.
CRUSSOL (Madame de) : 79.

D

DALADIER (Édouard) : 28, 36, 45 à 48, 51, 56, 59, 63, 64, 70, 72, 75 à 83, 89, 118, 126, 131 à 134, 147, 148, 222, 235, 307, 316, 319.
DANNECKER (Theodor) : 216, 251, 257.
D'ANNUNZIO (Gabriele) : 190.
DARLAN (Alain) : 264, 266.
DARNAND (Joseph) : 210, 211, 237, 281, 282, 288, 296 à 303, 309.
DARQUIER (Louis, dit de Pellepoix) : 53, 251, 256, 296.
DAUDET (Alphonse) : 33.
Daudet (Léon) : 24, 158.
DAUTRY (Raoul) : 234.
DAYRAS (Georges) : 296, 305.
DEAT (Marcel) : 40, 41, 44, 50, 89, 107, 122, 124, 135 à 138, 147 à 151, 173, 176

354

à 179, 192, 200, 206, 225, 237, 281, 282, 288 à 291, 296 à 299, 306, 310, 311.
DEBRÉ (Michel) : 314.
DELAUNAY (Sonia) : 144.
DELAY (cardinal) : 260.
DELMAS (André) : 41.
DELMOTTE (général) : 297.
DELONCLE (Eugène) : 145, 153, 178, 206, 282.
DENTZ (général) : 153.
DESBUQUOIS (père) : 47, 141.
DESNOS (Robert) : 178.
DETOEUF (Auguste) : 49.
DHAVERNAS (Henri) : 140, 214.
DIEHL : 285.
DOMINIQUE (Pierre) : 43.
DORANGE (commandant) : 266.
DORGELÈS (Roland) : 40.
DORIOT (Jacques) : 30, 51, 111, 147, 149 à 151, 178, 190, 192, 209, 213, 237, 246, 262, 282, 288, 298, 311.
DORMOY (Marx) : 109.
DOUMERGUE (Gaston) : 36, 38, 40, 64.
DOUMERGUE (Madame Gaston) : 176, 239.
DOYEN (Paul, général) : 297.
DREYFUS (Alfred) : 52.
DRIEU LA ROCHELLE (Pierre) : 31, 40, 50, 53, 122, 311.
DUBREUIL (Hyacinthe) : 144.
DUCLOS (Maurice) : 153.
DUHAMEL (Georges) : 40.
DULLIN (Gaston) : 129.
DUMOULIN (Georges) : 150.
DUNOYER DE SEGONZAC (Pierre) : 126, 155.
DUPUY (Pierre) : 153, 168.
DYLE : 72.

E

EICHMANN (Adolf) : 252.
EISENHOWER (Dwight David, général) : 267, 268, 317, 320.
ENFIÉRE (André) : 318.

F

FABIEN (Pierre GEORGES, dit le colonel) : 215.
FABRE-LUCE : 84.
FABRÈGUES (Jean de) : 33.
FABRY (Jean, colonel) : 316.
FALKENHAUSEN (baron von) : 279.
FAURE (Jules) : 105.
FAURE (Paul) : 42, 43, 44, 148.
FENARD (amiral) : 266.
FERNANDEZ (Ramon) : 205.
FLANDIN (Pierre-Etienne) : 43, 64, 107, 109, 124, 142, 159, 173, 176 à 183, 208.
FOCH (Ferdinand, maréchal) : 90.
FOCILLON (Henri) : 144.
FONCK (René, colonel) : 161.
FONTENOY (Jean) : 118.
FORNEL DE LA LAURENCIE (Benoît-Léon, général) : 297.
FOURCAUD (Pierre) : 153.
FRANCO (Francesco, général) : 55, 93, 162, 165, 166.
FRANÇOIS-PONCET (André) : 67, 80.
FRÉDÉRIC-DUPONT (Edouard) : 180.
FREEMAN-MATHEWS : 191.
FRENAY (Henri) : 155, 156, 193, 204.
FRÈRE (Aubert, général) : 155, 156, 297.
FROSSARD (Ludovic-Oscar) : 86, 87, 96, 148, 212, 243.
FROT (Eugène) : 319.

G

GABOLDE (Maurice) : 225, 286, 321.
GALLET (Pierre) : 301.
GAMBETTA (Léon) : 35.
GAMELIN (Maurice-Gustave, général) : 59, 62, 65, 82, 83, 132, 190, 222, 307.
GAULLE (Charles de) : 23, 59, 62, 83, 86, 87, 92, 95, 131, 139, 152, 153, 155, 156, 169, 170, 185, 222, 274, 278, 287, 291, 292, 294, 295, 312 à 321.
GENÉBRIER (Roger) : 235.
GERLIER (René, cardinal) : 126, 140, 141, 260, 261.
GIBRAT (Robert) : 145, 146, 234, 248, 278.
GIDE (André) : 208.
GIDEL (Gilbert) : 293.
GIGNOUX (Claude-Joseph) : 146, 147.
GILLOUIN (René) : 139.
GIONO (Jean) : 40, 41.
GIRARD (Louis-Dominique) : 162, 165, 298, 299.
GIRARDON (Albert) : 219.
GIRAUD (Henri, général) : 85, 241, 265 à 268, 274, 278, 291.
GIRAUDOUX (Jean) : 53, 75, 80.
GITTON (Marcel) : 149.
GOEBBELS (Joseph Paul) : 240.
GOERING (Hermann, maréchal) : 82, 115, 118, 161, 164, 220, 225, 226, 229, 243, 244, 251, 280, 291.
GOROSTARZU (colonel de) : 293.

355

GORT (John Vereker, maréchal) : 82.
GOUIN (Félix) : 109.
GRASSET (Raymond, Dr) : 234, 272, 273, 311, 321.
GROUSSARD (Georges, colonel) : 153, 155, 167, 169, 180.
GUDERIAN (Heinz, général) : 82, 223.
GUENIER (André) : 289.
GUERARD (Jacques) : 145, 234, 246, 286, 296.
GUILBAUD (Georges) : 288.

H

HALÉVY (Daniel) : 41, 157.
HALIFAX (Edward Frederick Lindley Wood, vicomte de) : 168 à 171.
HARMEL (Léon) : 135.
HARTOY (Maurice d') : 29.
HECKE (van, colonel) : 265.
HEINZEN (Ralph) : 200, 201, 232.
HEMMEN (Richard) : 193, 298.
HENNESSY (Jean) : 38.
HENRI-HAYE (Gaston) : 118.
HENRIOT (Philippe) : 136, 296 à 302, 306, 310, 313.
HERRIOT (Edouard) : 75, 104, 107, 109, 110, 147, 235, 237, 307, 315 à 320.
HERVÉ (Gustave) : 78.
HEURTAUX (colonel) : 153, 154.
HEYDRICH (Reinhard) : 241, 250, 251.
HILAIRE (Georges) : 234, 246.
HIMMLER (Heinrich) : 244, 319.
HITLER (Adolf) : 39, 41, 44, 45, 52, 58, 67, 69, 77, 80 à 82, 90, 93, 95, 97, 115 à 119, 159 à 165, 171 à 175, 180, 181, 194, 195, 198, 199, 218, 220, 222 à 226, 238 à 241, 244, 246, 250, 251, 253, 270 à 273, 276 à 280, 283, 285, 286, 288, 290, 291, 296, 297, 310.
HOARE (Samuel) : 169.
HULL (Cordell) : 191, 316.
HUNTZIGER (Charles, général) : 90 à 92, 115, 153, 174, 176, 180, 182, 196 à 199, 218.
HUXLEY (Aldous) : 144.

I, J

IZARD (Georges) : 33.
JACOMET (Robert) : 307.
JAMET (Claude) : 150.
JARDEL (Jean) : 269, 270, 296, 298.
JARDIN (Jean) : 234, 289.
JAURÈS (Jean) : 26.

JEANNE D'ARC : 40, 45, 195.
JEANNENEY (Jules) : 107, 110, 237.
JODL (Alfred, général) : 94, 95, 199.
JOUHANDEAU (Marcel) : 27.
JOUHAUX (Léon) : 307.
JOUVENEL (Bertrand de) : 70, 157.
JOXE (Louis) : 265.
JUIN (Alphonse, général) : 197, 221, 266, 267, 268, 292, 318.
JÜNGER (Ernst) : 84.

K

KAMMERER (Albert) : 85.
KEITEL (Wilhelm, général) : 90, 198, 199.
KERILLIS (Henri de) : 43.
KLUG (Hans von, général) : 311.
KNIPPING (Max) : 301.
KNOCHEN (Helmut) : 244, 252, 253, 319.
KRUG VON NIDDA (Roland) : 226, 270 à 272.

L

LABAT (commandant) : 235.
LABORDE (Jean de, amiral) : 272.
LACHAL (Raymond) : 236, 262.
LA CHAMBRE (Guy) : 307.
LAFFONT (Paul) : 306.
LAGARDELLE (Hubert) : 150, 234, 244, 248, 249.
LAMBERT (Raymond-Raoul) : 217.
LAMIRAND (Georges) : 146.
LAMOUREUX (Lucien) : 51, 319.
LANGERON (Roger) : 180.
LA PORTE DU THEIL (Paul-Marie de, général) : 155, 269, 296, 297.
LAROCHE (Ernest) : 111.
LA ROCQUE (François de, lieutenant colonel) : 29, 30, 122, 192, 206, 207, 209.
LATTRE DE TASSIGNY (Jean-Marie, général) : 155, 265.
LAURE (Auguste, général) : 181, 197, 207, 219, 222, 297.
LAVAGNE (André) : 141, 259, 277.
LAVAL (Jeanne-Eugénie) : 230, 318.
LAVAL-DE CHAMBRUN (Josée) : 108, 181, 230, 289, 318.
LEAHY (William Daniel, amiral) : 170, 173, 225, 241, 246, 247.
LEAHY (Madame) : 241.
LEBRUN (Albert) : 37, 78, 79, 85 à 89, 107 à 112, 176.
LE CORBUSIER (Edouard Jeanneret-Gris, dit) : 144.

LE COUR GRANDMAISON (Jean) : 140.
LECUSSAN (Joseph) : 301, 306.
LEHIDEUX (François) : 145, 146, 190, 193.
LEMAIGRE-DUBREUIL (Jacques) : 265, 314.
LE LUC (contre-amiral) : 90.
LÉNINE (Vladimir-Illitch Oulianov, dit) : 234.
LEON XIII (Gioacchino Pecci) : 46.
LEQUÉRICA (José-Félix de) : 88, 165.
LEROY-BEAULIEU (Paul) : 278.
LE ROY LADURIE (Gabriel) : 143.
LE ROY LADURIE (Jacques) : 145, 190, 234, 248, 277.
LETOURNEAU (Jean) : 68.
LHOTE (André) : 144.
LIENART (Achille, cardinal) : 126.
LOIZILLON : 144.
LOUSTAUNAU-LACAU (Georges) : 76 à 78, 152 à 154, 204.
LUBAC (Henri de, père) : 259.
LUCHAIRE (Jean) : 45, 118, 148, 150, 178, 192, 200, 239, 288, 310.
LYAUTEY (Louis Hubert Gonsalve, maréchal) : 135, 152.

M

MAC-MAHON (de, maréchal) : 35.
MAGINOT (André) : 63.
MAGLIONE (cardinal) : 260.
MALLE (Louis) : 301.
MALLET (Alfred) : 319.
MALRAUX (André) : 208.
MAN (Henri de) : 41.
MANDEL (Georges) : 88, 89, 307, 310.
MANGIN (Charles, général) : 95.
MANSTEIN (Eric von Lewinski von) : 81.
MANTEUFFEL (Edwin, maréchal) : 116.
MARC (Alexandre) : 144.
MARETTE (Françoise, DOLTO) : 144.
MARGAINE (député) : 108.
MARIN (Louis) : 188, 300.
MARION (Paul) : 128, 149, 190 à 193, 202 à 205, 209, 212 à 214, 233, 234, 321.
MARITAIN (Jacques) : 68.
MARQUET (Adrien) : 89, 107.
MARTIN DU GARD (Maurice) : 208.
MASSIGLI (René) : 278.
MASSIS (Henri) : 139, 155, 158, 214.
MAST (général) : 267.
MAULNIER (Thierry) : 33, 180.
MAURIN (Louis, général) : 60.
MAURRAS (Charles) : 28, 29, 33, 47, 122, 135 à 139, 158.

MAXENCE (Jean-Pierre) : 33.
MEAUX (Emile) : 219.
MELLARD (commandant) : 155.
MÉNÉTREL (Bernard) : 139, 226, 270, 271, 274, 276, 292, 296, 317.
MERCIER (Ernest) : 30, 49.
MÉRIC-FOURCADE (Marie-Madeleine) : 153.
MICHEL (Elmer) : 191, 249, 283.
MICHELET (Edmond) : 68.
MILCH (feld-maréchal) : 244.
MILLERAND (Alexandre) : 38.
MIREAUX (Emile) : 143.
MITTERRAND (François) : 151, 204.
MOCH (Jules) : 109.
MOHRT (Michel) : 157.
MOLOTOV (Viatcheslav) : 278.
MONTESQUIEU : 57.
MONTGOMERY (Bernard Law, vicomte) : 264.
MONTHERLANT (Henri de) : 129.
MONTIGNY (Jean) : 43.
MONZIE (Anatole de) : 291, 319.
MOQUET (Guy) : 220.
MORAND (Paul) : 157, 289.
MOULIN (Jean) : 148, 222, 235.
MOULIN DE LABARTHÈTE (Henri du) : 122, 132, 135, 138, 139, 162, 171, 174, 177, 208, 209, 220, 221, 235.
MOUNIER (Emmanuel) : 28, 33, 34, 126.
MOUSSARON (cardinal) : 260.
MOYSSET (Henri) : 143, 189, 190, 296, 298.
MUN (Albert de) : 135.
MURPHY (Robert) : 185, 266, 267.
MUSSOLINI (Benito) : 29, 30, 47, 80, 81, 89, 97, 150, 165, 234, 287.

N

NAPOLÉON Ier : 24, 60, 162, 166.
NAPOLÉON III : 22, 24.
NICOLLE (Pierre) : 221.
NICOLOTIS : 144.
NOËL (Léon) : 90, 160, 291, 293.
NOGUÈRES (Louis) : 76, 109.
NOGUES (Charles, général) : 94, 268.
NOLTE (Eric) : 28.
NORDLING (Raoul) : 82, 309.

O

OBERG (Karl, général) : 241, 244, 253, 254, 257, 297, 298.

357

OLIOL (capitaine) : 317.
OUTHENIN-CHALANDRE (Hubert) : 194.

P

PACELLI (cardinal) : 46.
PAILLOLE (Paul, commandant) : 155, 204.
PAINLEVÉ (Paul) : 61.
PARINGAUX (Yves) : 222.
PARISOT (général) : 90.
PAUL-BONCOUR (Joseph) : 316.
PAULUS (Friedrich, général) : 285.
PAYEN (bâtonnier) : 76.
PAYR (Bernhard) : 157, 158.
PÉGUY (Charles) : 33, 135.
PÉRICARD (Jacques) : 29, 127, 140, 152, 219.
PERRET (Auguste) : 144.
PERROUX (François) : 38, 146, 147.
PÉTAIN (Madame la Maréchale) : 233.
PETITJEAN (Armand) : 209.
PEYERHIMOFF (Henri de) : 145.
PEYROUTON (Marcel) : 132, 166, 170, 171, 182.
PHILIP (André) : 109.
PICHOT (Henri) : 36, 37, 41, 78, 157.
PIE XI (Achille Ratti) : 29, 33, 47, 66, 68.
PIÉTRI (François) : 75, 89, 145, 166, 169, 274, 316, 318.
PINAY (Antoine) : 143.
PIROU (Gaëtan) : 146.
PIVERT (Marceau) : 42.
PLATON (Charles, amiral) : 197, 234, 236, 286, 291, 298, 310.
POINCARÉ (Raymond) : 48.
PORCHE (Vladimir) : 293.
PORTES (Hélène de) : 79.
PRELOT (Marcel) : 144.
PROUDHON (Pierre Joseph) : 135.
PROUST (Marcel) : 190.
PROUVOST (Jean) : 86, 212.
PUCHEU (Pierre) : 145, 146, 184, 190, 192, 193, 202, 204 à 214, 219, 222, 230, 238, 253, 264, 282, 306.

Q, R

QUEUILLE (Henri) : 109, 316.
RACHID (Ali) : 194, 198.
RAMADIER (Paul) : 109, 111.
REBATEL (Dr) : 318.
REBATET (Lucien) : 29, 31, 53, 311.
RECLUS (Maurice) : 236.
REICHSTADT (duc de) : 166, 181.
RENAUD (Gilbert, dit Rémy) : 204.

RENAULT (Louis) : 284.
RENOIR (Jean) : 80, 81.
RENOM DE LA BAUME (Georges) : 166, 169.
RENOUVIN (Jacques) : 138.
RENTHE-FINK (Cecil von) : 297.
REQUIN (général) : 63.
REVERS (général) : 297.
REYNAUD (Paul) : 22, 23, 43, 50, 56, 59, 75, 78 à 89, 94, 109, 114, 132, 176, 222, 307.
RIBBENTROP (Joachim von) : 118, 119, 164, 174, 182, 188, 192, 194, 195, 198, 199, 201, 212, 226, 245, 246, 272, 273, 278, 280, 286, 291, 293, 296, 298, 319.
RIGAULT (Jean) : 265.
RIOND (Georges) : 219.
RIPERT (Georges) : 166.
RIVET (colonel) : 155, 204.
RIVOLLET (Georges) : 36, 41.
ROCHAT (Charles) : 220, 279, 286, 293, 296, 316.
ROCHE (Emile) : 43, 51, 108.
ROMAINS (Jules) : 25.
ROMIER (Lucien) : 32, 38, 143, 147, 233, 234, 290, 296, 298.
ROMMEL (Erwin, général) : 196, 218, 220, 245.
ROOSEVELT (Franklin D.) : 86, 87, 114, 170, 173, 226, 241, 263, 265, 268, 278, 292, 293, 309, 312 à 316, 320, 323.
ROTHKE (diplomate) : 252, 257.
ROUGIER (Louis) : 168 à 171.
ROY (Marcel) : 150.
RUEFF (Jacques) : 145.
RUNDSTEDT (Gend von, général) : 287, 307, 311.

S

SABLEAU (Marcel) : 180.
SAINT-EXUPÉRY (Antoine) : 180.
SAINT-VALLIER (comte de) : 116.
SALAZAR (Antonio de Oliveira) : 147.
SALIEGE (Jules Géraud, cardinal) : 260, 261.
SALLERON (Louis) : 139.
SARRAUT (Albert) : 65, 253.
SARRAUT (Maurice) : 147, 148, 253, 306.
SAUCKEL (Fritz) : 238 à 249, 283, 284, 308.
SAÜT (Henri) : 153, 154.
SAUVY (Alfred) : 144, 145.
SAVOY (Alfred) : 150.
SCAPINI (Georges) : 117, 118, 161, 180, 190, 200, 243, 244.
SCHILLING-BARDELEDEN : 188.

SCHLEIER (Rudolf) : 181, 200, 285, 286, 288.
SCHMIDT (Paul) : 162.
SCHUMANN (Maurice) : 320.
SCHUMPETER (Joseph) : 146.
SERLIN (sénateur) : 306.
SERRIGNY (général) : 316.
SEYDOUX (Roger) : 314.
SIEGFRIED (André) : 316.
SIMON (Yves) : 68.
SOLBORG (colonel) : 293.
SORDET (Dominique) : 311.
SOREL (Georges) : 29, 146, 150.
SPEER (Albert) : 238, 244, 284.
SPEIDEL (Hans) : 229.
SPINASSE (Charles) : 43, 108, 144, 148.
STAVISKY (Alexandre, pseudonyme de Serge ALEXANDRE) : 52.
STRESEMANN (Gustav) : 58.
STUCKI (Walter) : 274, 317.
STULPNAGEL (Heinrich von) : 243.
SUAREZ (Georges) : 311.
SUHARD (Emmanuel, cardinal) : 140, 259.
SUPERVIELLE (Jules) : 144.

T

TAITTINGER (Pierre) : 134.
TARBE DE SAINT-HARDOUIN : 265.
TARDIEU (André) : 37, 38, 63, 176.
TASCA (Angelo) : 148, 149, 190, 243.
TAURINES (Jean) : 107.
TEILHARD DE CHARDIN (Pierre) : 144.
TEITGEN (Pierre-Henri) : 314, 318.
TERRAY : 244, 249.
THEAS (cardinal) : 260.
THOMAS (Albert) : 239.
THOMAS (Madame Albert) : 23.
THOMAS D'AQUIN (saint) : 260.
THOREZ (Maurice) : 56.
TISSOT (Noël de) : 288, 301.
TIXIER-VIGNANCOUR (Jean-Louis) : 180.
TODT (Fritz) : 244.
TOUVIER (Paul) : 22, 301.

TRACOU (Jean) : 298, 299, 311.
TROCHU (Charles) : 180.
TRUCHET (André) : 95.
TUCK (Samuel Pinkney) : 242, 247, 274, 315.

V

VALENTIN (François) : 127, 140, 152, 156, 208, 209, 211, 219, 236, 292.
VALERI (Valerio) : 259, 274.
VALLAT (Xavier) : 52, 66, 108, 124, 127, 132, 138, 140, 154, 194, 216, 251, 258.
VALLIN (Charles) : 180, 207, 209.
VALOIS (Georges) : 29, 135.
VERDIER (cardinal) : 46, 47.
VERMEIL (André) : 67.
VIANNEY (Philippe) : 204.
VIGNE (Pierre) : 150.
VILLAR (Henri) : 289.
VISCONTI (Luchino) : 81.

W

WARLIMONT (général von) : 196 à 199, 218, 221, 223.
WEBER (lieutenant) : 178.
WEILER (Paul-Louis) : 145.
WEIZSÄCKER (Carl von) : 161.
WENDEL (François de) : 109.
WEYGAND (Maxime, général) : 59, 62, 63, 78, 82 à 94, 97, 104, 105, 111, 114, 118, 122, 139, 143, 152, 165, 169 à 171, 185, 197 à 199, 218 à 221, 224, 264 à 270, 275, 276, 293, 318.
WORMSER (Olivier) : 138.

Z

ZAY (Jean) : 310.
ZEITSCHEL (Karl Otto) : 252.
ZYROMSKI (Jean) : 41, 44.

collection tempus
Perrin

Déjà paru

1. *Histoire des femmes en Occident* (dir. Michelle Perrot, Georges Duby), *L'Antiquité* (dir. Pauline Schmitt Pantel).
2. *Histoire des femmes en Occident* (dir. Michelle Perrot, Georges Duby), *Le Moyen Âge* (dir. Christiane Klapisch-Zuber).
3. *Histoire des femmes en Occident* (dir. Michelle Perrot, Georges Duby), *XVIe-XVIIIe siècle* (dir. Natalie Zemon Davis, Arlette Farge).
4. *Histoire des femmes en Occident* (dir. Michelle Perrot, Georges Duby), *Le XIXe siècle* (dir. Michelle Perrot, Geneviève Fraisse).
5. *Histoire des femmes en Occident* (dir. Michelle Perrot, Georges Duby), *Le XXe siècle* (dir. Françoise Thébaud).
6. *L'épopée des croisades* – René Grousset.
7. *La bataille d'Alger* – Pierre Pellissier.
8. *Louis XIV* – Jean-Christian Petitfils.
9. *Les soldats de la Grande Armée* – Jean-Claude Damamme.
10. *Histoire de la Milice* – Pierre Giolitto.
11. *La régression démocratique* – Alain-Gérard Slama.
12. *La première croisade* – Jacques Heers.
13. *Histoire de l'armée française* – Philippe Masson.
14. *Histoire de Byzance* – John Julius Norwich.
15. *Les chevaliers teutoniques* – Henry Bogdan.
16. *Mémoires, Les champs de braises* – Hélie de Saint-Marc.
17. *Histoire des cathares* – Michel Roquebert.
18. *Franco* – Bartolomé Bennassar.
19. *Trois tentations dans l'Église* – Alain Besançon.
20. *Le monde d'Homère* – Pierre Vidal-Naquet.
21. *La guerre à l'Est* – August von Kageneck.
22. *Histoire du gaullisme* – Serge Berstein.
23. *Les Cent-Jours* – Dominique de Villepin.
24. *Nouvelle histoire de la France*, tome I – Jacques Marseille.
25. *Nouvelle histoire de la France*, tome II – Jacques Marseille.
26. *Histoire de la Restauration* – Emmanuel de Waresquiel et Benoît Yvert.
27. *La Grande Guerre des Français* – Jean-Baptiste Duroselle.
28. *Histoire de l'Italie* – Catherine Brice.
29. *La civilisation de l'Europe à la Renaissance* – John Hale.
30. *Histoire du Consulat et de l'Empire* – Jacques-Olivier Boudon.
31. *Les Templiers* – Laurent Dailliez.
32. *Madame de Pompadour* – Évelyne Lever.

33. *La guerre en Indochine* – Georges Fleury.
34. *De Gaulle et Churchill* – François Kersaudy.
35. *Le passé d'une discorde* – Michel Abitbol.
36. *Louis XV* – François Bluche.
37. *Histoire de Vichy* – Jean-Paul Cointet.
38. *La bataille de Waterloo* – Jean-Claude Damamme.
39. *Pour comprendre la guerre d'Algérie* – Jacques Duquesne.
40. *Louis XI* – Jacques Heers.
41. *La bête du Gévaudan* – Michel Louis.
42. *Histoire de Versailles* – Jean-François Solnon.
43. *Voyager au Moyen Age* – Jean Verdon.
44. *La Belle Époque* – Michel Winock.
45. *Les manuscrits de la mer Morte* – Michael Wise, Martin Abegg Jr. & Edward Cook.
46. *Histoire de l'éducation*, tome I – Michel Rouche.
47. *Histoire de l'éducation*, tome II – François Lebrun, Marc Venard, Jean Quéniart.
48. *Les derniers jours de Hitler* – Joachim Fest.
49. *Zita impératrice courage* – Jean Sévillia.
50. *Histoire de l'Allemagne* – Henry Bogdan.
51. *Lieutenant de panzers* – August von Kageneck.
52. *Les hommes de Diên Biên Phû* – Roger Bruge.
53. *Histoire des Français venus d'ailleurs* – Vincent Viet.
54. *La France qui tombe* – Nicolas Baverez.
55. *Histoire du climat* – Pascal Acot.
56. *Charles Quint* – Philippe Erlanger.
57. *Le terrorisme intellectuel* – Jean Sévillia.
58. *La place des bonnes* – Anne Martin-Fugier.
59. *Les grands jours de l'Europe* – Jean-Michel Gaillard.
60. *Georges Pompidou* – Eric Roussel.
61. *Les États-Unis d'aujourd'hui* – André Kaspi.
62. *Le masque de fer* – Jean-Christian Petitfils.
63. *Le voyage d'Italie* – Dominique Fernandez.
64. *1789, l'année sans pareille* – Michel Winock.
65. *Les Français du Jour J* – Georges Fleury.
66. *Padre Pio* – Yves Chiron.
67. *Naissance et mort des Empires*.

À PARAÎTRE

La bataille de la Marne – Pierre Miquel.
Dictionnaire des pharaons – Pascal Vernus, Jean Yoyotte.
Vichy 1940-1944 – Jean-Pierre Azéma, Olivier Wieviorka.

L'Arabie Saoudite en question – Antoine Basbous.
Histoire de l'éducation, tome III – Françoise Mayeur.
Histoire de l'éducation, tome IV – Antoine Prost.
Histoire des intellectuels – Pascal Ory, Jean-François Sirinelli.
Marcel Proust – Ghislain de Diesbach.
Voyage dans l'Egypte des pharaons – Christian Jacq.
Histoire de la Grande-Bretagne – Roland Marx, Philippe Chassaigne.
Histoire de la Hongrie – Miklos Molnar.
La Révolution américaine – Bernard Cottret.
La Bible arrachée aux sables – Werner Keller.

Impression réalisée en France sur Presse Offset par

BRODARD & TAUPIN

GROUPE CPI

La Flèche (Sarthe), le 05-07-2004
pour le compte des Éditions Perrin
76, rue Bonaparte
Paris 6e

N° d'édition : 1789 – N° d'impression : 25015
Dépôt légal : mars 2003
Imprimé en France